普通高等教育“十一五”国家级规划教材

新编21世纪市场营销系列教材

渠道管理

数字教材版

李先国　杨　晶　编著

Channel
Management

中国人民大学出版社
·北京·

图书在版编目（CIP）数据

渠道管理：数字教材版 / 李先国，杨晶编著. --
北京：中国人民大学出版社，2021.6
普通高等教育“十一五”国家级规划教材．新编 21 世纪市场营销系列教材
ISBN 978-7-300-29245-8

Ⅰ.①渠… Ⅱ.①李… ②杨… Ⅲ.①企业管理－销售管理－高等学校－教材 Ⅳ.①F274

中国版本图书馆 CIP 数据核字（2021）第 060890 号

普通高等教育“十一五”国家级规划教材
新编 21 世纪市场营销系列教材
渠道管理（数字教材版）
李先国　杨　晶　编著
Qudao Guanli

出版发行	中国人民大学出版社		
社　址	北京中关村大街 31 号	邮政编码	100080
电　话	010－62511242（总编室）		010－62511770（质管部）
	010－82501766（邮购部）		010－62514148（门市部）
	010－62515195（发行公司）		010－62515275（盗版举报）
网　址	http://www.crup.com.cn		
经　销	新华书店		
印　刷	北京密兴印刷有限公司		
开　本	787 mm×1092 mm　1/16	版　次	2021 年 6 月第 1 版
印　张	19.5 插页 1	印　次	2025 年 6 月第 3 次印刷
字　数	436 000	定　价	55.00 元

内容简介

本书在借鉴国内外相关研究成果的基础上，结合中国企业渠道管理实践和作者多年教学心得，全面系统地阐述渠道管理的理论与实务。本书建立了全新的渠道管理框架体系：以渠道经理的职能为主线，分为制定渠道规划、设计渠道体系、选择渠道类型、管理渠道成员四篇，对渠道管理工作的各方面详尽阐述。在逻辑方面，层次鲜明，对各个知识点进行透彻的剖析；在写作方面，深入浅出，以简明易懂的语言叙述相关理论。

本书立足中国经济和企业营销发展实践，讲好中国企业营销渠道故事，精选本土优秀渠道管理案例，体现本土学术思想和学术贡献，构建独特的渠道管理理论体系，引导学生深入了解企业渠道实践，关注渠道冲突、窜货、电商渠道发展等现实问题。

本书配套数字平台内容丰富，包括电子教材、PPT、教学大纲、电子教案、教学案例、各章复习自测题、案例分析，欢迎广大教师和学生使用。

作者简介

李先国　管理学博士，中国人民大学商学院教授、博士生导师，中国高等院校市场学研究会副会长。研究方向为市场营销战略、渠道与销售管理、创业咨询与管理。在《管理世界》《中国软科学》等期刊发表学术论文50多篇，出版专著、译著和教材10多部。荣获高等教育国家级教学成果奖一等奖。主持和参与国家级、省部级科研项目10余项。

杨　晶　经济学博士，中国人民大学继续教育学院教授。主要从事销售与渠道管理、商务谈判、市场营销等方面的教学与科研，主编或参编出版著作10多部，发表论文30多篇。主持和参与国家级、省部级科研项目10余项。

前言

渠道问题不仅关系到工业企业的生存与发展，而且关系到乡村振兴和社会经济的发展，党和国家高度重视。2020 年 4 月 20 日，习近平总书记在陕西考察期间，与柞水县小岭镇金米村的村民交谈时表示，“电商作为新兴业态既可以推销农副产品、帮助群众脱贫致富，又可以推动乡村振兴，是大有可为的”。这不是习总书记第一次提到电商对农业的作用。在决战决胜脱贫攻坚座谈会上，习总书记也指出：要切实解决扶贫农畜牧产品滞销问题，组织好产销对接，开展消费扶贫行动，利用互联网拓宽销售渠道，多渠道解决农产品卖难问题。渠道是企业和农户生产的工业品和农产品进入千家万户的通路，如果渠道不畅通，就会出现卖难和买难的问题，甚至造成重大经济损失，可见其在国民经济发展中的重要作用。

在国内，渠道管理的研究是市场营销理论研究的一个比较薄弱的方面。本书试图构建全新的渠道管理理论框架体系，全面系统地阐述渠道管理的理论与实务。

渠道管理是市场营销管理的一个分支学科。近年来渠道管理理论与实践发展较快，特别是移动营销和电商渠道兴起。全国开设“渠道管理”课程的高校也越来越多。国内高校一般将“渠道管理”列为市场营销专业本科学生必修的核心课程，有些高校还将它列为市场营销管理专业硕士、博士以及工商管理硕士(MBA)的必修或选修课程。本书作者一直从事渠道管理方面的教学与研究，2006 年获得教育部普通高等教育“十一五”国家级规划教材《分销渠道管理》的批准立项。本书是在借鉴国内外相关研究成果的基础上，结合中国企业渠道管理实践和多年教学心得体会形成的研究成果，希望能对渠道管理研究体系的建立与教材的建设作出贡献。

本书建立了全新的渠道管理框架体系，共分为 4 篇：制定渠道规划、设计渠道体系、选择渠道类型、管理渠道成员，全面分析与渠道管理相关的知识与内容。在逻辑方面，层次鲜明，对各个知识点进行透彻的剖析，有助于学生对知识的学习和理解。在写作方面，深入浅出，尽量以简明易懂的语言叙述难以理解的理论，让读者轻松阅读。全书以渠道经理的职能为主线，对渠道管理工作的各方面予以较为详尽的阐述。

第 1 篇“制定渠道规划”。这是渠道经理的首要任务，本篇告诉读者如何制定渠道战略。首先阐述分销渠道的含义、特点和影响因素，在此基础上介绍渠道战略的制定流程及影响因素，并列举了可选的渠道战略。然后阐述典型的渠道政策及渠道流程的分析与管理。本篇包括理解渠道管理、制定渠道战略、制定渠道政策、构建渠道流程，即第 1～4 章。

第 2 篇“设计渠道体系”。制定渠道规划后，就应设计渠道体系。本篇主要阐述渠道体系设计的诸多方面，渠道体系设计是渠道经理最重要的工作之一。本篇包括渠道设计的原则与流程、设计渠道层次、建立渠道关系、优化渠道组合，即第 5～8 章。

第 3 篇“选择渠道类型”。本篇告诉读者企业应该选择什么样的渠道类型。企业可以选择经销、销售代理、连锁经营、特许经营、电商渠道、国际分销渠道等不同渠道来分销产品。本篇包括经销与销售代理、连锁与特许经营、电商渠道、国际分销渠道，即第 9～12 章。

第 4 篇“管理渠道成员”。本篇告诉读者如何管理渠道成员。渠道设计不易，渠道类型难以选择，而管理好渠道更难。本篇包括渠道成员的选择与培训、渠道领导和激励、渠道冲突和合作、渠道绩效评估与改进，即第 13～16 章。

本书是市场营销专业学生、MBA 营销研究方向学生、渠道部经理、销售部经理、市场部经理、营销部经理及对渠道管理有兴趣的有识之士的理想读物，也可作为企业营销人员、中高层管理人员的专业培训教材。

本书配套数字平台内容丰富，包括电子教材、PPT、教学大纲、电子教案、教学案例、各章复习自测题、案例分析，欢迎广大教师和学生使用。

本书由中国人民大学教授李先国和杨晶任主编，负责全书的框架设计和总纂定稿。各章修订的具体分工如下：李先国负责第 1、2、3 章，杨晶负责第 4、5、6 章，梁雨谷负责第 7、8 章，焦腾啸、郝菀婷负责第 9 章，黎静仪、李慧敏负责第 10 章，黄元豪负责第 11 章，宋明蕊、寇思宁负责第 12 章，杨亮负责第 13 章，杨丽新、李宣午负责第 14 章，宋立新、李双丰负责第 15 章，李沐阳负责第 16 章。本书的出版得到了国内同行、专家和中国人民大学出版社编辑的大力支持和帮助，中国人民大学郭国庆教授、中央财经大学孙国辉教授、首都经济贸易大学王永贵教授、湖南大学杨智教授、对外经济贸易大学郭晓凌教授、山东大学梁文玲教授、广东财经大学彭雷清教授、北京林业大学陈凯教授、北方工业大学陶晓波教授、齐齐哈尔大学齐秀辉教授、福建技术师范学院薛良贵教授、武昌首义学院刘春宇教授等提出了很多宝贵意见，在此一并表示衷心感谢。书中不当之处敬请大家批评指正，以便我们今后更好地修订。

目录

第1篇

制定渠道规划

第 2 篇

设计渠道体系

第 3 篇

选择渠道类型

第 4 篇

管理渠道成员

01

第 1 篇

制定渠道规划

渠道管理的首要任务是制定渠道规划。而制定渠道规划，首先要理解渠道的含义与功能、渠道管理的内容及法律约束事项，然后制定渠道战略和渠道政策，以及构建渠道流程。

第1章
理解渠道管理

本章要点

1. 渠道的含义与特点
2. 渠道的功能与功能流
3. 渠道的参与者
4. 渠道管理的内容
5. 渠道管理的法律约束

引导案例

创维彩电的“后来居上”

奥维云网发布的《2018年第三季度中国彩电市场总结报告》显示，2017年彩电市场表现低迷，进入2018年面板价格下行，品牌和渠道韬光养晦，上半年市场零售量迎来恢复性增长，但彩电整体大环境仍存在很多不确定性。在这种大环境下，国产家电巨头创维发布第三季度财报。财报数据显示，创维数字第三季度营业收入为19.25亿元，同比增长12.80%，归属于上市公司股东的净利润为6 775.15万元，同比增长1 334.02%。

创维在彩电市场的出众表现和其在渠道上的布局有很大的关系。数据显示，2018年第三季度彩电市场零售规模与上年基本持平，为1 041万台；零售额规模同比大幅下降，为303亿元，同比下降15.2%。由于消费者网购行为不断成熟，线上市场规模持续增长，线上成为拉动市场增长的主要动力，2018年第三季度线上渠道累计销量501.1万台，同比增长20.1%，渠道占比48.1%，增长8%。

有业内人士表示，创维能够保持高增速后来居上，得益于生产规模扩大、精细化生产导致成本的缩减以及电商渠道的构建。比如在“双11”期间，创维联手苏宁瞄准人工智能电视市场，20万台人工智能电视大单专供苏宁，依托苏宁双线渠道推动人工智能电视的普及。不仅如此，为了让消费者体验实时在线的场景，创维智家将自身分成了五大体验区——休闲娱乐区、居家健康区、舒适厨房区、儿童成长区以及智能安防区，通过“TV+集团周边+生态产品”的三维产品矩阵，布局并构建不同生活场景，为消费者提供优质生活方式体验。

资料来源：坚持“技术、营销、渠道”三步走，创维2018妥妥的赢家. http://www.sohu.com/a/273957092_112986.

在现代市场竞争中，越来越多的企业家认识到销售渠道在企业营销管理中的重要性。企业销售渠道不畅通，产品流转不快，直接影响企业收入，进而影响企业的经济效益。有的企业家甚至认为“渠道是企业的立命之本”“得渠道者得天下”。要管理好销售渠道，必须先理解渠道，搞清楚渠道的含义与特点、渠道的功能与功能流、渠道的参与者、渠道管理的内容以及渠道管理的法律约束等基本内容。

1.1 渠道的含义与特点

1. 渠道的含义

本书研究的渠道，是指产品或服务从生产商向最终用户（包括消费者用户和企业用户）转移过程中，所经过的由各中间环节连接而成的路径，这些中间环节包括生产商自设的销售机构、批发商、零售商、代理商、中介机构、电商、直播带货网红、经纪人等。有的教材或著作也称之为分销渠道、销售渠道或营销渠道。严格意义上讲，营销渠道的内涵更广，还包括供应商。

由于产品转移到消费者用户比到企业用户所经过的路径更为复杂，所以渠道管理的著作以消费品的渠道研究为主，本书也不例外，最终用户也多以消费者或顾客替代。

2. 渠道的特点

（1）渠道能为公司带来更持久的优势。作为营销组合中的一个要素，渠道比其他三个因素（产品、价格、促销）更能为公司带来持久的竞争优势（见图 1－1）。

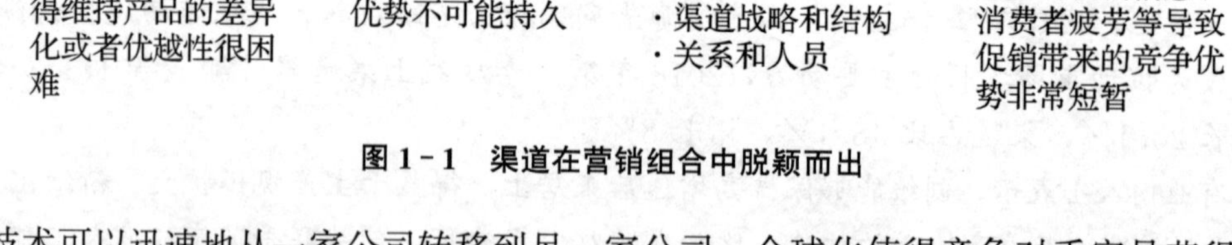

图 1－1 渠道在营销组合中脱颖而出

技术可以迅速地从一家公司转移到另一家公司，全球化使得竞争对手容易获得关于产品设计、特性和质量方面的信息，依赖于产品质量或者差别化的产品战略难以维持。

通过价格战略获取持久竞争优势比通过产品战略获取竞争优势更难。越来越多的企业有能力运营全世界的生产设施，在不同的产品领域参与残酷的价格竞争，一家公司主要依靠比竞争对手提供更低的价格是很难持久的。

通过促销获取持久竞争优势也不可靠。每日向消费者传递的广告和其他促销信息数以亿计，严重削弱了促销信息触达和影响消费者的能力。所以，密集的促销噪声使得通过促销维持持久的竞争优势变得不可靠。

渠道则能形成竞争对手难以在短时间内模仿的竞争优势。首先，渠道的构建是长期的系统工程；其次，渠道通常有一个包括组织和人员的机构，这些都是短时间内很难获得的；最后，渠道由一群在不同组织中共事的人员来具体执行，渠道关系不容易建立和维持。以上特征决定了渠道能够为公司带来持久的竞争优势，这也是越来越多的公司越来越重视销售渠道的原因所在。

（2）渠道的起点是生产商，终点是最终用户。这一特征具有非常重要的意义，它实际上指出了谁是渠道运作的发力者与受力者，即生产商和最终用户是渠道的基本服务对象。很明显，渠道的基本功能是帮助生产商把产品卖出去，让最终用户想买就买得到。若将渠道理解为仅仅是中间商的舞台，那就本末倒置了。

（3）非代理的分销渠道引发商品所有权转移行为。伴随着商品实体从生产商手中转移至消费者手中，商品所有权也从生产商手中转移至消费者手中，尽管在转移过程中实体与所有权可能发生分离，但方向与终点是一致的。

在直接销售渠道即零层销售渠道的情况下，商品从生产商手中直达消费者手中，仅转移一次所有权。在非直接销售渠道即一层或多层销售渠道的情况下，商品从生产商手中经过中间商再到达消费者手中，多次转移商品所有权。

当然，生产商通过代理商销售商品，生产商与代理商之间、代理商与消费者之间不发生所有权转移，因为代理商对商品没有所有权，只代买代卖，帮助他人转移商品所有权。

（4）中间商的介入往往是必不可少的。尽管生产商可以直接与消费者进行沟通，实现零渠道运作，但对于绝大多数生产商来讲，中间商的介入是产品分销成功所不可缺少的。中间商主要包括批发商、零售商、代理商、电商和中介服务机构等。

3. 渠道的发展与演变

渠道不是一成不变的，其定义也是发展变化的。随着时间的推移和环境的变化，渠道的演变经历了三个阶段。

（1）单一渠道。20 世纪 60 年代以前，大部分公司处于大量市场分销阶段，采用单一销售渠道（直接销售渠道或分销商渠道）来覆盖目标顾客（见图 1－2）。在这个阶段，竞争相对还不那么激烈，主要集中于产品和价格上，这也是由当时的社会生产力和科技水平决定的。

（2）双渠道。20 世纪 60 年代后期至 80 年代初期，直接销售渠道和分销商渠道常常结合起来使用以争取覆盖更大的市场，以更有效地到达目标顾客（见图 1－3）。随着技术发展，产品和价格上的竞争优势被削弱，生产商和制造商将重心转移到渠道和促销上。

（3）多渠道。进入 20 世纪 80 年代后期，伴随着电脑技术和网络的应用，越来越多的公司采取多渠道模式（见图 1－4）。多渠道的整合使用传统、联合、非常规的资源分配计划给目标顾客提供全方位的服务。多渠道模式不仅方便了顾客选购商品，更重要的是不同的渠道满足不同的顾客需求：百货店能够提供许多增值服务，网上销售能够节约顾客的购物时间，便利店能够为顾客提供便利的营业时间和地点，等等。

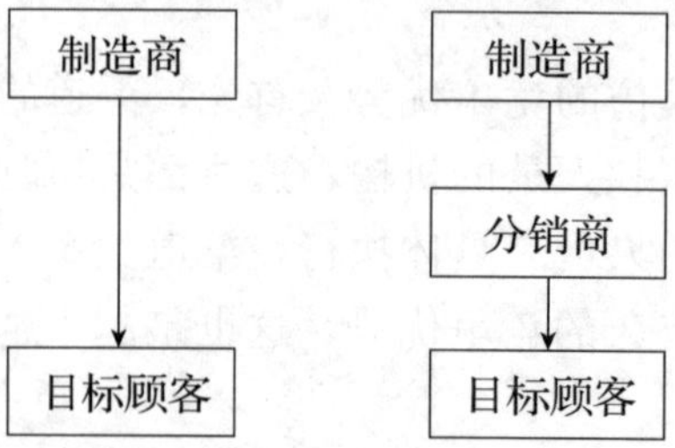

（A）直接销售渠道　（B）分销商渠道

图 1-2　单一渠道模式

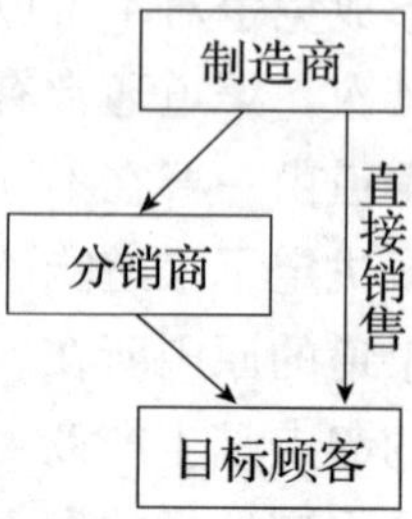

图 1-3　双渠道模式

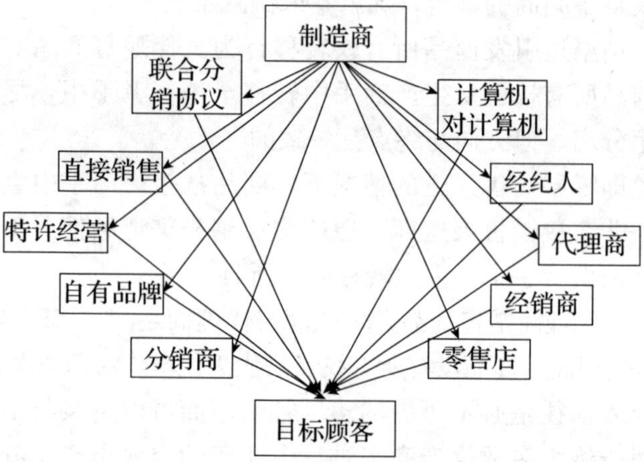

图 1-4　多渠道模式

由渠道的演变历程可以看出，生产商和制造商越来越重视渠道管理，渠道越来越重要。

1.2　渠道的功能与功能流

渠道的功能是学者研究分销、商人学习分销的直接驱动力。

1. 渠道的功能

概括地看，渠道主要有三种功能：便利搜寻，调节品种与数量差异和提供服务。

（1）便利搜寻。由于生产厂家和消费者各自存在不确定性——生产厂家不知道怎样接触最终用户，消费者则不知道在哪里找到自己所需要的产品，中间机构的存在就为两者搭起了一座桥梁，通过减少消费者的搜寻成本，实际上提高了消费者的让渡价值。

（2）调节品种与数量差异。单个生产厂家通常只批量生产一种或几种产品，而消费者对多个厂家的产品的需求量较小，这两者之间就构成了一种矛盾。特定厂家生产的产品种类与数量和特定需求的产品种类与数量之间的矛盾使得中间机构的出现成为必然。中间机构是通过以下方式来解决两者的矛盾的。

①归集。中间机构从不同的生产厂家进货，再销售给零售商或最终用户。

②分装。中间机构从生产厂家大批量进货，再分装成消费者所期望的较小数量出售。

③分级。中间机构将一次性大批量购进的产品分成不同的等级后再出售。

④汇总。中间机构从生产类似产品的多个厂家进货，再销售给零售商或最终用户。

（3）提供服务。中间机构提供的服务包括信用、物流、市场信息与研究、产品售后服务等。

也有学者将渠道的功能进一步细化。比如，卡斯特利·兰根将渠道的功能分为八个方面：产品信息、产品定制化、产品质量确定、产品规格、产品分类的集合、产品应用、售后服务和后勤服务。菲利普·科特勒认为渠道执行下述功能：信息、促销、谈判、订货、融资、承担风险、占有实体、付款和所有权转移。

在不同的渠道中，这些功能由不同的渠道成员承担。当渠道系统发生改变时，这些功能的结合方式也会发生变化，但所需要承担的工作总量不变，只不过是由不同的渠道成员分担。

渠道的建立和维系是企业长期运营的结果。渠道一旦建成，可以带给企业丰厚的回报。一方面渠道可以作为企业持久竞争优势的来源，例如加入世界贸易组织之际中石油和中石化争建和竞购加油站；另一方面，一条良好的销售渠道不仅可以自用，还可以对外出租，收取费用，如海尔将自己的销售网络和物流渠道出租给可口可乐等公司。

2. 渠道的功能流

渠道的功能流与功能之间具有一定的对应关系，功能流是实现渠道功能的载体，也是联结各个渠道成员的链条。渠道中最主要的功能流有：

（1）实体流，是指实体原料及成品从制造商转移到最终顾客的过程。

（2）所有权流，是指货物所有权从一家市场营销机构到另一家市场营销机构的转移过程。

（3）付款流，又叫资金流，是指货款在各市场营销机构之间的流动过程。

（4）信息流，是指在市场渠道中各市场营销机构相互传递信息的过程。

（5）促销流，是指一个渠道成员通过广告、人员推销、宣传、促销等活动对另一渠道成员或最终用户施加影响的过程。

（6）谈判流，是指产品的实体或所有权在渠道中流动时，需要针对交易条件或价格进行谈判、交流的过程。

（7）风险流，是指各种产品或资金风险随着产品所有权在各个渠道成员之间流动、转移的过程。

关于渠道中不同功能流的作用，以及如何通过有效的手段分析与管理不同的渠道流程，会在第 4 章详细介绍。

3. 中间商存在的经济意义

各类中间商的存在是社会分工和市场经济发展的产物。在市场经济条件下，生产越来越专业化，产品越来越多样化，交换越来越复杂，生产与消费在产品数量、品种、时间、地点和所有权等方面的矛盾也越来越大。在这种情况下，中间商的出现与存在成为必然，因为中间商能够减少交易次数，通过专业化和分工提高各个环节的交易效率，降低交易费用。

（1）减少交易次数。假设有5家生产厂家直接向5家零售商供货，则需要25次交易（见图1-5）；如果通过一家批发商向零售商供货，就只需要交易10次（见图1-6）。由此可见，通过中间商集中交换确实减少了交易次数，提高了交易效率，减少了交易费用。

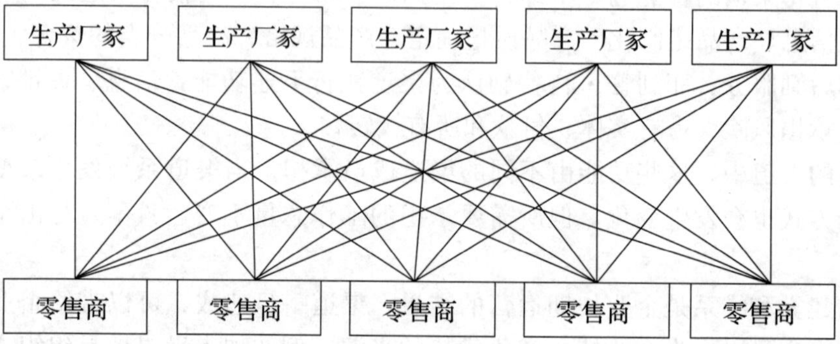

图1-5 直接交易

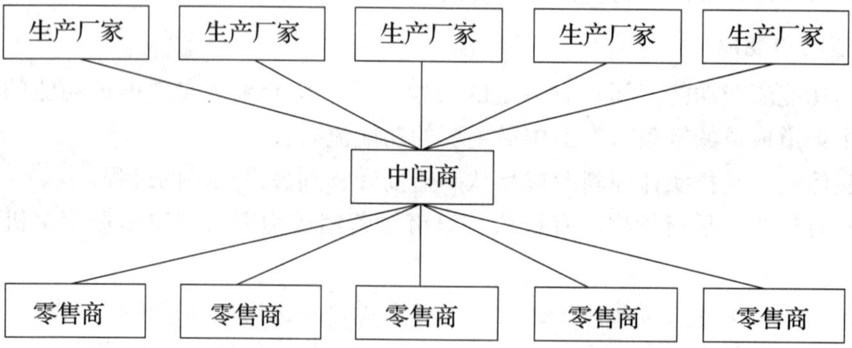

图1-6 通过中间商交易

（2）提高交易效率。中间商的出现是渠道专业化和分工的结果。专业化和分工原理由亚当·斯密在《国富论》中提出。这个原理已经广泛应用于生产领域，也可以应用到分销领域：通过将一个复杂的任务分解成比较简单的活动，再把它们分配给处理这些问题的专家，以获取更高的效率。正如生产经理按照专业化和分工来分配生产任务，渠道经理也应该这样分配分销任务，即将渠道任务分配给能够最有效地完成这些任务的企业或主体，各企业之间通过共享资源、协同管理等提高交易的成功率，减少商品运输、宣传、包装等费用。

（3）降低交易费用。交易次数的减少、交易效率的提高必然会降低交易费用。假设DD礼品公司设定了500家零售商承销其礼品的分销目标。为了达到这个目标，DD礼品公司估计需要1 500次销售拜访、1 000次电话拜访、10次商业杂志广告，其成本为175 000元（见表1-1）。

表 1-1 DD 礼品公司共享规模经济示例 单位：元

	直接向零售商销售			通过批发商销售		
	谈判投入	单价	估计投入成本	谈判投入	单价	估计投入成本
销售拜访（次）	1 500	100	150 000	100	100	10 000
电话拜访（次）	1 000	5	5 000	100	5	500
杂志广告（次）	10	2 000	20 000	15	2 000	30 000
总计			175 000			40 500

如果 DD 礼品公司采用批发商来实现分销目标，估计需要 20 个批发商。在这种情况下，预测需要 100 次销售拜访、100 次电话拜访、15 次商业杂志广告（商业杂志广告对批发商更有效），则总成本为 40 500 元，不到直接向零售商销售成本的 24%。

案例 1-1 重庆进出口水果分拨中心

综上所述，中间商的存在确实极大地促进了商品的流通。

1.3 渠道的参与者

渠道的功能要通过渠道参与者的操作才能实现。准确地把握渠道中的参与者，就能在进行渠道管理时更好地分析市场各方的作用，获得更多、更好的信息，作出更好的决策。

图 1-7 简要概括了基于是否参与谈判而对渠道参与者进行的基本分类，展示了渠道系统的参与者。在图 1-7 中，渠道构成包括四部分：（1）生产商（制造商）；（2）中间商；（3）最终用户；（4）辅助机构。其中，中间商又分为批发商和零售商；最终用户分为一般顾客和企业用户。虽然最终用户是分销渠道的成员，但是本书主要研究生产商（制造商）和中间商。由于辅助机构不直接参与谈判活动，本节只简要阐述其功能。

1. 生产商（制造商）

从事生产和制造的公司的范围很广，这一点不仅表现在产品的多样性上，还体现在公司的规模上。这些公司生产的产品大到航空母舰，小到螺丝钉；公司规模也从只有一个人的小公司到巨型跨国公司不等。虽然存在这些差异，但生产商（制造商）都明白自己存在的理由：满足市场需求，将产品采取合适有效的方式送到消费者手中。然而，大多数从事生产和制造的公司都不具有执行这些分销任务所必需的专业技能和规模经济。因此，生产商和制造商必须不断寻找渠道成员，把分销任务交给它们去执行或者和它们一起执行。可执行分销任务的中间商包括两种类型：批发商和零售商。

2. 中间商

中间商是能够帮助生产商和制造商执行谈判功能以及其他分销业务的独立单位，以下面两种形式运作。

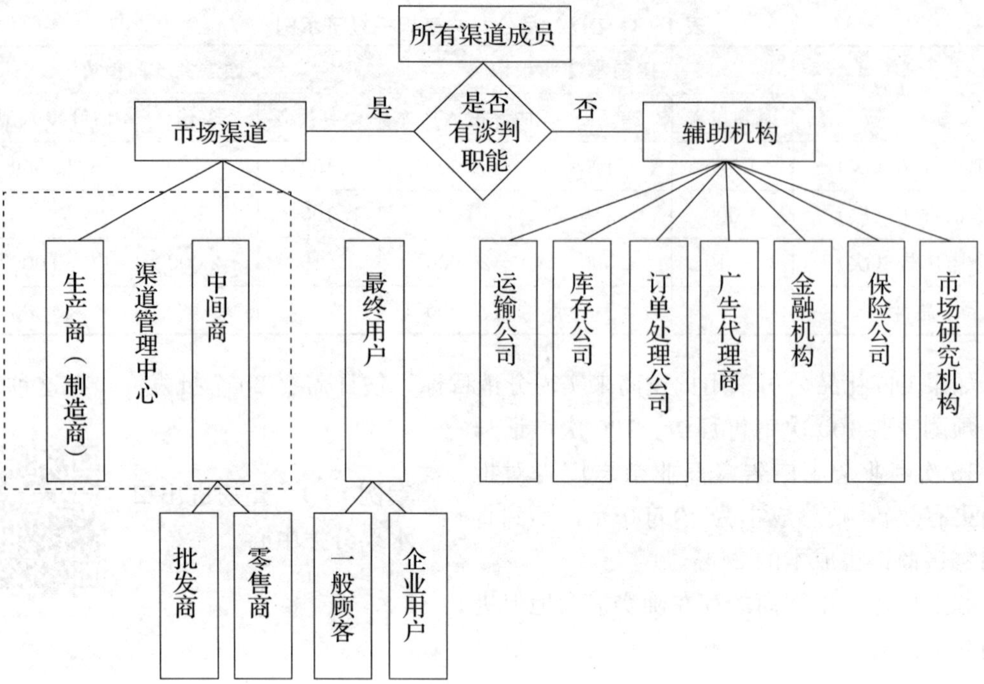

图 1-7　渠道成员分类图

（1）批发商。批发商包括各种为转售而从事商品销售的企业，向零售、工业、金融或者农业等行业企业提供转售业务的企业，其他批发商、代理商以及经纪人等。批发商的类型如图 1-8 所示。

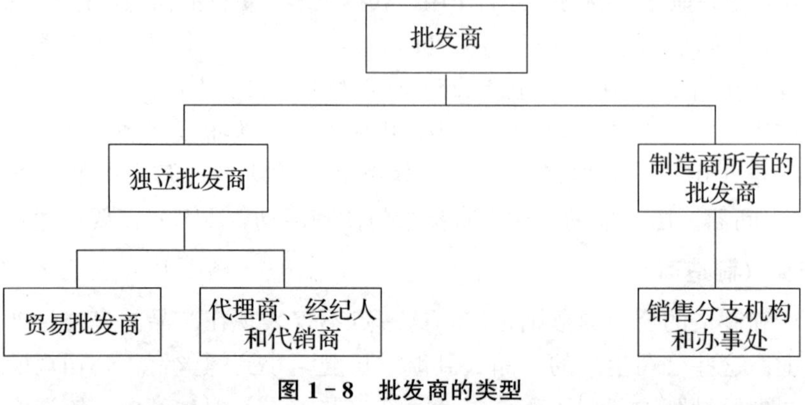

图 1-8　批发商的类型

①贸易批发商。贸易批发商是指大量购进产品并储存，再分成较小分量转售给零售商的中间商。贸易批发商能够为制造商执行六个分销任务（市场占领、销售联系纽带、保持一定的库存、订单处理、收集市场信息和顾客支持），为顾客执行六个分销任务（产品有效性、顾客服务、贷款和金融支持、分类便利、整批分零、建议和技术支持），见图 1-9。贸易批发商通过这些活动实现更有效益和效率的渠道功能，从而获得相应的利润。

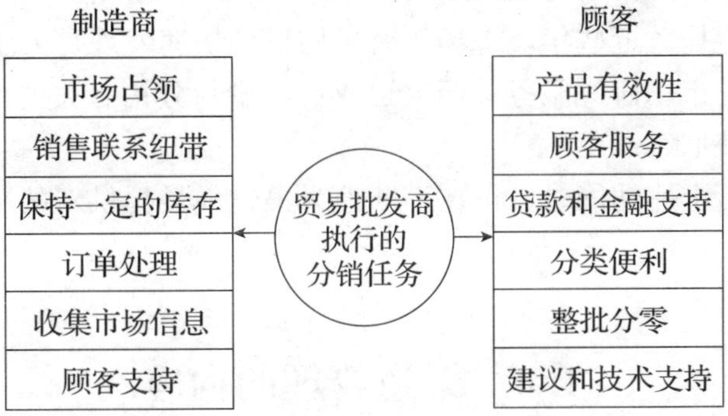

图1-9 贸易批发商执行的分销任务

②代理商、经纪人和代销商。代理商、经纪人和代销商只参与商品的交换，没有商品的所有权。它们参与买卖的谈判过程，目的是保障其委托人的利益，通常使用的形式为销售代理商和购买代理商。

③制造商的销售分支机构和办事处。制造商的销售分支机构和办事处是由制造商开办并运作的批发机构，但是完全独立于制造商的工厂。它们主要批发制造商的产品，其中一些分支机构拥有仓库，并保持一定数量的产品储存，其他的则只是销售办事处，一些还会批发销售从其他制造商购买的同类商品。

无论是哪种形式的批发商，只要能比制造商更有效地执行分销任务，其存在就是合理的、有效益的；只有更有效、更有效率地完成分销任务，批发商才能保持并不断提高自己在分销渠道中的地位。

（2）零售商。零售商为满足家庭或个人消费需要而销售商品并提供服务。其种类复杂多样：小到夫妻店，大到巨型连锁商店；从邮购公司、电视购物零售商到百货商场；等等。零售商执行的渠道职能因规模、形式而有所不同，概括地说，零售商的主要功能是在恰当的时间以恰当的方式在恰当的地点提供满足顾客需要的恰当的商品。

3. 辅助机构

辅助机构是指帮助执行诸如购买、出售以及运输等分销任务的公司。不同的辅助机构的功能有所不同，下面介绍一些常见的辅助机构及其功能。

（1）运输公司。包括所有基于公共基础设施提供运输服务的公司。由于能够实现巨大的规模经济，这些运输公司能够比制造商、批发商和零售商更有效、更低成本地提供运输服务。

（2）库存公司。指专门从事场地出租进行货物储存的公共仓库。库存公司能提供很多弹性服务且更专业，因而能大大提高渠道效益。

（3）订单处理公司。指专门从事订单处理的公司。订单处理公司代替生产商（制造商）、批发商以及零售商执行部分或者全部的订单处理业务，使这些公司从繁重的订单处理中解脱出来。

（4）广告代理商。广告代理商专门向渠道成员提供销售策略、广告服务等。

（5）金融机构。包括银行、金融公司以及代理金融服务的公司。

（6）保险公司。保险公司转移渠道成员在业务中遇到的风险。

（7）市场研究机构。近些年，市场研究机构得到快速发展。大多数城市都有市场研究机构来提供广泛的市场研究服务。当渠道成员缺少与分销有关的市场信息时，可以通过这些研究机构来获取。

辅助机构在执行上述功能时，也在不断地为渠道成员提供新的服务，这加强了对分销渠道成员的作用。

1.4 渠道管理的内容

1. 渠道管理的重要性

渠道管理是指通过计划、组织、控制、协调等管理活动，在企业经营活动中，充分利用人力、财力、物力等资源，发挥渠道的功能，提高渠道功能流的流通效率，促进分销渠道整体效率和销售效益提高的企业管理活动。渠道管理的重要性体现在以下几个方面。

（1）渠道规划实施的复杂性。渠道规划作为提升渠道竞争优势的一种手段，大多数企业都会制定，但由于渠道环境的复杂性与渠道成员之间的激烈竞争，实施渠道规划是一个相对漫长又复杂的过程，往往需要对渠道规划的内容进行有效管理才能够较好实现规划中的目标和计划。因此，从流程来看，在制定渠道规划之后，对渠道成员进行有效管理，让渠道成员有效开展分销任务从而实现渠道规划中的目标和任务，同时通过激励、监督、控制等方式增进渠道成员之间的合作与交流，减少渠道成员间的摩擦，有利于对抗渠道规划实施中的复杂性和风险性，提高渠道规划成功实施的转化率。反之，如果对渠道缺乏有效的管理，在激烈竞争的环境中，渠道成员之间的冲突最终会导致渠道规划目标无法实现，再好的渠道规划都无法提高渠道的运作效率。

（2）渠道成员目标的冲突性。渠道成员可能属于同一组织，也可能独立运作，不同的渠道成员具有各自的立场和利益目标，最终构建了由多个企业主体组成的利益网络和链条。在这个利益网络中，目标的差异容易造成各方存在冲突，降低整体分销流程的效率。通过渠道管理，一方面能够规范和控制渠道成员的行动，更好地处理渠道成员之间的关系，转化矛盾、冲突为合作、共赢，减少渠道摩擦；另一方面能够利用制度和合理设计等手段，尽可能缩小渠道成员之间对利益目标追求的差异，保证渠道中每个成员的利益，发挥渠道成员各自的优势，提高渠道成员对合作与结盟的积极性。

（3）构建低成本渠道优势的必要性。由于渠道环境的复杂性和渠道成员之间的冲突矛盾，分销成本一直是销售环节中的重要问题，也决定了商品价格在零售环节中的竞争力。因此，降低渠道成本本质上就是在构建企业自身的低成本竞争优势，而渠道管理是降低渠道成本的重要手段。通过渠道管理，一方面可以更好地实施渠道规划，提高渠道设计的合理性，减少不必要的环节；另一方面可以减少渠道成员之间的摩擦，提升渠道功能流的流动效率，降低渠道分销的成本，进而提升企业在零售终端的议价权和利润率。因此，为了降低渠道成本，开展合理、有力的渠道管理是必要的，这也决定了企业最终在渠道上的持续发展能力和运作效率。

2. 渠道管理的内容

渠道管理有广义和狭义之分。广义的渠道管理包括制定渠道规划、设计渠道体系、选择渠道类型和管理渠道成员四个部分。狭义的渠道管理是指针对渠道中成员的运作进行管理。本书采用广义的渠道管理，其内容可以概括为以下四个方面（见图 1-10）。

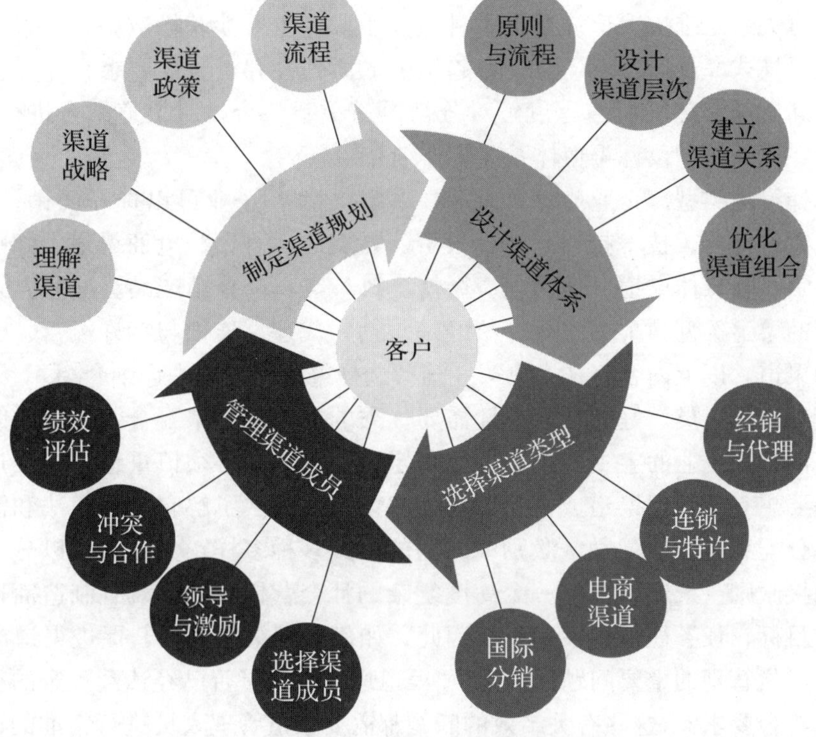

图 1-10　渠道管理的内容

（1）制定渠道规划。制定渠道规划，首先要理解销售渠道，明确渠道的功能，为制定渠道战略奠定基础，然后制定渠道战略和渠道政策，以及构建渠道流程。

渠道战略是企业市场营销战略的一个重要组成部分，指的是为了实现渠道目标而制定的一整套指导方针，目的是贯彻市场营销战略，创造渠道价值链的竞争优势。制定渠道战略主要包括：制定企业总体战略→制定市场营销战略→进行 SWOT 分析→确定渠道目标→制定具体渠道战略→分析渠道决策的经济性→分析渠道战略的适应性和可行性。具体内容在本书第 2 章“制定渠道战略”中详细介绍。在制定渠道规划过程中，也伴随着渠道政策的制定以及渠道流程的构建。在渠道战略的指导下，渠道政策可以将指导意义上的原则、方向转化为具体的方针、政策，主要涉及渠道铺货政策、渠道价格政策、渠道产品线经销政策和渠道一体化政策等，具体内容在第 3 章“制定渠道政策”中详细介绍。渠道功能流的主要功能是将产品和服务从生产者那里转移到消费者手里，第 4 章“构建渠道流程”会阐述不同的渠道流程如何通过有效的手段进行分析与管理。

（2）设计渠道体系。制定渠道规划后，就应设计渠道体系。渠道设计是指在创建全新市场分销渠道或改进现有渠道的过程中所做的决策。首先，要了解渠道设计的原则与流程，设计渠道体系涉及渠道的层次和整合问题，主要包括设计渠道长度、宽度和广度。渠道的长度，是企业分销渠道中中间环节的数目；渠道的宽度，是根据经销某种产品的同级别的批发商、零售商、代理商的数量来确定的；分销渠道广度，是宽度的一种扩展和延伸，是指厂商选择几条渠道进行某产品的分销活动，而非几个批发商或零售商的问题。建立渠道关系是维护渠道体系的一种重要手段，主要涉及松散型、垂直型和共生型三种渠道关系模式。最后，市场竞争日趋增强的激烈性和对抗性要求企业经营更加深入和细致，提高市场资源的可控程度，对分销渠道重新整合，对渠道组合进行合理安排。以上内容将在第 2 篇“设计渠道体系”中详细介绍。

（3）选择渠道类型。企业应该如何选择渠道类型？企业可以选择经销、销售代理、连锁经营、特许经营、技术授权、海外投资、专卖店、直销、电商渠道、邮购、媒介销售、自动售货、新媒体渠道（如微信、微博、抖音等）来分销产品。这些方式可以概括为几种不同的渠道类型。本书主要介绍经销与销售代理、连锁与特许经营、电商渠道以及国际分销渠道，以上内容将在本书第 3 篇“选择渠道类型”中详细介绍。

（4）管理渠道成员。好的渠道设计需要优秀的渠道成员来配合。优秀的渠道成员与健全的渠道网络是企业的宝贵资产。为了稳定渠道网络，必须慎重地选择渠道成员。同时渠道经理要想有效管理渠道成员，必须了解渠道成员，了解它们的想法和需求，做到合理的权力分配和有效的激励。激励中间商的形式多种多样，大体上可以分为两种：直接激励和间接激励。渠道系统是一个高度复杂的社会营销系统，既有制造商，又有中间商，它们的目标、任务往往存在冲突。因此，如何化解渠道冲突，促进渠道成员之间的合作是渠道成员管理的重要问题。最后，“渠道运行效率是否已经达到预定的目标？”“渠道成员是否符合要求？”这些有关绩效的问题都需要渠道管理人员进行精准的评价，并在评价基础上改进渠道，不断提升分销渠道的运作效率。以上内容将在本书第 4 篇“管理渠道成员”中详细介绍。

1.5 渠道管理的法律约束

1. 渠道管理法律约束的重要性和常见法律风险

很多营销从业人员更加注重如何制定渠道战略和管理渠道成员以更好地实现利润最大化目标。对于他们而言，法律问题似乎不像本书其他内容那么重要，实际上了解渠道管理的相关法律非常重要，特别是在中国日益规范化的市场环境中。

如果营销人员了解相关的法律法规，就更有可能制定出合理的战略，并能够在各方支持下长期实施该战略；反之，如果忽视或者藐视法律的约束，即使渠道战略看似周密完善，实际施行过程也会困难重重。同理，如果营销人员所起草的经销商合同经过深思熟虑，就能够有效降低因合同纠纷引起的损失。因此，在设计和管理渠道之前，充分了解法律约束，渠道管理才会变得相对容易，才有利于与优质的合作伙伴建立长期稳定的合作关系。

法律风险包括主观风险和非主观风险。非主观风险主要是对已有法律的误解，包括对法律行为、概念、后果的误解，误解会导致行为与自身本意相背离。在渠道关系中更多的是主观风险，是一方或双方有意识的行为。在我国的分销渠道中常见的法律风险主要有渠道投资和融资法律风险、渠道合作伙伴信用法律风险、跨区域销售中恶意窜货法律风险、竞争关系法律风险和渠道合同风险等。

(1) 渠道投资和融资法律风险。渠道投资和融资法律风险主要反映在企业的应收账款上，表现为企业不能按约从分销商处及时收回货款而产生货款被占用、损失等。对于渠道商来说，坏账和欠款一直是困扰企业的问题，在普遍采用渠道分销模式的情况下，应收账款无法及时收回、呆坏账损失严重的现象屡见不鲜，更有恶意拖欠、恶意欺诈等行为，将潜藏在渠道中的投资融资法律风险表面化。这些逾期应收账款、坏账、恶意拖欠、恶意欺诈等损失不限于实际已发生的损失，还包括可能产生的恶性连锁反应，损害企业的总体经营目标，甚至对企业的生存造成威胁。

(2) 渠道合作伙伴信用法律风险。市场竞争不断加剧，采用赊销方式出售产品已经成为众多行业通行的销售方式，赊销给企业的销售量带来了几倍甚至几十倍的放大效应，然而，赊销通常是无担保的信用，与银行信用相比缺乏回收的保障，买方一旦失信，会对信用提供方造成损失，由此衍生出来的法律风险让很多企业望而生畏。尤其是渠道分销，由于涉及多个关系人而具有特殊属性，可能产生危机屏蔽或者放大双重效应。分销的直接风险来自代理商，而代理商是否发生风险又与终端商和客户的风险状况密切相关，如果下一级渠道商的资信良好，风险发生后每一级会起到屏蔽作用，如果下游的资信状况不好，风险发生后易于在分销渠道商之间转嫁，对分销商就可能产生传导和放大双重效应，给渠道成员特别是上游成员的信用风险管理带来困扰与压力。与渠道分销不同，直销方式是厂商直接面对客户，每个客户都可能存在风险，一旦风险发生，虽然不存在危机放大的可能，但厂商必须独自承担所有风险。另外，赊销方式下，一旦不能付款，企业会考虑货物回收，回收中也存在信用风险，表现为：分销商恶意拖欠和侵占货款、分销商因经营困难无力支付等。

(3) 跨区域销售中恶意窜货法律风险。窜货，又称冲货或越区域销售，是渠道管理中较普遍的法律风险现象，渠道成员受利益驱动，可能将其经销的产品跨区域销售，造成价格混乱。按窜货的不同动机和对市场的不同影响，分为恶性窜货、自然窜货和良性窜货。其中，恶性窜货风险危害最大，常用的手段是降价销售、以低于厂家规定的价格向非辖区销售，这会造成渠道价格混乱，经销商之间的关系恶化，企业与窜货经销商之间矛盾增加，扰乱企业销售渠道的价格体系，引发价格战，降低通路利润，使经销商对产品失去信心，丧失积极性并最终放弃经销该企业的产品。中间商为了获取非正常利润，蓄意向自己辖区以外的市场倾销产品的窜货行为，实质上是一种不正当竞争行为。窜货在渠道管理中是一个重要的问题，不但面临不正当竞争法律风险，也会引起严重的渠道冲突，需要及时管理处理，本书将在第 15 章着重讨论。

(4) 竞争关系法律风险。渠道网络是同行企业必争之地，也是各个企业短兵相接的场地。竞争对手同样有自身的销售渠道，它针对渠道所做的决策可能给企业渠道带来风险。例如，竞争对手物流效率提高，对中间商的物流支持加强，如果企业不能及时跟进，有可能使自己的中间商偏向或者转向竞争对手，这种风险远远超出中间商带给渠道的风险。现实中，常见的竞争对手造成的企业渠道法律风险有：利益诱使中间商叛离企业；有意购买企业产品进行窜货，扰乱市场秩序；有针对性地在陈列展位上与企业展开争夺；拉拢诱惑企业的销售人员；等等。

（5）渠道合同风险。渠道关系很大程度上是合同关系，企业与经销商和客户的业务达成，渠道管理中的一切活动、各个环节的行为都要依靠签订和履行合同来完成，每一环节都可能存在合同违约，例如，渠道供应商与中间商关系形成中可能出现合同主体不合格，企业订货、储存、运输、交货等渠道过程中可能出现产品数量、质量和供货时间违约的风险。

案例1-2　中间商贸易的风险及防范

2. 美国渠道管理的法律约束

在美国，渠道管理的法律约束得到渠道参与者的高度重视，渠道管理的法律问题主要包括差别待遇、反托拉斯和合同解除问题，渠道建设需要遵守联邦法律、各州法律、行业法规和合同条款。美国联邦法律、州法律和行业法律都在供应商和经销商关系的管理上发挥着重要的作用。联邦法律和州法律都有关于反托拉斯问题的法规，并含有保护分销商、经销商、特许经销商和独立销售代理商利益的详细规定。

反托拉斯法旨在保护贸易和商业不受非法限制和垄断的危害。托拉斯是一种资本主义垄断组织形式，是由许多生产同类商品的企业或在生产上有密切联系的企业，为了垄断某些商品的产销，以获取高额垄断利润而组成的大垄断企业。

托拉斯的垄断组织形式可分为两种：

（1）以金融控制为基础的托拉斯。参加的企业形式上保持独立性，实际上从属于掌管托拉斯股票控制额的总公司，这种总公司是一种持股公司，通过持有其他公司的股票控制额对它们进行金融控制。

（2）以生产同类商品的企业完全合并为基础的托拉斯。这种托拉斯所从属的总公司是一种业务公司，直接经营产销业务。在总公司下按产品类别或工序、工艺设立若干分公司来管理。违反反托拉斯法者将受到严厉的制裁，包括高额的罚款和监禁。

限制或共谋行为在横向或纵向的关系中都可能发生。纵向关系是指在分销渠道不同阶段的各个公司之间的关系，比如制造商和经销商之间的关系。分销渠道中一家公司对另一家公司进行限制的行为就是纵向约束。横向关系是指在供应链同一阶段的两家公司之间的关系，比如不同制造商之间的关系。如果两家公司之间通过固定价格或者其他方法订立协议限制贸易，就是横向限制。

《谢尔曼法》全称为《保护贸易和商业不受非法限制与垄断之害法》（An Act to Protect Trade and Commerce against Unlawful Restraints and Monopolies），是美国国会制定的第一部反托拉斯法，也是美国历史上第一个授权联邦政府控制、干预经济的法案，被称为全球反垄断法之母。该法规定：凡以托拉斯形式订立契约、实行合并或阴谋限制贸易的行为，均属违法。违反该法的个人或组织，将受到民事的或刑事的制裁。该法奠定了反垄断法的坚实基础，至今仍然是美国反垄断的基本准则。但是，该法对什么是垄断行为、什么是限制贸易活动没有作出明确解释，为司法解释留下了广泛的空间，而且这种司法解释受到经济背景的深刻影响。

3. 中国渠道管理的法律约束

关于渠道管理，我国也有相关的法律法规。为了规范市场行为，保护公平竞争，维护企业合法权益，我国制定了一系列经济法律法规，如《中华人民共和国反垄断法》《中华人民共和国价格法》《中华人民共和国反不正当竞争法》《中华人民共和国合同法》等。

《中华人民共和国反垄断法》是一部为了预防和制止垄断行为，保护市场公平竞争，提高经济运行效率，维护消费者利益和社会公共利益，促进社会主义市场经济健康发展而制定的法律。《中华人民共和国反垄断法》于 2008 年 8 月 1 日起施行，对垄断协议，滥用市场支配地位，经营者集中，滥用行政权力排除、限制竞争，对涉嫌垄断行为的调查及法律责任等做了明确的规定。

根据《中华人民共和国反垄断法》的规定，设立国务院反垄断委员会，负责组织、协调、指导反垄断工作，履行下列职责：(1) 研究拟定有关竞争政策；(2) 组织调查、评估市场总体竞争状况，发布评估报告；(3) 制定、发布反垄断指南；(4) 协调反垄断行政执法工作；(5) 国务院规定的其他职责。国务院反垄断委员会聘请法律、经济等方面的专家组成专家咨询组，对委员会需要研究的重大问题提供咨询。国务院反垄断委员会还规定了委员会组成、会议制度、工作制度和工作程序。

《中华人民共和国反垄断法》的任务就是防止市场上出现垄断，以及对合法产生的垄断企业进行监督，防止它们滥用市场优势地位。该法规定的垄断行为包括：(1) 经营者达成垄断协议；(2) 经营者滥用市场支配地位；(3) 具有或者可能具有排除、限制竞争效果的经营者集中。

垄断协议是一种具有危害性的不正当竞争行为，指两个或者两个以上的经营者（包括行业协会、自然人、法人和其他组织）排除、限制竞争的协议、决定或者其他协同行为。垄断协议可分为横向垄断协议与纵向垄断协议。

(1) 横向垄断协议。横向垄断协议，是指具有竞争关系的经营者之间达成的垄断协议。例如，在生产或者销售过程中处于同一阶段的生产商之间、零售商之间或者批发商之间达成协议。通常情况下，横向垄断协议包括：实施固定的价格、限制产量、划分市场、限制购买或开发、联合抵制其他竞争对手等排除、限制竞争行为等内容。《中华人民共和国反垄断法》禁止具有竞争关系的经营者达成下列垄断协议：

第一，固定或者变更商品价格。价格竞争是经营者之间最重要、最典型的竞争方式，几乎世界各国都有规定，经营者不得通过协议、决议或者协调等串通方式实行统一确定、维持或变更价格的价格垄断行为。

第二，限制商品的生产数量或者销售数量。这是一种典型的横向垄断协议，限制商品的供应数量，必然导致市场上该商品的价格上涨，消费者的利益遭到损害。

第三，分割销售市场或者原材料采购市场。这是指经营者之间分割地域、客户或者商品市场的行为。这种“画地为牢”的行为限制了经营者之间正常的自由竞争。

第四，限制购买新技术、新设备或者限制开发新技术、新产品。购买新技术、新设备，开发新技术、新产品可以有效降低生产成本，提高生产效率，推动科学技术的进步。经营者为了避免技术进步带来的市场格局和竞争格局的变化，彼此之间签订限制开发协议以巩固市场地位，这不仅是破坏自由竞争的行为，而且阻碍了技术的进步。

第五，联合抵制交易。也称集体拒绝交易，即经营者之间联合起来，集体拒绝与其他竞争对手、供货商或者客户进行交易。其目的是排斥其他竞争对手，或者垄断产品上下游渠道，维护自身的垄断地位。

第六，国务院反垄断执法机构认定的其他垄断协议。

（2）纵向垄断协议。纵向垄断协议，又叫垂直协议、纵向限制，是指在同一产业中两个或两个以上处于不同经济层次、没有直接竞争关系但是有买卖关系的经营者，通过明示或者默示的方式达成的排除、限制竞争的协议。纵向垄断协议的主体分别处于商品生产、流通、销售的各个环节上，彼此之间没有竞争关系，是相互依赖的关系。区别于横向垄断协议，纵向垄断协议具有以下特征：

首先，纵向垄断协议的行为主体具有明显的互补性。在该协议中，经营者之间并不存在真正意义上的竞争，只是存在交易关系。更确切地说，纵向垄断协议中的垄断，是上游经营者对下游经营者经营自由的限制。

其次，纵向垄断协议对竞争的限制，一般通过经营者与交易相对人达成协议，要求交易相对人实施特定行为来实现。这有别于横向垄断协议中经营者共同实施市场行为，达到排除、限制竞争的目的。一般来说，横向垄断协议具有一致对外性，经营者有共同的目的，而达成纵向垄断协议的经营者和交易相对人之间具有一定的限制关系，不存在共同的目的。

最后，纵向垄断协议一般体现为明示的方式。纵向垄断协议大多附随于经营者和交易相对人的交易合同；相比之下，达成横向垄断协议的经营者采取订立协议的方式，如协议、决定和其他协同行为，并多为默示方式。

《中华人民共和国反垄断法》禁止经营者与交易相对人达成下列垄断协议：（1）固定向第三人转售商品的价格；（2）限定向第三人转售商品的最低价格；（3）国务院反垄断执法机构认定的其他垄断协议。经营者违反该法规定，达成并实施垄断协议的，由反垄断执法机构责令停止违法行为，没收违法所得，并处上一年度销售额百分之一以上百分之十以下的罚款；尚未实施所达成的垄断协议的，可以处五十万元以下的罚款。

市场支配地位，是指经营者在相关市场内具有能够控制商品价格、数量或者其他交易条件，或者能够阻碍、影响其他经营者进入相关市场能力的市场地位。有下列情形之一的，可以推定经营者具有市场支配地位：（1）一个经营者在相关市场的市场份额达到二分之一的；（2）两个经营者在相关市场的市场份额合计达到三分之二的；（3）三个经营者在相关市场的市场份额合计达到四分之三的。

《中华人民共和国反垄断法》禁止具有市场支配地位的经营者从事下列滥用市场支配地位的行为：（1）以不公平的高价销售商品或者以不公平的低价购买商品；（2）没有正当理由，以低于成本的价格销售商品；（3）没有正当理由，拒绝与交易相对人进行交易；（4）没有正当理由，限定交易相对人只能与其进行交易或者只能与其指定的经营者进行交易；（5）没有正当理由搭售商品，或者在交易时附加其他不合理的交易条件；（6）没有正当理由，对条件相同的交易相对人在交易价格等交易条件上实行差别待遇；（7）国务院反垄断执法机构认定的其他滥用市场支配地位的行为。经营者违反该法规定，滥用市场支配地位的，由反垄断执法机构责令停止违法行为，没收违法所得，并处上一年度销售额百分之一以上百分之十以下的罚款。

《中华人民共和国价格法》是国家为调整与价格的制定、执行、监督有关的各种经济关系而制定的法律规范的总称，于 1997 年 12 月 29 日通过，自 1998 年 5 月 1 日起施行。《中华人民共和国价格法》规定了经营者的价格行为，明确了价格监督检查机制，在分销渠道管理中需要严格按照该法的规定执行定价管理。

《中华人民共和国价格法》规定经营者不得有下列不正当价格行为：（1）相互串通，操纵市场价格，损害其他经营者或者消费者的合法权益；（2）在依法降价处理鲜活商品、季节性商品、积压商品等商品外，为了排挤竞争对手或者独占市场，以低于成本的价格倾销，扰乱正常的生产经营秩序，损害国家利益或者其他经营者的合法权益；（3）捏造、散布涨价信息，哄抬价格，推动商品价格过高上涨的；（4）利用虚假的或者使人误解的价格手段，诱骗消费者或者其他经营者与其进行交易；（5）提供相同商品或者服务，对具有同等交易条件的其他经营者实行价格歧视；（6）采取抬高等级或者压低等级等手段收购、销售商品或者提供服务，变相提高或者压低价格；（7）违反法律、法规的规定牟取暴利；（8）法律、行政法规禁止的其他不正当价格行为。

《中华人民共和国反不正当竞争法》于 1993 年 9 月 2 日通过，2017 年 11 月 4 日修订，2019 年 4 月 23 日修正。在市场经济条件下，企业在利润、价值规律的驱使下为提高产品质量、降低成本、改进售后服务、满足购买者和消费者的需要而进行竞争。所谓不正当竞争，是指经营者违反法律，损害其他经营者的合法权益，扰乱社会经济秩序的行为。在经济生活中，不正当行为的表现多种多样，如商业贿赂、制售假冒产品、制作发布虚假广告、诋毁竞争对手的商业信誉或商品信誉、擅自使用他人的商标，等等。竞争者会采用各种手段，甚至不择手段以达到利己的目的，有的商家会运用这些手段来侵害消费者的合法权益，在这种情况下，竞争就会被扭曲，甚至被扼杀，健康的经济秩序受到破坏，其产生的后果是严重的、不可挽回的、触目惊心的。《中华人民共和国反不正当竞争法》的制定和实施，在保护经营者合法权益的同时，也起到了保护消费者权益的重要作用。

本章小结

本章的主要目的是让读者了解渠道管理的基本知识，从宏观层面认识渠道管理。

首先介绍了渠道的含义、特点和演变阶段。渠道的特点是：渠道能为公司带来更持久的优势；起点是生产商，终点是最终用户；非代理的分销渠道引发商品所有权转移行为；中间商的介入往往必不可少。渠道主要经历了单一渠道、双渠道、多渠道三个阶段。

渠道执行的任务是把商品由生产者手中转移至消费者手中，弥合生产与消费在时间和空间上的矛盾，从而实现以下功能：便利搜寻、调节品种与数量差异、提供服务。中间商存在的意义为：减少交易次数、提高交易效率和降低交易费用。

渠道参与者包括生产商（制造商）、中间商、最终用户、辅助机构，它们有不同的功能和作用。

渠道管理十分重要，广义的渠道管理包括制定渠道规划、设计渠道体系、选择渠道类型和管理渠道成员四个方面。

最后介绍了渠道管理中可能面临的法律风险，美国和中国渠道管理中的法律约束情况，以及横向垄断协议和纵向垄断协议的内容及危害。

基本概念

渠道	功能流	中间商	辅助机构
横向垄断协议	渠道管理	纵向垄断协议	

思考题

1. 简述渠道的含义。
2. 渠道有哪些特点？
3. 渠道的演变经历了哪几个阶段？
4. 渠道的功能主要有哪些？
5. 中间机构一般通过什么方式对品种与数量差异的矛盾进行调节？
6. 中间商的存在有什么意义？
7. 批发商主要有哪几种类型？
8. 渠道中常见的辅助机构有哪些？
9. 广义的渠道管理包括哪些内容？
10. 简述渠道管理中常见的法律风险。

案例分析

格兰仕的渠道之痛

与电商平台T的“羁绊”

2019年10月25日，某电商平台T将其线上店铺的格兰仕产品全部下架。格兰仕2019年10月28日向广州知识产权法院就电商平台T涉嫌滥用市场支配地位等相关事宜提起诉讼，并于2019年11月4日得到受理。

格兰仕和电商平台T之间的“梁子”结在2019年“6·18”之前。6月17日，格兰仕就指出自2019年5月28日拜访拼多多以来，格兰仕在电商平台T的搜索端陆续出现异常，导致正常销售受到严重影响。格兰仕表示，“发现异常后，我方通过各种方式与电商平台T沟通，但异常问题至今未得到解决。到目前为止，我方认为至少是电商平台T业务层面上的不作为，希望引起该平台高层的足够重视”。

根据格兰仕的说法，2019年4月3日，电商平台T屏蔽了格兰仕在电商平台线上页面的大部分空间资源，要求其下架拼多多平台旗舰店；5月20日，电商平台T要求格兰仕出具“退出拼多多”公函，被否决后，便清退其聚划算、“5·20大促”会场资源；

5 月 27 日，格兰仕进一步商谈，电商平台 T 再次要求格兰仕下架拼多多旗舰店，并且要求“6・18”之后下架包括专卖店在内的所有拼多多店铺，再次未能达成共识；5 月 28 日，格兰仕集团董事长兼总裁梁昭贤应邀率队赴上海造访拼多多总部，双方正式确定全面战略合作关系；5 月 29 日，电商平台 T 开始针对格兰仕 6 家核心店铺采取技术干扰，无故剔除其“6・18”相关页面空间资源；6 月 2 日，格兰仕在该平台的搜索开始出现异常；6 月 10 日，格兰仕再次主动前往电商平台 T 洽谈，未果。

此后，格兰仕相继发布了四份声明，称会坚持与不公平抗争，反对平台霸权，并呼吁建立公平公正的营商环境。格兰仕发布的一份数据显示，“6・18”电商大促中，格兰仕在京东平台的销售额同比增长 31.21%，但在电商平台 T 的 6 家异常店铺，销售额分别下滑了 41.05%、64.68%、63.87%、60.7%、89.06%和 60.08%。

常年受制于渠道

格兰仕与电商平台 T 的“羁绊”引发了业内对家电渠道变革的关注。多年来，家电厂商与大型渠道商之间的矛盾一直存在。2003 年，国内几大家电厂商中唯一靠卖空调起家的苏宁电器曾发起空调的价格攻势，当时，苏宁经过与十多个主流空调品牌的紧急磋商，大幅降价的 30 余款主流品牌空调在一个月之内向苏宁铺货 4 亿多元。苏宁的这次行动大获成功，稳固了行业地位，其他厂家则不得不对预先制定好的价格体系和促销方案进行大调整。

2004 年，出于保护既有渠道和规范全国市场的价格体系的目的，格力空调退出国美，改走自建专卖店模式，由此成就了格力空调老大地位，直到 2014 年，双方才重新合作；2014 年 3 月前后，由于双方条件谈不拢，格力空调又从苏宁卖场全部撤出，直到 2016 年才重新进入。

在线下渠道为主流的 21 世纪初期，渠道商可以自如地运用价格砝码来调控各品牌的销售份额，它们对产品的价格掌控基本可以脱离厂家，两个渠道商为了互相压价而把商品价格降到成本线以下的现象经常出现，这损害了家电厂商的利润。家电厂商在和渠道商的竞争中之所以会处于劣势，也是由于市场竞争，家电厂商多，而上规模、受消费者欢迎的销售商只有区区几家，进口大、出口小，自然会被出口卡一道，可以说是一种寡头竞争带来的垄断使渠道商掌控了主导权。

而现在，线上市场的比重逐渐增加，对于家电厂商的掣肘也逐渐加大。据奥维云网统计，2018 年中国空调线上渠道的销售额和销售量分别同比增长 19.7%、13.7%，线下渠道则同比下滑 1.5%和 4.2%。

专家指出，传统渠道卖场占主导时期，强势的连锁渠道商逼着家电企业“二选一”，进行商业站队。如今，面对拼多多这个新平台的强劲崛起，各大电商平台继续通过“二选一”的商业游戏，逼着相关企业站队。家电零售渠道商在终端需求低迷、品牌和品类高度同质化的背景下，期望通过独享一些品牌和产品的优势资源，实现竞争的差异化。

资料来源：石飞月．“格兰仕事件”再揭家电厂商渠道之痛．http://finance.sina.com.cn/chanjing/gsnews/2019-11-12/doc-iihnzhfy8581690.shtml.

▶ 思考题

面对“二选一”商业站队现象，格兰仕应该采取什么行动来维护自己的权益？

第2章

制定渠道战略

本章要点

1. 渠道战略的含义
2. 渠道战略的制定流程
3. 渠道战略的环境影响因素
4. 渠道战略与市场营销战略的关系
5. 渠道战略的选择与评价

引导案例

小米电视发力线下渠道

2018年8月28日，主题为“All in，共赢”的小米电视战略发布会在北京举行，小米公司联合创始人、小米电视负责人王川宣布，据奥维云网数据，2018年第二季度，小米电视出货量登顶中国第一。在继续巩固线上优势的同时，小米电视进一步发力补贴线下市场，与经销商互惠共赢。

小米电视自成立以来，就提出与价值观一脉相承的“做世界上最好的电视，让每个人都买得起”的梦想。奥维云网公开数据显示，2018年3月小米电视拿下国内出货量第二的成绩，4月更一跃成为国内出货量第一。根据2018年8月22日小米发布的首份财报，2018年第二季度小米集团营收为452.26亿元，调整后净利润达到21.17亿元，具体到小米电视，第二季度全球销量同比增长350%，跃居中国第一。2018上半年，小米电视多次斩获线上销量第一，“6·18”更是拿下京东、天猫的电视销量和销售额第一。

在国际市场上，小米电视也攻势凌厉。印度电商网站Flipkart 2018年7月的统计数据显示，小米电视拿下该平台56.6%的市场份额，小米电视在印度整体电视市场的份额已超过10%，甚至有斯里兰卡小哥坐飞机也要把小米电视扛回家，足见小米电视在全球受欢迎的程度。

奥维云网副总裁董敏现场分享认为，小米电视正在“瓦解旧体系，建立新规则”，通过连接用户、打造爆品和建设全渠道的方式，巩固并加强市场地位。

资料来源：Brother_Liu. https://www. bilibili. com/read/cv1064057.

了解渠道管理的基本内涵后，我们来学习如何制定渠道战略，为实现企业的渠道竞争优势打下坚实基础。本章主要介绍渠道战略的含义与重要性，制定渠道战略的流程，影响渠道战略的环境因素，渠道战略与市场营销战略的关系和渠道战略的选择与评价。

2.1　渠道战略的含义与重要性

1. 渠道战略的含义与特征

随着社会文化和市场环境的急剧变化，企业越来越重视战略思考，制定战略计划。要了解渠道战略，首先应当明白战略是什么。

战略是与战术相对的。德鲁克曾经将管理者的职责区分为“做正确的事”和“正确地做事”两种类型。前者是高层管理者也即战略制定者的职责，而后者是战术制定者也即战略贯彻者的任务。这就是说，战略是关于“做正确的事”的规划。对于一个企业来讲，战略计划和战术计划是达到企业目标的两个部分。战略计划是面向未来的整体指导方针，战术计划是面对现实的应对措施。这两个计划的制定应该分两步走：首先制定战略计划，然后在战略计划的蓝图下开发战术计划。战略的制定强调权衡利弊，分析优劣，识别机会，规避风险。

可见，在销售人员埋头于理货、铺货、售点查看等具体事务之前，还要有人将时间和资源花在“抬头看路”上，探明企业分销渠道发展的战略之路。如果战略制定上出现闪失，意味着企业今后的航向错误，计划执行得越好，工作效率越高，则偏离正确的航向越远。

那么，什么是渠道战略呢？企业发展战略是指企业为实现长期总体目标而制定的基本思路。市场营销战略是指公司为实现营销目标而确定的总的原则方针。渠道战略指的是为了实现分销渠道目标而制定的一整套指导方针。它的使命在于贯彻市场营销战略；总目标则是要最大限度发挥渠道和产品战略、价格战略以及促销战略的协同作用，创造渠道价值链的竞争优势，为企业建立持久的竞争优势奠定基础。企业发展战略、市场营销战略和渠道战略之间的关系如图 2-1 所示。

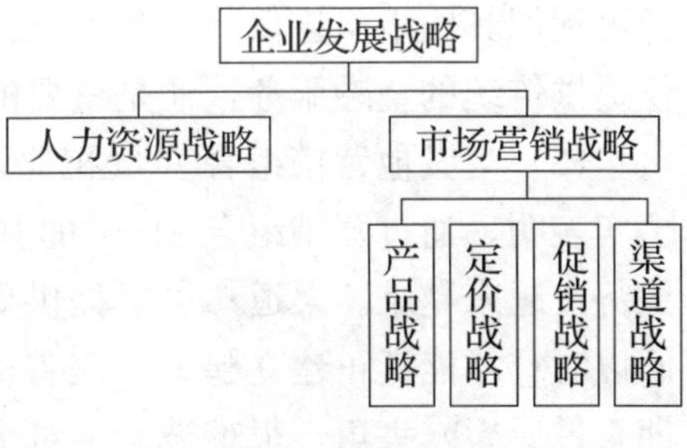

图 2-1　企业发展战略、市场营销战略与渠道战略关系图

渠道战略的特征是：

（1）渠道战略是市场营销战略的一部分，它需要与产品战略、定价战略、促销战略相配合。从出发点来讲，它必须从产品与市场相结合的角度，为特定的目标市场以合理的价格和沟通方式提供合适的产品。

（2）渠道战略给出的是宽泛的具有全局性和指导性的纲领性方针，而不是精确的行动方案和具体的策略措施。这些纲领性方针是在企业的整体发展战略和营销组合总体框架下制定的。

（3）渠道战略是面向未来的。它需要建立在对未来竞争环境预测的基础上。戴尔正是把握了顾客的个性化需求日益增长以及电脑配件日益标准化等趋势，才确立了以渠道战略为核心的业务模式。

2. 制定渠道战略的重要性

在许多企业的实践中，销售人员绝大部分时间和精力都花在与经销商、代理商、零售商打交道上。人们往往错误地认为渠道管理的重要性体现在如何经年累月地打理与渠道成员的关系，解决渠道管理中出现的矛盾冲突，却忽略了最根本的战略问题。俗话说，磨刀不误砍柴工，多做一些战略思考可以事半功倍。既然建立和管理渠道占据了企业销售部门很多资源和时间，企业就更应该认识到渠道战略的重要性。

曾几何时，企业和营销者缺乏对渠道的关注。管理大师彼得·德鲁克对渠道管理现状作过这样一番评述："渠道管理中发生的变化或许对一个国家的 GNP 和宏观经济无足轻重，但对一个企业或一个行业来讲关系重大。每个人都意识到技术在日新月异地发展，注意到市场在全球化以及劳动大军和人口结构方面的变迁，但几乎无人关注渠道管理中的变化。"这番话道出了渠道管理的重要性，也揭示了企业对渠道管理的变化和发展意义认识不足的问题。

随着科学技术日新月异，经济迅猛发展，消费者的需求越来越复杂多样，变化也越来越快，面对这种不确定性大增的市场环境，企业需要在对未来市场需求作出预测的基础上制定整体的指导性方针。同样，要达到市场营销目标，也需要对未来的渠道发展状况进行调查研究，审时度势地调整渠道，制定分销渠道战略。所幸的是，越来越多的公司认识到渠道战略之于营销组合的意义、对公司发展的意义。渠道战略的重要性可归纳如下：

（1）渠道战略可为市场营销战略的其他部分提供配合，实现更大的市场效益。要为目标市场有效地传递产品，需要产品战略、价格战略、渠道战略和促销战略的相互配合，缺一不可。企业即使有好的产品、合适的价格、对促销的投入和好的创意，仍是不够的。比如外国的大米在日本卖不动，为什么呢？主要原因在于不能同日本大米一样，进入日本的主流粮店。

（2）渠道战略是以产品与市场的有效结合为检验标准的，不仅能分销产品，还能带来价值增值。例如，加油站可利用其遍布全国的网络提供餐饮、住宿、洗浴等服务。银行可利用其网络出售保险，代缴水电费、电话费，实现业务扩充，增加收入。银行不仅仅提供传统的金融服务，还是重要的分销商。这是渠道所带来的增值。

（3）与其他营销组合变量相比，渠道战略具有更大的潜力帮助企业建立竞争优势。事实表明，通过营销组合 4P 中的其他 3P——产品、价格和促销——来建立和保持竞争优势，越来越难。渠道却可以提供更多更持续的优势。渠道战略是一个长期战略，必须假以时日才能真正建立起一个完善的分销体系。因此，渠道战略具有隐蔽性，从建立初期至最后崭露头角，很难被竞争对手察觉。待到渠道登台亮相之日，竞争对手想"克隆"却来不及，只有自愧不如。

（4）渠道战略可使企业在更大的范围内进行资源配置。分销系统创造的资源对公司发展有补充作用。渠道是市场营销战略中唯一的外部资源变量，构成分销系统的渠道成员都是独立于制造商的商业企业，这些渠道成员都有自己的经营目标、方针政策和发展战略，要赢得这些成员的大力配合，并确保它们的行为能促进公司的发展，显然是对公司渠道管理的挑战。然而，正是这些独立的外部资源可以给公司制造神奇的协同效应。如果制造商构建渠道并与合适的商业企业缔结“联姻”关系，则可以相得益彰；如果渠道成员具有制造商缺乏的知名度和声望，不言而喻，与这种渠道成员联姻可以使公司的产品形象快速提升，这是单凭广告促销活动或定价战略所不能实现的。即使是世界知名企业，也应该力求与渠道成员形成通力合作的紧密关系。因为为目标市场提供产品离不开渠道成员的合作。合作成功，可以获得 1＋1＞2 的效果，沃尔玛与宝洁的合作共赢就是一个极好的佐证。反之，则可能造成内耗，无法实现公司的经营目标。

（5）关系营销观念的流行是企业重视渠道战略的重要体现。渠道作为服务的传递者，在市场营销战略中扮演着重要角色。关系营销本质上是一种观念，这种观念旨在通过对顾客的一系列承诺和履行，建立、维持和促进与顾客和其他合作伙伴的长期互利关系，而不是只想做一锤子买卖以便在每次交易中获得最大利益。关系营销的核心在于对顾客服务的承诺和履行，要实现这一点，达到顾客满意，必须通过分销体系来传递这些服务。因为顾客对制造商满意与否一定程度上取决于顾客与渠道成员的互动关系。宝洁在考虑与沃尔玛建立战略关系时，正是基于这样的观念。

日用消费品巨头宝洁十分注重分销的作用，努力寻求与重要的零售商结成战略联盟关系。沃尔玛就是宝洁建立战略联盟的对象。沃尔玛每年购买大量宝洁产品，约占宝洁在美国本土销售额的 10%。宝洁在沃尔玛的美国总部专门安排了一组行政人员，处理沃尔玛对宝洁产品的特殊需求。如为了配合沃尔玛的“每日最低价”活动以及沃尔玛旗下山姆俱乐部的促销活动，宝洁专门定制大容量包装的产品。更引人注目的是，宝洁公司总裁亲自参与制定与沃尔玛及其他大零售商的分销战略。

因此，就渠道自身的特点看，其所具备的特质必然会为企业的持续发展提供机会。很多公司早就认识到这一点，把分销作为公司战略发展的重点，赢得竞争主动权。在这一点上，两大软饮料巨头给了我们很好的启发。

可口可乐和百事是著名的跨国饮料公司，在 20 世纪 60 年代百事公司成立之后，两家公司变成了死对头，而碳酸饮料的国际市场也基本上成了两家公司表演的舞台。作为生产同质产品的两家公司，它们除了不断在广告宣传和促销策略上斗法之外，越来越重视渠道对全球战略取胜的重要意义。两家公司竞争每一块销售阵地，甚至不放过任何一家零售店，这体现了两家跨国公司对终端促销和分销渠道的重视程度。从整体的竞争态势来讲，百事在中国市场上风头正劲，向可口可乐的老大位置步步进逼。其原因何在呢？除了采用年轻偶像做形象宣传，抓住年轻人市场之外，百事还在各地的快餐店赠送售货机，在分销终端展开擂台进攻。

2.2　渠道战略的制定流程

既然渠道战略是企业开拓市场不可或缺的因素，那么制定渠道战略的流程是怎样的呢？

1. 制定渠道战略的前提

战略是实现目标的原则和基本方针。它主要涉及组织某一运作层面上总体的范围和远期的发展方向，致力于使资源与变化的环境，尤其是市场、消费者或客户相匹配，以达到战略制定者的目标。一般来说，战略包括使命、总体目标、具体目标、行为或任务以及控制措施等。因此，渠道战略作为基层战略的一部分，相应包括渠道的使命、目标体系、总体的行动计划和控制措施。

从使命来讲，不外乎是贯彻和支持市场营销战略。从总体目标来讲，则一般是以最快的速度、最低的成本将一定的商品和服务传递给目标顾客，创造尽可能多的顾客让渡价值。而具体的目标和行动计划需要结合产品和市场的现实情况，以及现有的可能采用的渠道来制定。具体地说，渠道战略应回答下列问题：

（1）为达成最终顾客满意，渠道一般需要提供哪些服务？

（2）可以通过何种营销努力来提供这些服务？

（3）由哪一类机构提供这些服务，可以做得更好，效率和效益更高？

为实现企业分销目标，制造商面临以下分销活动方面的抉择：设计渠道、选择渠道成员、管理渠道成员以及评价和变更渠道成员等。制定渠道战略能为这些分销决策提供判断依据。

2. 制定渠道战略的流程

制定渠道战略的基本流程如图 2－2 所示，主要包括：制定企业总体战略，制定市场营销战略，进行 SWOT 分析，确定渠道目标，制定具体渠道战略，分析渠道决策的经济性，分析渠道战略的适应性和可行性，分析的结果和企业的实际情况将为企业总体战略的制定和实施提供参考。

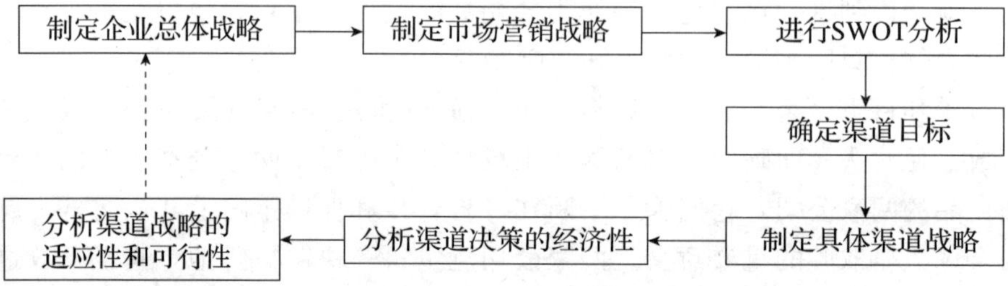

图 2－2 制定渠道战略的流程

下面对几个重要的方面进行阐述。

（1）进行 SWOT 分析。在企业总体战略和市场营销战略确定之后，就可以以其为指导，进入渠道战略的制定过程。同企业总体战略及市场营销战略一样，渠道战略处在一个不断变化的动态环境之中，其制定必须与经营环境有效联系起来，因此 SWOT 分析必不可少。

渠道的 SWOT 分析主要包括从内部资源现状来评估公司的优势和劣势以及从外部竞争环境来识别机遇和挑战，从而扬长避短，发挥优势。SWOT 分析包括：一是企业内部资源评估，分析企业现有渠道的优势和劣势；二是竞争环境分析，分析环境带来的机会和威胁。这一步骤的核心是比较本企业与目标竞争对手在货物周转、市场覆盖率和成本变动趋势等方面的差别。对于许多企业来说，在分析渠道形势时，除了要搞清楚自身的情况，更重要的是了解主要竞争对手使用的渠道种类以及每条渠道的市场份额，并将这些数据与自身的情况对比，以便通过分析知道每条渠道的相对获利能力、渠道种类的增长速度以及市场覆盖率。

除上述分析之外，营销经理还要密切关注与制定渠道战略相关的一些趋势，包括客户购买方式可能的变化、渠道的新进入者、采用新技术进入市场的方式、从渠道中获取利润的压力等。这些趋势可能是由于议价力量的增强，也可能是使用渠道的费用快速增长导致的。

上面的趋势都会对当前渠道的未来吸引力产生重大影响。预测渠道变化的能力是康柏公司当年在美国市场上成功的秘诀之一。康柏较早看到，随着个人电脑成为办公用品，大公司会逐渐倾向于从零售店购买电脑，而不是直接向制造商购买。然而，经销商的货架空间总是有限的。因此康柏为经销商设计了一种独特的方法：不像其他直接销售产品的电脑公司，康柏拒绝与自己的经销商竞争，绝不向经销商的客户直接出售产品。经销商的回报是确保康柏得到所需的货架空间和销售支持。

（2）确定渠道目标。完成SWOT分析后，企业需要决定其渠道目标。不同的企业的渠道目标各不相同。有的企业追求高的市场覆盖率，有的企业追求高度密集的市场渗透。不同的渠道目标选择直接影响到渠道结构的设计和选择。

（3）制定具体渠道战略。设计渠道，必须从顾客的角度思考渠道中提供的服务项目的价值是什么，细分顾客的需求、辨认他们的差别，了解顾客对各种渠道选择的看法，继而考虑可选择的渠道，建立起合理的分销体系。目标是建立差别化或低成本的竞争优势。

渠道战略尤其适合趋于饱和的市场。一般来讲，对于竞争激烈的产品市场，除非是早期的进入者，后来者很难觅得一席之地。如果借助渠道，情形就不同了。

（4）分析渠道决策的经济性。营销经理在比较不同渠道的获利能力时，必须判断不同组合的收入、成本和资金需求情况。一方面，企业可以通过仅使用分销商以削减固定成本；另一方面，企业可以对工厂和仓储进行相当大的先期投资，以尽可能保持与顾客的直接联系。具体来讲，须考虑交易成本、资产特性以及大量交易可能带来的经济性。

（5）分析渠道战略的适应性和可行性。渠道战略的决策是在一个广泛的背景中作出的，因此理想的渠道还必须在战略责任、可用资源、渠道战略的历史等限制条件下实施。这一步的目的就是要把先前的步骤中识别出的最优渠道暴露在这些现实条件之下。如果确认某项选择适应当前的战略，是可行的，还必须看它是否满足将来的战略需要，并让竞争对手陷入困境。如果一种渠道战略很容易被竞争对手模仿和超越，它就不能提供一种实质性的优势。

延伸阅读

“互联网+”环境下传统企业渠道建设策略

1. 引导企业内部自上而下地认知互联网分销渠道

互联网分销渠道作为一种新事物，在引入之初必然会受到传统事物的抵制。对于互联网分销渠道，不能过分夸大其优势更不能忽视其潜在的风险。企业内部必须充分认知互联网分销渠道，不论是管理者还是普通员工，都要积极参加学习培训，深入了解互联网分销渠道的内涵和运作方式，勇敢面对变革，迎接挑战，把握互联网环境下的分销走势和动态，确保营销服务的精准性与个性。

2. 加快建立健全互联网分销技术平台

互联网分销对传统企业提出了一系列技术要求，传统分销是利用“人”来做中间商，互联网分销则更加依靠互联网技术。在新形势下，传统企业必须大力发展信息化技术平台，构建完善的互联网开发与管理平台；积极地将计算机技术、网络技术、大数据技术等融入企业的各个层面；构建新的客户沟通部门、产品研发部门、互联网市场维护部门等组织服务平台；强化与其他产业之间的跨界资源信息共享，在健全自身互联网分销技术平台的同时，打造实力过硬的分销团队，从技术资源、人力资源、管理资源等各个层面为传统企业采用互联网分销渠道打下良好的基础。

3. 践行O2O模式，实现线上线下双渠道融合

互联网分销渠道应该作为一种有力的营销渠道为企业经营管理带来契机，这并不意味着抛弃企业传统的分销资源。O2O模式倡导在不损害原有经营资源、经营模式的同时，融入线上分销手段，高效地整合互联网资源，保障企业自身发展的恒久动力。O2O模式将线上与线下资源进行合理的整合，发挥出双重优势，同时将线上与线下的商路进行整合，提高企业营销工作的效率。所以，企业应该认识到大数据时代和网络时代下的商机，利用大数据等互联网信息手段，进行多元化的信息采集，获取互联网中更多的潜在用户。此外，还可以在原有的实体分销的基础上，满足用户对商品消费体验的需求。这样，用户可以在线上快捷方便地购买产品，若产品出现质量问题或者用户需要体验产品，可以在实体销售渠道满足用户的需求，这种优势为企业的发展带来了强大的动力。

资料来源：郭夏川．“互联网＋”环境下传统企业分销渠道建设分析．新商务周刊，2019（5）．

2.3 渠道战略的环境影响因素

渠道参与者在考虑制定分销渠道战略时，不仅要注意内部的可控因素，也要分析外部非可控因素产生的影响。

从广义上讲，环境由渠道的所有外部非可控因素组成，因此可能会有无数因素影响分销渠道。为了方便阐述，本书将外部非可控因素分成五大类：（1）经济环境；（2）社会文化环境；（3）技术环境；（4）竞争环境；（5）政治法律环境（见图2-3）。以上的分类并无主次之分，它们对于公司的相对重要性因行业、企业而不同，即使同一个企业在不同的时期各类因素的相对重要性也会有所不同。

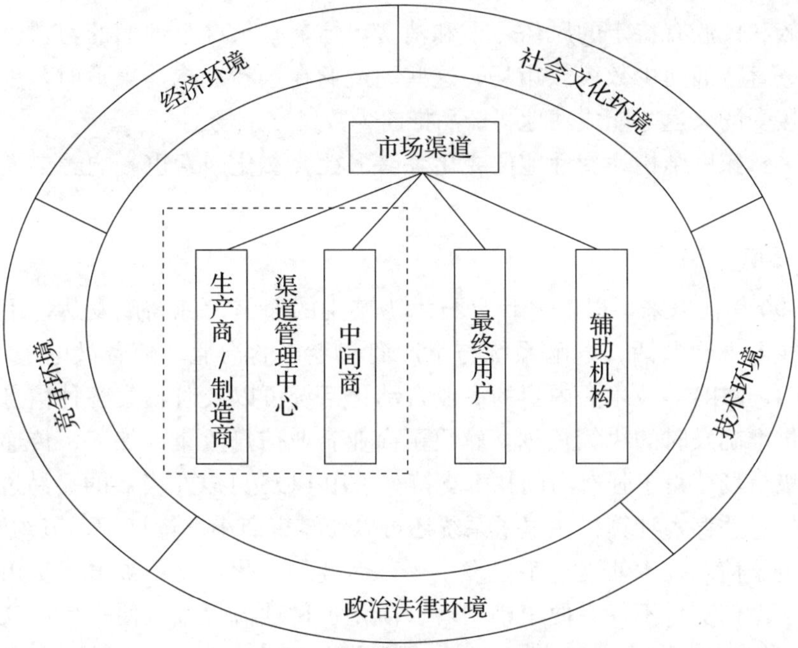

图 2-3　影响渠道战略的环境因素

1. 经济环境

经济环境指市场的结构、消费者的消费特征和购买力、物价以及对物质资源的投资水平等。经济环境可能是影响所有渠道成员最明显、最普遍的环境因素。消费者以及生产、批发、零售公司的高层经理始终保持对经济形势的关注。

当经济衰退时，消费支出会减少。渠道成员会感到销售额和营业利润大大下降，库存大量积压，甚至到了破产的边缘。当通货膨胀时，消费者的行为会发生变化：消费支出急剧变化，压缩购买，储备便宜商品，购买低档商品等，这些都将使渠道管理更为复杂。当通货紧缩时，情况更严重。高利率可能会影响所有的渠道成员。高利率会导致消费者削减消费支出，进而影响零售商、批发商、制造商的销售。而零售商、批发商、制造商常常需要一定的贷款，高利率会提高其成本，成本提高则价格提高，销售更加困难，于是进入恶性循环。即使是在经济良好的情况下，高利率也会对渠道造成巨大的影响。

由此看出，经济环境对分销渠道的影响深刻而巨大。一些微妙的、隐匿的力量也可能造成诸多问题，隐藏渠道危机。不管经济状况是好是坏，渠道经理都要密切关注经济因素对渠道管理的影响。

2. 社会文化环境

社会文化环境几乎渗透到社会生活的方方面面，一些渠道分析师认为社会文化环境是影响渠道结构的主要因素。

人口年龄结构深深地影响了渠道的选择。年轻人是伴随电脑成长的一代，他们比老年人更能接受也更倾向于网上购物，这就影响了渠道的选择。同时，年轻人更时尚，更偏好科技含量高的产品，这些特点不仅影响了渠道该提供什么样的产品，还使得制造商在规划渠道网络时就考虑到年轻人的需要。

不同种族和民族有特定的风俗习惯和消费习惯，必须尊重他们的习惯。许多少数民族的自营业务直接面向少数民族市场，这些制造商在选择和构建渠道时，更需要考虑采用少数民族接受的渠道才能成功地将产品推向少数民族市场。

教育水平、家庭结构、女性地位变化等诸多社会文化因素也影响着渠道成员以及渠道的选择。

3. 技术环境

20世纪90年代以来，以电子信息技术为基础的通信设施高度发达，用户在家里就可以通过有线电视、电话、电脑系统与生产商和零售商沟通。随着微电子技术的发展，以POS、DDI、MIS等技术为内容的商业自动化系统可以及时收集各种信息，加以汇总分析，并提供准确及时的决策依据，解决了商业企业信息收集、加工、传递的难题，使连锁店、超级市场获得了强有力的技术支持。采用POS可以在极短的交易过程中获取与顾客有关的信息并存入计算机。电子系统还可以使零售商小批量订货，节约资金占用量。另外，现代电子信息技术使支付手段发生了革命性的变化，纸币被电子货币取代，信用卡、支付宝、微信支付不仅方便了消费者，简化了付款流程，也便于生产商、批发商和零售商及时了解市场动态，加速企业资金的周转。

面对日新月异的技术发展，渠道经理必须紧跟发展形势，了解与公司和整个渠道参与者相关的技术，然后判断技术变化可能对渠道参与者产生什么影响，这些对渠道经理构成了巨大的挑战。当然，渠道经理不可能掌握所有的最新技术，也不可能具备渠道科技更新的专业知识。然而，渠道经理应具备基础的渠道信息化知识和技能，密切关注技术的变化，及时与技术人员沟通，共同策划和论证渠道技术更新的可行方案。

4. 竞争环境

竞争是渠道创新最大的外部动力，尤其是竞争已经扩展到全球范围。而在考察影响分销渠道决策的竞争时，以下四种竞争类型是必须考虑的（见图2-4）。

（1）水平竞争。水平竞争是指同一渠道级别中相同类型公司之间的竞争。例如，一家服装店与另一家服装店之间的竞争，一家房屋租赁公司与另一家房屋租赁公司之间的竞争。这是最直观的也是讨论最频繁的竞争类型。

（2）类型间竞争。类型间竞争指的是同一渠道级别中不同类型公司之间的竞争。例如，折扣店与百货店之间的竞争，大批发商和代理商之间的竞争。品牌服装通常都会在百货店设立专柜，同时会有选择地设立折扣店，这些百货店专柜与折扣店之间就存在很强的类型间竞争。

（3）垂直竞争。垂直竞争指的是渠道中不同级别的渠道成员之间的竞争，如零售商和批发商、批发商和厂商、厂商和零售商之间的竞争。最典型的例子莫过于沃尔玛大型零售终端自有品牌与制造商品牌之间的垂直竞争。

（4）渠道系统竞争。渠道系统竞争指的是一个完整的渠道与另一个完整的渠道之间的竞争。渠道成员必须是有组织、密切关联的机构，这样才能作为整体参与竞争。一些有一定品牌实力、相对强大的企业能够使商品进入百货店或者大型零售终端销售，而那

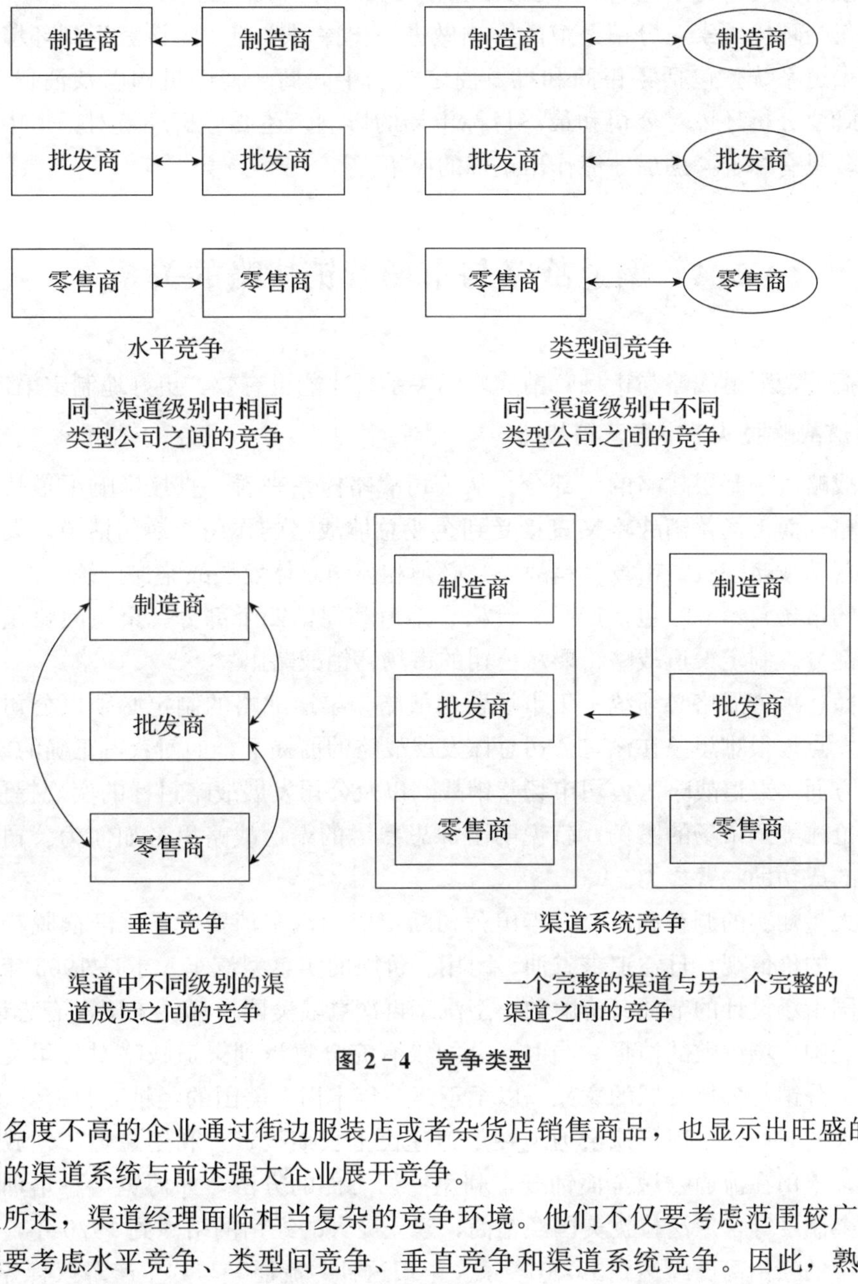

图 2-4　竞争类型

些品牌知名度不高的企业通过街边服装店或者杂货店销售商品，也显示出旺盛的生命力，通过不同的渠道系统与前述强大企业展开竞争。

综上所述，渠道经理面临相当复杂的竞争环境。他们不仅要考虑范围较广泛的全球竞争，还要考虑水平竞争、类型间竞争、垂直竞争和渠道系统竞争。因此，熟悉、识别和区分上述四种竞争类型，并采取相应的管理方法是十分必要的。

5. 政治法律环境

政治法律环境指影响渠道的一整套法律规范，制约着渠道系统的行为、结构和创新。这些法规产生的法律体系并非静态法典，而是一套不断演化的体系，受不断变化的价值观、准则和政治的影响，因此法律体系庞大而难以掌握。渠道经理应对渠道相关的一些立法有所了解，而且要熟悉与渠道有关的一些基本法律问题，如双轨销售、排他交易、价格差别、价格维持协议、转售限制、销售安排和垂直一体化等。政治法律制约了渠道系统内的垄断倾向，为渠道管理和创新提供了良好的机制保证。

在对每个环境因素对分销渠道的影响做进一步探讨之前，应该意识到环境影响的是整个分销渠道系统，包括零售商和批发商之类的中间商、辅助机构以及消费者。因此，渠道经理既要分析环境对公司和最终目标市场的影响，还要分析环境对渠道中所有参与者的影响，只有综合考虑后才能作出正确的决策。

2.4 渠道战略与市场营销战略的关系

只有搞清楚渠道战略与市场营销战略的关系，才能更有效、更好地制定渠道战略。

1. 渠道战略服从于市场营销战略

渠道战略属于基层战略的一部分。从公司战略体系来看，直接影响渠道战略的是市场营销战略，而市场营销战略又直接受到企业总体战略的作用。换句话说，渠道战略必须和市场营销战略一致，市场营销战略又必须和公司总体发展战略保持统一。

公司的市场营销战略包括产品、价格、渠道和促销四个部分。渠道战略是市场营销战略的一部分。制定渠道战略，要从公司的市场营销战略出发。

一方面，渠道战略必须统一于市场营销战略。渠道战略的制定必须以公司市场营销战略为出发点。很难想象在没有公司总体发展战略的前提下，如何获得正确的渠道战略。

另一方面，渠道战略为公司市场营销战略以及公司发展战略目标的实现提供了途径。丰田当年抢滩美国市场的案例，就说明了深思熟虑的渠道战略思考如何为公司总体发展战略决策的成功助一臂之力。

通过大量翔实的调查和研究，丰田公司断定美国汽车消费者正逐渐摆脱昔日的崇尚豪华、宽大的价值观，日益追求省油、耐用、价廉的实惠型汽车。于是 1965 年，丰田带着针对美国市场设计的节油又价廉的小型汽车再次登陆美国市场。丰田没有忘记 1955 年首次进军美国市场惨败的情形。当时，公司没有充分意识到渠道战略对公司发展的重要性，忽略了分销对公司发展的意义，以至于第一年丰田在美国的经销商只有 5 家。因此，在卷土重来的时候，丰田不遗余力地在渠道建设上长期投资。利用在生产领域形成的低成本优势，丰田在流通领域全面铺开，利用一切可能的方法，如博览会、培训班、研讨会以及佣金制度等，广泛拉拢美国经销商，建立庞大的经销网络。到 1976 年，丰田汽车配售网络中的经销商已经达到 1 000 多家。丰田这种“流通”与“生产”双管齐下的凌厉攻势，确立了其在美国市场的竞争优势，从此“质量可靠、服务优良、价格低廉”的丰田形象在美国市场上深入人心。

基于渠道战略与公司市场营销战略、公司总体发展战略的这种密不可分的关系，渠道战略的制定需要高层管理者的参与，甚至是亲自负责。

2. 渠道战略与顾客服务需求分析

如果问企业：渠道的目标是什么？许多企业会回答：把产品卖出去。还有一些企业会回答：没想过。实际上，企业在制定渠道战略时，必须要以确定的分销目标为基础，而这个目标的确定必须以顾客的服务需求为基础。

(1) 渠道战略要以顾客的服务需求为核心。渠道的演化一直是与消费革命相伴随的，并且越来越受消费者的左右。在买方市场的条件下，企业的一切营销活动必须以顾客需求为核心，否则会在激烈的市场竞争中败北。以顾客为核心，并非单指在营销活动前期进行消费者研究和目标市场选择，更重要的是在产品设计、价格制定、渠道选择和促销策划活动中满足顾客的需求。如果说产品是满足顾客效用需求，价格是满足顾客的价值需求，促销是满足顾客的信息需求，那么分销渠道则是满足顾客购买时的便利需求或者说服务需求。这是分销渠道的永恒目标。

(2) 顾客服务需求的具体内容。既然渠道的目标是满足目标顾客的服务需求，研究服务需求的具体内容及其走势就有非常重要的意义。具体来说，这些服务包括：

①为顾客购买提供空间上的便利性。绝大多数产品的生产地与消费地是不在一起的，缺少必要的中介，势必会影响产品的移转。而批发商和零售商的分散化所提供的空间上的便利性，减少了顾客不必要的行程和运输费用，能够提高顾客的满意度。商业中心、超级市场、商店、自动售货机都可满足顾客空间便利的需求。

②减少顾客等待和交货的时间。随着人们生活节奏的加快，时间愈来愈珍贵。供货时间越长，顾客越不方便。而渠道可通过运输和仓储等物流功能提高对顾客的响应速度。

③弥补生产者和消费者信息的不对称。生产者与消费者在了解商品性能、市场供求关系等信息方面是不对称的，一般来讲，消费者处于弱势地位。信息的不对称会影响交易的安全性与交易效率，渠道的信息、沟通功能可以弥补这一点。消费者可以对不同零售商的同类产品做调查比较，来了解这些信息。

④满足顾客对产品品种、规格、花色多样化的需要。商家可通过集散、调剂、包装、组合和配送来为顾客提供便利。

⑤满足顾客消费经常性、零散性的需要。渠道可允许顾客一次购买少量商品、随时购买，减少储存和保管费用。

⑥为顾客提供各种售后服务。分销商可为顾客提供信贷、送货、安装、维修等服务。

英国渠道专家弗里德曼、弗瑞在所著《创建销售渠道优势》一书中，将顾客购买需求总结为五个方面，不同渠道对这五个方面的满足是不同的。见表 2-1。

表 2-1 渠道与顾客购买需求的结合

顾客购买需求	渠道				
	直接销售队伍	分销伙伴	零售店	呼叫中心	互联网
专家建议 培训	☆☆☆ ☆☆☆	☆☆ ☆☆☆	☆☆ ☆☆	☆ ☆	☆ ☆
要求定制 灵活交货	☆☆☆ ☆☆	☆☆☆ ☆☆☆	☆ ☆☆	☆☆ ☆☆☆	☆ ☆☆☆
现场安装 及时、本地化的技术支持	☆☆ ☆☆	☆☆☆ ☆☆☆	☆☆ ☆☆☆	☆ ☆	☆ ☆

续表

顾客购买需求	渠道				
	直接销售队伍	分销伙伴	零售店	呼叫中心	互联网
订货快捷便利 自我服务	☆ ☆	☆☆ ☆	☆☆ ☆☆	☆☆☆ ☆☆☆	☆☆☆ ☆☆☆
最低价格 每天 24 小时支持	☆ ☆	☆ ☆	☆☆ ☆	☆☆ ☆☆☆	☆☆☆ ☆☆

☆☆☆：独特的贡献，即效率最高或成本最低的渠道。
☆☆：可以运用。
☆：不适合或不经济。
资料来源：弗里德曼，弗瑞．创建销售渠道优势．北京：中国标准出版社，2000.

研究目标顾客的服务需求，是为了在渠道管理实践中更好地满足顾客需求。这绝不意味着服务产出水平越高越好，因为服务产出水平与成本成正比。可见，目标的最终确定还要考虑各种影响因素。

3. 渠道战略与产品的关系

产品的具体特点决定了企业选择渠道的类型，决定了渠道的长短、宽窄、直接还是间接以及接触性的高低。产品组合也对渠道选择有一定的影响。产品组合长而深的企业适合选用窄的渠道网络或者通过专卖店销售。

（1）产品不同，顾客的需求心理不同，适合的销售渠道相应不同。如前所述，顾客购买时的服务需求表现为购买批量的多少、等候时间的长短、出行距离的远近、选择范围的宽窄和售后服务程度。这一切都会因产品不同而有很大差异。产品类别直接影响渠道目标的确定，渠道是为目标服务的，其构成无疑要受产品因素的影响。我们可以从表 2－2 中看出这种差别。

表 2－2 顾客购买不同产品的不同心理和习惯

产品种类	食品	日用百货	衣着用品	高档专用品	流行商品
购买频次	多	较多	稍少	少	大约一次
购买努力程度	比较努力	不太努力	努力	相当努力	非常努力
选择商品的标准	新鲜	便利坚固	新款	称心	无要求
对价格的要求	便宜	比较便宜	质价相符	质量重于价格	不在乎价格
对质量的要求	一般	一般	较高	高	不太高
购物距离	近	较近	稍远也行	不在乎多远	多远都行
适用渠道	便利店、超市	超市、百货店	商场、商业街	大商场	高级专业商场

（2）产品不同，适用的渠道特征不同。每种产品都有自己的自然属性和社会属性：使用价值和价值。从使用价值看，各类产品的实现所要求的时间、空间是不同的；从价值看，渠道的差异会使产品价格上升或下降。这些因素自然会影响分销渠道的长短与宽窄。

（3）产品生命周期的不同阶段适用不同的渠道战略。在产品的引入期，为了向市场推出产品，渠道应该是高接触性的，一般选择直销或者有经验的分销商，但也存在特例。在产品的成长期，为了占有更多的市场份额，多渠道组合策略是较为理想的选择。在产品的成熟期，企业应尽量减少间接渠道，选用低成本的渠道，以获取更多的利润。在产品的衰退期，企业适合选择低成本的自有渠道。

4. 渠道战略与定价的关系

定价是市场营销战略的重要部分，渠道战略对企业的定价有着重要的影响。影响商品定价的主要因素包括成本费用、销售数量、资金周转、需求的价格弹性、需求的收入弹性、竞争产品的价格、产品生命周期和产品质量等。渠道战略因其连接产品与市场，进行商品实体和服务的传送的特性，可以从两个方面影响商品的价格。

（1）能够影响单位商品的总成本。渠道能力是决定销售数量和资金周转速度的重要因素，因此渠道能力的提高可以相对降低单位商品的总成本，提高商品的竞争力，使商品的定价可以享有更大的自由度；否则，就会很受限制。比如说，要采取快速渗透式价格策略，必须有相当强的渠道能力作支撑。

（2）渠道成本本身是商品成本的重要组成部分，直接影响商品的定价水平。渠道成本包括寻找中间商、建立分销体系、对渠道成员进行监督控制和开展物流活动等形成的成本。其中，物流成本占很大比重。商品实体运转形成物流活动，包括运输、仓储、存货控制、搬运装卸、保护性包装等，这些活动非常复杂，需要大量的费用。所有这些活动在很大程度上受到渠道战略的制约。好的渠道战略可以显著降低销售人员的事务性活动和物流活动的成本，取得事半功倍的效果。

5. 渠道战略与促销的关系

促销旨在使用户了解、信赖并购买企业的产品或者服务，建立市场信誉，从而扩大销售。渠道战略和促销的关系如下：

（1）促销是贯彻渠道战略的重要方面。促销是在分销基础上的市场营销活动。它的使命是配合渠道，运用一些特殊手段大力促进产品销售。它的内容包括人员推销、销售促进、广告、营业推广及公共关系等。

前面提到，渠道战略的内容之一是进行渠道管理和控制，这其中就包括对中间商的激励规划。除了总体的一般按年度进行的激励之外，在特定的时刻为贯彻渠道战略也需要借助于促销策略。如为了激发中间商的进货热情和销货积极性、提高销售量，在与中间商的交易中会使用各种促销手段，主要有商业折让、批量折让、商业折扣、展售津贴、实销津贴和零售店奖品等。因为只有得到批发商和零售商的支持，产品才能顺利地送到消费者手中。

（2）促销需要与渠道战略相配合。促销活动的很大部分都要依靠渠道来进行，因此，选择促销策略必须考虑产品渠道的特点。企业为使顾客认知并购买其产品，需要合理利用两种促销策略即拉式策略和推式策略。拉式策略是利用广告和销售促进等方式，直接面向消费者进行强化促销，刺激消费者的购买欲望。通过拉式策略，消费者对产品形成认知，产生兴趣。但此时若不能方便地买到产品，销售量会大打折扣。推式策略是利用销售队伍和贸易促销，通过销售渠道推出产品。推式策略需要制造商刺激批发商的需求，把产品推销给批发商；批发商采取积极的措施把产品推销给零售商；零售商又刺激消费者的需求，从而推动产品进入分销渠道。因此，要使拉式策略和推式策略配合成功，必须有正确的渠道战略。

2.5 渠道战略的选择与评价

1. 渠道战略的选择

渠道成员能够利用渠道的建立与管理来发展和保持长期的竞争优势。了解及评估目前有哪些可选择的渠道战略，可以使我们在制定渠道战略的过程中事半功倍。可供选择的渠道战略主要有：单一分销战略、双重分销战略、非传统渠道战略、建立并保持比较宽的渠道成员网络战略、使用新技术战略、提供优质顾客服务战略、降低分销成本战略和拥有进入专业市场的通道战略等（如图 2－5）。同时，需要通过经济性、控制性以及适应性三个标准对渠道战略方案进行评估。

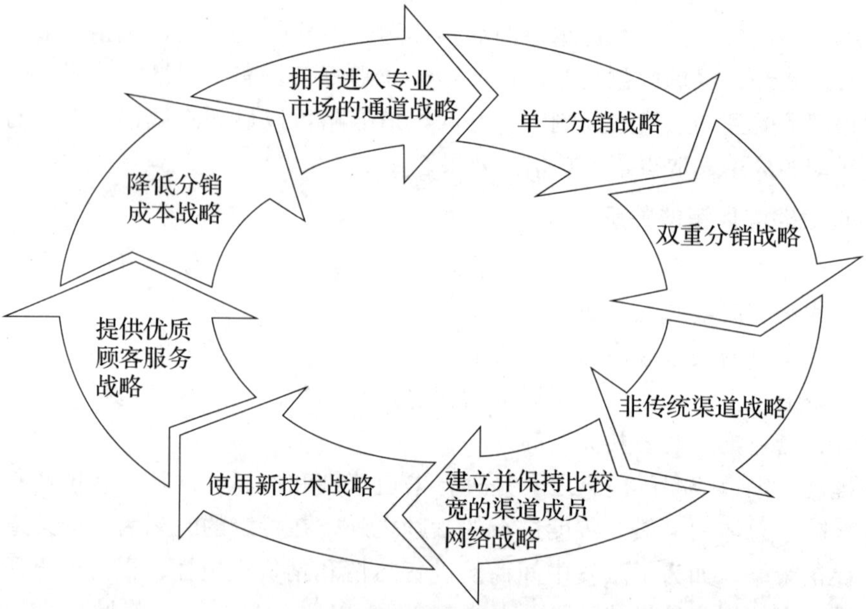

图 2－5 可选择的渠道战略

（1）单一分销战略。单一分销促使完全服务型的中间商向顾客提供高水准的服务，而不像提供有限服务的竞争者那样有价格竞争之忧。通过单一分销，公司能与分销商建立并保持长期的紧密关系。在这种战略下，公司在市场上的成功必须依赖于中间商的成功。当然，没有公司的充分支持，分销商也很难成功。单一分销让分销商放心地开发自己辖区内的市场，而不必担心会有其他的批发商或者零售商来争夺市场。这种战略特别适合吸引海外代理商开拓国外市场。

（2）双重分销战略。制造商往往通过多条渠道将相同的产品送到不同市场和相同的市场。也就是说，同一种产品既卖给最终消费者用于生活消费，又卖给企业用户用于生产消费，公司通常通过若干不同渠道将同一产品送到不同市场（消费者市场和企业用户市场，有些制造商还通过多渠道将其产品送到同一顾客手中），这就是双重分销战略。第一种类型的双重分销是制造商通过两条以上竞争的渠道销售同一种商标的货物；第二种类型的双重分销是制造商通过两类竞争的渠道销售两种商标但基本相同的产品。例如青岛啤酒通过各种经销商（如超级市场、连锁商店、折扣商店和独立食品商店、小杂货店等）销售不同商标的啤酒（崂山啤酒、青岛啤酒等），消费者可能不知道这些不同商标、不同价格的啤酒都是青岛啤酒生产的。制造商使用双重分销战略，比使用单一渠道更能实现市场渗透深入化。

（3）非传统渠道战略。在非传统渠道战略中，制造商、批发商和零售商能够销售多种产品和服务。非传统渠道使得消费者能在方便的地方购买商品和服务。例如，亚马逊首创网上书店，在网上销售图书、电子产品等，方便消费者选择和购买，节约了消费者的购买时间，亚马逊也因非传统渠道战略获得了巨大的成功。

（4）建立并保持比较宽的渠道成员网络战略。为建立并保持比较宽的渠道成员网络，公司要使用地区性和全国性的广告（提供与广告覆盖范围相当的分销网络），创立和维持一个地区性的或全国性的品牌形象，还要提供整个市场范围一定水平的满意服务。

大多数第一档次的日本汽车制造商（如本田、丰田和日产）有着较宽的覆盖全美的分销网络，第二档次的日本汽车制造商（如马自达、三菱、五十铃）也有相似范围的坚实的经销商网络。若没有充分数量的优秀的经销商，这些制造商不可能获得任何潜在市场，无论是地方性的、地区性的还是全国性的。

多年前，三菱在美国轿车购买者中的品牌号召力很弱，只有很少数量的经销商，并且集中在东部和西部沿海地区。于是三菱改变了它的分销战略，开发了一系列轿车（包括跑车 3000GT 和豪华车 Diamante）并加强其经销商网络建设，经销商的数量从 1987 年末的 204 家增加到 1993 年中期的 550 家。不像其他的日本汽车竞争者，三菱还决定为其豪华车 Diamante 建立单独的经销商网络。这项决定使经销商更加忠诚于公司，并使公司能更容易地吸收新的经销商。三菱还买下了佛罗里达的一家轿车租赁商，租车业务使三菱轿车的参观和试用频率大增。为了提高分销商的忠诚度，公司还花费 3 000 万美元做广告来推广其 1994 年的格兰特车型，这比以往任何一次花在新车推广上的钱都多。它还对经销商进行传统的培训，并用测验考查经销人员的产品知识。正是三菱较宽的渠道战略执行到位，才造就了三菱的成功。

（5）使用新技术战略。渠道成员能够使用高新技术来取得并保持竞争优势。电脑能用于安排预约，保持最新的商品目录，区分畅销品和滞销品，针对目标顾客进行促销；自动化仓库能够减少依单发货中的错误，加快运送，减少劳动力使用或降低成本。

应用革新性技术来创造渠道竞争优势的一个例子是巴克斯特国际公司的价值链自动化采购系统。价值链自动化采购系统使大客户如大医院能够通过电话连接的终端设备向巴克斯特直接订货。通过该系统订购的货物由巴克斯特直接送达订货地点（如手术室或护士办公室），并且数量上准确无误。这样巴克斯特的用户医院就能从无库存系统中获益。无库存系统减少了订货和商品运送两方面的成本。这些费用几乎与产品的直接成本相同。

价值链自动化采购系统还给巴克斯特带来极大好处。巴克斯特是面对医院的分销商中的领头羊，其市场占有率约为28%。价值链自动化采购系统被巴克斯特视为提高市场占有率的首要因素。尽管巴克斯特的价格比使用传统订货和运输方式的竞争对手要高，但由于存货管理成本费用节省，医院的总体费用还是显著降低，而这一切都是这个系统的功劳。

（6）提供优质顾客服务战略。渠道成员通过提供优质顾客服务也能建立并保持竞争优势。

优质顾客服务的典型例子就是更快地运输，保留顾客服务记录，以现有存货满足95%以上的顾客订单，拥有较多品种和规格产品的库存及现场设备维修等。一个家用保健品公司通过为其经销商提供最优服务取得了巨大成功。尽管其竞争对手能以更低的价格向家用保健品零售商提供相同的产品，但零售商不得不大量采购。零售商经常要等待三周才能收到货，因此需要保持适量的库存以满足顾客的需要。该公司的做法却正好相反，其渠道战略以当日送达为基础，形成了包括32个仓库在内的巨大库存系统。公司提供的价格包括运输费，而其竞争对手却将运输费单列出来。该公司还扩展其产品组合，生产轮椅乃至医院病床和康复设备，经销电动轮椅的垫子和电池等小件商品。

（7）降低分销成本战略。建立在低成本基础上的分销战略使渠道成员能赢得对价格敏感的细分市场，将节省的费用让给消费者，并通过挑战竞争对手的价格获得满意的利润。

渠道成员可以通过自动化（如订货、仓储和记账的自动化）、租用低租金设备（作为展厅、仓库和零售店）、将提供给顾客的服务减至最少（如自选购物、目录销售或对运输、设备安装和修理等收取额外费用）等方法来降低成本。

（8）拥有进入专业市场的通道战略。进入专业市场的通道使公司能更好地满足其目标市场的特别需要，比竞争者更有效率地进入市场。没有通向专业市场的渠道，企业就不得不想办法把它的产品和服务推向更大范围的市场，这会造成巨大的浪费。该战略既适用于制造商、批发商和零售商，也适用于产品和服务的销售者；既适用于单一渠道分销商，也适用于双重渠道分销商；既适用于国内企业，也适用于国际企业；既适用于采用价格策略的渠道成员，也适用于采用服务策略的渠道成员。

各种战略有不同的优势，企业可以将这些战略结合使用。例如，企业可采用技术策略来降低成本（如更好的管理或库存技术）或提供更为优质的顾客服务（通过维修服务），采用一些非传统渠道作为传统渠道的补充，从而构成双重分销。

一般来说，运用渠道竞争优势的企业总是能将企业的渠道战略与其市场营销战略相统一。渠道管理带来的竞争优势主要在于长期性。例如，许多特许合同20年才更新一次。一般建立一个零售网络是非常耗时的，而且产品如果不在市场上经历充分的展示是难以实现其销售潜力的。许多批发商不愿意承接市场上有竞争品牌和产品的批发商。制造商因为这些限制而很难接近最有实力的批发商。

除了长期性之外，渠道关系也让竞争者难以效仿，尽管竞争者可以模仿其价格策略，模仿其产品线，或模仿企业的促销策略，但是渠道关系不好模仿。例如，最好的批发商可能早就承诺为竞争对手服务，或者发现最佳的零售地点已经被竞争对手占据。

2. 渠道战略方案的评估标准

企业选择渠道战略方案，应该依据经济性、适应性和控制性三个标准，同时根据企业渠道目标的不同对三个标准分配不同的权重。

（1）经济性标准。企业采用渠道战略，进行渠道设计，核心目的是追求经济利益的最大化，这也是渠道管理者的第一目标和动机。因此，对于渠道战略，需要根据经济性标准进行选择，通过经济性的考量，即通对渠道战略的运营成本、渠道战略可能带来的销售量以及利润来衡量渠道战略设计的价值。通过评估不同中间商类型和不同渠道结构可能带来的经济性差异，如成本差异、销售额差异，来比较渠道之间的经济性水平，从而选择最适合实现企业渠道战略目标的渠道类型。例如，对比直接销售和渠道中间商类型时，通过考量哪个能够产生更多的销售额、降低更多的销售成本以及销售额与成本之间的差值，判断企业应该运用哪种渠道战略来提高企业整体渠道的经济性水平。

（2）适应性标准。在考虑经济性的同时，企业还应该考虑渠道战略在运营方面的适用性问题。企业为了保证渠道之间的正常运转，需要建立渠道成员之间的长期合作关系，保持渠道运行的稳定性，但保持稳定性容易失去渠道调整的灵活性，所以如何实现渠道成员之间稳定性和灵活性的平衡，是渠道战略选择的重点，同时也是渠道管理者需要考虑的重要问题，而这个平衡就是企业在渠道战略评估方面的适应性标准。企业要提高渠道结构的适应性水平，从而适应不断变化的渠道环境。在渠道环境相对稳定的情况下，渠道成员能够实现长期合作，而在渠道环境剧烈变化的情况下，渠道成员之间的相互依赖会减少，所以渠道的适应性应该从渠道之间的相互依赖和承诺方面入手，通过评估渠道成员之间的关系，进行关系的强化和调整，让渠道网络具有适应外部环境变化的能力。因此，渠道战略的适应性标准是企业制定渠道战略的重要依据。

（3）控制性标准。企业进行渠道战略选择时，控制性标准也是重点考量的因素，对渠道的适度控制是确立企业渠道竞争优势的重要手段之一。企业要根据自身的渠道战略目标进行渠道结构的选择。一般而言，渠道类型属于短而窄的，如工业品的渠道，相对容易控制。渠道类型属于长而宽的，如快消品的营销渠道，相对难以控制，其中控制性最强的渠道为直销渠道。对于企业而言，渠道战略的控制性本身并不产生收益，但控制渠道能够更好地实施企业的渠道战略，实现渠道的宏观目标，同时保证渠道经济性的长期可持续发展。因此，在保证渠道经济性和适应性的同时，需要提高渠道的可控制性，适当减少中间的代理商，增强企业的控制权。

案例2-1　京东超市启动酒水全渠道战略

本章小结

渠道战略是企业市场营销战略的一个重要组成部分，是企业取得竞争优势的一个必要环节。本章试图从总体上对渠道战略做一个介绍，让广大读者认识渠道战略。

渠道战略指的是为了实现分销渠道目标而制定的一整套指导方针。它的使命在于贯彻市场营销战略。总目标则是最大限度发挥渠道和产品战略、价格战略以及促销战略的协同作用，创造渠道价值链的竞争优势，为企业建立持久的竞争优势奠定基础。建立渠道战略十分重要：(1) 渠道战略可为市场营销战略的其他部分提供配合，实现更大的市场效益。(2) 渠道战略是以产品与市场的有效结合为检验标准的，不仅能分销产品，还能带来价值增值。(3) 与其他营销组合变量相比，渠道战略具有更大的潜力帮助企业建立竞争优势。(4) 渠道战略可使企业在更大的范围内进行资源配置。(5) 关系营销观念的流行是企业重视渠道战略的重要体现。

制定渠道战略的主要流程为：制定企业总体战略→制定市场营销战略→进行 SWOT 分析→确定渠道目标→制定具体渠道战略→分析渠道决策的经济性→分析渠道战略的适应性和可行性。

影响渠道战略的非可控因素主要包括经济环境、社会文化环境、技术环境、竞争环境、政治法律环境五个方面。这些因素对于公司的相对重要性因行业、企业而不同，即使是同一企业在不同的时期各类因素的相对重要性也是有所不同的。

渠道战略应服从于市场营销战略。渠道战略与顾客服务需求分析、渠道战略与产品、渠道战略与定价、渠道战略与促销之间的关系也值得关注。

企业可以通过单一分销、双重分销、非传统渠道、建立并保持比较宽的渠道成员网络、使用新技术、提供优质顾客服务、降低分销成本和拥有进入专业市场的通道等渠道战略建立渠道竞争优势。同时，依据经济性、控制性以及适应性三个标准进行渠道战略方案的评估，提高企业对于渠道战略选择的科学性。

基本概念

渠道战略　　渠道竞争类型　　顾客服务需求　　双重分销战略

思考题

1. 什么是渠道战略？
2. 渠道战略的特征有哪些？
3. 渠道战略的重要性有哪些？
4. 简述制定渠道战略的基本流程。
5. 影响渠道战略的环境因素主要有哪些？
6. 顾客服务需求有哪些具体的内容？
7. 渠道战略与市场营销战略之间是怎样的关系？
8. 可选的渠道战略有哪些？
9. 如何对渠道战略方案进行评估？

案例分析

爱他美打通数字营销全链

随着孩子王、爱婴室、乐友等母婴零售商的数字化转型，母婴行业的数字化智慧零售也在快速发展。作为原装进口奶粉在中国的领头品牌之一，爱他美的销售渠道以母婴连锁门店及平台电商为主。2019 年，爱他美作为先行者，首次联动腾讯的生态资源，充分融合数据能力、营销场景和 O2O 资源三大合作模式，进行了将流量转化为销量的有效尝试，打通了数字营销全链条。

在过往的广告投放中，母婴品牌会借助腾讯的数据或基于自身洞察寻找兴趣用户，如果与销售通路的洞察相结合，无疑可以更高效地识别目标受众。2019 年以来，爱他美先后联动孩子王、乐友、爱婴室、沃尔玛、京东等众多零售渠道，借助它们的数据能力和会员洞察来优化广告投放，寻找潜在目标人群。由此，三方数据能力充分融合：渠道对消费者的洞察、爱他美一方 CRM 数据洞察，加上腾讯对用户的深刻理解，赋予了品牌在超级流量池中为销售导流的能力。与此同时，各大渠道也成功地把商业增量向线上延展。

从 2018 年开始，“品牌＋腾讯广告＋零售商”三方联合的数字化营销模式开始起步，并在大型商超、便利店、母婴店、美妆垂直渠道等多个业态延展，形成了一条“微信社交广告引流＋零售商资源配合＋微信支付完成核销”的成熟链路。可以说，微信朋友圈和公众号已成为智慧零售三方数字化促销的主战场。

爱他美的渠道选择不仅仅是微信生态。自 2018 年 3 月开始，作为最先尝试数字化促销的母婴奶粉品牌，爱他美联合孩子王，投放了第一波微信朋友圈促销广告，开启了母婴零售三方的数字化促销之路。在此后的一年多时间里，爱他美陆续将线上触达场景拓展到 QQ 社交、新闻、音乐、视频等多个场景，针对不同平台的社交人群、资讯人群和娱乐人群进行定向，丰富营销维度，拦截更多品牌潜客。同时，爱他美联合孩子王、乐友、沃尔玛等多家零售商，将三方促销模式融入品牌常规的曝光广告，让渠道合作深入品牌营销的每一个场景，确保尽可能多的流量被导入“销售漏斗”，真正实现品效合一的链路闭环。

“造节”已成为新商业和新生活的基础配置，但造节营销的痛点却困扰着众多品牌：品牌日层出不穷，但零售商配合力度有限；跟随“6·18”/“双 11”全品类大促季，容易淹没在无数品牌的海洋中。爱他美则打通了渠道资源，与零售商联合打造“爱他美专属促销季”，整个节日没有其他品牌参与，堪称一个定制舞台。线上广告的导流，加上线下促销资源的造势，双管齐下，高效实现带货。

2018 年 9 月第 13 届奶粉节，作为孩子王“溯源之旅”系列主题活动之一，孩子王与爱他美在线下联合发布爱他美《探索卓萃科技的奥秘》纪录短片，跨越三个国家三座城市记录爱他美的科技溯源之旅，以“邀请用户加入爱他美欧洲溯源活动”为素材，并在腾讯视频平台播出。在特定的时间和地点接收自己需要的信息，消费者不知不觉就产生了足够聚焦的黏性和情感的连接度，进而提升对品牌的认同。爱他美品牌借助腾讯的平台与流量优势，在深度渠道合作方面实现了创新升级。

对于腾讯而言，如何将庞大流量转化成实实在在的销量成为要解决的关键问题。过去几年相对缺乏后端转化环节，眼下它不仅通过小程序等形式有效填补了短板，还开始思考覆盖面更大的线下渠道。腾讯智慧零售和它建起的“智慧零售二楼”，正在让前端的广告资源体现出更明显的价值。

在广告主眼中，实现增长与转化才是寻求流量曝光的终极目标。反馈显示通过三方的通力协作，相关数据指标确实获得了质的提升：在曝光端，新闻闪屏和 OTV 投放的 CTR 高出行业平均基准 50%；在转化端，不同零售渠道的表现虽然有差异，但均展现出品效合一的态势，广告投放真正实现了从成本环节到效率环节的跃迁。

当数字营销进入崭新的阶段，人们开始重新思考流量的价值，并着力将这种价值向后迁移。首先，要从“流量”到“留量”，即对流量价值的挖掘要长久；随后，要从“留量”到“销量”，即让流量真正完成价值货币化的过程。

资料来源：从流量到销量，爱他美、腾讯和线下渠道的三方共赢做到了行业最佳 . http://www.cmmo.cn/article-217251-1.html.

▶ **思考题**

结合案例说明，母婴品牌爱他美选择了哪些渠道，分别属于什么类型，如何与促销战略相配合。

第3章
制定渠道政策

本章要点

1. 渠道铺货政策的类型及利弊
2. 渠道价格政策的类型
3. 渠道产品线经销政策的主要类型
4. 渠道一体化政策的类型
5. 渠道一体化的利弊

引导案例

苹果（中国）开启全渠道降价

2020年伊始，苹果（中国）就宣布对2019款iPad降价。2019年以来，苹果屡屡采取降价措施，只是此次一改往日仅在电商渠道优惠的惯例，官方渠道也直接降价，这或许是其重新调整直营渠道价格政策的开始。

2019年第三季度，苹果第一次丢掉在中国平板电脑市场第一的宝座，被华为超越，此番降价也在情理之中。不过，在业内人士看来，消费者已经开始习惯苹果降价的“路子”，未来只怕必须沿着这条路走下去，否则鲜少会有消费者继续买“高端”的账。

苹果（中国）官网显示，2019款iPad 32GB和128GB版本调整后的售价分别是2 499元和2 999元，降幅分别为200元和500元。在京东商城和天猫商城的苹果专卖店，这款产品的价格与官网保持一致，但从用户评论可知，此前32GB版本曾经卖过2 399元的价格。

这次调价对苹果公司而言极为罕见。北京商报记者了解到，只有每年要发新品的时候，苹果官方渠道才会对前一年的新品降价，平常降价都是在京东商城、天猫商城、苏宁易购等电商平台渠道，而现在距离2019款iPad发布才三个多月时间。

2019年3月，苹果各大电商渠道的iPhone曾大幅降价，当时朝阳大悦城苹果体验店的工作人员告诉北京商报记者，实体店的价格并没有变动，官网的价格也没有下调。有关专家表示，苹果官方渠道对2019款iPad降价，意味着苹果公司注意到了各个渠道价格不一样，这次降价后，各个渠道价格更趋于一致，电商渠道将没有明显优势。

关于未来是否将保持全渠道价格一致的策略，有记者采访了苹果（中国）相关方，但未得到明确答复。

资料来源：iPad降价，苹果卖不动了？. http://tc.people.com.cn/n1/2020/0103/c183008-31533100.html.

制定渠道战略后，在渠道战略的指导下，必须制定有效的渠道政策，将指导意义上的原则、方向转化为具体的方针、政策。渠道政策主要涉及渠道铺货政策、渠道价格政策、渠道产品线经销政策和渠道一体化政策等。

3.1 渠道铺货政策

渠道管理的基本元素之一是决定在已知地区中应该建立多少销售网点，以及在每一个销售网点中需要采取哪些营销行为，从而提供足够的服务。从扩大范围来讲，市场服务范围问题是市场影响力的来源，强大的市场影响力正是建立在这样一种状态下——主要的客户都被包括，一旦他们作出购买决定，产品就能及时提供。这和一家公司以高的百分比抓住它所能看见的销售机会的能力结合起来，构成决定公司市场份额的最重要因素。

1. 渠道铺货政策的类型

渠道铺货政策首先是对于同一渠道层次的中间商数量的选择，根据企业产品的特点和企业追求的产品展露度，有三个基本的渠道铺货政策可供选择：密集分销、选择分销和独家分销（见图3-1）。

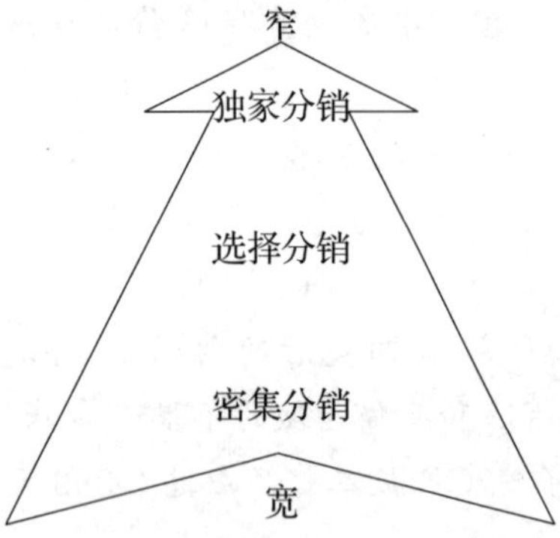

图3-1 渠道铺货政策的类型

（1）密集分销。密集分销是指在某一市场上，制造商尽可能多地通过许多负责任、合适的同类批发商和零售商销售其产品。消费者越是要求购买的大量性、高频性和方便性，就越有必要和可能选择密集分销方式。它是最宽的分销渠道。一般来说，密集分销主要有两类：零售密集分销和批发密集分销。

消费品中的便利品和工业品中的标准件、通用小工具多采用这种策略，为顾客提供购买上的方便。例如，软饮料、肥皂、纸、口香糖、糖果等消费品，润滑油、钻头、灯泡等工业用品。

（2）选择分销。选择分销是指制造商在某一市场上，仅仅通过少数几家精心挑选、合适的同类中间商销售其产品。这样，既可以使产品获得足够大的市场覆盖面，又可以比密集分销更易控制和节省成本。选择分销的渠道面比密集分销窄，比独家分销宽，这是企业较普遍使用的一种策略。

选择分销适用于各类商品，尤其是消费品中的选购品，比如一些特定品牌的商品。工业品中的标准产品和原材料，如家具用木板、断路器电子设备等多采用这种策略。与密集分销相比，选择分销可以使生产企业对中间商进行筛选，使用效率高的中间商，降低销售成本。企业更容易与中间商保持良好的关系，使中间商更好地完成企业所赋予的营销职能。另外，这种策略还可使企业增强对营销渠道的控制力。

（3）独家分销。独家分销是指制造商在某一市场上，仅选择一家中间商销售其产品。通常双方协商签订独家经销合同，规定经销商不得经营竞争者的产品，以便控制经销商的业务经营范围，调动其经营积极性，占领市场。独家分销可以使生产企业提高对销售渠道的控制力，刺激中间商努力为本企业服务，在卖主和二次卖主之间形成更为紧密的伙伴关系。但这种策略对企业来说风险极大，如果中间商选择不当，有可能失去这一市场的市场份额。

独家分销是最极端的形式，是最窄的分销渠道，适用于消费品中的特殊品，尤其是一些名牌产品，以及需要提供特殊服务的产品。它通常适用于商业空调设备、高档家具、办公家具以及机床和农用机械行业。

延伸阅读　灯饰企业的销售渠道类型

2. 渠道铺货政策的利弊

（1）密集分销的利弊。密集分销的好处主要有：市场覆盖面大，扩展市场迅速；顾客接触率高，提升销售业绩快；分销支持度强，充分利用中间商。密集分销也可能带来如下问题：厂商控制渠道较难；厂商需花费大量的费用（为打开渠道狂轰广告）；分销商竞争异常激烈；分销、促销不专一。

一般来说，某产品的分销越密集，短期内销售额越高，可能获得的利润就越多。但并不是所有的产品都适用密集分销政策。20世纪80年代末发生在个人电脑制造商中的故事便为那些不顾产品类型、片面追求销量的公司上了很好的一课。IBM、苹果等公司极力扩展它们的销售网，以致需求减少而竞争增加。为了减少库存，经销商会把过量的个人电脑存货卖给未经授权的经销商，比如不提供额外服务的廉价商店，从而推动了个人电脑灰色市场的发展。当净利润随价格下跌而减少时，经销商便停止向最终用户提供所需服务，随之而来的是消费者的抱怨和销售量的停滞。IBM、苹果不得不支付更多的费用来应对这些问题。公司认识到问题所在，大大减少了经销商的数量，特别是那些被允许出售新的、先进的、高利润产品的经销商。结果，很多经销商变得更加专门化，它们舍弃了一些厂家的产品，而集中在几个主要的产品线和顾客上。这样，公司重新赢得了顾客，为进一步的业绩增长奠定了基础。

可以设想，如果某高质量立体声组合音响的生产者决定将现有选择分销系统解体而追求密集分销，将销售网点扩大到杂货店、超级市场、廉价商店和其他地方，销售量在短期内肯定会增加。但是结合上面IT业的例子可以预见，从长期来看相反的结果极有可能会出现。

具体说来，密集分销可能存在如下需要防范的陷阱：

①服务恶化。密集分销模式中，销售网点很多，但是能力和水平参差不齐，有的由于服务设施限制而服务不到位，有的不愿意提供更多的售后服务。而在给顾客的保证协议中，这些销售网点（或生产厂家）被认为会提供周到的服务（比如保修）。通常保修业务不是服务部门最赚钱的，服务质量欠佳的话，顾客就会不满意。

②价格降低。密集分销一般会带来渠道内更激烈的竞争，引起价格下降，使分销商利润空间相应减小。一些销售网点为吸引顾客，扩大销售，会将产品作为促销品来出售。这样，产品的零售价就会降低，而其他销售网点便会考虑是否有必要去销售一种利润越来越低的产品。

③费用增加。实施密集分销政策，厂家可能会更多地参与营销流程，导致促销费用增加。那些愿意促销产品的经销商不愿意让别的经销商“搭便车”，可能丧失推广品牌的动力。如果发现利润降到不再负担得起这些努力的程度，它们会转向推广其他品牌产品。另外，当销售网点增加时，厂家持有的库存的成本无疑会增加。

之所以会存在密集分销的陷阱，是因为分销方式的选择与产品本身及市场其他因素相互影响。像计算机的例子涉及的是选购品，并非便利品。对很多公司而言，在短期获得销售量的增加而忽视长期结果是一个危险的目标。不可控的分销很可能会产生上述严重问题。在市场发达的条件下，对市场需求巨大的消费品而言，为满足分销商和最终用户的需求，实行密集分销是一个合理且合适的方法。

（2）选择分销的利弊。选择分销中，根据一定的标准选择一定数量的经销商，以形成高效、合作型的销售渠道。通过限制渠道宽度，生产者对渠道的控制力得到加强。采用这种政策，选择经销商是关键环节。经销商的选择标准主要有资本金、销售额、销售能力、价格遵守度、物流能力和信息处理能力等。选择范围不限于批发商，还包括特定的零售商。采用选择分销政策利弊兼有。

采用选择分销的好处是：控制渠道较易；市场覆盖面较大；顾客接触率较高。比如，生产商可与选择的经销商重点交易，加强渠道控制力，实现销售的高效化。选择分销比密集分销更能削减流通经费，而且可以限制经销商之间的竞争，建立较强的合作关系。

采用选择分销带来的问题主要有：选择合适的中间商难；市场覆盖面受到一定影响。例如，企业产品的流通仅依靠选定的少数经销商，存在一定的风险；经销商也可以销售竞争对手的产品，企业不能完全控制经销商。

（3）独家分销的利弊。采用独家分销的好处是：控制渠道容易；分销商竞争程度低；促销费用省。采用独家分销也有不利之处：市场覆盖面小；顾客接触率低；过分依赖中间商。

当渠道成员转向独家分销时，角色预期变得更为鲜明。在考虑营销流程的参与程度时，达成具体协议是可能的，但每个协议必须对权利和义务详细规定，避免日后出现争议和冲突。

具体说来，采用独家分销政策需要明确：

①包括的产品。排他性批发或零售商希望掌握具体产品的详细情况。对于一些产品尤其是高技术性产品，供应者希望通过自己经过特殊培训的销售人员出售，其他产品则可以通过独家分销商交易。为了避免将来由于产品线责任的划分而出现冲突，渠道成员必须就产品线每一领域内的职责予以清楚说明。对于那些分配给分销商的产品，供应者在分销区域内的任何销售都必须授权给分销商。

②顾客的分类或类型。必须签订一个谁负责何种顾客的协议以减少将来的冲突。供应者可能希望保留可以直接销售产品给特殊种类顾客如军队、大型商业企业等的权利。

分销商必须对厂商负责，对于谁向谁服务的规定有清楚了解。

③包括的区域。很明显，这是建立相关区域的另一个重要因素。在许多情况下，对区域边界的协议可以防止生产商产品分配中的纠纷。

④库存。这里要解决的问题是谁承担库存的责任和库存将以多大的数量在何处被持有。在价格波动的状态下，这些问题更为敏感。在经济形势不好时，生产商可能还必须实行价格保证或托售商品。

⑤安装和维修费用。这一费用问题不论对于工业品还是消费品都十分重要。生产商和分销商的权利和义务必须划分清楚。分销商可能被要求培训服务人员，而生产商可能必须保证在超出分销商服务能力的情况下给予帮助。在汽车、家庭用具、电器和设备行业中，渠道中间商和制造者之间由于安装及维修角色划分不清，出现了相当多的冲突。

⑥价格。在独家分销政策中，生产商在市场价格下跌时，可能会同意某种形式的价格和利润的担保。分销商则可能同意对最终用户在其价格上保留“合理收益”。但是，法律禁止在这种事情上生产商和分销商的任何共谋行为。

⑦销售配额。不实际的销售配额引起了渠道关系中明显的冲突。当同意一项独家分销安排时，相关的各方应在配额计算上达成一致。同时，对高于或低于配额而受到的奖励或惩罚达成共识。

⑧广告和促销义务。在协议中，必须详细说明对于目录、出售展示工作、销售帮助、地方广告和促销行为等的责任。计算合作广告津贴的基础也应该详细地写出来。这样，每个当事人就可以清晰明了自己对其他各方的责任。

⑨排他交易。在某些情况下，供应者希望分销商不销售与自己直接竞争的产品。排他交易是一种产品定向，而排他分销是地理定向，虽然它们总是会同时出现，但也并不完全如此。如果顾客对分销商的专门技术评价很高，以至于他们愿意放弃广泛的品牌选择而得到其商品排他交易将是非常合适的。在这种情况下，生产商经常会被要求增加对分销商的促销支持以确保后者的产品销售量令人满意。

⑩生效期、更新条款和终止。如果需要进行排他分销，就前九点达成书面协议是很重要的。但是，协议应该给予各方足够的灵活性以应对外部事件和意外。另外，各方就协议生效的时间和更新的条款达成一致也很重要。尤其重要的是，在法律范围内必须详细说明协议何时和如何才能终止。

案例 3－1　酒店业先例：万豪与 Expedia 签订独家分销协议

3.2　渠道价格政策

作为调控渠道行为的重要手段，渠道价格政策被视为实现渠道战略和目标的重要工具。因此，管理者需要研究渠道价格政策以更好地利用价格政策提升渠道绩效。

通过渠道影响价格水平有许多方法。前一节所述的渠道铺货政策致力于减少或限制品牌间竞争的数量，在没有其他直接干预政策的情况下会带来品牌价格的稳定。从制定政策的生产商的角度来看，如果价格维持在合理的水平，说明中间商可得到的利润足够支付最终用户需要的服务。

1. 渠道价格政策的类型

企业通常运用的渠道价格政策有以下几类。

（1）协商价格政策。在这种政策下，产品价格根据交易双方的协商结果来决定，价格并非固定的。这种政策在多品牌竞争激烈而卖方又难以渗入市场的情况下使用。此时往往是买方市场，即同类可替代产品多样，市场总体供大于求，消费者更具有选择性和主动性。经销商更了解市场需求，具有给多家卖方分销的权利，往往处于有利地位，能够迫使厂商给予较优惠的价格。

（2）统一价格政策。统一价格政策不基于厂商和经销商谈判的结果，不论购买数量多少，不论什么客户购买，也不管货物送到什么地方，价格都是相同的。这种价格政策适用于产品标准化程度较高、市场竞争不充分、渠道规则明确的市场。出厂价或批发价通常是固定的，但厂商可以在特殊的时间和特定的市场进行一定的价格调整。

（3）折扣价格政策。企业制定的折扣价格政策种类繁多，形式也不尽相同，但一般包括以下几种：

①职能折扣。对履行不同职能的经销商给予不同的折扣。如：总代理、一级批发商、二级批发商和零售商因履行不同的分销职能而获得不同的折扣。

②数量折扣。经销数量越多、金额越大，折扣越大。包括两种方法：一是非累计数量折扣，即价格根据一次购买的数量多少而变化。二是累计数量折扣，即允许根据一定时期内（如1—12月份）的总订货量打折扣。许多企业采取这种方法销售。

③结算折扣。货款结算时间越早，折扣力度越大。

④季节折扣。实行这种折扣政策，在销售旺季转入淡季之际，可鼓励中间商多进货，减少厂家仓储和保管压力；进入旺季之前，加快折扣的递增速度，促使渠道进货，达到一定的市场铺货率，以抢占热销先机。

（4）销售返利政策。根据交易量给予一定比例的返利，返点量及频率可根据产品特征、市场销货等情况而定。制定返利政策应该包括如下内容：

①返利的标准。一定要分清品种、数量、坎级、返利额度。制定标准时，一要参考竞争对手的情况；二要考虑现实性；三要防止抛售、倒货等。

②返利的形式。是返现价、返货物还是二者结合，一定要注明；返的货物能否作为下月任务数，也要注明。

③返利的时间。是月度返、季度返还是年度返，应根据产品特性、货物流转周期而定。返利兑现的时间内完成返利的结算，否则时间一长容易搞成糊涂账，对双方都不利。

④返利的附属条件。为了使返利这种形式促进销售，而不是相反（如倒货），一定要加上一些附属条件，比如严禁跨区域销售、严禁拖欠货款等，一经发现，取消返利。

现实中会遇到这种情况，返利标准制定得比较宽松，达不到返利刺激销售的目的，或者返利额度太大造成价格下滑或倒货，等等。因此，一是在标准制定上要考虑周全；二是执行起来要严格，不可拖泥带水。

（5）区域价格政策。对不同地区制定价格有两种方法：一种是统一送货价格，即最终价格是固定的，不考虑买者与卖者的距离，运费完全由卖者承担；另一种是可变送货价格，即产品的基本价格是相同的，最终价格包括基本价格加上运输费用。第二种情况下，产品的最终价格要依据顾客距离卖方的远近而定。

案例 3－2 格力电器的销售返利政策

2. 设计渠道价格体系

设计渠道价格政策的关键是设计渠道价格体系。设计渠道价格体系的依据主要有：

（1）销售渠道的层级。企业必须设计好销售通路各环节的价格体系，即处理好出厂价、一批价、二批价、零售价之间的关系。由于销售通路各环节的价格设计直接影响到中间商的利益，进而影响中间商的积极性，决定着产品在市场上的前途，因此，企业必须重视。

一级批发商是靠加价和返利来赚钱，零售商是靠批零差价来赚钱，二者的利益都能够得到保证，而二批、三批处于中间环节，往上一批决定了它的利润空间不大，往下零售商要以最优惠的价格拿到产品，这样，二级、三级批发商的利益如何维护，就成了价格体系设计的一个重要方面。企业必须让二级、三级批发商靠销售量来赚钱，使渠道各方参与者有利可图，保障渠道的运作活力。

（2）客户的重要程度。按照客户现有实力或潜在实力可以将客户分为A、B、C三个等级，分别确定不同的价格折扣率。如A级大客户价格折扣率是$X\%$，B级客户价格折扣率是$Y\%$，C级客户（小量进货者）依定价出货。销售价格体系设计解决的是让利如何分配。让利就是出厂价和最终零售价之间的差额。谁得到这些差额以及得到多少，就是价格体系设计要解决的问题。

3. 渠道价格混乱分析

销售过程中价格体系混乱，是目前我国企业普遍存在的一个问题。价格作为营销组合的一个重要因素，是竞争的重要手段。如果价格体系混乱，就可能扰乱整个市场秩序，影响产品的市场竞争力。造成价格体系混乱的原因有的来自生产企业，有的来自经销商。生产企业造成渠道价格混乱的原因如下：

（1）企业在不同的目标市场上采取了不同的渠道价格政策。不少企业在制定价格政策时，考虑到不同目标市场消费者购买力的差异、竞争程度的差异、企业投入的促销费用的差异、运输费用的差异，在不同的目标市场上采取不同的价格策略。这种价格策略使用得当，就会增强产品在各个目标市场上的竞争能力；如果使用不当，则可能对市场秩序产生重大影响。有些经销商可能利用不同地区的价格差，将产品从低价格地区转移到高价格地区销售，进行窜货。如一家酒类生产厂为了开拓某一地区市场，在市场开拓期将价格定得比其他地区低，期望以低价进入新市场，经过一段时间发现，进入该市场的产品转了一圈之后回流至原有市场，很快就冲击原有市场的产品价格，造成价格混乱。当存在多种价格时，经销商和消费者可能提出要求平等享受最低价格，厂家很难给出强有力的理由加以拒绝。

针对不同的目标市场制定不同的价格是可行的，但必须掌握的一个原则是，不同地区的价格差异不足以对市场价格体系造成混乱。价格差异的幅度应该控制在不让经销商利用这种价格差在不同地区市场上窜货的范围内。

（2）企业对不同分销商采取混乱的价格政策。一个完善的价格体系应包括对不同的分销商（如代理商、批发商、零售商），制定不同的价格政策，使每个分销商都愿意经营本企业的产品。对任何一个分销商的差别对待，都可能引起其他分销商的不满。某家电企业没有经销商愿意经销其产品，原因是它经常以批发价甚至出厂价向最终消费者出售产品，使得经销商的价格根本就没有竞争力，最终不得不放弃经营该产品。又如某公司经常以优惠价向员工出售产品，结果大量产品流向市场，严重影响了经销商的利益，导致经销商不愿意再销售其产品。

（3）对经销商缺乏有效的管理。许多企业不是以利润来调动经销商的积极性，而是对经销商施以重奖和年终返利。厂家这样做的目的是鼓励经销商多销售其产品。由于奖励和返利是根据销售量而定，经销商为多得返利和奖励，就千方百计地多销售产品。为此，它们不惜以低价将产品销售出去，甚至把奖励和年终返利中的一部分拿出来让给下游经销商。这种情况下的价格政策混乱体现为：

①经销商将企业产品用作带货。有经验的经销商不是从每一种产品上赚钱，而是选择几种产品赚钱。经销商将产品分为两类：一类是赚钱的，一类是走量的，用好销的产品或是将一部分产品的价格定得很低来带动其他产品的销售。

②企业在某个市场上有几个批发商，大家为了争夺客户纷纷降价，最后无利可图，都不愿再销售这一产品。

③不惜成本维持客户。一些经销商把价格降得很低，无利经营，甚至将厂家给予的折扣点也让给客户，目的是维持客户，吸引客户继续从它那里进货。

企业要稳定价格体系，保证不乱价，就必须做到：企业不能急功近利，为眼前的利益而自乱阵脚，要杜绝各种不良现象。如生产金龙鱼食用油的南海油脂工业（赤湾）有限公司在全国有400多个一级经销商，公司实行全国统一报价制，距离远的由公司补贴运费，防止产品在区域间窜货。为了保证经销商的利益不受损害，公司规定非经销商客户到公司拿货的价格比在当地向经销商直接拿货的价格还要高。

3.3 渠道产品线经销政策

渠道产品线经销政策是渠道政策的重要组成部分。产品线是指企业将生产、销售的多种产品按照一定标准进行同质组合而成的综合产品群。产品线是营销利润管理的重要手段。出于各种合理的原因，渠道管理者可能会希望限制渠道伙伴产品线的广度和深度。一般采用的政策有排他交易和搭售。

1. 排他交易

排他交易是应供应商的要求，分销商只能出售其产品或品牌，或至少不出售与之直接竞争的产品或品牌，如果分销商不遵守，供应商会拒绝与之交易。很明显，这种安排减少了分销商的选择和自由。排他交易对生产商的好处主要有：

（1）生产商可以加强对分销商的控制。要让分销商越来越依赖于生产商，需要生产商确保分销商的收益。如果生产商努力发展品牌形象，它可能会担心分销商把品牌作为牺牲品。通常，直接与分销商竞争的其他销售者会利用生产商大力的促销来刺激需求。这时生产商可以考虑利用其他的服务，如特殊展示会、技术培训、融资和对业务运作的支持，通过有价值的服务来排斥竞争者。

（2）便于生产商对销售的管理。在长期排他关系中，销售预测会容易些，可以使生产商的生产和后勤管理更有效。

（3）减少整个流通环节的费用。排他交易使分销商和生产商都能得到特殊好处并长期从对方获得财务利益。排他交易可使制造商和分销商双方有更稳定的预期，能够减少谈判、物流等管理费用。这样，分销商得到更稳定的价格，且得到更有规律和经常性的产品供货；分销商与生产商间的交易会次数变少，批量变大。此外，分销商一般可得到额外促销和其他支持作为补偿，并且避免了储存多个品牌的费用。

固特异公司曾经决定向其独家经销商提供排他性轮胎型号，这些轮胎都不能通过其他零售商出售。许多公司的新轮胎完全可与固特异公司现有产品相媲美，然而，它们不得不与大公司进行价格竞争。固特异公司在竞争激烈的市场上保持销售额的持续增长，它的经销商也获得了利润的增长，最终取得了双赢，进一步巩固了竞争地位。

排他交易须通过协议来实现。在协议条件下，在特定的时间、以特定的价格，购买者只能购买一家销售商的产品。这种安排明显减少了购买者的选择自由，但保证购买者在相当长一段时期内经常有成本已知的供应货源。

2. 搭售

搭售是指供应商要求购买者在购买想要的产品和服务时，必须同时购买第二种产品和服务。例如，微软公司将其浏览器与视窗系统一起销售，制鞋机的制造商以正确维护机器为由，要求机器的租户必须购买服务。

使用搭售政策，除了与利用排他交易相似的理由外，还包括以下原因：

（1）把为搭售产品建立的市场需求转化为对被搭售产品的需求。

（2）用被搭售产品来衡量对搭售的应用。

（3）用低利润搭售产品（剃须刀）来卖出高利润被搭售产品（刀片）。

（4）通过组件的销售达到对费用的节省。例如，当更多的产品包括在组件当中时，用于供应和服务渠道成员的成本会降低。

（5）通过强迫经销商从生产商处购买被搭售产品（维修）来保证对搭售产品的成功销售。

3.4　渠道一体化政策

制造商实施营销战略的目的是增加销售额，扩大市场占有率，增加利润。为实现这一目的，企业必须不断适应市场环境的变化，构建最佳营销组合。这是通过提供满足消费者需求的产品或服务，借助广告宣传扩大影响力，制定合适且富有竞争力的价格等战略实现的。

在这些营销组合中，规划稳定的从生产到消费的流通渠道，对营销战略的实施具有重要意义。因此，很多企业推进渠道一体化，将那些能领会自己的营销战略，积极协助经营企业产品的批发商和零售商纳入专门的营销渠道，并实现组织化，限定地域和经营的商品。如海尔在全国各地建立分公司和专卖店体系，格力耗费巨资建立自己的零售终端。

渠道一体化的目的是降低成本，增强竞争力，稳定价格，扩大销售，充实售后服务等。它是在大量生产和大量消费的背景下推出的以实现大量销售为目的的政策。多用于大消费品制造商，尤其是家电、汽车、化妆品企业。消费品市场迅速扩大，竞争非常激烈，为增加商品的销售，增强经销商的销售力，为消费者提供满意的商品和服务，制造商纷纷推出渠道一体化政策，实现与竞争企业的差异化，确保竞争上的优势。

1. 渠道一体化政策的类型

制造商的渠道一体化政策可以分为：资本投入型渠道一体化、契约型渠道一体化和经营指导型渠道一体化（见图 3－2）。下面介绍渠道一体化各种类型的特点。

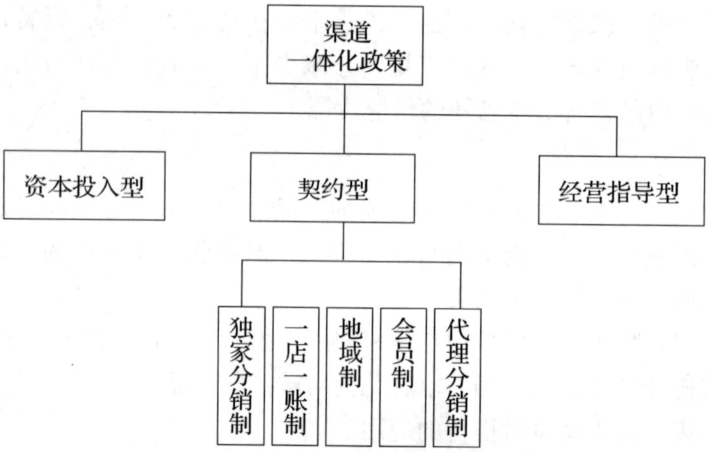

图 3－2 渠道一体化政策的类型

（1）资本投入型渠道一体化。资本投入型渠道一体化是指制造商通过资本的投入，建立自己的销售机构或者投资中间商，形成公司直控的渠道一体化系统。它通过向经营企业产品的中间机构投入资本和派驻人员，将批发商（有时也包括零售商）纳入本公司渠道体系。它可以强化制造商的渠道控制力，实现一个地区有一家销售公司。也有制造商为实现单独对流通渠道的垂直控制而建立自己的销售公司或营业网点。

对资本投入型渠道一体化进行理论研究的学者主要有波特（Porter）、威廉姆森（Williamson）、巴泽尔（Buzzell）、巴辛（Bhasin）和斯特恩（Stern）。他们对资本投入型渠道一体化的收益和风险都做了详细的分析，主要结论见表 3－1。

表 3-1　资本投入型渠道一体化的理论研究

收益			
波特	威廉姆森	巴泽尔	巴辛和斯特恩
1. 确保来自以下方面的经济效益： 1）综合操作 2）内部控制及合作 3）信息 4）避开竞争 5）稳定的关系 2. 开发技术 3. 保证供应和满足需求 4. 抵消交易 5. 提高附加价值 6. 提高进入及流动障碍 7. 进入一个回报更高的行业 8. 抵制障碍	1. 促进连续制定决策 2. 减少机会主义 3. 减少不确定性 4. 克服信息冲突的条件 5. 营造令人满意的气氛	1. 降低交易费用 2. 保证供应 3. 巩固合作 4. 提高技术能力 5. 提高进入障碍	1. 保证供应 2. 使存货数量更合理 3. 管理薄弱环节 4. 保证运作经济性，通过： 1）技术上的互相依靠 2）削减风险金 3）降低交易费用 4）规模经济 5）减少风险 6）稳定的关系 7）获得资本资源 5. 获得具体信息 6. 实现产品差异化 7. 实现价格差异化 8. 适应性 9. 协调供应与需求 10. 建立准入障碍 11. 实现多样化
风险			
波特	威廉姆森	巴泽尔	巴辛和斯特恩
1. 克服流动性障碍的成本 2. 增加可操作性 3. 降低合作伙伴的流动性 4. 提高输出壁垒 5. 资本投资的必要条件 6. 对消费者进行研究 7. 保持平衡 8. 无效的激励 9. 不同的管理要求	1. 喜欢保持或扩展内部操作的偏见 2. 沟通的误解 3. 内部机会主义 4. 有限理性 5. 官僚主义 6. 有关道德的沦丧 7. 无效的激励	1. 资本要求 2. 不平衡的生产量 3. 灵活性降低 4. 丧失专门化	1. 不经济因素 1）不平衡的合并操作 2）管理 3）低回报 4）交易扭曲 2. 操作优势提升 3. 流动性障碍

资料来源：Michael E. Porter. Competitive Strategy. New York：The Free Press，1980；Oliver E. Williamson. Markets and Hierarchies：Analysis and Antitrust Implications. New York：The Free Press，1975；Oliver E. Williamson. The Economics Institution of Capitalism. New York：The Free Press，1975；Robert D. Buzzell. "Is Vertical Integration profitable?" Harvard Business Review，Vol. 61（January-February 1983）. pp. 92-102.；Ajay Bhasin，Louis W. Stern. "Vertical integration：Considerations of Efficiency，Risk and Strategy，" //M. G. Harvey，R. F. Lusch（eds）. Marketing Channels：Domestic and International Perspectives. Norman OK：University of Oklahoma Printing Service，1982.

理论研究的主要结论为：资本投入型渠道一体化适合大量制造、产品线长、核心产品同质性强的行业，如家电、洗涤用品、照相机和玩具等行业。对于大量生产、大量销售的制造商而言，批发商是实现大量销售的流通体系中的重要机构。

资本投入型渠道一体化可以强化制造商对渠道的控制力，使制造商的营销战略贯彻到销售的终端，但也存在一定的弊端。

优点：可建立稳定的产品销售渠道，减少流通过程中的利润提成，便于调整生产和销售，可实现价格的完全管理，提高物流的效率，可直接获得消费者信息，改善流通过程中的库存管理以及有效行使对销售分部的管理，等等。

缺点：制造商的控制范围有限；销售店体系稳固后，思想上受局限，不易实现创新；零售店经营缺乏独立性；渠道管理成本高；难以协调体系内经销商和其他经销商的关系；销售激励低，销售效率低；等等。

（2）契约型渠道一体化。契约型渠道一体化是指制造商通过与中间商签订契约，建立长期合作关系，实现相对稳定的渠道一体化系统。契约型渠道一体化包括独家分销制、一店一账制、地域制、会员制、代理分销制等。

①独家分销制。独家分销制是指作为专卖型销售渠道政策，将独家分销权赋予一定地域内的特定经销商，不允许其同时经营竞争商品。其形式包括独家分销代理或作为直属子公司的销售网点。

②一店一账制。一店一账制是指零售商仅与一家批发商进行交易的制度，亦即剥夺了批发商扩大交易客户的自由，由制造商决定与批发商交易的零售商，同时也禁止零售商与非特定批发商进行交易的制度。通过一店一账制，限制零售商、批发商的交易对象。

③地域制。地域制是指制造商限制经销商的经营地域范围，只允许其在规定的地域内经营的制度。这是制造商为确保售后服务的效率，降低流通成本，防止经销商间竞争导致的价格下降等采取的销售渠道一体化措施。

地域制包括：封闭型地域制，限制经营地域，在该地域内仅允许一家经销商存在的一个地域、一家销售店制。开放型地域制，虽限定经营地域，但允许该地域内存在多家经销商的一个地域、多家销售店制。定位制，限制销售地域场所的制度。在此地域制下不允许指定经销商越境经营，以确保特定地域内的分销权。

④会员制。会员制可称为制造商的体系强化政策，即建立经销商间的横向组织，将经销商发展为会员，通过会员制度，制造商可以加强对经销商的协调与控制。

⑤代理分销制。代理分销制是指制造商保留商品的所有权，委托经销者销售商品的制度。制造商不让经销商承担剩余商品销售或商品损坏的责任，而以使其在制造商的指导和监督下开展经营为目的。

（3）经营指导型渠道一体化。经营指导型渠道一体化是指制造商通过每年与独立中间商的正常交易，保持长期的相对松散的合作关系，实现渠道一体化系统。

现实中，经营指导型渠道一体化多与其他两种渠道一体化形式并用。多通过回扣制、对代理人的支援制度等来维系合作关系。回扣制包括以下几种：

①占有率回扣。根据商品交易额在该商品总交易中所占比例支付的回扣。

②累积回扣。根据一定时期内的商品交易额累积支付的回扣。

③忠诚度回扣。根据对指定价格、营销方法、客户等制造商政策的遵守情况支付的回扣。

④扩大销售的回扣、促销回扣、提前入货回扣等。

2. 渠道一体化的利弊

渠道一体化具有以下优点：

（1）便于缩短流通渠道，合理管理库存，削减流通成本。

（2）便于把握消费者需求的动向。

（3）便于计划生产、计划销售。

（4）可以将制造商的政策方针贯彻到最末端零售店。

（5）保证商品质量，充实售后服务。

（6）便于阻止竞争企业的加入。

渠道一体化也存在如下弊端：

（1）因限制竞争，价格具有刚性。

（2）为维持体系化，成本高。

（3）经销商缺乏独立性。

（4）经销商积极性不高。

（5）制造商有滥用其优越地位的可能。

3. 渠道一体化的前景

随着消费者需求的多样化、个性化，大量营销战略也发生了很大变化。在大量生产大量消费的年代，消费者被一视同仁，渠道一体化成为制造商实现大量销售的非常有效的战略。而现在消费者需求多种多样，面对这种环境变化，流通渠道需要建立起一种能迅速应对的体制。渠道一体化政策面临两种挑战：

（1）消费者需求多元化、个性化的挑战。消费者对制造商主导的一体化的销售店不再感到有吸引力。这些店中只有某种特定品牌的商品，不能真正满足消费者比较购买的需求。

（2）大型零售商崛起的挑战。零售商尤其是大型零售商对流通的控制力得到前所未有的加强，致使制造商也不能无视其销售能力。这就意味着仅依靠一体化渠道的销售难以扩大市场占有率，制造商不能局限于自身体系，必须为大型零售商渠道提供商品。

幸运的是，伴随着零售商的崛起和顾客需求多元化、个性化的挑战，互联网为企业采用渠道一体化政策提供了新的机遇。制造商可通过建立呼叫中心和电子订购系统实现对顾客的快速响应。如何抓住机遇利用好渠道政策，还需要进一步探索。

本章小结

渠道管理的基本元素之一是决定在已知地区中应该建立多少销售网点，以及在每一个销售网点中需要采取哪些营销行为，从而提供足够的服务。渠道铺货政策主要有三种：密集分销、选择分销和独家分销。三种渠道铺货政策各有利弊，企业应该根据产品、竞争、需求等多种因素慎重选择。

作为调控渠道行为的重要手段，渠道价格政策被视为实现渠道战略和目标的重要工具。因此，管理者需要研究渠道价格政策以更好地利用价格政策提升渠道绩效。

企业通常运用的渠道价格政策有以下几类：(1) 协商价格政策；(2) 统一价格政策；(3) 折扣价格政策；(4) 销售返利政策；(5) 区域价格政策。

设计渠道价格政策的关键是设计渠道价格体系。设计渠道价格体系的依据主要有：(1) 销售渠道的层级；(2) 客户的重要程度。

销售过程中价格体系混乱，是目前我国企业普遍存在的一个问题。价格作为营销组合的一个重要因素，是竞争的重要手段。如果价格体系混乱，就可能扰乱整个市场秩序，影响产品的市场竞争力。造成价格体系混乱的原因有的来自生产企业，有的来自经销商。

渠道产品线经销政策是渠道政策的重要组成部分。渠道管理者可能会希望限制渠道伙伴出售的产品线的广度和深度。一般采用的政策有排他交易和搭售。

渠道一体化的目的是降低成本，增强竞争力，稳定价格，扩大销售，充实售后服务等。制造商的渠道一体化政策的类型可以分为：资本投入型渠道一体化、契约型渠道一体化和经营指导型渠道一体化。

资本投入型渠道一体化是指制造商通过资本的投入，建立自己的销售机构或者投资中间商，形成公司直控的渠道一体化系统。

契约型渠道一体化是指制造商通过与中间商签订契约，建立长期合作关系，实现相对稳定的渠道一体化系统。契约型渠道一体化包括独家分销制、一店一账制、地域制、会员制、代理分销制等。

经营指导型渠道一体化是指制造商通过每年与独立中间商的正常交易，保持长期的相对松散的合作关系，实现渠道一体化系统。

现实中，经营指导型渠道一体化多与其他两种渠道一体化形式并用。

基本概念

密集分销	选择分销	独家分销	销售返利
排他交易	搭售	渠道一体化	

思考题

1. 渠道铺货政策的类型有哪几种？
2. 三种基本渠道铺货政策各自有哪些利弊？
3. 渠道价格政策有哪几类？
4. 渠道价格混乱的原因有哪些？
5. 排他交易对生产商的好处主要有哪些？
6. 经营者为什么会使用搭售？
7. 渠道一体化政策有哪些类型？
8. 解释资本投入型渠道一体化。
9. 契约型渠道一体化有哪些方式？
10. 渠道一体化有哪些利弊？

案例分析

"消时乐"与"李渡"酒厂的渠道社群改造

白酒行业具有强社交和聚饮消费的特征。然而，随着2020年新冠肺炎疫情的到来，白酒行业已经很难在线下社交和聚饮消费上获得足够的利润。如果不能借用新营销思维和互联网工具进行渠道改造，酒类厂商将很难维持运营和发展。如何基于白酒行业的现实来解决渠道问题，是每个从业者都必须思考的课题。"消时乐"与"李渡"是两家中国本土酒类厂商，我们来看看它们是如何将线上社群渠道、线下传统渠道进行一体化改造的。

消时乐的渠道社群化三阶段

第一阶段：依靠经销商网络，激活优质小B端（企业端）。在运作前期，改变原来深度分销的高铺货率的做法，与经销商合作，精选当地30%的优质小B端，通过定向铺货、场景化陈列、广泛体验和地推活动等，再配合线上群活跃、群传播、即时激励等，实现小B端线上线下一体化，快速解决了传统的动销问题。

第二阶段：为小B端赋能，向C端（用户端）延伸。传统做法是解决了短期动销问题，就认为所有的销售工作完成了，新营销的做法是通过小B端进一步连接到C端。线上运用店主群＋微信公众号＋小程序等互联网工具持续开展传播活动。有了社群之后，就可以实现对店老板的即时激励，并掌握动销数据。动销之后，店老板对产品有了信心，就愿意接受进一步向C端延伸的做法。可以通过互联网工具＋拉票评比活动来影响店老板的朋友圈，因为大部分店老板的朋友圈和生意圈是高度重叠的。因为是朋友关系，所以比较容易建立信任关系，因为信任，所以推广的新品也比较容易被接受。这为进一步扩大产品口碑和向C端延伸打下了消费基础。

第三阶段：加大小B密度，扩大C端广度。实现快速动销的店老板可以将动销实时场景进行传播，同时也会带动其他的店老板；通过社群的有效连接，实现了对终端动销数据的掌控。通过定向铺市，先把30%有势能的店、能够产生动销的店筛选出来，用这30%在社群里影响其他店主。C端运营的是店主粉丝群，也就是终端店主作为群主自建的社群。这是渠道粉丝链的延伸和发展，以终端门店的消费者为交互对象，通过常态化的粉丝交互沟通，强化粉丝的认知，促进首推向首选的转换。这主要分为五个板块：终端场景放大扩散；定向传播强化认知；常态交互增强黏性；流量转化为客流量；培养铁粉做大销量。

李渡的渠道社群化三部曲

①建立社群矩阵，把社群组织化。与消时乐略微不同的是，李渡先建立了三种社群：第一种是企业层面的粉丝群，以沉浸式体验的大C为主，大约有10万人；第二种是与销售关联的粉丝群，主要是经销商以及合伙人等；第三种是终端用户的粉丝群，主要是终端店老板的核心用户和团购客户。这三种社群的运营由企业品牌部负责。这样做的好处是，不但与核心用户实现了有效连接，也把社群运营组织化了。

②与商家形成联盟，为下游提供服务。李渡与其他厂家的不同之处在于：不给经销

商压货，让产品在渠道中良性运转，因此产品的价格比较稳定；为每个代理商提供后台服务，每个代理商都可以随时带客户到酒厂进行沉浸式体验。用李渡酒业董事长汤向阳的话说，没有过大的销售压力，在市场中的每个动作才不至于走形。

李渡通过场景打造和用户体验为商家提供服务。以前白酒在零售终端的一贯做法是生动化陈列和抢占排面，李渡在原来的基础上进行了升级改造，具体做法如下：一是把酿酒工艺图和店内陈列结合起来，让产品有了背景感；二是在产品陈列柜上摆放一些跟产品相关的原料，让产品生动化并有想象空间；三是每个店内配备证明产品品质的衍生品，比如酒糟鸡蛋、酒糟花生和酒糟面膜；四是配置酒杯、分酒器，随时可以品尝、体验和互动。

在用户体验上，李渡通过派专人现场表演用户的自调酒来普及白酒知识，包括区分高档酒与低档酒、粮食酒与酒精酒的方法。还有一种形式是移动式体验，李渡派白酒品鉴师去做白酒品评，现场讲一堂白酒品评课，现场开展一场酒王争霸赛。总之，通过强交互来强化用户对品牌的认知。

③启动云店模式，让C端实现裂变。李渡在2019年9月启动了云店模式，在酒厂所在地进贤县及附近的五个县区，云店超过200家，按照公司规划，2020年总体数量将达到上千家。云店模式与原来的销售模式有所不同，原来店主赚取产品差价和陈列费用等。云店模式就是由终端店主担任云店舵主，进行产品推广，募集销售资源，消费者通过云店小程序下单，由经销商完成产品配送服务。一旦交易完成，经销商和店主便能从中获取提成。云店模式的价值在于通过数字化工具为店主赋能，店主对核心用户实现了连接和推广，核心用户通过发朋友圈和拼团等形式，实现了拉新、复购和裂变。

资料来源：酒类厂商如何激活渠道？这有两个案例拆解．https://www.sohu.com/a/372910455_100023229.

▶ **思考题**

比较分析消时乐与李渡两家酒类厂商在线上社群渠道、线下传统渠道的一体化管理方面的战略思路。

第4章
构建渠道流程

本章要点

1. 渠道流程的分类
2. 物流
3. 资金流
4. 信息流
5. 促销流

引导案例

京东开启智能物流新时代

未来十年，科技的发展速度将快于过去百年，因为计算能力、存储容量、大数据以及机器人的控制技术都已经达到一个临界点，一旦跨越这个临界点，科技将发生质的变化，引发许多革命。

近年京东已经尝试利用无人机运送货物，以降低物流费用。刘强东认为物流障碍是京东未能遍布小城市以及农村地区的主要原因，无人机等机器送货方式有望突破这一障碍。

刘强东对比了亚马逊的运送方式，他认为公寓这一居住方式不利于京东使用和亚马逊一样的运送方式，但地域辽阔的中国农村可以使用无人机送货到家，这是一个巨大的市场。

京东在每个村庄都配备了一名快递员，通过无人机将快递直接运送至快递员的后院，这样就形成了固定的路线。在被问及科技的发展是否会抢走人类的饭碗时，刘强东表示京东仍需要许多工作人员来维护整个系统的运行。

事实上，在2017年“6·18”期间，京东就已经开始使用无人机和机器人配送货物。第一批试点为北京、四川、陕西以及江苏。京东此次新尝试开启了智慧物流的新篇章，让偏远地区的消费者足不出户就能享受线上消费带来的好处。

伴随着电商的快速发展，物流业从幕后走到了台前，成为各路资本看不见硝烟的战场。2020年，国内自动化物流系统的市场规模预计超过1 000亿元，未来几年行业增速有望保持在15%以上。京东砸重金自建仓储，物流企业更需要建立适合自己的有独立知识产权的智能物流系统。智能物流系统完整的硬件部分通常由输送设备、存储设备、装载与拣选设备、合批设备、分拨设备、包装设备以及分拣设备组成。

电商平台将借力智能物流，通过物联网、大数据、云计算、人工智能等信息技术为消费者提供更快更精准的服务，同时降低成本。另外，面对日渐紧俏的土地资源，企业纷纷借助智能仓储提高仓储空间的利用率。

资料来源：京东 CEO 刘强东：无人机将攻破偏远地区“城门”. https://robot.ofweek.com/2017-06/ART-8321206-8300-30145188.html；SWOP 2019 新增电商物流包装主题馆——共享新零售时代商机. https://baijiahao.baidu.com/s?id=1621984302641495543.

渠道有如企业的生命线，其主要功能是将产品和服务从生产者那里转移到消费者手里。在转移过程中伴随着产品实体、所有权、信息、资金、促销活动等的流动，这些构成了渠道中的一个个流程。渠道流程主要有实体流、所有权流、信息流、资金流及促销流。本章将分别阐述。

4.1 渠道流程的分类

1. 渠道流程的分类

在现代市场经济条件下，生产者与消费者之间在时间、地点、数量、品种、信息、产品价值、所有权等方面存在差异和矛盾。而渠道就是连接二者由此至彼的“运河”，往来输送的正是产品或服务、所有权、资金、信息等。这些不同种类的流程将构成渠道的各种机构联系起来。渠道的流程主要有实体流、所有权流、资金流、信息流及促销流（见图 4-1）。

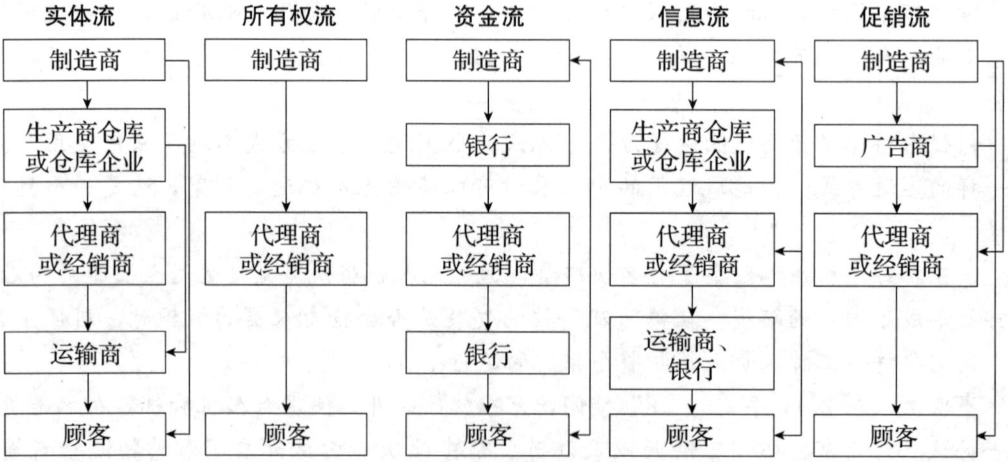

图 4-1 渠道流程的分类

（1）实体流。是指实体原料及成品从制造商转移到最终顾客的过程。例如，在汽车市场分销渠道中，制成品须经过仓储，然后根据经销商或代理商订单运交代理商，再运交顾客。如遇到大笔订单，也可由仓库或工厂直接供应。在这一过程中，要用到一种以上的运输方式，如铁路、卡车、船舶等。

（2）所有权流。是指货物所有权从一家市场营销机构到另一家市场营销机构的转移过程。在前例中，汽车所有权由制造商转移到经销商，而后到顾客。

（3）资金流。又叫付款流，是指货款在各市场营销中间机构之间的流动过程。例如，顾客通过银行或其他金融机构向代理商支付账单，代理商扣除佣金后再付给制造商，还必须付给运输企业及独立仓库。

（4）信息流。是指在渠道管理中，各市场营销中间机构相互传递信息的过程。通常，渠道中每一相邻机构间会进行双向的信息交流，而互不相邻的机构间也会有各自的信息流程。

（5）促销流。是指广告、人员推销、宣传、促销等活动由一单位对另一单位施加影响的过程。制造商向经销商推销其品牌及产品，还可能向最终顾客宣传自己及产品，以便影响经销商或顾客。

2. 渠道流程管理的重要性

渠道流程管理实质上就是使产品、资金、所有权、信息、促销等各方面在渠道中顺利输送，以满足渠道中各种机构的生存发展的需求。不同种类的流程就如同体内流动的血液，在渠道内循环往复，给组织带来新鲜活力。无论在哪个环节出现流程不畅，都会给渠道中的机构带来麻烦，甚至导致渠道这座维系生产者至最终消费者的桥梁发生坍塌。所以很有必要对流程进行管理，以维持它的畅通，保持组织的勃勃生机。流程管理无论对制造商或经销商还是最终的消费者都具有极其重要的意义。

渠道流程管理从流动变化的角度分析渠道，市场营销管理者能及时发现问题，未雨绸缪。运动是事物的根本性质。渠道相关的环境及各个环节总是处在不断变化发展的过程之中。纯粹依靠制度、结构来运作分销渠道，是一种静止片面的观点，只能在一定的环境下起到一定的作用。一旦渠道原有的管理体制不能适应新形势下的要求，就会事与愿违，再好的制度也形同虚设。

渠道流程管理要求每一环节的各个机构从整体角度看待分销问题，营销管理者拓展视野。渠道的良好运作离不开各个机构或组织的积极配合。建立渠道是为了满足生产者的销售需求和使用者的消费需求，是为了实现整个社会的总体经济职能。单个组织只有从满足整体需求的目标出发，积极地配合渠道分销活动，才能更好地实现单个组织的需求。渠道将制造商、经销商和消费者紧密地结合成一个系统，流程管理就是贯穿其中的“金线”。从长期来看，无论哪一个连接点出现问题，对所有组织来说都会带来不利影响。

渠道流程的畅通与否关系着整个社会的经济发展，也是各种机构组织生存发展的关键所在。

4.2 物流

在现代意义上，渠道流程管理中最核心的是物流管理（实体流管理）。

1. 物流的职能

作为经济活动的基础环节，交换必然会产生商品的让渡，而这种让渡在发达的市场经济阶段往往会遇到时间阻隔（生产时间与消费时间不一致）和地点阻隔（生产场所与消费场所不一致）。为了解决商品让渡过程中的问题，物流作为将商品有效地从生产者转移到消费者手中的一种职能，创造了渠道的时间价值和地点价值。由此看来，物流是一种追加的生产过程，它通过时间和空间等非物质形态的服务来创造效用。

所谓物流，是指通过有效地安排商品的仓储、管理和转移，使商品在需要的时间到达需要的地点的经营活动。物流的任务涉及产品从起点到最终使用点或消费点的实体移动的规划与执行，须在取得一定利润的前提下满足顾客的需求。

物流的职能就是将产品由其生产地转移到消费地，从而创造地点效用；将产品的生产时间与消费时间有机连成一体，从而创造时间效用。物流作为市场营销的一部分，不仅包括产品的运输、保管、装卸、包装，而且包括在开展这些活动的过程中伴随的信息的传播。它以企业销售预测为开端，并以此为基础来规划生产水平和存货水平（见图 4-2）。

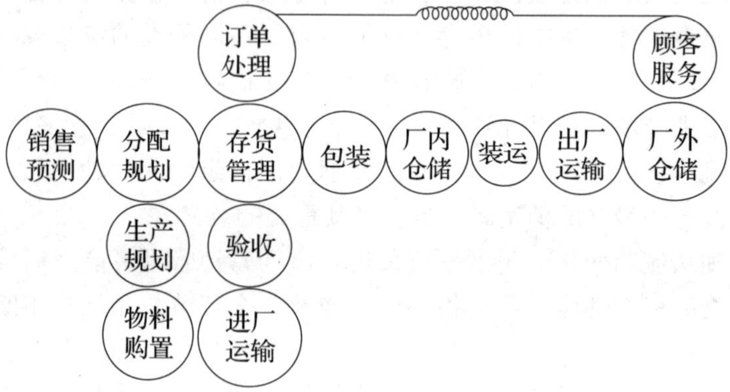

图 4-2　物流所涉及的工作

生产规划是指采购部门预先订购原料，经过进厂运输，送达接收区域而存于原料存货仓库，原料再转换为制成品的过程。而成品存货是顾客的订单与企业制造活动的连接。顾客订单使存货水平降低，而制造活动使之上升。最终产品经过装配线、包装、厂内仓储、装运、出厂运输、厂外仓储，最终送到顾客手中。

传统的物流以工厂为出发点，通过有效的措施将产品送达消费者手中。从市场营销观点来看，物流规划应先从市场需求开始考虑，并将所获得的信息反馈给原料供应商。企业首先应考虑目标消费者的位置以及他们对产品运送便利性的要求。其次，企业还必须知道竞争者的服务水平，设法赶上并超过竞争者。最后，企业要制定一个综合战略，其中包括仓库及工厂位置的选择、存货水平、运送方式，进而向目标顾客提供服务。

物流管理为企业增加利润提供了潜在机会。通过综合物流系统，能够降低运输、仓储和存货管理的成本。综合物流系统包括五个方面：总成本方法；各项成本的权衡；零次优化；总系统观点或供应链管理；物流一体化。

（1）总成本方法。总成本方法的关键是在达到既定的用户服务水平的时候，要考虑无论是显性成本（运输、仓储和存货管理的成本）还是隐性成本（包括不按时交货导致失去销售订单的成本、顾客不满意的成本等），所有物流成本是同时发生的。由于所有的物流系统是相互依存的，其中一个环节发生变化，会影响到其他环节。管理层的目标是使物流系统的总成本最低，而不应试图使每个成本最低。

（2）各项成本的权衡。与总成本观点紧密联系的是成本权衡观点，它是指有时企业某个活动的成本呈现出来的特征会使该成本与其他成本发生经济冲突（见图 4－3）。随着仓库数目的增加、运输成本的降低，存货和订单处理成本会提高。可见，即使系统中的某些成本提高，其他成本相应的降低最终会使总成本降低。

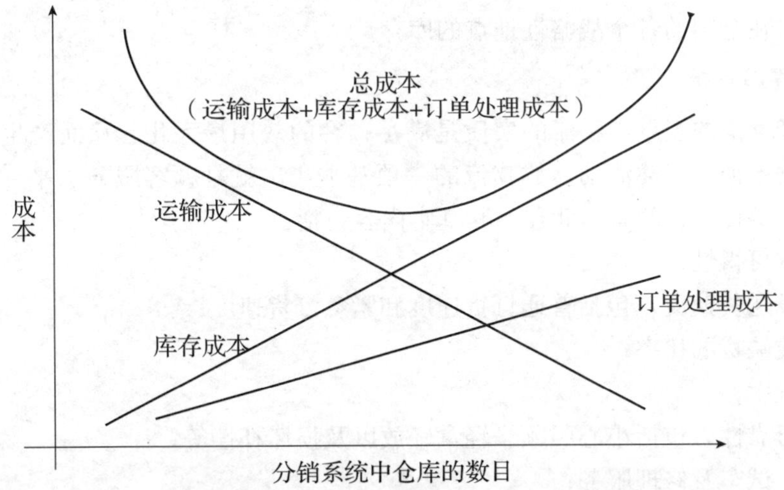

图 4－3　在确定物流系统仓库数目的过程中对各项成本的考虑

资料来源：Ronald Ballou. Business Logistics Management，3rd ed. Upper Saddle River，NJ：Prentice-Hall，Inc.，1992.

（3）零次优化。当某个物流职能达到最优化时，结果可能是其他分销职能的绩效受损。例如，减少存货，可能包含减少存货的种类（花色品种），从而削弱系统准时完成订单的能力。在协调和组织整个物流系统时，系统管理应该尽可能减少次优化，理想的情况是达到零次优化，即消除次优化。同时，物流系统是企业的一个子系统，不应该以牺牲其他职能部门为代价达到最优化。此外，每个企业都是渠道成员，企业最优化不应该以牺牲渠道效率为代价。

（4）总系统观点或供应链管理。总系统观点权衡在整个物流系统中不同职能运作的成本。例如，给商品标价的工作一般在零售环节进行。这一过程需要耗费相当多的时间和人力，一些大的零售商与供应商协商，将标价的工作转移到供应商的装配线上。零售商将最新的价目表交给供应商，商品在出厂前就已经标明价格。当然，供应商会提高对零售商的售价，作为承担标价职能而导致生产过程延长的补偿。零售商一般都愿意接受这种提价，因为这比它们给商品标价的成本低得多，其结果是总的渠道分销成本下降。

（5）物流一体化。物流一体化指建立渠道伙伴关系和战略联盟，其目的是通过重新管理使实物和信息在渠道中的流动合理化。这得益于信息和通信技术的发展。渠道一体化将物流管理的着眼点从仅仅减少总成本转移到投资回报上。通过强调物流管理的投资回报，使得管理层考虑物流系统对利润表和资产负债表的影响。要想确保物流系统对公司实现目标作出最大贡献，有必要详细评价物流系统对以下几方面的影响：

①收入。将货物放在能够快速、可靠交货的地点将会产生更高的销售收入。当公司能够比其他竞争者更好地服务顾客时，收入就会更高。

②费用。必须用总成本法评价所有产生成本的活动及它们的相互关系，特别重要的是运输、仓储和存货费用，这些费用之和经常占总物流费用的90%以上。

③资本投资。当寻求改进用户服务或降低物流成本，或者同时追求这两个目标时，可能需要额外的资本投入。需要评价在哪些领域中投资最有利，是投资工厂和制造设备，还是投资分布在全国的各个战略性地点的库存。

2. 物流管理目标

根据市场营销的观点，物流的实质是满足顾客的效用最大化，从而产生时间效用和地点效用，是一种生产性活动。故物流的一项基本产出就是顾客服务水平。顾客服务水平是用来吸引潜在顾客的有力武器。其基本内容包括：

- 产品的可得性；
- 订货及送货速度，包括普通订货速度和紧急订货速度；
- 存货或缺货的比率；
- 送货频率；
- 送货可靠性，包括小心照顾、轻拿轻放以及损坏补偿等；
- 安装、试车及修理服务；
- 运输工具及运输方式的选择；
- 免费修理或分别计价。

企业一般根据竞争者的现行顾客服务水平来确定自己的顾客服务水平，因为如果企业提供的服务水平低于普遍水平，往往有失去顾客的风险；而如果企业提供的服务水平较高，则其他竞争者也会提高服务水平，这样每个企业都面临着成本提高的威胁。

企业为了提供顾客服务，必须承担某些费用，如运送、存货费用。许多企业通常不对物流实行集权式管理，同时也缺乏账目的记载，很难了解真实的全部成本。因此，为了评估物流的效率，企业应重视成本数据，采取必要的审计手段。

在维持现有服务水平下，如果没有任何投入因素的重新组合能进一步降低物流成本，则现有物流系统就可以称为有效的物流系统。不少企业认为自己的物流系统已达到高效率水平，因为存货、仓储和运输单位经营状况良好，并且都能降低自己的成本。然而，如果仅能降低个别单位的成本，各部门间却不能互相协调，那么整个系统的物流成本不一定能降到最低。

企业往往将物流目标确定为：对产品进行适时适地的传送，兼顾最佳顾客服务水平与最低配送成本。实际上，这个目标隐含着内在的矛盾。因为最佳顾客服务水平要求最大的存货、足够的运力、充分的仓容，而所有这些都势必增加配送成本。最低的配送成本要求低廉的运费、少量的存货和仓容，而这又势必会降低服务水平。

合理的物流目标应是通过有效的选择，适当兼顾最佳顾客服务水平与最低配送成本。具体要求是：

（1）将各项物流费用视为一个整体。在致力于改善顾客服务水平的过程中，努力降低物流总成本，而不只是个别项目成本费用的减少。

（2）将全部市场营销活动视为一个整体。在各项市场营销活动中，必须考虑物流目标，并结合其他活动的得失加以权衡，避免因孤立地处理某一具体营销业务而导致物流费用不合理地增加。

（3）善于权衡各项物流费用及其效果。为维持或提高顾客服务水平而增加某些成本项目是必要的，不能使消费者受益的成本费用则应缩减。

3. 物流管理的内容

物流管理的内容涉及仓储、库存、运输等多个具体环节，各环节都有一套完整的管理理论，这里只对一些基础管理方式和原则进行简单阐述。

（1）仓储管理。仓储活动包括保管作业、仓库管理和装卸作业三大部分。

①保管作业。企业在进行保管作业时一般应遵循以下原则。

● 面向通道——为了方便物品在仓库内移动、存放和取出，需将物品面向通道进行保管。

● 分层堆放——为了提高仓库的利用效率，同时也为了保证作业的安全性、防止物品受损，需要利用货架等保管设备分层堆放保管。

● 先进先出——先入库的物品应先发货送出，这是为了防止库存物品因保管时间过长而发生变质、损耗、老化等现象，对于感光材料、食品等产品保质期较短的商品来说这一原则非常重要。

● 周转频率对应——依据物品进货发货的频率来确定物品的存放位置。比如进货发货次数频繁的物品应放置在靠近仓库进出口的位置。

● 同一性——相同类型的物品需存放在相同的位置，这样便于提高物流的效率。

● 相似性——类似的物品需存放在相邻的位置，这样便于提高物流的效率。

● 重量对应——根据物品的重量确定物品存放的位置和保管方法。具体地说，从方便搬运和安全作业的角度出发，比较重的物品应放置在地上或货架的底层，比较轻的物品应放置在货架的上层。

● 形状对应——根据物品的形状确定物品存放的位置和保管方法。包装标准化的物品应放置在货架上保管，非标准化的物品对应于形状进行保管。可通过特殊的保管机械或设备尽量使非标准化物品（特殊形状的物品）成为标准化物品（包装上的标准化），以便提高保管效率。

②仓库管理。以前，仓库被看成是一个无附加价值的成本中心，而现在仓库不仅是附加价值形成过程中的一部分，而且是企业成功经营的一个关键因素。仓库是连接供应方和需求方的桥梁。从供应方的角度来看，作为流通中心的仓库从事有效率的流通加工、库存管理、运输和配送等活动。从需求方的角度来看，作为流通中心的仓库必须以最大的灵活性和及时性满足各类顾客的需要。

仓库管理系统（warehouse management system，WMS）为作为流通中心的仓库完成各种功能提供了支持和保证。仓库管理系统由条形码技术（bar coding technology）、无线通信技术（radio frequency）、计算机系统（computer systems）和其他附属设备（peripherals）四个部分组成。将条形码技术和无线通信技术结合在一起使用，能及时获得准确的信息，这是成功的 WMS 的基础。简单地说，通过扫描仪读取条形码数据，经无线通信传送给计算机管理控制系统，由计算机管理控制系统进行信息处理并启动下一个作业。仓库管理系统的附属设备包括自动识别技术、计算机平台、打印机和扫描仪等，这些附属设备往往与企业的局域网络系统连接在一起。仓库管理系统有计划和执行两个功能。计划功能包括订货管理、运送计划、员工管理和仓库面积管理等。执行功能包括进货接收、分拣配货、发货运送等。

③装卸作业。装卸作业包括卸货、搬运、分拣、堆垛以及拆垛、配货活动中的装卸作业，发货活动中的搬运、装货等装卸作业。具体来说，装卸作业按作业内容分为：

- 装货卸货——向卡车、火车、船舶、飞机等运输工具上装货，以及从这些运输工具上卸货的活动。
- 搬运移送——对物品进行短距离的移动活动，包括水平、垂直、斜行搬运或由这几种方式组合在一起的搬运活动。
- 堆垛拆垛——堆垛是把物品从预先放置的场所移送到运输工具或仓库内的指定位置，再按要求的位置和形状放置物品的作业活动。拆垛是与堆垛相反的作业活动。
- 分拣配货——分拣是在堆垛、拆垛作业前后或配货作业之前发生的作业。需要把物品按品种、出入库先后顺序进行分类整理，再分别放到规定位置。配货包括把物品从规定位置取出，按品种、下一道作业的内容和发货对象整理分类所进行的堆放、拆垛作业。把分拣出来的物品按规定的配货分类集中起来的作业和以一定的批量移动到一端的分拣场所并分别送到指定位置的作业。

日本物流界从工业工程的观点出发，总结出改善物流作业效率的“六无改善法”，值得各企业借鉴。具体内容如下：

- 不让等——闲置时间为零。即通过正确安排作业流程和作业量使作业人员和作业机械连续工作，不发生闲置现象。
- 不让碰——与物品接触为零。即通过利用机械化、自动化物流设备进行物流装卸、搬运、分拣等作业，作业人员在从事物流装卸、搬运、分拣等作业时尽量不直接接触物品，以减轻劳动强度。
- 不让动——缩短移动距离和次数。即通过优化仓库内的物品放置位置和采用自动化搬运工具，减少物品和人员的移动距离和次数。
- 不让想——操作简便。即按照专业化（specialization）、简单化（simplification）和标准化（standardization）的 3S 原则分解作业活动和作业流程，并应用计算机等现代化手段，使物流作业的操作简便化。
- 不让找——整理整顿。即通过作业现场管理，使作业现场的工具和物品放置在一目了然的地方。
- 不让写——无纸化。即通过应用条形码技术、信息技术等，使作业记录自动化。

(2) 库存管理。基本的库存管理技术是以单个企业为对象，主要目的是对企业的库存进行分类及重点管理，同时确定订货的时间以及订货数量，使该企业的库存总成本最小。

①库存的分类管理——ABC 分类管理方法。ABC 分类管理方法就是将库存物资按重要程度分为特别重要的库存（A 类库存）、一般重要的库存（B 类库存）和不重要的库存（C 类库存）三个等级，针对不同的级别分别进行管理和控制。ABC 分类管理方法包括两个步骤：一是如何进行分类；二是如何进行管理。

- 如何进行分类。通常按库存物资占总库存资金的比例和占库存总品种数目的比例这两个指标，将库存物资划分为 A、B、C 三类。具体地说，A 类库存品种数目少但资金占用大，A 类库存品种约占库存品种总数的 5%～20%，其占用资金金额为库存占用资金总额的 60%～70%。C 类库存品种数目多但资金占用小，即 C 类库存品种约占库存品种总数的 60%～70%，其占用资金金额为库存占用资金总额的 15%以下。B 类库存介于两者之间，B 类库存品种约占库存品种总数的 20%～30%，其占用资金金额为库存占用资金总额的 20%左右。

按所占金额大小来分类的方法有一定的缺陷，例如，可能出现某个品种被归为 C 类物资却是生产过程中不可缺少的重要部件的现象，一旦发生缺货则会造成生产的停顿。为了弥补按金额大小分类方法的不足，发展出了重要性分析方法。这种方法的基本点是按照工作人员的主观认定对每个库存品种进行重要度打分，得到分数值，再依据分数值的高低将物资品种划分为四个级别，即最高优先级、高优先级、中优先级、低优先级。

- 如何进行管理。在对库存进行分类之后，便可根据企业的经营策略对不同级别的库存进行不同的管理和控制。

A 类库存。这类库存物资品种虽少但对企业最为重要，最需要严格管理和控制。企业必须对这类库存定时进行盘点，详细记录并经常检查分析物资使用、存量增减、品质维持等信息，加强进货、发货、运送管理，在满足企业内部需要和顾客需要的前提下维持尽可能低的经常库存量和安全库存量。

B 类库存。这类库存属于一般重要的库存，对于这类库存的管理强度介于 A 类库存和 C 类库存之间。对 B 类库存一般进行正常的例行管理和控制。

C 类库存。这类库存物资品种多但对企业的重要性最低，因而被视为不重要的库存。对于这类库存一般进行简单的管理和控制。

②订货方式的选择。企业存在多种订货方式，每种订货方式各有其特点和适用范围。这里介绍两种常见的订货方式，即定量订货方式和定期订货方式。

定量订货方式是指当库存量下降到预定的最低库存数量（订购点）时，按规定数量进行订货补充的一种库存管理方式。当库存量下降到订购点时马上按预先确定的订购量（Q）下单，经过交纳周期，收到订货，库存水平上升。采用定量订货方式必须预先确定订购点和订购量。

定量订货方式的优点有：每次订货之前都要详细检查和盘点库存（看是否降低到订购点），能及时了解和掌握库存的动态。每次订货数量固定，且是预先确定好的经济批量，方法简便。这种订货方式的缺点是：经常对库存进行详细检查和盘点，工作量大且耗时，增加了库存保管维持成本。该方式要求对每个品种单独进行订货作业，这样会增加订货成本和运输成本。

定期订货方式是指按预先确定的订货间隔期间进行订货补充库存的一种库存管理方式。企业根据过去的经验或经营目标预先确定一个订货间隔期间。每经过一个订货间隔期间就进行订货。每次订货数量都不同。

定期订货方式的优点有：由于订货间隔期间确定，因而多种货物可同时采购，这样不仅可以降低订单处理成本还可降低运输成本。另外，这种方式不需要经常检查和盘点库存，可节省这方面的费用。缺点是：由于不经常检查和盘点库存，对货物的库存动态不能及时掌握，遇到突发性的需求增加，容易造成缺货并带来损失，企业为了应对订货间隔期间内需求的突然变动，库存水平往往较高。

③最佳订购量的确定。最佳订购量，又叫经济订购量，可以用图解法或数学公式求得。订购处理成本与存货占用成本随着订购量的不同而改变。如图 4－4 所示，单位订购成本随订购量的增加而降低，单位占用成本随订购量的增加而提高，因为订购量越多，每单位的存储时间越长。这两条成本曲线垂直相加，即为总成本曲线。总成本曲线弯向横轴的最低点就是最佳订购量 Q^*。

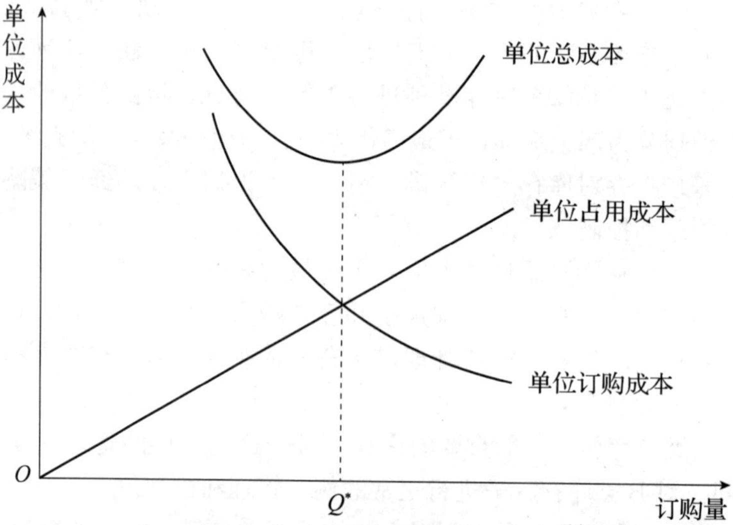

图 4－4　最佳订购量的确定

经济订购量 Q^* 也可以用数学方法求得。假定成本取决于：订购量 Q（数量），单位成本 C（金额），每年的占用成本占单位成本的百分比 I（%），每次订购处理成本 S（金额）和每年需要量 D（数量）。可以得出三个变量：平均存货量 $Q/2$，每年订货次数 D/Q 和每年每单位占用成本 IC。则成本 T 为：

T＝每年订购成本＋每年占用成本

T＝每年订购次数×每次订购处理成本＋平均存货量×每单位占用成本

$$T=\frac{D}{Q}\cdot S+\frac{Q}{2}\cdot IC$$

使用微分，可得总成本最低的经济订购量 Q^*：

$$Q^* = \sqrt{\frac{2DS}{IC}}$$

（3）运输管理。企业选择何种运输工具会影响到产品定价、准时交货和物品到达目的地时的情况，所有这些都关系到顾客的满意度。

目前主要的运输方式有以下五种：

①铁路运输。铁路运输是最重要的货运方式之一。铁路可以用来整车装运大宗散装产品，如长途运输煤、沙、矿物和农林产品等。铁路运输的收费标准比较复杂。一般来说，整车运输收费最低，而零担货车收费较高。因此，制造商可将发往相同目的地的物品合并配载运输，以利用整车费用低的优势。

②水运。水运主要包括轮船运输、沿海驳船和内陆水路驳船运输。水运适合运输体积大、价值低、不易腐烂的产品，如沙、煤、粮食、石油和金属矿等。水运的成本很低，但是速度慢，容易受到气候条件的影响。

③卡车运输。卡车运输在运输业中所占的比重一直在稳步上升。与城市间的运输不同，卡车在市内运输中所占比重最大。卡车在运输路线的时间安排上有很大的灵活性，并可以挨家挨户送货上门，这样发货人就不必将物品由卡车转装上火车，再由火车卸货装上卡车，节约了时间，也避免了物品被偷盗或损坏的风险。对于价值高的商品的短途运输来说，卡车是一种有效的运输工具。在许多情况下，卡车运输的运费与铁路运输相比较具有较强的竞争力，而且卡车运输所提供的服务一般更迅速。

④管道运输。管道运输是一种专门由生产地向市场输送石油、煤和化工产品的运输方式。管道运输比水运费用高，比铁路运输便宜。大部分管道都是其所有者用来运输自有产品的。

⑤空运。空运在运输业中所占的比重较低，但其重要性越来越明显。虽然空运费用比铁路或卡车运输高得多，但当要求迅速交货或者将物品运送到遥远的市场时，空运仍是理想的运输方式。适合空运的产品有易腐产品（如鲜鱼、鲜花）和价值高、体积小的产品（如科技仪器、珠宝等）。

企业在给仓库、经销商和顾客发货时，要在五种运输方式中进行选择。选择时要考虑速度、频率、可靠性、运载能力、可用性和成本等因素。如果要求快速，空运和卡车是主要选择；如果要谋求低成本，水运和管道就是主要选择。在所有这些运输方式中，卡车在上述大部分因素上表现突出，因此使用率越来越高。在实际的运输管理过程中，多采用复合一贯制运输方式。

复合一贯制运输是吸取铁路、汽车、船舶、飞机等运输方式的长处，把它们有机结合起来，实行多环节、多区段、多工具相互衔接进行商品运输的一种方式。这种运输方式的主要方向是杂货运输的现代化。集装箱作为连接各种运输工具的通用媒介，起到促进复合直达运输的作用。复合一贯制运输的优势表现在：它克服了单个运输方式或手段所固有的缺陷，保证了运输全过程的最优化和效率化；从流通渠道来看，复合一贯制运输有效解决了由于地理、气候、基础设施建设等各种市场环境的差异而造成的商品在产销空间、时间上的分离，促进了生产与销售的紧密结合以及企业经营机制的不断循环、有效运转。

复合一贯制运输可分为以下几种方式：

①水陆联运。水陆联运是指船舶运输与铁路运输相衔接的一种形式，按距离可以划分为陆水、水陆两段联运；陆水陆、陆水水三段联运；以及水陆水陆四段联运等几种形式。如上海—大连—东北三省的运输形式就是水陆联运。此外，还有水路、铁路、公路联运，如南通—上海—漳州—赣西南地区就属于这种形式。

②水上联运。水上联运是指同一水系不同路线，或同一水运路线不同类型船舶之间的接力运输形式。具体形式有：江海联运，如南通—上海—大连、秦皇岛—上海—汉口；江河联运，如上海—汉口—常德（内河驳船）；河海联运（江轮与海轮联运）；海江河（海轮—江轮—内河驳船）之间的联运，如天津—上海—九江—南昌。

③陆陆联运。陆陆联运是指铁路与公路相互衔接的运输形式。

④陆空联运。陆空联运是指公路与飞机相互衔接的运输形式，一般为汽车—飞机—汽车（航空集装箱）。

4. 物流系统的优化

信息技术和人工智能的发展为物流系统的优化创造了条件，对物流系统进行整合和优化，能够实现更低的成本和更便捷的优势。企业可以使用以下具体手段来优化渠道的物流系统：

（1）物流网络化。物流网络化是指通过技术手段将物流信息系统的电脑通信进行网络化处理，一方面可以通过电脑网络联系到物流的各方人员，另一方面也可以实时了解物流的具体情况，并反馈给消费者。物流网络化要求企业将渠道内的各个组织进行网络化处理，打通不同成员之间的信息联络，以更好地调度和统筹物流，支撑起更高效的渠道物流网络。

（2）物流信息化。物流信息化是通过将渠道内的物流信息进行商品化、物流信息资料的数据库化以及物流信息处理的电子化等手段，实现物流信息实时交互、存储、管理的数字化方式。为了实现渠道内不同信息的数字化，需要让每个产品有相应的条形码，不同的渠道后台具有电子订货系统，与不同的物流部门有电子数据交换系统，还要在前台拥有有效的客户反应系统，最后通过企业资源计划系统进行分布管理。

（3）物流虚拟化。物流虚拟化是指利用全球卫星定位系统（GPS）技术，对物流中的产品进行实时跟踪，实现物流系统的动态运输、动态储存、动态调动等功能，相比于传统的静态固定仓库，能够更好地对物流系统进行优化，合理控制库存，实现对物流系统的实时管控，也是未来物流系统的发展趋势之一。随着工业 4.0 的到来，更多的传感器技术将为物流虚拟化提供更多的技术保障。

（4）物流智能化。物流智能化是指通过人工智能相关应用软件，将信息化、网络化后的物流信息整合起来，进行智能化的分析，分析的结果有助于解决渠道的物流作业过程中的决策问题，提高物流效率。比如，通过智能化的分析，选择最优的运输路径，确定最合适的库存水平等。通过物流智能化，渠道能够利用大数据发挥优势，完成物流系统与制造执行系统的深度融合。

延伸阅读　中国打造全球快货物流圈

4.3　资金流

在渠道流程中，资金流管理是一个重要环节，而回款又是重中之重。回款是绝大多数企业面临的难题。本节主要阐述回款的相关问题。

1. 回款陷阱面面观

赊账乃营销风险之源，它很可能悄无声息地侵蚀公司利润，最终将公司拖垮。企业必须密切关注与回款相关的各个环节的不正常举动，避免陷入追讨债款的困境。陷入回款陷阱的原因可能包括以下几种。

- 心存侥幸，想当然地认为客户会按时付款。
- 对中间商尤其是老客户不进行信用调查和评估，唯恐得罪它们。
- 签合同时，客户根本不讨价还价，完全认同厂家开出的条件。厂家未意识到客户很有可能无意付款，而是准备捞一把就跑。
- 厂家急于销货，在付款条件上一味让步，致使某些不良之徒有机可乘。
- 出现欠款，业务员不但不积极追款，反而处处为其客户辩解，业务员可能吃客户的回扣了。
- 对客户延期付款过于宽容。
- 财务管理漏洞百出，与销售部门缺乏沟通。
- 对实力强大的中间商过于依赖，以为“大树底下好乘凉”，殊不知大树不倒则已，一倒就成崩溃之势，到时只好自认倒霉。
- 客户一开始还比较守信用，回款比较及时，骗取厂家信任之后，则加大进货量，拖欠货款，厂家没有警觉。
- 厂家不够重视法律。

大量的经验证明，大多数企业的回款危机有一些征兆。下面是一些常见的危机征兆。

- 客户没有足够的流动资金。
- 客户没有付款。
- 客户称公司货物质量有问题。
- 客户购货单与账单不一致。
- 客户称老板出差了。
- 客户称支票已寄出。
- 客户称还没有收到单据。
- 客户付款变慢。
- 客户推翻已有的付款承诺。
- 客户未经同意退回有关单据。
- 客户突然或经常转换银行及账号。
- 客户不经许可退货。

- 客户交易额突然增大，超过其信用限额。
- 客户提出延期付款。
- 客户提出改变原有的付款方式。
- 客户提出破产申请。
- 在同行业中听到对客户不利的消息。
- 在媒体或其他场合看到对客户不利的消息。
- 在业务员中听到对客户不利的消息。

渠道管理人员应当根据上述种种迹象，判断自己是否已面临危机。

2. 应收账款管理

有的客户并不把欠账、赖账当作一件很严重的事情，对于这类客户，不能对其道德自律寄予厚望，要建立预警机制加强防范，同时加强企业内部管理。应收账款管理有以下五个步骤：

（1）积极调查，做好客户信息管理。在与客户打交道的过程中，应有目的地了解有关信息，即使签订合同，也应监控客户情况的变化。将收集到的信息归入客户信息档案，建立客户信息管理数据系统。

（2）分析信息，确定客户信用额度。在信息管理系统的基础上对客户信用作出分析，按照一定的标准（视企业自身状况而定）给予客户相应的信用额度（即赊销额度及付款期限等）。

（3）谨慎行事，进行信用风险控制。一般来说，为了防止信用危机，可以采取控制发货、监督与检查客户群、信用额度审核、贸易暂停、巡访客户、置留所有权、坚持额外担保等方法。

（4）密切关注，实施应收账款监控。应当建立监控系统，定期联系客户，专人监控，及时反馈更新信息。

（5）想方设法，追回客户拖欠账款。对于拖欠账款的客户，一般可采取停止供货、取消信用额度、发出催款通知、协助客户解决其纠纷、委托第三方追账等方法，若不奏效，则通过法律诉讼解决。

追账也有一定程序。下面是一个典型的追账程序，它包括八个循序渐进的步骤：

步骤 1，到期未付，追账人员通过电话提醒客户付款，并询问是否收到到期付款通知单；

步骤 2，过期 15 天未付款，发出第一封催讨函，并打电话给对方负责人询问情况，了解其态度；

步骤 3，过期 30 天未付款，发出第二封催讨函，再次与对方电话沟通，同时停止发货；

步骤 4，过期 60 天未付款，发出第三封催讨函，可能的话对客户进行巡访；

步骤 5，过期 90 天未付款，发出第四封催讨函，并采取下列行动：

- 与专业追账机构接触，咨询相关事宜；
- 对债务人进行资产调查；

● 做债务分析；

● 做诉讼前准备。

步骤 6，超过 3 个月，作为专案处理，委托专业追账机构追讨；

步骤 7，超过半年，考虑法律诉讼和仲裁；

步骤 8，判决执行或破产清理。

案例 4－1 中利集团多措化解百亿元应收账款难题

4.4 信息流

来自渠道的信息，是企业生产的指南，是企业制定渠道战略的基础。

1. 企业需要关注的信息

生产者应注意收集与销售有关的一切信息，加强与经销商、消费者及其他相关主体的信息沟通。不同行业、不同竞争地位的企业需要着重关注的信息会有所不同。总的来说，企业需要关注的信息涵盖以下几个方面：

● 宏观信息。政府的经济管制、优惠政策、法律措施、经济周期性变化、消费特点及趋势、科学技术、行业现状、发展趋势、市场结构等。

● 竞争对手信息。渠道战略、市场开发能力、市场份额、资金、人员、优势、劣势、目标市场定位等。

● 客户信息。销售能力、忠诚度、信用度、渠道贡献、合作诚意、需求、主要的问题等。

● 公司信息。渠道现状、营销政策、产品知名度、营销资源、市场份额、配送网络、市场机会、市场威胁等。

2. 信息获取渠道

（1）内部报告制度。公司产品开发部门、生产管理部门、人事管理部门、仓管部门、销售部门、财务管理部门等都有责任提供本部门运作信息，形成内部报告制度。

● 产品开发部门提供设计、式样、估价等信息。

● 生产管理部门提供生产能力、生产进度、产品存量、品种、规格、交货等信息。

● 人事管理部门提供销售人员计划、薪金、人员管理等信息。

● 仓管部门提供原材料采购、订货、库存水平、供料、发货、退货等信息。

● 销售部门提供销售规划、铺货、理货、陈列、市场销售状况、中间商的销售能力、客户信息反馈等信息。

● 财务管理部门提供成本、客户信用、销售费用计划、应收账款、应付账款等信息。

（2）销售代表例行巡视、拜访。很多厂家都设有销售代表职位，承担区域市场经销商管理、市场助销等职责。销售代表是公司在区域市场的代言人，负责向客户传达公司营销政策，同时又是厂家安排的“耳目”，定期将客户的经销表现、市场开发情况、竞争情况报告给公司。

（3）渠道成员会议。会议是公司与客户正式会晤的方式，通过定期或不定期会议，公司与客户应在下列问题上进行有效的沟通。

- 渠道政策草案征询，保证政策的可行性；
- 焦点问题研讨，制定相应战略；
- 分享成功经验，百尺竿头，更进一步；
- 总结失败教训，避免重蹈覆辙；
- 实战培训，强化作战能力；
- 协调冲突，化解隔阂；
- 合作开发市场事宜；
- 前线信息反馈。

（4）公司简报。公司简报作为渠道信息管理的得力工具，应包括以下内容：

- 公司的整体运作情况；
- 公司的渠道战略、渠道战术、渠道政策等；
- 合作伙伴的业绩、经验；
- 渠道成员英雄人物访谈；
- 竞争对手、客户对渠道建设质量的反应；
- 渠道建设相关活动报道。

最重要的是及时将简报送给公司的经销商及重要客户，并将意见反馈给决策层。

3. 渠道信息系统

渠道信息系统对于渠道管理的作用可以归为以下六个方面：

一是杜绝信息“贪污”，及时作出决策，帮助企业提高管理透明度。信息系统可以帮助企业经营者准确及时地收集和监控与销售、库存、费用等相关的数据，从大量信息中挖掘出对企业最有价值的数据，加以科学有效的分析和预测，全面掌握企业的营销运营状况、资金周转状况、市场资源状况、销售人员总体状况，及时制定各项销售政策以适应市场的变化。

二是掌控分支机构，帮助企业提高运营效率，降低运营成本。企业在发展过程中常常面临对分公司、分销商、连锁店和专卖店等管理失控的问题。大部分企业试图采用人海战术（从总部派驻大量人员到各地）来解决此类问题，实际上并没有取得成效。产品库存、物流和应收账款等数据没有一个完整的信息管理平台，各分支机构的库存、应收账款、费用等销售汇总数据无法及时准确地统计上报，造成管理决策层无法及时掌握有价值的客户订货和售点销货情况，更无法实时了解各地的销售机构的销售与库存情况。信息技术的发展为解决这一问题提供了条件。通过渠道管理信息系统，可以保证分支机构随时把数据上传给总部，管理者可以随时查看。

三是加强客户关系管理，提升客户满意度。客户关系管理就是通过对企业与客户间发生的各种业务行为进行全面管理，以赢得新客户，巩固和保留现有客户，并提高客户的利润贡献度。企业与客户之间的关系主要体现为渠道和售后服务所产生的业务关系，如合同签订、订单处理、货物发送和货款回收。传统的客户关系处理方式一般是以依靠销售人员自行管理和维护为主，因此经常发生销售人员跳槽而造成客户流失的现象，对企业发展造成不利影响。分销管理系统中的客户管理功能使客户通过一个窗口得到企业及时贴心的服务，能够有效地提高客户满意度和忠诚度，也有利于提高交易的命中率，并且分销管理与客户关系管理系统的融合也使企业对外部资源的管理逐渐完善。

四是帮助企业规避经营中的风险，灵活应对市场变化。分销管理系统能够实时掌握市场的变化状况，对经营策略进行调整，这样就大大提高了企业应对市场变化的灵敏度，提高了企业抗风险能力。

五是打通销售链。在企业发展的过程中，内外部经营一体化需求日益显著，与企业日常运作息息相关的各种角色的信息化程度对企业的发展产生了重要的影响。通过渠道信息系统构建的运营管理平台协同工作，可以缩短工作流程的运转时间，提高工作效率，密切与上下游企业的关系，从而打通销售链条。

六是带来业务模式创新的机会。当今时代，很多产业发生剧烈的变化，那些能够及时应变、锐意创新、利用 IT 手段改变和创造市场竞争规则的企业则可以实现超越式发展。

渠道信息系统涉及管理信息系统（MIS）、企业资源计划（ERP）、供应链管理（SCM）、客户关系管理（CRM）和电子商务（EB）等实现企业信息流的电子化管理系统。企业可以根据自身具体情况，选择不同的软件。

（1）管理信息系统。管理信息系统是一个由人、计算机等组成的能进行信息收集、传递、存储、加工、维护和使用的系统。管理信息系统能实测企业的运行情况，利用过去的数据预测未来，从企业全局出发辅助企业进行决策，利用信息控制企业的行为，帮助企业实现规划目标。一个组织的管理信息系统可以根据管理功能的不同划分为纵向的子系统。系统功能子系统的划分因企业的生产经营特点的不同而存在差异，不同的管理软件提供商除了提供标准版本的管理信息系统软件之外，一般还可以根据企业的具体情况量身定制。主要的子系统有：

- 库存管理子系统，功能包括对库存的控制、库存台账的管理、订货计划的制定和仓库的自身管理等。
- 生产管理子系统，功能包括物料需求计划的制定、生产计划的安排、生产调度和日常生产数据的管理分析等。
- 人事管理子系统，功能包括员工档案管理、员工考勤管理、员工各种保险基金的管理和员工培训计划的制定等。
- 财务管理子系统，功能包括财务账目管理、生产经营成本管理、财务状况分析和财务计划的制定等。
- 销售管理（分销网络管理）子系统，功能包括销售计划的制定、销售状况分析、顾客信息的管理和销售合同的管理等。
- 决策支持子系统，功能包括企业经营战略的制定、企业资源的分配等。

（2）企业资源计划。企业资源计划是当今国际先进的企业管理模式和方法。它通过对人力、资金、材料、设备、方法、信息和时间等资源实行综合优化，使企业在激烈的竞争中取得最好的效益。企业资源计划是在传统的制造资源计划基础上发展起来的。作为企业管理软件的高级应用，企业资源计划经历了从简单、局部应用到高级、全面解决问题的比较长时期的发展历程；管理的侧重点也从原先的侧重于物流扩展到物流与资金流相结合，进而扩展到与信息流结合在一起；范围也从企业内部延伸到与整个企业经营管理活动相关的所有方面。

企业资源计划与传统的管理信息系统联系最为密切，它们之间的共同点也最多。但企业资源计划是“现代管理思想＋信息技术手段”，而管理信息系统作为服务于企业管理的一套计算机信息系统并没有从根本上动摇企业的管理体制，其深度和广度已经不能和企业资源计划相提并论了。

（3）供应链管理。供应链管理是从订单的发送和获取、原材料的获得、产品的制造到产品分配发送给用户的整个过程，对与供应链相关的所有企业、部门和人员进行集成化管理，主要包括物流管理、信息管理、价值（资金）管理、服务（技术）管理四大部分。供应链管理的目的在于增强节点企业的核心竞争力，对市场需求作出快速反应，最终提高整个供应链的市场竞争力。供应链管理是一种创新型的生产组织管理模式，主要表现在：第一，把供应链中的所有节点企业看作一个整体，供应链管理涵盖整个物流，即从供应商到最终用户的采购、制造、分销、零售等职能领域过程，旨在获取最大的整体竞争优势，实现合作各方的共赢；第二，使管理决策由集中向分散，管理模式由纵向一体化转变为横向一体化，改变以往管理“小而全”“大而全”的封闭经营模式，建立与供应链相关企业优势互补、互利合作的战略伙伴关系；第三，供应链管理要求供应链中的企业，特别是核心企业有较高的柔性，具有高度敏捷的市场反应能力。

（4）客户关系管理。客户关系管理融合了当今最新的信息技术，包括互联网技术、多媒体技术、数据仓库和数据挖掘、专家系统和人工智能、呼叫中心，等等。客户关系管理融入了市场营销的管理思想。市场营销、销售管理、客户关怀、服务和支持构成了客户关系管理软件的基石。客户关系管理是围绕客户关系的整个业务和信息系统的集成，它体现了先进管理思想的信息技术综合运用，是管理思想、业务、信息技术的高度整合。

客户关系管理系统的核心是客户数据的管理。可以把客户数据库看成是一个数据中心，企业可利用它记录在整个营销与销售的过程中和客户有关的各种活动，跟踪各类活动的状态，建立各类数据的统计模型用于后期的分析和决策支持。为达到上述目的，客户关系管理系统大都具备市场管理、销售管理、销售支持与服务和竞争对象记录与分析等功能。

（5）电子商务。企业内部网络的建立可以促进渠道成员之间的快捷沟通，使厂家的渠道政策有效地传输给渠道成员，提高渠道整体运作的效率。批发商、零售商、各网点的销售情报、竞争情报、需求、建议等也可上溯到厂家，便于厂家作出正确的决策。

4.5 促销流

促销是企业营销中获取利润的重要手段，一般包含广告、人员推销、销售促进、公共关系以及直复营销等主要类别。企业根据各自的情况会运用不同的促销手段将产品、服务等信息传递给消费者，而这个传递过程即促销流，实质是通过促销信息的沟通，实现产品、服务的推介，以满足消费者的需求，刺激其产生购买行为。促销行为不仅仅是销售促进或宣传推广，而是将促销手段、渠道以及价格有机地整合，形成强有力的促销流，精准地对消费者产生影响，使产品、服务从市场竞争中脱颖而出。

1. 促销流的含义

促销流是指在渠道流程中，促销信息在制造商、经销商、代理商以及消费者之间流动的行为。在整个渠道流程中包含不同主体为核心的促销流，一般又分为直接促销流和间接促销流两个类别。前者是制造商或者经销商向消费者传递相关信息的促销流程，目的是直接对消费者产生影响，促进其消费行为的产生；后者是制造商对经销商传递相关信息的促销流程，目的是改变经销商对产品采购的偏好和选择。促销流的流动方向与渠道中物流的流动方向类似，由企业流向中间商再到消费者，与资金流的流动方向恰好相反。在促销流中，渠道成员可以运用广告、人员推销、销售促进、公共关系、直复营销等促销手段或者使用这些促销手段的组合对下游的渠道成员施加影响。

2. 促销流的构成要素

促销流在把产品及相关信息传递给目标客户的同时，试图在特定的目标客户中唤起沟通者预期的意念，对目标客户的行为和态度产生有效的影响。促销流中，渠道成员可以运用的促销手段主要包括广告、人员推销、销售促进、公共关系以及直复营销五种。

（1）广告。广告是指企业按照一定的预算，支付一定的费用，通过一定的媒体把商品信息传递给目标客户的一种促销方式。在信息化程度越来越高的现代社会中，广告是企业促销活动中最有效和最常用的手段。广告能够迅速广泛地向消费者和用户提供产品信息，因为广告媒体是大众化的传播工具。广告媒体有很多，包括广播、电视、报纸、杂志、互联网、户外媒体、新媒体等。

（2）人员推销。人员推销是指企业派出销售人员亲自向目标客户进行产品介绍、推广、宣传与销售，与消费者或用户进行面对面的口头洽谈交易的促销方式。在现代营销观念的指导下，人员推销的作用不仅体现在出售现有产品，而且体现在配合企业的整体营销活动来满足客户需要。推销人员在与客户面对面、无拘束地洽谈的过程中，能更具体、更全面地了解客户的要求，收集到更准确的信息。

（3）销售促进。销售促进是指企业运用各种短期诱因，鼓励购买或销售企业产品或服务的一种促销方式。销售促进包括以消费者或用户为对象的推广方式、以中间商为对象的推广方式以及以销售人员为对象的推广方式。销售促进的最大特点是即期效果明显。在企业推销新产品和服务时，或与竞争对手直接竞争时，销售促进的作用非常显著。

（4）公共关系。公共关系是指企业以非付款的方式通过第三方在报刊、广播、电视、会议、信函等传播媒体上进行有关企业产品的有利报道、展示或表演，以刺激人们需求的一种促销方式。公共关系的主要活动方式是与政府机构、中间商、零售商和有社会影响的专家、学者以及有关的社会团体建立联系，制造各种新闻素材，提供各种咨询服务，通过传播媒体的宣传报道，说明企业对国家、社会及消费者所作的贡献，使社会公众对企业产生良好的印象，提高企业产品的知名度和美誉度。

（5）直复营销。直复营销（direct marketing），即直接回应的营销。它是以盈利为目标，通过个性化和大众沟通媒介向目标市场成员发布信息，以寻求对方直接回应（问询或订购）的社会化管理过程。直复营销的定义有许多种，其中最具权威性、被普遍接受的当属美国直复营销协会的定义。该协会的定义是：直复营销是一个与市场营销相互作用的系统，它利用一种或多种广告媒介对各个地区的交易及可衡量的反应施加影响。

3. 促销流的沟通管理

在促销流中，促销的效果取决于渠道成员之间的沟通水平，而一个有效的沟通过程要求渠道成员必须作出如下决策：确定沟通对象、决定传播目标、设计沟通信息、选择沟通渠道、建立反馈系统。

（1）确定沟通对象。营销沟通者必须从一开始就明确其目标沟通对象是谁，因为目标沟通对象将会极大地影响营销沟通者实现有效营销沟通的一系列决策。在营销沟通中，目标沟通对象可能是企业产品的潜在购买者或现有使用者，也可能是购买决策过程的决定者或影响者，还可能是某些个人、团体、特殊公众或一般公众。目标沟通对象是由沟通者运用市场细分原理确定的。

在确定目标沟通对象之后，沟通者还必须调查研究目标沟通对象的特征，作为确定信息传播目标的前提。沟通者的首要任务是调查目前的企业形象，分析评价沟通对象对企业产品及竞争产品的印象。沟通者还须调查特殊的目标沟通对象是如何处理收到的信息的。西方学者一直在寻找与可说服性有关的沟通对象特征，如一般认为智力与可说服性呈负相关关系；有人指出，女性比男性更容易被说服；也有人认为，自信心与可说服性之间呈曲线关系，那些具有适度自信的人最容易被说服。沟通者应注意寻找与可说服性相关的沟通对象特征，并利用这些特征来指导信息及媒体的选择。

（2）决定传播目标。营销沟通者在确定目标沟通对象之后，必须确定期待目标对象作出何种反应行为。当然，最终的反应是购买行为，但在决定购买某一产品之前，客户大多要经过一系列准备阶段，如认知阶段、情感阶段和行为阶段，相应地形成一系列的认识、情感和行为反应层次。营销人员可能期待从目标沟通对象那里得到认知反应、情感反应或行为反应，但是，不同目标沟通对象的反应模式、反应组合是不一样的。

（3）设计沟通信息。在了解目标沟通对象的反应后，沟通者应当设计有效的信息。有效的信息设计必须将引起购买者注意、唤起其兴趣、激发其欲望、导致其行动的意识贯穿整个设计过程。沟通者必须解决以下几个问题：表述什么（确定信息内容）？如何合乎逻辑地表述（确定信息结构）？以什么信息符号进行表述（确定信息格式）？由谁来表述（确定信息源）？信息设计是将沟通者的意图用有说服力的、合乎逻辑的、有情感的、个性化的信息表达方式表现出来的过程，其实践性和操作性极强。

（4）选择沟通渠道。营销沟通者必须选择有效的信息沟通渠道来传递信息。信息沟通渠道可分为两大类，即人员渠道和非人员渠道。

人员信息沟通渠道是指两个或两个以上的人相互之间直接进行信息沟通。他们可能面对面交流，或通过电话、电视媒介，甚至邮寄个人函件等方式进行信息沟通。人员信息沟通渠道可进一步分为提倡者渠道、专家渠道和社会渠道。提倡者渠道由企业的销售人员在目标市场上与购买者接触所构成；专家渠道由具有专门知识的独立个人对目标购买者进行讲述所构成；社会渠道由邻居朋友、家庭成员与目标购买者的交谈所构成。

非人员信息沟通渠道是指不需要人与人的直接接触来传递信息或影响的媒体。非人员信息沟通渠道又可分为大众性的和有选择的媒体、气氛和事件。大众性的和有选择的媒体由印刷媒体（报纸、杂志、直接邮寄）、电子媒体（广播、电视、互联网）和展示媒体（广告牌、招牌、招贴等）构成。气氛是为产生或加强购买者对产品的了解而设计的环境。事件是偶然用来向目标沟通对象传递特别信息的手段，如召开新闻发布会及举办开业庆典等。

（5）建立反馈系统。营销沟通者在传播信息后，还必须追踪调查这些信息对目标沟通对象的影响。这种调查通常须与目标沟通对象中的一组样本人员接触，询问他们对信息的反应、对产品的态度和购买行为的变化等。营销人员根据反馈信息决定是否需要调整整体营销策略。

本章小结

在现代市场经济条件下，生产者与消费者之间在时间、地点、数量、品种、信息、产品价值、所有权等方面存在差异和矛盾。而渠道就是连接二者由此至彼的“运河”，往来输送的正是产品或服务、所有权、资金、信息等。这些就构成了渠道中的一个流程。渠道的流程主要有实体流、所有权流、资金流、信息流及促销流。在现代意义上，渠道流程管理中最核心的是物流管理（实体流管理），资金流、信息流和促销流的管理也很重要。

物流的职能就是将产品由其生产地转移到消费地，从而创造地点效用；将产品的生产时间与消费时间有机连成一体，从而创造时间效用。物流作为市场营销的一部分，不仅包括产品的运输、保管、装卸、包装，而且包括在开展这些活动的过程中伴随的信息的传播。

企业往往将物流目标确定为：对产品进行适时适地的传送，兼顾最佳顾客服务水平与最低配送成本。实际上，这个目标隐含着内在的矛盾。因为最佳顾客服务水平要求最大的存货、足够的运力、充分的仓容，而所有这些都势必增加配送成本。最低的配送成本要求低廉的运费、少量的存货和仓容，而这又势必会降低服务水平。

在渠道流程中，资金流管理是一个重要环节，而回款又是重中之重。赊账乃营销风险之源，它很可能悄无声息地侵蚀公司利润，最终将公司拖垮。企业必须密切关注与回款相关的各个环节的不正常举动，避免陷入追讨债款的困境。

促销流是指在渠道流程中，促销信息在制造商、经销商、代理商以及消费者之间流动的行为。促销流的流动方向与渠道中物流的流动方向类似，由企业流向中间商再到消费者，与资金流的流动方向恰好相反。在促销流中，渠道成员可以运用广告、人员推销、销售促进、公共关系、直复营销等促销手段或者使用这些促销手段的组合对下游的渠道成员施加影响。在促销流中，一个有效的沟通过程要求渠道成员必须作出如下决策：确定沟通对象、决定传播目标、设计沟通信息、选择沟通渠道、建立反馈系统。

基本概念

渠道流程　　渠道流程管理　　物流　　促销流

思考题

1. 渠道流程主要包括哪几种？
2. 物流的含义是什么？
3. 综合物流系统包括哪些方面？
4. 物流的职能是什么？
5. 合理的物流目标的具体要求是什么？
6. 仓储管理由哪些部分构成？
7. 企业需要关注的信息主要有哪些？
8. 信息获取渠道主要有哪些？
9. 渠道信息系统对于渠道管理的作用表现在哪些方面？
10. 如何进行促销流的沟通管理？

案例分析

网红、明星的直播电商促销模式

李佳琦，一个以卖唇膏成名的男主播，成为2019年电商直播最具代表性的人物。

“我的妈呀”“omg”“买它买它买它”之类的符号性的口头禅，都是李佳琦的原创，模仿李佳琦风靡网络。与李佳琦的爆红相对应的是直播电商的烈火烹油之势。

李佳琦是最早加入淘宝直播的那拨人，之前，他是南昌欧莱雅专柜的一名销售员。一个男生直播卖口红这种反差萌没给李佳琦带来多少粉丝，反倒是受到了很多嘲讽，他需要一遍遍地解释。直播开了很久没有起色，他想离开，老板劝他再坚持3天。当时淘宝火的都是女性主播，淘宝为了丰富生态，给了男性主播一个3天的流量推荐，李佳琦是得到这个流量推荐的男性主播之一。第一天，观看人数从2 000增至20 000，第二天从20 000增至50 000……

2019年“双11”当天，李佳琦的直播间有粉丝4 315.36万，薇娅的直播间有粉丝3 683.5万；而5天前，11月6号的快手电商购物节，辛巴获得第一，单日直播销售额突破4亿元。

直播间成为各平台卖货的新战场。2019年发布的《直播生态发展趋势报告》指出，直播已经发展成为电商在新时代的新产业，电商＋直播呈现出极强的爆发性，正在创造一个千亿级的新市场。2018年，淘宝直播拉动了1 000亿GMV（商品交易总额），快手和抖音直播加起来超过1 000亿GMV。

如此这般，使得各电商平台——入局的和未入局的——加速其在直播电商领域的布局，纷纷培养和孵化网红；而短视频平台坐拥巨大的流量，直播电商成为其变现利器。

毋庸置疑，“网红带货”对电商平台和短视频平台而言都是增量。但网红不是凭空养成的，快手平台的辛巴和散打哥、抖音平台的七舅姥爷、淘宝的李佳琦和薇娅，都是一点一点成长起来的。这些主播红人，每一个都是创业者，他们共同努力，在2019年引爆了直播电商。

究其根本，是因为电商平台对流量的焦虑和渴望，而短视频平台则是用户利益的现实需求。“网红带货”能帮助电商平台以较低成本实现拉新，从某种程度上来说，“网红带货”是社交电商，增加了用户黏性。

越来越多的明星开始加入直播带货的行列。王祖蓝、柳岩等人取得了当场销售额破千万元的成绩，王祖蓝曾在一场直播中卖出了1万件珠宝。林依轮和薇娅合作，不到一个小时就卖出了30万瓶辣椒酱和10万多份火锅底料。

当然，也有明星带货效果欠佳的。

资料来源：李佳琦、薇娅、辛巴，网红创业者如何引爆直播电商?. https://tech.qq.com/a/20191114/001653.html.

▶ 思考题

1. 结合案例说明，企业如何通过直播电商与目标客户之间建立起有效的沟通过程。
2. 为什么有些明星的直播带货效果不如网红？需要注意什么问题？

02

第 2 篇

设计渠道体系

制定渠道规划后，就应设计渠道体系。本篇主要阐述渠道体系设计的诸多方面，包括渠道设计的原则与流程、设计渠道层次、建立渠道关系和优化渠道组合。

第5章
渠道设计的原则与流程

本章要点

1. 渠道设计的含义
2. 渠道设计的原则
3. 渠道设计的流程
4. 渠道设计的创新

引导案例

江小白的渠道逆袭

酒业有句名言：西不入川，东不入皖。江小白却硬生生在四川这个酒窝子里创造了一个行业传奇。很多人认为是江小白传播做得好，却不知江小白的渠道分销和推广比谁做得都好。

确定战略定位

四川由成都、17个地级市、3个自治州共183个县级区划组成，类似一只巨大的螃蟹，对于江小白而言，成都作为四川省会是蟹肚，是整个市场的供给和造血中心，蟹钳成形即可对主要竞争对手进行钳制，比如搞定南充就搞定了川东北，打下西昌就搞定了川西，这就是蟹钳的战略地位。蟹脚只起锦上添花的作用，拿下蟹脚即意味着整个市场已进入进退自如的状态。“打下成都，引爆全川”的战略定位明确之后，江小白采用深度分销模式作为核心战术，明确直建队伍、直建终端的打法。在铺市阶段，为了更快速高效地抢占终端，江小白采用单店单策模式，如果遇到滞销的老产品，则一对一进行更换，重新维护客情提升品牌新形象。

借势雪花渠道

江小白的直营队伍在成都进行深度分销的过程中，发现每个区域都有一部分优质网点难以攻破，更有一些网点因为配送商或竞品的酒水专供而无法进入。由于渠道上受到一定的阻碍，江小白对成都渠道结构进行了一次清查，惊喜地发现了一个突破口——雪花啤酒的渠道。雪花啤酒在成都通过深度分销以专业化水平精耕着每一个片区、每一家网点，许多优质网点与这些经销商有着深厚的客情。而江小白的产品和雪花啤酒是反季节互补性产品。江小白立马启动与雪花啤酒渠道的协同工作。通过制定一对一谈判策略，成立渠道拓展小组，采用保姆式营销模式，江小白避开了在渠道上花费精力与竞品博弈，嫁接了雪花1/3的配送商，在成都市场打通了渠道。

我为江小白代言

通过多轮的网点覆盖和终端生动化营销，绝大多数消费者对江小白非常熟悉。为了解决最后一米消费者动销问题，江小白推出了“我为江小白代言”活动。在聚会场景进行赠饮，并邀请消费者合影及发朋友圈。“我为江小白代言”不单单是为了提升消费体验，它是基于三个痛点来设计的：(1) 餐厅这种三五好友相聚的消费场景缺少一个情绪媒介点爆相聚氛围；(2) 产品基于消费场景火热氛围的二次传播；(3) 消费者真正开瓶畅饮，而不再是只喜欢江小白的文案。这个活动解决了产品在消费场景的二次传播问题，解决了消费者开盖喝起来的体验问题，解决了产品与消费者场景互动问题，一举三得。

资料来源：杨叶护．江小白入川记：深度分销的另类玩法．http://www.cmmo.cn/article-208220-1.html.

在渠道战略和政策的指导下，要努力将渠道战略和渠道政策转化为具体的、可以实施的渠道行为，从而提高渠道的有效性，渠道设计就变得十分重要。本章主要介绍渠道设计的含义、原则和流程，渠道设计创新的时机和趋势，以及渠道设计的基本内容。

5.1 渠道设计的原则

1. 渠道设计的含义

渠道设计是指在创建全新市场分销渠道或改进现有渠道的过程中所做的决策。理解这一定义，要注意以下几点：

第一，渠道设计是市场营销主管所面临的一项决策。从这一点来讲，渠道设计和营销组合中的其他决策（即产品、价格及促销决策）一样，是十分重要的。换言之，从管理的角度来看，市场营销主管必须对营销组合整体中的每一个领域作出相关的决策。

第二，广义上的渠道设计包括从头开始创建渠道，或对现有渠道进行改进。事实上，对现有渠道的改进或重新设计有时称为重新创建市场分销渠道，这一表述更常见。

第三，“设计”一词作为动词时，也指市场营销主管有意且主动地分配分销任务，以建立一个迅捷的渠道结构。这一定义并不用来指已进化的渠道结构。简而言之，设计是指管理人员在渠道建设中起到积极主动的作用。

第四，渠道设计这一概念还具有策略性的含义，渠道设计应该是企业为在市场上获得竞争优势而进行的各项努力中必不可少的一部分。因此，在设计市场分销渠道的过程中，对渠道管理者来说，使用渠道设计这一策略性工具来取得竞争优势至关重要。

2. 渠道设计的基本原则

“只有正确的思想，才会产生正确的行动”，企业若想凭借渠道资源获利，在设计与开发阶段，遵循以下十项基本原则是必要的。

(1) 重视市场导向。市场瞬息万变，新技术、新模式层出不穷，市场对渠道也会不断提出新的要求，所以渠道设计要根据市场需求的变化与时俱进。

(2) 接近终端。抓住终端，实际上就是抓住消费者的心，抓住顾客的信任度与忠诚度。与其做些假大空的表面功夫，不如深入下去，深入研究怎么做终端。

(3) 市场覆盖面广。商品只有放在想看就看得到、想买就买得到的地方，才能被想拥有它的顾客购买。"大面积撒网、广泛布点"是实现这一目的所必需的。如果中间商拥有的分销渠道密如蛛网，它在谈判的时候就有发言权，因为那正是厂家求之若渴的。

(4) 精耕细作。市场覆盖只有与精耕细作相结合，其价值才能体现出来，否则，就像一张破网，看着挺大，一条鱼也打不上来。所以，要抛弃粗放经营的观念，对分销渠道各个环节进行精耕细作。要准确地划分目标市场区域，对渠道中所有销售网点定人、定域、定点、定线、定时、定任务，实行细致化、个性化服务，全面监控市场。

(5) 抢占市场先机。这一原则之所以成立是因为：一是绝大多数消费者都对"第一视线产品"感兴趣；二是几乎所有的厂家都懂得"第一时间"的重要性；三是后进入市场的难度越来越大。

(6) 利益均沾。厂家瞄准中间商，是看中了中间商拥有自身所没有的优势，而中间商又何尝不是如此。如果都只盯着自己的得与失，合作将难以持续。利益共享、风险共担，才是处理渠道关系明智的做法。

(7) 相互体谅。厂家埋怨经销商销货不卖力、随意打折、虚报业绩、跨地区窜货；经销商反过来埋怨厂家产品没有卖点、没有广告支持、不促销、利润低、坐等收钱；等等。可以说，相互埋怨、指责在营销活动中是家常便饭，问题在于怎样看待这些冲突。一个基本事实是，只要双方互有所求，仍有合作意愿，冲突不难解决。

(8) 注重投资回报。这一原则要求厂家充分估计投资渠道的经济效益。是自建网络，还是利用中间商的网络"借船出海"？采用代理制还是经销制？厂家应根据实际情况慎重选择。

(9) 用实力主宰渠道。掌握渠道主动权，成为渠道的主宰者，是厂家和商家都梦寐以求的事情。至于谁能成为渠道的主导者，决定因素还是实力。实力可能是品牌、规模、商誉、资金、经验，等等。

(10) 变则通，通则久。《孙子兵法·虚实篇》曰："兵无常势，水无常形，能因敌变化而取胜者，谓之神。"市场竞争瞬息万变，成功只钟情于会变、擅变者。以往的渠道设计再怎么完美，都属于过去式。

5.2　渠道设计的流程

渠道设计流程可分为六个步骤，如图 5-1 所示。

1. 确认渠道设计决策的必要性

许多情况显示作出渠道设计决策是很有必要的，其中包括以下几类情况：

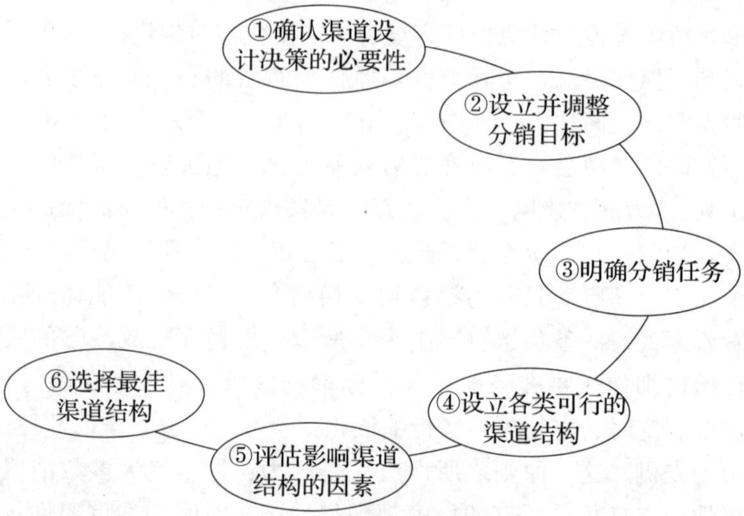

图 5－1　渠道设计流程

（1）开发新产品或产品系列。如果现有的渠道不适合新产品或产品系列，则必须设计新渠道或改进现有渠道。

（2）为现有产品确立新的目标市场。常见的情况是，企业将已在行业市场上出售的产品投放至消费者市场。

（3）对其他营销组合的组成部分作出重要变革。例如，一种全新的强调低价的价格政策可能需要企业转向以低价销售的分销商，如折扣零售商等。

（4）从头开始建立新企业，或建立兼并或购置后的新企业。

（5）中间商的政策发生变化，而新政策会妨碍企业达成其分销目标的情况下，应更换中间商。例如，如果中间商开始重点宣传自有品牌，制造商就需要挑选新的分销商，以更好地为产品促销服务。

（6）适应特定种类中间商的变化。例如，一些法国高档商品制造商，如圣罗兰晚装和克里斯托弗银器等，都在美国市场上面临渠道设计决策，因为零售业中的购置和兼并浪潮使得著名百货商店的数量大大减少。

（7）开拓新的市场营销区域（领域）。

（8）主要环境发生变化，包括经济、社会文化、竞争、技术或法律领域的变化。

（9）面临冲突或其他行为问题。例如，在一些情况下，冲突会变得十分激烈，要解决该问题，唯有改进渠道。如果一个制造商对其分销商失去影响力，就需要设计一套全新的渠道。此外，地位的变化和沟通困难都要求市场营销主管作出渠道设计决策。

（10）回顾与评估。一个企业的阶段性回顾和评估会产生改进现有渠道和创建新渠道的需求。

以上十点并不能代表所有的情况，但概述了需要渠道管理者作出渠道设计决策的最普遍的情况。

2. 设立并调整分销目标

在确认需要作出渠道设计决策之后，渠道管理者可以以建立全新渠道或改进现有渠道的方式来努力创建渠道结构，以便迅速达成企业的分销目标。然而，此时企业的分销目标往往尚不明确。需要企业在作出渠道设计决策的同时，也会要求企业确立新的或改进后的分销目标。因此，在这一阶段，渠道管理者应该仔细审核企业的分销目标，判断是否需要添加新内容。同时，也要判定该分销目标是否与营销组合中其他领域（产品、价格和促销）的目标和策略相一致，是否与企业的整体目标和策略相一致。

为使分销目标与营销组合中其他领域以及企业的目标、策略相一致，渠道管理者应该做到以下三点：

（1）熟悉营销组合中其他领域的目标和策略，以及企业其他相关的目标和策略。负责设立分销目标的人员应该了解公司现有的哪些目标与策略会影响分销目标的确立。事实上，往往是设立营销组合中其他领域目标的人员负责设立分销目标。即便如此，也有必要仔细考虑各类分销目标与政策间的相互关系。

（2）确立分销目标，并对其进行明确阐述。分销目标从根本上反映了分销在达成企业整体市场目标的过程中所起的作用。

（3）检查其设立的分销目标是否与企业的市场营销和其他整体目标相一致。渠道设计过程中的协调性审查包括，证实分销目标不与营销组合中其他领域（产品、价格和促销）的目标和策略以及企业的整体目标和策略相冲突。为了做好这项审查工作，应仔细考察企业中各部门间的相互关系和各类目标与策略间的等级关系。

3. 明确分销任务

分销目标确定后，就必须执行一系列分销任务以实现此目标。因此，渠道管理者应该明确所有任务，加以细化。

例如，生产钢材或金属产品的生产商，由于其目标市场中包含许多小型客户，其分销任务会包括销售、沟通、运输、仓储、风险承担和融资等方面。除此之外，为了服务于更小型的客户，该生产商还可能执行一些更细致的任务，例如：

（1）保持完备的存货清单（详细列出数量和种类）。

（2）提供快捷的交付（具体列出天数与小时数）。

（3）提供信贷。

（4）提供紧急服务。

（5）提供部分装配服务，例如切割、修剪、开槽、交织、花样切割等。

（6）提供包装和特殊制作服务。

（7）提供诸如问题分析、产品选择、应用和停止使用产品等方面的技术帮助。

（8）持续获取市场信息。

（9）提供仓储空间。

（10）允许合并型号和取消级别。

（11）为多种客户处理订单和单据。

（12）提供退货服务。

尽管这些任务中的相当一部分是与生产活动而非分销活动有关，但是，从达成特定分销目标（例如服务于小型客户等）的角度来看，它们的确属于分销任务。这些任务必须完成，因为该分销目标要求服务于小型客户，在绝大多数情况下，这些小型客户是无法独立完成上述任务的。因此，各类具体分销任务是为达成既定的分销目标和相关的企业目标而设立的。如果该生产商的分销目标仅仅是服务于大型客户，上述任务中的一部分就可以删除或者大幅削减，尤其是任务（2）、（4）、（5）、（6）、（7）和（9）。

4. 设立各类可行的渠道结构

在设定好为达到分销目标所需完成的各项具体任务之后，接下来，渠道管理者应考虑分派这些任务的各类可行的方法。这些可行的分派方法（即可行的渠道结构）应考虑以下三个方面：渠道中的中间商层次数、各层次的宽度和各层次的中间商种类。

（1）中间商层次数。在实际业务中，供渠道管理者考虑的可行的渠道结构一般为2～3种。例如，考虑使用直销法，或使用一两层中间商都是可行的。造成限制的各类因素有特定的行业操作过程、市场特性以及其他因素。在一些行业中，所有制造商的渠道结构的层次数完全相同，并且可能会持续相当长的一段时间。而在另一些行业中，各制造商的渠道结构的层次数各不相同，且会在较短时间内就发生变化。

（2）各层次的宽度。渠道宽度是指分销渠道各层次中的中间商数量。一般来说，分为三类：密集分销型、选择分销型和独家分销型。分销范围中的宽度是渠道结构中的一个重要部分，因为它通常是企业基本市场营销战略中的主要因素，同时也反映出企业的整体目标与策略。

力求在市场上广泛铺货的市场营销战略会要求设立一种具有高分销宽度的渠道结构。例如，箭牌口香糖公司一直使用高分销宽度的渠道结构，它每天将数万磅的口香糖运往消费者可能购买其产品的各个网点。该渠道结构的一个重要组成部分是一个庞大的独立批发商网络，每周箭牌公司的销售人员至少与批发商进行一次电话联系。相反，强调精选目标市场的市场营销战略（如劳力士手表的市场策略）则要求设立一种精挑细选的渠道结构。总而言之，如果一个企业基本的市场营销战略强调大范围推广其产品，它就很可能设立一种高分销宽度的渠道结构；相反，强调小部分特定市场的策略则会要求设立一个精挑细选的渠道结构。

此外，有关宽度的决策也反映出企业有关渠道成员选择的整体策略。一些企业在挑选渠道成员或合作伙伴时十分谨慎，在销售产品的过程中则会与之通力合作；一些企业则崇尚通过所有成员销售其产品，一旦产品送至渠道成员手中，它们便极少关心产品的出售过程；还有些企业处于两者之间。因此，在考虑渠道的宽度时，渠道管理者应该仔细研究企业有关中间商的策略，并努力遵从这些指导性原则。

（3）中间商种类。要确定渠道的各个层次应分别使用何种中间商，渠道管理者应该大体了解可服务于其所在行业的各类中间商。渠道管理者分析的重点是这些中间商应该完成的各类基本分销任务。例如，金属仓库分销商是工业批发商的一种，它们通常能完成金属生产商所需的各项分销任务，以帮助后者更好地服务于小型客户。

即便渠道管理者已考虑到设立可行渠道结构的三个方面，从理论上讲，他仍面临众多的选择。例如，如果他拥有2级中间商层次数、3种宽度和5种不同的中间商，那么，可能形成的渠道结构有：

2×3×5＝30(种)

事实上，这些可行的渠道结构通常不会被考虑，除非使用特定的管理决策方法。在实践中，每一个阶段的可行方法都是有限的。因此，无须从一大堆选项中作出选择，通常可选的方法也就只有那么几种。

5. 评估影响渠道结构的因素

在设计出几种可行的渠道结构之后，渠道管理者应该评估一系列会影响到各类渠道结构的因素。以下是六类基本因素。

(1) 市场因素。包括渠道管理在内的所有现代市场营销管理都建立在市场营销概念的基础上，这一概念强调的是以客户（市场）为主导。因此，在发展和调节营销组合的过程中，市场部经理应该将满足目标市场的需求作为其根本的努力方向，使企业提供的产品、价格，使用的促销方法乃至市场渠道结构都能反映出目标市场的需求。因此，在设计市场渠道的过程中，市场因素便成为关键所在。

对渠道结构有重要影响的市场因素包括：

● 市场区域。市场区域是指市场的地理规模、位置，以及与生产商或制造商间的距离。从渠道设计的角度来看，有关市场区域的基本任务是发展一种渠道结构，使之能有效地覆盖目标市场，并向这些市场迅速有效地供货。

市场区域与渠道设计间的总体关系如下：制造商与其市场间的距离越远，使用中间商比使用直销方式成本低的可能性越大。

● 市场规模。一个市场（消费者市场或企业市场）中的客户数量决定着市场规模。从渠道设计的角度来看，独立客户的数量越多，市场规模就越大。如果市场较大，则很可能需要使用中间商；相反，如果市场较小，企业就会尽可能避免使用中间商。

● 市场密度。每一单位区域内购买单位（消费者或企业）的数量决定了市场密度。一个方圆100平方千米、拥有1 000名客户的市场就比拥有同样数量的客户、面积却为500平方千米的市场密度高。总体上讲，市场密度越低，分销的难度就越大，在产品流动方面尤其如此。这一原则也适用于信息流动。因此，市场密度与渠道结构间的关系为：市场密度越低，使用中间商的可能性就越大；相反，市场密度越高，使用中间商的可能性越小。

● 市场行为。市场行为指的是客户的购买行为，包括如何购买、何时购买、何处购买、谁购买。每一种形式的购买行为都会对渠道结构产生重要影响，表5-1列举了一些例子。表5-1只是大致展示了一些典型的原则与方法，在不同的情况下会有许多例外，并非挑选渠道结构时的参考信息。

表5-1　市场购买习惯和对应的渠道结构原则

市场行为	购买习惯	对应的渠道结构原则
如何购买	少量购买	长渠道

续表

市场行为	购买习惯	对应的渠道结构原则
何时购买	季节性明显	使用中间商，以担负存货职责，由此可减少生产中的高峰与低谷现象
何处购买	喜欢在家购买	直销
谁购买	消费者市场：夫妻双方共同参与购买	采用服务于夫妻双方的零售商
	工业市场：许多人影响购买决策	对影响决策的各方直接分销

（2）产品因素。产品因素是在考虑各类渠道结构的过程中必须重视的另一类重要因素。主要包括产品的体积与重量、易腐性、单位价值、标准化程度（定制产品和标准化产品）、技术性和非技术性以及崭新度。

● 体积与重量。体积大且分量重的产品相对应的装卸和运输费用也高，此类产品的生产商就应努力采用少数几种大批量运输方式来降低费用。这类产品的渠道结构通常越精简越好——一般由生产商直接供货给用户。只有当客户所需量少且要求快速交付时，才会采用中间商。

● 易腐性。容易腐烂的产品（如新鲜食品），以及容易过时的产品属于易腐产品。其对应的渠道设计是迅速将此类产品交到最终用户手中，以降低因易腐性而产生的风险。如果生产商与消费者的距离很近，此类渠道结构会很短；如果相距很远，能够实现快速、经济、有效地交付的方式就是采用中间商。

● 单位价值。总的来说，产品的单位价值越低，其所需的渠道就越长，这是因为低单位价值所能提供的分销费用也较低。此类产品在消费者市场上通常为日常便利商品，在工业市场上则为营业用品。通常，在此类产品的渠道结构中包含一个或一个以上的中间商，以便中间商通过销售其他产品来分担其分销费用，并最终产生一定规模与范围内的效益。例如，让箭牌公司直接向消费者出售一盒口香糖是令人难以置信的，它会通过批发商或零售商在销售其他各类产品的过程中分担其产品的分销费用。

● 标准化程度。总的来说，该产品因素对渠道结构的影响如图 5－2 所示。横轴表示标准化程度，其范围从定制产品一直延伸到完全相同的产品。纵轴表示的是渠道长度，其范围从无中间商到拥有几个中间商。从根本上讲，图 5－2 展示了定制产品应由生产商直接提供给用户的概念。产品的标准化程度越高，其对应的渠道就越长，所需的中间商也越多。例如，完全定制的产品，如工业机械等，通常由制造商直接提供给用户。半定制的产品，如工业市场上的配件和消费者市场上的家具等，通常需要一个中间商。相反，高度标准化的产品，如工业市场上的营业用品和消费者市场上的日常便利商品，通常需要一个以上的中间商。

● 技术性和非技术性。在工业市场中，高技术性的产品通常采用直接分销的方式。这主要是因为制造商需要一些有能力将其产品的技术性介绍给潜在客户，并能在产品出售以后继续提供联系、建议和服务的销售服务人员。同样，在消费者市场中，一些相对技术含量较高的产品，如个人电脑等，也采用短渠道的方式进行分销。

● 崭新度。无论是在消费者市场还是在企业市场，许多新产品都需在初上市阶段采

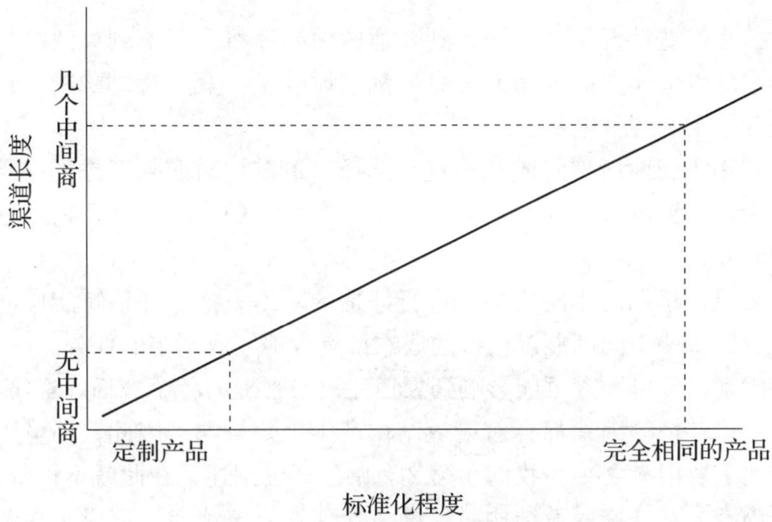

图 5 - 2　产品标准化程度与渠道长度

用大规模、强有力的促销活动，以初步建立市场需求。通常情况下，渠道越长，越难通过所有的渠道成员达到此促销目标。因此，在初上市阶段，简短的渠道常常能使产品更好地为市场所接受，令新产品的选择度较高。这是因为，为促销新产品而精心挑选出来的中间商更可能提供强有力的促销活动。

（3）公司因素。影响渠道设计的最重要的公司因素是：规模、经济实力、管理经验和目标与策略。

● 规模。总的来说，企业规模的大小决定了它对渠道结构的选择范围。大企业的实力（尤其是报酬、控制和专业方面的实力）使得它们能对渠道进行强有力的管理，也使它们在选择渠道结构时比小企业有更多的余地。因此，大企业在发展渠道，至少在合理分配分销任务上，会比小企业做得更好。

● 经济实力。总体上，公司的资本越雄厚，它对中间商的依赖性就越小。为了能直接向最终消费者或工业用户销售产品，企业通常需要拥有自己的销售队伍并提供各项支持性服务，如零售商店、仓储和订单处理能力。大企业更有能力承担所有这些项目的高额费用。当然，也存在例外。例如，使用直接邮购渠道或使用互联网这一电子渠道进行分销时，情况便会不同。因为在这两种情况下，经济能力有限的小企业也能直接向最终消费者出售其产品。

● 管理经验。一些企业缺乏完成分销任务的管理经验。在这种情况下，渠道设计中必须包含中间商，即批发商、制造商代表、销售代理商等。一段时间以后，如果企业获得了一定的管理经验，就可以修改渠道结构，以减少对中间商的依赖。

● 目标与策略。市场和整体目标与策略（例如，试图高度控制产品和服务的目标与策略）可能会限制中间商的使用。而且，那种强调有力促销和对市场条件的变化迅速作出反应的策略会使相关企业渠道结构的选择范围变得较为狭窄。

（4）中间商因素。与渠道结构相关的主要中间商因素包括：可得性、成本和所提供的服务。

● 可得性。在一些情况下，能否得到合适的中间商将会影响到渠道结构。缺少合适的中间商使得戴尔电脑公司的创始人迈克·戴尔设计了一套直接邮购的渠道，以提供强有力的技术服务和定制各种电脑。

● 成本。使用中间商所需的成本一直是选择渠道结构时必须考虑的一项内容。如果渠道管理者认为，为提供一定的服务而使用中间商所需的成本过高，在渠道结构中就可能减少使用中间商。

● 服务。要灵活运用对中间商服务进行评估的基本方法，评估特定中间商所提供的服务，并以此判定哪些中间商能以最低的成本最有效地完成制定的任务。

（5）环境因素。环境因素可能影响到渠道建设与管理的各个方面，经济、社会文化、竞争、技术和法律环境等因素都会对渠道结构产生重要影响。因此，环境因素也是影响渠道设计决策的重要因素之一。我们在第 2 章中已详细阐述，在此就不再赘述。

（6）行为因素。在选择渠道结构时，渠道管理者应该预期渠道成员在各种情况下可能的行为、行为产生的后果以及如何应对等。只有给渠道成员安排好各自适宜的职责，才能大大减少冲突。渠道管理者应保证最终设立的渠道结构能最有效地对渠道成员进行管理。例如，如果一家小型专业制造商打算在其渠道结构中采用大型连锁零售商，它就无法通过强制手段对其产生很大的影响或实施控制。但是，如果它拥有很强的专业能力，就有可能做到这一点。想对分销目标进行高度控制的渠道管理者会发现，法律能力（它可体现在一份强有力的特许合同上）应该作为渠道结构的基础。法律能力以及其他有关行为因素的内容在特定情况下都与选择适宜的渠道结构密切相关。

6. 选择最佳渠道结构

从理论上讲，渠道管理者应该从各选项中选出最佳的渠道结构。这一结构应该能在最低成本的基础上有效地完成各项分销任务。如果企业的目标是获得最大的长期效益，最佳的渠道结构就应该与此目标完全一致。

在现实情况中，严格地讲，要选出最完美的渠道结构几乎是不可能的，因为要做到这一点，渠道管理者就应该仔细考虑每一种可行的渠道结构，并计算出在一定标准下每一种渠道结构所产生的回报（通常是利润），然后选出能产生最高回报的渠道结构。

尽管如此，我们还是要尝试选择最佳渠道结构的具体方法，因为它们能帮助我们选择更好的（哪怕不是最完美的）渠道结构。具体地说，这些方法能够提高渠道管理者评估影响渠道结构的因素的能力。掌握了这些方法，渠道管理者就能为选出可合理分配各项分销任务的渠道结构做好准备。

（1）产品特性与平行系统法。这一方法最早由阿斯平沃尔在 20 世纪 50 年代末提出，强调在选择渠道结构的过程中要重视产品因素，并且认为所有产品都拥有以下五种特性。

● 更新率：产品因满足消费者需求而被购买和使用的频率。

● 毛利：投入成本与最终实现的销售价格间的差额（包括产品通过渠道时的所有毛利之和）。

● 调整：为满足消费者的实际需求而为商品配备的服务。

- 消费期：产品可供正常使用的预计期限。
- 搜寻期：对零售商店间的平均间隔距离与所费时间的计量。

阿斯平沃尔在此基础上提出了一套方法，将所有的产品依据其特性程度进行分类。他巧妙运用了色谱上的颜色来形象地说明了这一点。在他的色谱上只有三种颜色，而不是通常的七种。如表5－2所示，“红色产品”拥有高更新率，但其他四项特性值都为低。所有五项特性都属于中等的是“橙色产品”。而“黄色产品”的更新率是低，但其他四项值都高。通过对红、橙、黄三色产品的排列，它们各自的特性等级变化便一目了然。

表5－2　阿斯平沃尔产品特性与平行系统法

特性	渠道长度	长	中	短
	颜色分类	红色产品	橙色产品	黄色产品
更新率		高	中等	低
毛利		低	中等	高
调整		低	中等	高
消费期		低	中等	高
搜寻期		低	中等	高

资料来源：E. J. Kelly，W. Lazer. Managerial Marketing：Perspectives and Viewpoints，rev. ed. Homewood，IL：Richard D. Irwin，Inc. ©，1962.

阿斯平沃尔指出，产品分销（以及促销）过程中使用的渠道结构是与其“颜色”（即它们拥有的五种特性的程度）紧密相关的。如表5－2所示，红色产品拥有高更新率，该产品的高购买率促使企业在实施分销任务时必须保持高标准化与专业性。这便为更多专业化市场营销机构的介入提供了条件。所以，红色产品的渠道为长渠道。消费者市场中的便利商品与工业市场中的营业用品都属于此类。

表5－2中，黄色产品的更新率低，但其他各项特性都高，与红色产品相比，由于其低标准化程度和常规性，各项分销任务的执行费用相对高。定制产品（例如定制服装，或按用户要求定做工业设备）便属于此类，它们的渠道结构通常较短。

最后，可以看到橙色产品的所有五项特性都属于中等水平。尽管此类产品是按一定的标准制作的，但仍要做一定的调整，以满足用户的需求。汽车和家具便是此类产品的典型。橙色产品的中等更新率使其能拥有一定的标准化程度和专业性。一般其渠道中至少需要一位中间商，例如，一个从制造商处购买汽车并随后出售给消费者的汽车中间商，或者一个负责两家制造商的工业分销商。橙色产品的渠道结构拥有中等长度，也就是说，一般至少拥有一个层次的中间商。

阿斯平沃尔的方法对于渠道管理者的主要价值在于，它提供了一系列描述产品特性与渠道结构关系的捷径，由此，渠道管理者便可以更好地处理各项重要的产品因素。阿斯平沃尔方法的主要问题在于，它过分强调产品特性对渠道结构的决定作用，而对于其他影响渠道结构的因素重视不足。在实际应用中，信息获取方面所存在的问题往往会导致对产品特性的判断不够准确。

（2）财务评估法。财务评估法是由兰伯特在20世纪60年代提出的，他认为影响渠道结构选择的最重要的变量是财务。这种决策包括比较使用不同的渠道结构所要求的资金成本，以得出的资本收益来决定最大利润的渠道。因此，选择一个合适的渠道结构类似于资本预算的一种投资决策。一得笔资金用于分销要与将这笔资金用于制造经营相比较。除非公司能够获得的收益大于投入的资本成本，而且大于将该笔资金用于制造时的收益，否则应该考虑由中间商来完成分销功能。

兰伯特的财务评估法提醒人们财务因素在渠道结构选择过程中的重要性。这一观点有其十分正确的一面，因为与市场中其他领域的决策相比，作出渠道结构决策通常是一个长期的过程。整个渠道被看成一个长期投资，它必须不仅能偿付其成本，而且应该能产生比其他资本使用方法（机会成本）更高的回报。因此，选择渠道结构的标准就变得更加严格。渠道管理者必须在此投资标准的基础上证实其渠道选择的正确性。

兰伯特方法的主要问题在于，难以将其实际应用于渠道决策过程之中。尽管使用了各种投资方法（例如，简单回报率法或是有关货币现值的复杂的贴现现金流动法），要精确估计将来的利润以及各种可行的渠道结构的成本仍十分困难。因此，鉴于存在许多影响渠道关系的因素（尤其是在使用独立中间商时），这一问题越发难以解决。就目前来讲，要通过财务评估法选择渠道结构，就必须先找到更好的预测方法，只有这样，它才能广泛应用于实际的渠道选择过程中去。

（3）交易成本分析法。交易成本分析法是由学者威廉·姆森于 20 世纪 70 年代中期提出的理论。威廉·姆森将传统的经济分析行为与科学概念以及由组织行为产生的结果综合起来，主要用于考虑以下情况下的取舍，即生产企业是通过垂直一体化制度完成所有的营销任务，还是通过中间商来完成一些营销任务或者大部分的营销任务。

交易成本分析法的重点在于企业要完成其分销任务所需的交易成本。从根本上讲，交易成本与完成诸如信息收集、洽谈、监督表现等任务所需的成本相关联。

为使交易能够进行，企业需要交易特定资产，这是指完成分销任务所需的一系列有形和无形的资产。例如，拉尔夫·劳伦为陈列其 Polo 时装所特别设计的商店设备就是一种有形的交易特定资产。而销售人员通过使用其特殊的知识和销售技巧赋予 Polo 服饰一种高质量的时装形象，便是一种无形的交易特定资产。如果资产特定性高，就说明这些资产需要高投资，并且在 Polo 产品渠道以外，它们产生的价值极少，有时甚至没有任何价值。因此，Polo 将可能完全依靠自身来承担起所有任务，并且该公司将会选择一条垂直组合的渠道结构。

如果独立的渠道成员控制了绝大多数或是所有的交易特定资产，它们就知道自己处于十分重要的地位，便会采取相应的举措。其结果便是，它们会提出一些大力倾向于自身利益的要求，从而造成制造商的交易成本不断提高，最终无利可图。防止这一现象发生的最直接的方法便是制造商自己掌控交易特定资产，通过内部组织管理机构对这一资产进行更有力的控制。如果该交易特定资产的管理要求较低（存在许多同类型的其他使用方法），制造商便可放心大胆地将其分配到独立渠道成员中去，因为如果这些渠道成员索价过高，这些资产便可转由另外一些索价较低的渠道成员掌管。

虽然交易成本分析法为市场营销理论提供了一种有趣且新颖的渠道设计方法，但是，从管理上的实用性来看，它仍然存在一些局限性。

第一，它只涉及总体渠道结构中的两个相对立的部分，即垂直组合与独立渠道成员。在垂直组合不可行的情况下应采取何种措施，交易成本分析法并未提及。

第二，投机行为这一观点不一定能正确反映市场营销渠道中的行为，它似乎忽略了渠道中盛行的合作、团队合作、伙伴关系和策略性联盟这些观点，而过分强调了渠道成员谋求私利这一情况。

第三，渠道结构关系中的长期和短期问题并未加以区分。许多独立中间商宁愿放弃威廉·姆森所说的利己行为，而寻求一种长期的合作关系。例如，一家已有机会经营某公司热卖商品的批发商或零售商可能会因这一举措将会影响其与制造商间的长期关系而放弃这一机会。这是不是一种利己行为呢？对此，威廉·姆森并未提供任何区分的方式。

第四，资产特定性（交易特定资产）这一概念在实际操作中很难实行。事实上，在许多情况下，确定交易特定资产的种类，并衡量其从一组渠道成员到另一组渠道成员的流动性是不可行的。而且，在这段时期会有许多新情况出现。

第五，交易成本分析法是一种单一空间、过度简单化的选择渠道结构的方式，因为它忽略了渠道选择过程中的许多其他相关因素。

（4）管理决策分析法。如果渠道管理者能够将所有可行的渠道结构以及所有相关因素都考虑在内，并且将其运用到一套系统中去，这肯定会让人满意，因为它能产生最佳的渠道结构。从理论上讲，这种方法是可行的。事实上，一些先驱曾经尝试过诸如模拟研究、操作研究和决策研究等管理学方法，试图设计完美的市场营销渠道。

比如，鲍尔德斯顿与霍加特设计了一套模拟模式，用来研究位于美国西海岸的伐木业中的渠道结构。该地区的典型结构是生产商→批发商→零售商。产品通常通过车辆运输，从木材生产商处流动至零售商处。其中，批发商主要负责信息传递、风险承担和财务任务。鲍尔德斯顿与霍加特将这些特点融入其模式，并且使之拥有了一些模拟法所缺乏的真实度。这一模拟法可能会使渠道结构的选择方法在更广泛的领域中得以使用。尤其是（当只有一些有限的方法和因素可以使用时）这一方法能使原本因为太复杂而不可能通过数学方法作出的决策变得可能。这一方法的优点在于，它使得渠道决策者能够在应用于现实环境之前，通过运行模拟模式看清将会发生的情况，并作出正确的决策。

阿特勒与勃格兰德设计了一套数学模式，它能帮助使用者计算不同渠道结构在执行分销任务时所需花费的成本，然后从中挑选出一个拥有最低总成本和最高利润的渠道结构。

阿德森与格林展示了如何将贝叶斯数据应用于渠道选择之中。这一方法要求渠道管理者明确判定各种渠道结构将会产生的结果，有助于决策制定的信息成本也被纳入分析。不过，尽管贝叶斯法看上去十分有效，但它在渠道设计决策中的使用范围却十分有限，也许是因为该方法所要求的从决策者处获取精确的主观可能性估计十分困难。

巴利夫为处理优化渠道选择中出现的问题设计了一套综合性操作研究模式。该模式能够决定有关渠道控制，并最终影响利润成本的因素间的组合。因此，该模式为行为因素与正规的数学体系的结合奠定了基础。

近年来，兰根建立了一套规范的高级数学模式，它能将诸如控制账目、提供信贷、交流产品信息、订单处理和交货等一系列基本分销任务结合起来。该模式从长度和宽度方面出发，具体描述了最佳的渠道结构，并且详述了对渠道成员提供的各等级支持。摩西也建立了一套反映渠道结构决策的数学模式。每个参与竞争的制造商都面临着这样的决策，它们必须考虑是通过独立零售商（分散化），还是发展自己的渠道结构（垂直组合）来赢得客户。兰根、梅内泽斯与梅尔共同开发了一套为新型工业产品选择渠道结构的方法。该方法注重产品与影响渠道选择的市场因素。8种所谓的渠道功能必须得以发挥，从而满足工业客户的需求。这8种功能都从专业的角度予以分析，以便设定渠道中必须开展的具体任务。随后，这些功能经过一个衡量过程之后得以组合在一起。然后，这套功能组合贯穿各种可行的渠道结构，最终选出能产生最高利润的渠道结构。

最后，阿特文与罗森布鲁姆通过改换渠道成员间的市场功能，运用量化对应分析法来预测渠道结构中的变化。他们就如何在批发商间分配12种市场功能这一问题，研究了262家生产企业的渠道设计决策。这一对应分析法为渠道管理者提供了一张空间图，能够从样本群体中观察从制造商至批发商（即分销商）这一过程中的各种功能转化，结果使渠道管理者对于在选择渠道结构时渠道成员间进行市场营销功能分配的各种方式有更深的了解。

这些方法在广泛应用于渠道选择之前仍需要大力改进。这并非贬低这些正式化的方法，相反，将来（在一定条件下）它们可能有真正的实用价值。但是，鉴于该项技术的现状，渠道选择（至少现在来说）仍不够正规化，并且十分依赖管理者的判断。

（5）判断-启发式分析法。选择渠道结构的方法十分依赖于管理者的判断与启发，即凭经验估计。但是，判断-启发式分析法的精确度不尽相同。其中，一些方法努力使决策制定的过程从一定程度上讲正规化；一些方法则试图将成本与收益信息相结合。以下三种方法展示了选择渠道时所采用的判断-启发式分析法间的差异。

● 直接定性判断法。定性法是最粗略的一种方法，但在实践中是最常用的渠道结构选择法。在这种方法中，各种可行的渠道结构都将由管理者根据其决策制定的因素逐一评估。这些因素可能包括长期成本、短期成本与利润研究，渠道控制问题，长期成长潜力，以及其他许多因素。然而，有时这些影响决策的因素并没有被明确阐述，它们各自的重要性也未明示。但是，管理者根据判断仍可选出一种最能满足各种明确或是不明确的决策因素的渠道结构。

● 重要因素评分法。由科特勒提出的重要因素评分法，要求管理者必须将选择渠道时作出的判断结构化和量化。使用该方法的步骤如下：

①有关渠道选择的各项决策因素必须被明确阐述。

②每个决策因素的重要性必须以百分数的形式反映出来。

③每种可行渠道都需对各个决策因素按1～100打分。

④将每种渠道结构的因素重要性乘以其因素得分，计算出总的重要因素得分（即总分），拥有最高得分的渠道就是管理人员认为的最佳渠道。

● 分销成本法。在这一方法中，必须对各种可行渠道的成本与利润进行预估，得到的数据可用来判定各种可行渠道彼此间的强弱。在以下例子中，对两种可行的渠道结构（直销与使用分销商）进行了比较。

假设有6 000家潜在客户，每家客户都需要一位户外销售人员每两周拜访一次。如果销售人员平均每天能拜访6家客户，那么，每位销售人员便可服务60家客户。根据这些数据，制造商需要100位户外销售人员，以服务客户。预估数字见表5-3。

表5-3　直销成本估计

支出项	直销渠道		
	支出（元）	人数	合计（元）
销售人员年薪	60 000	100	6 000 000
销售经理（每10名销售人员1名销售经理）年薪	80 000	10	800 000
区域经理（4个市场区域，每个区域1名区域经理）年薪	100 000	4	400 000
仓库及办公人员、存货、存货利息，其他一般管理费用	5 000 000		5 000 000
总计			12 200 000

假设平均销售毛利率为20%，则为抵消这些成本所需达到的销售收入为：12 200 000÷20%＝61 000 000元。

如果该制造商使用分销商，且为各层次分销商提供如下交易毛利：

如果毛利率为20%，则61 000 000×0.2＝12 200 000元；

如果毛利率为15%，则61 000 000×0.15＝9 150 000元；

如果毛利率为10%，则61 000 000×0.1＝6 100 000元。

两种渠道的成本比较见表5-4。

表5-4　直销与使用分销商成本比较

单位：元

毛利率	直销	使用分销商	节约额
20%	12 200 000	12 200 000	0
15%	12 200 000	9 150 000	3 050 000
10%	12 200 000	6 100 000	6 100 000

当然，这只是一个简单的例子。在有关分销成本分析的著作中，更详细地阐述了此类方法。但是，无论其详细程度如何，此类方法的主旨都在于强调管理者的判断，以及凭经验来估计各类可行渠道结构的成本与利润。

无论使用何种判断-启发式分析法，运用大量判断与推测几乎是无法避免的。换句话说，这意味着利用该方法得出的结论与实际情况还有一定的差距。哪怕是使用重要因素评分法或是分销成本法，那些看似精确的数据仍是建立在管理人员大量判断之上的。但这并不是说判断-启发式分析法是完全主观的，在一些情况下，管理人员作出的判断可能十分精确。如果再加上有关成本与利润的经验性数据，使用判断-启发式分析法可作出（虽然不是最佳的）十分令人满意的渠道选择决策。

案例5-1　一品一家的生鲜运营之窍

5.3 渠道设计的创新

分销渠道的设计创新，是指企业应该以创新性思维为指导来实现渠道结构的效率最大化，从而实现更加高效的扁平化组织设计。渠道设计创新的压力既来自企业外部环境的变化，也来自企业渠道自身发展的要求。因此，企业需要顺应时代的变化，尤其是电子商务、国际贸易快速发展的趋势，分析渠道设计创新的现状，尽可能消除渠道创新的障碍，保证渠道创新设计的顺利进行。

1. 渠道设计创新的时机

企业应该密切关注内部和外部的环境变化，根据不同的环境条件，及时判断进行渠道设计改革和创新的最佳时间点，尽可能减少创新的阻力，从而保证渠道设计的创新过程顺利。

（1）现有渠道设计难以满足消费者需求。随着消费者需求的迅速变化，对企业渠道系统的要求越来越高，传统的渠道设计可能难以满足消费者的需求变化，最终可能会导致消费者对于企业的产品或品牌的背离，从而丢失市场。因此，企业对渠道设计的创新，是为了更好地建立起与消费者的沟通、交流通道，通过更合理、更符合时代需求的渠道设计思路，更好地倾听消费者的诉求，改变传统的渠道供应方式。一般需要进行渠道设计创新的情形有：①渠道设计中存在的价格问题让消费者对零售环节的价格不满，导致对品牌的不信任；②渠道设计中存在零售终端服务过少的情况，导致消费者的产品服务问题难以解决；③渠道设计未能合理覆盖消费者，导致消费者的选购地点过少，或者消费者觉得选购地点的品类过少，从而转向竞争对手的产品。

（2）现有渠道设计无法维持中间商合作效率。随着时间推移，一成不变的渠道设计往往无法保持中间商之间的合作效率，导致中间商难以很好地执行渠道任务，其中存在几个主要问题需要企业进行渠道设计的创新。①随着时间的推移，渠道运营的成本越来越高，渠道成员不断加码各种要求和费用，如上架费、赊销及各种赞助费用，加大了企业的营销成本和渠道风险，因此要进行渠道设计创新，减少渠道间可能存在的各种成本和摩擦，以有效提高渠道中间商的合作效率；②在传统的渠道设计下，渠道之间的窜货问题严重，无论是大型企业还是中小型企业，都时常被窜货问题所影响，因此，在渠道设计方面，应该提高对渠道成员的管理能力，合理划分区域，规划编码制度，同时设计相关的检查制度来加强对窜货行为的管理，从而解决窜货问题。

（3）新的渠道模式出现。当环境变化或技术革命产生了新的渠道模式时，企业的渠道设计要进行一定的创新，以适应新的渠道模式，满足消费者的全新期待，重新确定渠道的服务标准和成本。为了适应新的渠道模式，企业在创新渠道设计时，应该充分结合自身的优势定位和资源情况，运用多元化的渠道设计，更好地拓宽市场规模，紧随行业的整体发展。如果不能及时进行渠道设计方面的创新，则无法保持长期的渠道竞争力水平，可能会失去新的细分市场。

2. 渠道设计创新的趋势

通过渠道的设计创新，企业可以提高自身在渠道方面的绩效和管理能力，同时也能够适应市场等外部环境的变化，实现企业的发展和变革。从渠道变化的走向来看，企业在渠道设计创新方面有以下几个趋势。

(1) 渠道设计的规模，从单一渠道向多渠道发展。就渠道设计而言，企业可以选择越来越多的渠道类型，朝多渠道类型整合的方向发展。通过设计多个渠道来共同满足一个细分市场，或者通过不同的渠道满足不同的消费端，都能够提高企业渠道的竞争力。同时，随着移动互联网技术的发展，多渠道已经延伸到渠道碎片化的层面。由于消费者的时间碎片化，企业可以通过多个渠道与消费者进行沟通交流，借助移动社交媒体，通过文字、图片以及视频等方式进行产品的带货和促销，并通过移动支付等便捷方式实现快速的线上交易，从而实现全渠道的创新设计。这种渠道设计更加符合消费市场的需求，使企业摆脱单一渠道的设计困境，实现多渠道利用的高效率模式。

(2) 渠道设计的重心，由前端向终端转移。在市场发展的早期，由于供给量较少，生产商的竞争较小，企业在渠道内处于支配地位，随着市场格局的变化，渠道的重心逐步从前端转移到终端，终端获得了举足轻重的地位，消费者成了稀缺资源，渠道之间的竞争越发激烈。所以在进行渠道设计时，重点要从前端逐步转移到终端，终端即渠道中产品的最末端，是产品送达消费者、完成最后交易的端口。因此，如何通过创新的渠道设计提高企业在终端的竞争力，如何吸引消费者的注意力并让消费者产生购买动机，是渠道设计的关键所在。例如，美的提出了“弱化一级市场，强化二级市场，决胜终端”的渠道设计战略，目的是实现终端最大化和终端优胜化。

(3) 渠道设计的层级，由金字塔向扁平化转变。传统渠道设计的结构大多呈金字塔形，这种渠道设计存在几个难以克服的缺点：①多层级的渠道设计结构导致渠道之间的沟通效率较低，不利于渠道形成价格优势；②企业难以控制距离较远的渠道成员；③多层级的渠道导致渠道之间的信息不能及时反馈；④金字塔形的渠道设计不能有效执行和落实渠道政策。渠道扁平化的层级设计成为未来主要的创新方向，通过更短的渠道结构，可以简化渠道的销售过程，降低渠道的交易成本，更加灵活地针对不同的用户和市场采用不同的渠道策略和政策，获得更大的盈利空间，提高消费者的可感知价值。

案例 5－2

蒙牛渠道的数字化转型与创新

蒙牛是中国领先的乳制品供应商，全球乳业十强。蒙牛 2017 年开始试水新零售，在行业内率先用数据赋能全产业，布局数字化战略，实现传统乳业基于新零售商业模式的转型与创新。蒙牛采取的措施主要有：

(1) 数字化平台＋新零售电商。通过携手阿里巴巴及京东等战略合作伙伴加速发展电商事业部，自建线上平台并与多家线上平台战略合作，全面赋能其数字化转型。在合作共赢的框架下，蒙牛配合平台开发新产品。蒙牛融合传统 OEM 模式，开启了与电商运营平台合作生产个性化定制产品的创新业态。

(2) 数字化平台＋大数据。2018 年 6 月，蒙牛与阿里巴巴签署年度框架协议，结合双方资源，全面展开大数据战略合作。利用消费者数据库，通过销售产品品类和体量的大数据来对生产和营销战略进行优化升级，对特殊群体客户类产品实现精准营销，还通过深入挖掘用户价值，为营销决策提供支持，实现企业运营降本增效。

（3）数字化平台＋线下。线下无人便利店不仅破除了鲜乳制品只能从商超购买和订奶入户的营销壁垒，而且通过扫码支付方式采集了消费者大数据。

（4）数字化平台＋第三方智能物流。蒙牛物流完全实现菜鸟入仓模式。进入菜鸟仓后，天猫和菜鸟会根据行业数据、消费数据、库存数据及大促等提前预警。

（5）数字化平台＋物联网。赋能产品为数字化商品，新型 RFID 技术使得蒙牛在供应链和质量安全追溯管理上更加智能化、信息化。

（6）产品＋移动社交。以社交媒介为工具，打通营销链和供应链，建立多场景营销，并实现云库存零囤货。

（7）数字化＋供应链管理。公开资料显示，2013 年蒙牛引入 SAP 系统（该系统包括商务智能和财务共享中心），2014 年启动供应商管理系统，2016 年成功上线 SAP＋WSP（微销售）系统，形成从销售执行、运营到财务结算的完整的直营渠道闭环管理模型。

（8）数字化平台＋组织管理。蒙牛新增包括新零售事业部在内的 5 个事业部，期望借助大数据研究共享、整合供应链及置换平台资源，来实现精准营销。

由此可知，蒙牛以新零售系统性思维，布局奶源—生产—供应链管理—营销模式—组织管理全渠道数字化战略，实现其新零售商业模式的不断创新与转型。

资料来源：马丽．新零售的商业模式特征及其转型路径——源于苏宁和蒙牛公司的双案例证据．管理会计研究，2019（4）．

本章小结

渠道设计是指在创建全新市场营销渠道或改进现有渠道的过程中所做的决策。在进行渠道设计时，必须坚持的基本原则有：重视市场导向；接近终端；市场覆盖面广；精耕细作；抢占市场先机；利益均沾；相互体谅；注重投资回报；用实力主宰渠道；变则通，通则久。

渠道设计流程可以遵循以下步骤：确认渠道设计决策的必要性；设立并调整分销目标；明确分销任务；设立各类可行的渠道结构；评估影响渠道结构的因素；选择最佳渠道结构。

企业渠道设计创新的压力既来自企业外部环境的变化，也来自企业渠道自身发展的要求。因此，企业需要顺应时代的变化，分析渠道设计创新的现状，尽可能消除渠道创新的障碍，把握渠道设计创新的时机和趋势。

基本概念

渠道设计　　渠道结构　　渠道宽度　　市场密度　　交易成本分析法

思考题

1. 理解渠道设计含义的要点是什么？
2. 渠道设计的基本原则有哪些？
3. 渠道设计流程的步骤包括哪些？
4. 影响渠道结构的因素一般有哪些？
5. 设计渠道结构时需要考虑的产品因素有哪些？
6. 影响渠道设计的最重要的公司因素是什么？
7. 渠道设计创新的时机有哪些？
8. 渠道设计创新的趋势有哪些？

案例分析

惠氏全面升级数字化渠道

得益于小程序、移动支付等数字工具的不断成熟，养娃已变得高度数字化。根据腾讯内部数据，89%的妈妈至少关注两个育儿公众号，68%的妈妈乐于在微信分享自己的购物体验。从市场规模来看，线下母婴渠道仍是主力。尼尔森监测数据显示：奶粉品类56%的销售额由母婴专营店渠道贡献，可见线下渠道依然占据很大份额。摆在母婴品牌面前的问题是：如何打通线上线下，合理利用数字化场景、技术、资产，带动母婴店的销售实现增长？四个月里，惠氏联手腾讯广告，针对旗下启赋蓝钻、启赋有机、惠氏铂臻等多条产品线，分别与孩子王、爱婴室、乐友等多个母婴渠道商开展三方智慧零售合作。通过投放朋友圈广告，惠氏实现品效结合，不仅与用户产生互动连接，而且帮助传统的线下渠道实现了数字化营销升级。多种创意形态的广告引流，多条产品线的落地实践，多个母婴渠道的全面铺开，惠氏的智慧零售升级为母婴行业的全面零售数字化营销整合提供了新的范例。

母婴渠道营销线上数字化，优势互惠引流拉新

与70后、80后不同，新生代妈妈从育儿知识的获取，到母婴产品的选择，再到日常晒娃，无一不在线上进行。惠氏选择微信朋友圈，无疑是种草引流的高效方式。此前，线下母婴门店能提供产品和体验，却缺乏有效的流量引入方式，对新客的拉动比较有限；而线上广告虽有流量，却缺乏后链路，无法实现转化闭环。通过此次合作，惠氏高效利用母婴渠道的会员数据资源，更精准地找到潜在目标人群，再通过腾讯的行业潜客进行新客扩散。同时，母婴渠道也成功把商业增量向线上延伸。

惠氏铂臻同时与孩子王、爱婴室、乐友合作，利用渠道会员及腾讯潜客数据能力定向投放朋友圈广告。外层突出“9.9元尝新”字样，落地页详述品牌卖点与功能并提示用户点击领券。用户领券后，既可以在小程序App直接购买，也可将通用券存入卡包，在线下门店核销支付。广告落地页面平均停留30秒以上，远远高于传统线下门店传单的有效性，取得了尝新券领取率创新高、新客转化率提升15个百分点的佳绩。三方智慧零售合作不仅带来了规模化的人群曝光和更长的有效页面停留时间，达到了品牌教育的效果，同时也通过发券和全渠道核销实现了从营到销的转化闭环，多方共赢。

明星奶爸代言造势，领券促购带货

新生代妈妈们喜欢时尚有趣，喜欢与众不同，也是粉丝经济的重要组成部分。利用品牌自有的明星代言人资产，能够帮助品牌在朋友圈的信息海洋中脱颖而出，让用户眼前一亮，产生好感。惠氏联手孩子王和爱婴室，以雷佳音的名义先后亮相朋友圈，这也是奶粉行业的首单明星朋友圈广告。明星吸引粉丝和潜客点击广告一探究竟，互动点击率超过了行业均值一倍。落地页中，雷佳音展示惠氏产品奥秘，并引导用户点击领券，前往小程序或门店核销。从明星吸睛，到品牌展示，再到渠道大额优惠券的加持，广告让用户探店的动力逐步提升，有效促成“线上种草→线下拔草”的转化。促销券核销率和新客占比均创新高。

创意形式再升级，明星+轻互动助推广告效果

朋友圈广告不断创新，为品牌与用户之间搭建起有效的连接和互动桥梁。惠氏联手乐友，结合微信朋友圈独有的创意形态，上线昆凌+手势轻互动朋友圈广告。广告以昆凌的口吻抛出问题，引起用户好奇，并鼓励用户“画个爱心”一探究竟。用户在屏幕上轻轻划动，即可落地专属页面。广告在实现品牌曝光与教育的同时，鼓励用户领取神秘好礼——启赋有机尝新券包，并在乐友母婴的小程序中核销下单。让用户真正参与到广告中与品牌互动，是微信社交广告的一大优势。轻互动形式的手指滑动，更提升了广告的参与乐趣。轻轻一画，用户就会觉得“这是我主动解锁的福利”，而不是“被动接收的广告”。作为奶粉行业首次手势互动朋友圈合作，发挥明星和轻互动双重优势，互动点击率不仅比母婴行业均值高了6倍，更接近强社交种草品类如美妆日化类的平均互动点击率。

资料来源：全面升级数字化渠道营销，惠氏是如何玩转腾讯智慧零售的?. http://www.baobei360.com/Articles/Html/2019-11-06/168987.html.

▶ 思考题

1. 惠氏的渠道布局中体现了渠道设计的哪些原则？

2. 惠氏与腾讯和母婴渠道的合作有哪些创新？意义何在？

第6章
设计渠道层次

本章要点

1. 渠道长度的设计
2. 渠道宽度的设计
3. 渠道广度的设计
4. 多渠道整合设计

引导案例

苏宁的渠道变革

面临新时代的挑战，苏宁在战略与战术上加快了渠道变革。

● 开发新产品。全渠道战略下，网店运营有助于零售企业开发新产品。苏宁基于线上销售数据的挖掘和分析进行新产品开发，网上销量高的产品能够很快被引进苏宁实体店。

● 采购模式创新。全渠道战略下，零售企业需要合并采购模式满足全渠道客户对产品的需求。苏宁在企业核心管理层设立专门的采购机构进行集中采购，创建了分别着重于家用电器、日用品和日本进口产品的三个采购中心，建成了一个比较和评估采购管理的系统。苏宁还与惠普结成战略采购联盟，进行采购模式的创新，直接向惠普中国工厂提货，采用直供模式，减少中间环节，让利给消费者。

● 同步产品销售与售后服务。全渠道要求零售商在多个渠道同步产品销售，苏宁充分利用互联网、物联网技术进行经营管理。苏宁在实体店服务中心提供全面、贴心的售后服务，包括商品自提、商品退换、维修咨询以及增值服务四大类。线上购买的客户也能到附近的实体店享受同样的售后服务。

● 改善店铺环境。苏宁全渠道战略推动基础设施建设创新，为顾客提供感受购物体验的平台。苏宁聘请顶尖商业设计公司 MG2 等，为 Expo 超级店进行全新的室内装潢设计，做到以客户体验为中心，将实体店朝着科技化、数字化方向进行改造，丰富产品种类的同时，以消费者购买行为便捷化、简洁化为出发点，改进实体店内产品的陈列方案以及服务的提供方式，提升客户体验。

同时，苏宁基于全渠道战略，全面进行用户管理。苏宁通过全渠道数据挖掘分析，绘制包含消费者行为、购买模式及购买倾向的画像。苏宁通过不同平台（包括呼叫中心、在线客服、微博、微信、电子邮件、论坛以及实体店客服中心）集合用户数据，进行全渠道大数据分析，得到顾客类型、购物偏好等信息，从而为消费者提供更加个性化的服务，提升其体验。

资料来源：赵桐，吴越舟．从渠道演进透视全渠道秘密．销售与市场（营销版），2019（12）.

第5章主要介绍了渠道设计的原则与流程，本章介绍渠道层次的设计，主要包括渠道长度、宽度、广度以及多渠道整合四个方面。

6.1 渠道长度设计

1. 渠道长度的类型

分销渠道的长度是指企业分销渠道中中间环节的数目。中间商是指同一产品的又买又卖者和帮助转移商品所有权的机构。商品在分销中经过的环节越多，分销渠道就越长；反之越短。渠道根据长度大致可分为四种基本类型：零层渠道、一层渠道、二层渠道和三层渠道（见图6-1）。零层渠道又称短渠道，利用短渠道从事的分销行为称为直接销售，简称为直销。

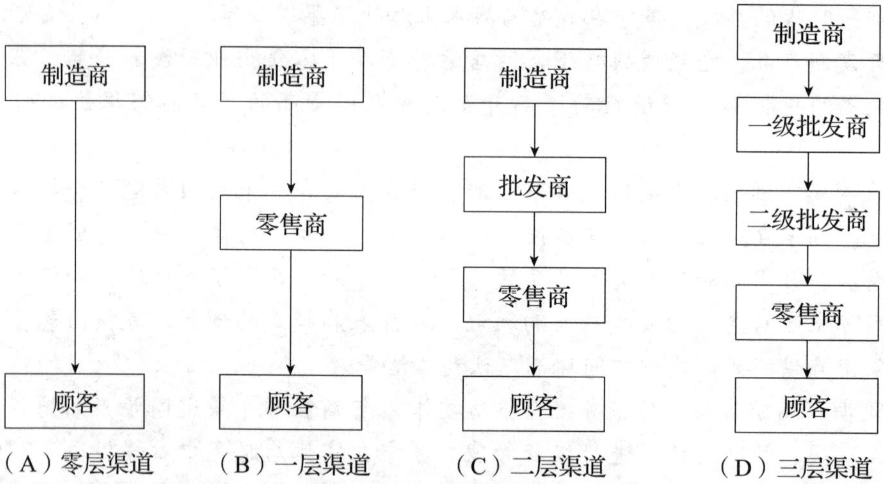

图6-1 渠道长度的类型

选择何种分销形式，需要分析市场、产品、企业等各种因素，既不可固定不变，也不可随波逐流。直销与非直销两种分销形式，利弊都十分明显，理性分析与谨慎抉择十分重要。

2. 渠道长度设计的影响因素

在分析与选择分销渠道长度时，企业需要考虑许多影响因素。这些因素主要有：市场、购买行为、产品、中间商及企业等。

(1) 市场因素。分销渠道长短的选择受市场规模大小、市场聚集度等市场因素的影响。

市场规模大即某种产品的使用面广，顾客需求量大。典型的产品如食品、日用品、化妆品、卫生品等。生产商一般经由自己设立的地区批发机构或独立的批发商将产品批发给零售商，再由零售商销售给消费者，适合选用较长的分销渠道。一些专业化较强的产品，市场容量十分有限，厂商可选择较短的分销渠道，把产品直接出售给零售商或最终消费者。

顾客的集中程度形成了市场聚集度，市场聚集度也会直接影响渠道的长短。如果顾客集中居住或生活在某一地区，形成了高的聚集度，此时产品就有可能直接出售给他们，渠道具有短的特征。美国营销专家玛丽・克劳伦斯曾举例说明这一点，大多数时髦服饰品的目标顾客群集中居住在几个地区，就会形成几个相对集中的市场；如果厂商经营规模小，但在一个地区就能全部卖光，就会形成一个聚集的市场。在前述两种情况下，都可以选用较短的分销渠道，或是厂商直接向最终消费者销售，或是通过一个中间商即零售商出售。市场聚集度低，意味着目标顾客居住分散，涉及的空间范围广，厂商采用短渠道会花费大量的人力、物力，使分销成本上升，因此适合采取长渠道，利用批发商、代理商、零售商来分销产品。

(2) 购买行为因素。分销目标是满足消费者的服务需求，也即购买需求。因此，分销渠道长度的设计与选择必须考虑顾客的购买行为。体现购买行为特征的主要因素有：顾客购买量、顾客购买频率、顾客购买季节性、顾客购买探索度等。

顾客购买量越大，单位分销成本越低，厂商有条件将批量性产品直接出售给顾客。诸如一些办公设备与用品，常有厂商直接向团体单位直接销售。顾客少量而频繁订货的产品，如五金工具、烟草、药品等，厂商一般依赖批发商进行分销，适合选用较长的分销渠道。不过也有例外的情况，有时厂商会把小额订货通过邮购方式送到消费者手中，或是采取上门推销的方法处理零星交易。

顾客购买频率越高的产品，一次购买量越少，产品价值越低，越需要利用中间商进行分销。购买频率高的典型产品是日用品，两三天买一次。对于那些购买频率低的产品，可选择短渠道。例如，消费者几年才买一次家具，厂家就可以直销。汽车、机器设备等也有这种特征。

顾客购买季节性强的产品，需求是不均衡的，厂商自己很难在短时间达到一定的铺货率，因此适合选用较长的分销渠道，大多利用批发商和零售商销售。对于那些季节性不强的产品，不要求快速上市、快速销售，因此厂商有机会通过自己的分销网络直接向消费者出售，风险也相对小一些。

顾客购买探索度也会对渠道的长度产生影响。顾客购买探索度包括两方面的内容，一是购买之前比较研究的程度，二是购买过程中付出精力的多少。对于日用品，人们在购买之前较少进行分析比较，在购买时也不愿意花费很多时间、跑很远的路，希望在居住或工作地点附近完成购买，因此适合较长的渠道。而对于电器、家具等产品，人们在购买之前会进行比较选择，购买时愿意花费时间和跑较远的路，因此可选择较短的渠道。

(3) 产品因素。产品因素深刻地影响着分销渠道目标的实现，进而影响着分销渠道的长度设计。具体来说，产品的如下属性会影响渠道的长度：技术性、耐用性、规格化、轻重、价值、易腐性和周期性等。

第一，产品技术性越强，渠道越短；反之，则可选择较长的渠道。这是因为：技术性强的工业用品、家用电器等，常常需要提供专业性的安装、使用指导和维修服务，厂商一般不愿意把指导培训工作交给中间商，适合选短的分销渠道，如自办专卖店或特许经销等。在有的情况下，代理商参与推销，但指导工作仍然由厂商负责。在百货商店租柜台进行现场演示，厂家使用自己的推销员。技术性较弱的日用品，一般选择稍长的分销渠道。

第二，产品越耐用，渠道越短；不耐用的产品则可选择较长的渠道。耐用产品是指人们使用和消费它时，要持续几年、十几年，甚至几十年。它常常具有价值高、体积大、分量重和生命较长的特征，一般适合较短的分销渠道。典型的产品如住房、汽车、家具及一些家用电器等。非耐用产品是指人们使用和消费它时，持续时间很短，几天、十几天、几十天等。它常常具有价值低、体积小、分量轻和生命较短的特征，一般适合较长的分销渠道。典型的产品为日用品。

第三，产品越是非规格化，渠道越短；规格化的产品则可选择长渠道。已实现规格化和标准化的产品，通用性较强，可选择稍长的分销渠道，如量具、刃具、通用机械等以及成衣、鞋、帽等；而通用性弱的非规格化的产品，一般选择较短的分销渠道，如定制的服装、残疾人用品、大型机器都采取供需方直接见面的方式谈质论价。

第四，产品越重，渠道越短；产品越轻则可选择较长的渠道。举例来说：体积大、分量重的产品，如建筑材料、机器设备等，分销成本高，运输、储存都很不便，可选择尽可能短的分销渠道；而体积小、分量轻的产品，如服装、小食品、化妆品等，分销成本较低，运输、储存相对容易，可选择稍长的分销渠道。

第五，产品价值越大，渠道越短；价值越小的产品则可选择较长的渠道。彩电、冰箱、电脑等比较适合选用较短的分销渠道，以抑制商品价格上升，否则会使商品单价太高，无人问津，渠道受阻；而一些日用品比较适合较长的分销渠道。从生产者和中间商方面看，也会得出同样的结论。生产者对单位价值低的产品采用短渠道，就要推销、包装并处理诸多小额订货，自然无利可赚。另外，零售商也没有精力向多个生产者分别采购众多商品，勉强而为之会造成运输的浪费。因此，价值低的产品适合长渠道，价值高的产品适合短渠道。

第六，产品越易腐，渠道越短；越不易腐烂的产品所需要的渠道会越长。如生鲜食品，易腐败、保质期短，流通时间越短越好，为避免延误和重复处理增大风险，一般采用较短的分销渠道，如直销；非生鲜易腐性产品，可以适当采用较长的分销渠道。一些包装性小食品种类繁多、消费分散，由生产者直接出售给消费者或诸多经营食品的小零售商是行不通的。它们比较适合采用“生产者—批发商—零售商—消费者”的渠道，但要使分销速度加快。

第七，产品生命周期越短，渠道越短；生命周期较长的产品则可选择比较长的渠道。产品在不同的生命周期阶段适合选用不同的分销渠道。新产品上市，企业更习惯于一炮打响，迅速铺满市场，因此非常偏爱组建自己的销售队伍，直接与消费者或用户见面，选择短渠道的可能性较大；而老产品则常常通过中间商来维持较为稳定的销量。产品生命周期越短，表明该产品越流行，变化快，适合选用较短的分销渠道，诸如电子宠物、时装等新潮性、短暂性产品；产品生命周期长的产品则采用稳定的长渠道。

（4）中间商因素。在确定渠道长度的时候，企业还应该考虑中间商因素，特别是中间商的可利用性以及选择该中间商应付出的成本。

中间商愿意经销厂商的产品，同时不对厂商提出过多过分的要求，会使企业更容易利用中间商，因此企业可选择长渠道。越是市场紧俏畅销的产品，中间商参与的积极性越高，反之越低。有时，某类产品非常适合某些批发商或零售商经营，但这些中间商正经营着同类型的竞争产品，不愿意再经营新的对抗性产品，那么厂商只好把产品直接出售给最终消费者。雅芳就是因为竞争不过百货商店而被迫走上直销之路的。

同时还应该注意到经济标准是分销渠道选择的重要标准之一。中间商的成本太高，或是中间商压低采购价格，或是中间商要求的上架费太高，就应考虑采用较短的渠道。

中间商的功能是帮助厂商把产品及时、准确、高效地送到消费者手中。厂商在选择分销渠道时，要对中间商的服务水平进行评估，具体内容包括：是否有良好的信誉足以吸引客流，是否有较强的营销能力把产品销售出去，是否能为该产品提供广告、展示等促销活动，是否可以及时结算货款等。如果能得到肯定的答案，可以选择较长的渠道，否则应选择较短的渠道。

（5）企业因素。在实际中，生产同种产品的企业，在面对的市场因素和购买行为因素都相同的情况下，却选择了不同的分销渠道。这说明企业自身也有一些因素会影响渠道长度的选择。

首先，企业资金实力会影响企业所选择渠道的长度。如果厂商采用直接销售渠道，则要有足够的资金支付市场调查、广告、销售人员和产品运输等方面的费用，因此必须有较强的资金实力。当然，这并不意味着财大气粗的企业就一定采用短渠道。资金投向何处，受回报率的影响与制约。如果将资金投在新产品开发上的回报率大大高于投在建立分销网络上的回报率，仍然可能适用长渠道，借助现成的中间商。对于那些资金实力较弱的企业来说，则适宜选择长渠道。

其次，企业渠道管理水平会影响企业渠道的长度。假如厂商在销售管理、储存安排、零售运作等方面缺乏经验，没有合适的人员从事广告、销售、运输和储存等相关工作，最好选择较长渠道，借助营销知识、经验、能力更有优势的中间商进行分销。如果厂商熟悉分销运作，具有一定的产品销售经验，并具有较强的销售力量、储存能力，也可选择短渠道。

最后，企业渠道控制力度的强弱也影响渠道的长度。企业渠道控制力度有两方面的含义：一方面是指对渠道走向、效益、结构等方面的控制能力；另一方面是指厂商主观上对产品渠道的操纵力度。如果厂商想对分销渠道进行高度控制，同时自身又有控制能力，一般采用较短渠道。这样会比采用长渠道更有主动性，厂商可直接控制产品营销的全过程，关注产品营销随时随地的变化，及时进行调整。如果采用中间商，一方面会使厂商的渠道控制力减弱，市场调查、储存、运输、广告、零售等功能大多由中间商完成，极可能导致厂商受制于中间商；另一方面会使厂商分销受限制。

3. 企业采用零层渠道的优劣势

企业采用零层渠道的优势包括：

第一，更易熟悉市场。销售人员与顾客直接接触，能及时准确地了解市场变化及消费喜好，进行具有针对性的宣传促销活动。

第二，资金周转迅速。资金周转速度是企业效益的重要衡量指标。直接销售可以依需求做到勤进快销，使库存趋近于零。另外，鲜活商品、时尚商品可以及时投入市场，减少坏损或过时损失。

第三，启动容易。这是相对而言的，并非指容易成功。厂家不需要太多设备或场所，有小额资金就可开业。销售人员不必有高学历，只要接受训练，就可胜任销售工作。企业建立一定的信誉，交易就容易成功，并能持续销售。市场无限大，潜在顾客非常多。

第四，易于控制价格。对于直接销售的商品，厂家握有较大的定价主动权，采取价格促销策略较为随意。

第五，可强化推销效果。在多品牌竞争时代，人员推销效果明显。对于技术性较强的商品，利用推销员推销可指导顾客正确消费，扩大销售。

企业采用零层渠道的劣势包括：上门访问推销员不及店铺营业员可信度高；推销员主动上门，给人以强行推销之感，容易使顾客产生逆反心理；个别推销员有携款潜逃的风险；想当访问推销员的人越来越少，培养优秀推销员越来越难；访问时顾客不在家的情况越来越多，访问成功的概率越来越低；等等。

案例 6-1 服装定制企业的“营销新衣”

6.2 渠道宽度设计

渠道宽度是设计渠道要考虑的关键要素之一。合理的渠道宽度，可以使企业的产品有效到达市场终端，获取市场份额，实现理想的销售业绩，同时有效控制运营成本。

1. 渠道宽度的类型

分销渠道的宽度是指经销某种产品的同级别的批发商、零售商、代理商的数量。如果一种产品通过尽可能多的销售网点供应给尽可能广阔的市场，就是宽渠道，否则，便是窄渠道。一般来说，渠道的宽度主要有三种类型：密集分销、选择分销和独家分销。其基本含义和利弊在第 3 章已有论述，下面主要阐述影响渠道宽度设计的主要因素。

2. 渠道宽度设计的影响因素

分销渠道的宽度设计主要受市场、购买行为、产品及企业自身四方面因素的影响。

（1）市场因素。分销渠道宽窄的选择受市场规模大小、居民居住集中与分散的程度等市场因素的影响。

市场规模越大，渠道越宽；市场规模越小，渠道越窄。市场规模大，适合选用较宽的分销渠道。市场容量有限，厂商可选择较窄的分销渠道。

市场聚集度越弱，渠道越宽；市场聚集度越强，渠道越窄。如果目标顾客集中居住或生活在某一地区，产品就有可能直接出售给他们，渠道具有短而窄的特征。市场聚集度弱，目标顾客居住分散，涉及的空间范围广，适合采用宽渠道，利用更多的批发商和零售商来出售产品。

（2）购买行为因素。分销渠道宽度的设计与选择必须考虑顾客的购买行为。体现购买行为特征的主要因素有：顾客购买季节性、顾客购买频率、顾客购买探索度等。

顾客购买季节性强的产品，厂商在应季时要短时间达到一定的铺货率，因此适合选用较宽的分销渠道，利用尽量多的批发商和零售商。而对于那些季节性不强的产品，不要求快速上市、快速销售，因此厂商可以通过窄渠道向消费者出售产品。

顾客购买频率越高的产品，越需要利用更多的中间商进行分销；而对于那些购买频率低的产品，可选择窄渠道。

顾客购买探索度也会对渠道的宽度产生影响。人们在购买日用品时不愿意花费很多时间、跑很远的路，因此适合较宽的渠道。而对于电器、家具等产品，人们购买时愿意花费时间和跑较远的路，因此可选择较窄的渠道。

（3）产品因素。产品因素深刻地影响着分销渠道目标的实现，进而影响着分销渠道的宽度设计。

第一，产品越重，渠道越窄；产品越轻，渠道越宽。

第二，产品价值越大，渠道越窄；产品价值越小，渠道越宽。

第三，产品越是非规格化，渠道越窄；产品越是规格化，渠道越宽。

第四，产品技术性越强，渠道越窄；技术性较弱的产品则需要采用较宽的渠道。

第五，产品生命周期越短，渠道越窄；产品生命周期越长，渠道越宽。

第六，耐用性也会影响渠道的宽度。耐用产品一般适合较窄的分销渠道，非耐用产品一般适合较宽的分销渠道。

（4）企业因素。企业自身一些条件的制约也会影响渠道宽度的选择。

企业产品组合的不同会对渠道宽度产生影响。一般选择长渠道的产品，市场需求广泛，产品辐射面大，与宽渠道的特征相吻合，而短渠道的产品技术性强，需求专业化，因此适合较窄的渠道。

如果厂商想对分销渠道进行高度控制，一般采用较窄渠道。如果厂商不想对分销渠道进行高度控制，或是没有能力高度控制，那么可以选择相对宽的分销渠道。

6.3　渠道广度设计

渠道的广度也是设计渠道需要关注的一点。渠道广度设计不合理容易造成渠道冲突，增加企业协调成本，增大企业控制渠道和终端市场的难度。

1. 渠道广度的类型

分销渠道广度是宽度的一种扩展和延伸，是指厂商选择几条渠道进行某产品的分销活动，而不是选择几个批发商或几个零售商。渠道广度主要有两种类型：一条渠道，指的是厂商仅利用一条渠道进行某种产品的分销；多条渠道，指的是厂商利用多条不同的渠道进行某种产品的分销。渠道长度、宽度和广度的关系见图 6-2。在实际的分销渠道建立过程中，厂商大多建立多渠道系统。采用多渠道可以为企业带来许多好处：扩大市场覆盖面，如增加乡村代理商开拓农村市场；降低渠道成本，如增加新渠道节省了费用。弗里德曼等认为，混合型渠道可使企业的销售成本降低 20%～30%；更好地满足顾客需要，如使用专业推销员销售复杂的设备；提高产品交易量，不少企业销售量的 70%～80%是由两三条渠道实现的。但采用多渠道也有不利的一面：首先，两个以上渠道对准一个细分市场时，容易产生渠道冲突；其次，新渠道独立性较强，合作困难，不易控制。

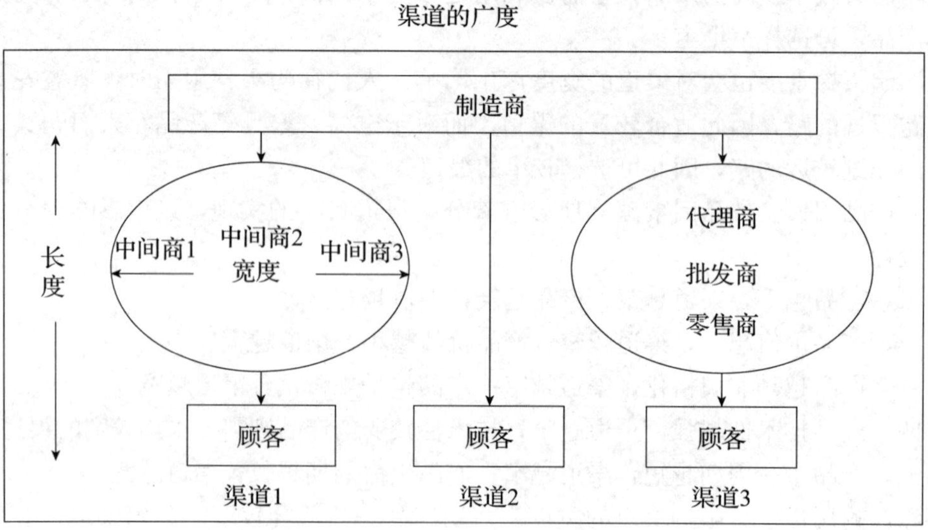

图 6-2　渠道长度、宽度和广度的关系

采用多渠道既有好的一面，也有不好的一面，在实践中，多渠道分销广泛存在，稍后对多渠道进行重点介绍。

2. 渠道广度的设计步骤

渠道广度的设计步骤见图 6-3。

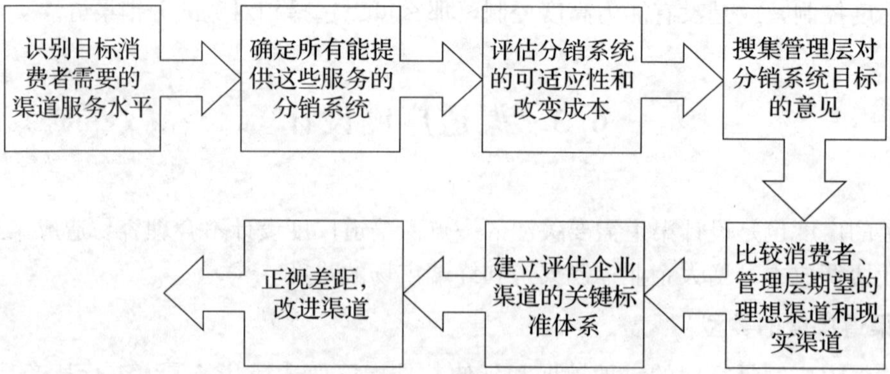

图 6-3　渠道广度的设计步骤

第一步，识别目标消费者需要的渠道服务水平。消费者可能会描述他们想要的产品组合大小、购买方便程度、等待时间、产品种类和服务支持等，并列出这些因素的重要性和他们如何在这些因素之间作出选择。

第二步，确定所有能提供这些服务的分销系统。如果是一家证券公司，就要分析研究投资者购买证券的各种方式（包括借助经纪人、电话、联网计算机等），发现客户喜爱的各种分销系统。

第三步，评估分销系统的可适应性和改变成本。对上述证券公司分销系统进行评估，可能会发现通过计算机网络买卖证券是不可行的，或成本太高。

第四步，搜集管理层对分销系统目标的意见。例如，一家经纪行不能提供佣金折扣；某纸品公司为了直接销售，巧妙地与长期合作的中间商脱离了关系。

第五步，比较消费者、管理层期望的理想渠道和现实渠道。将现有的渠道与管理层心目中理想的渠道和消费者心目中理想的渠道加以比较，将出现三种情况：（1）最好是三者一致，在这种情况下，任何消费者的不满意都是由错误执行渠道决策，而不是分销系统设计不良导致的。（2）现有的渠道和理想的渠道有类似之处，但也有一定的差距，如果差距不大，管理层必须考虑其理想渠道。（3）三者各不相同，如果不按消费者心目中的渠道加以改进，将会存在两道鸿沟。

第六步，建立评估企业渠道的关键标准体系。对于评估企业有关渠道的关键标准，管理层应了解实行这些标准的成本，以及改变这些标准的好处和风险。

第七步，正视差距，改进渠道。管理层应正视现有渠道和理想渠道之间的差距，就在哪些方面需要加以改进达成一致。在大多数情况下，这一步会使公司的分销系统向着理想的分销系统迈进。问题的关键在于，消费者总是选择能带来更多好处的分销系统，管理者总是想方设法保护过时的分销系统。

6.4　多渠道整合设计

多渠道整合设计和渠道再造是为了能够提高渠道之间的效率，对消费者的需求作出更加灵敏的反应。因此，多渠道整合有利于企业调整多个渠道资源，通过多个渠道之间的优势互补，为各个渠道成员提供更多的服务价值，以获取更强的渠道竞争力。下面对多渠道整合的必要性、多渠道组合以及多渠道整合的步骤进行介绍。

1. 多渠道整合的必要性

（1）多渠道的网络隐患。

①分销商综合素质参差不齐。市场环境在变化，有的分销商却未及时调整，没有公司化的经营管理意识，没有品牌意识，只看到眼前利益，不做网络建设，不做终端维护，缺乏科学的库存管理、数据管理、客户资料管理，更谈不上区域经营的战略计划。

②窜货问题。各级分销商受到厂家销售唯量论的影响，为获取年终返利、争夺客户、带动杂牌产品销售等，只求薄利多销，只图眼前小利，不顾后果，竞相窜货；更有甚者，

在自己区域内卖正常价赚取薄利后贴钱低价争夺非责任区域内的客户，置厂家政策、区域内正常价差体系、竞争品牌状况于不顾。

③分销商忠诚度下降。从实际情况来看，各企业的渠道网络成员均有流失，这样，不仅会泄露许多公司机密，还会给企业造成巨大的经济损失。

④厂商之间的信用度恶化。许多分销商不能按照厂家的规范操作，甚至货款也很难收回；一些品牌厂家不能以平等互利的原则对待分销商，双方签订的协议说改就改，失信于人；有些大型超市和旺铺“店大欺人”，产品的进店费、堆头费高得离谱。

⑤分销商不具备对品牌的运作能力和对市场的控盘能力。分销商因受规模、实力、管理水平、经营意识等因素的影响，没有能力做到整合营销、优势最大化、成本最低化。即使是全国名牌产品，也无法做到使当地消费者认可，取得较高占有率。即便是在当地有一定销量的产品，也会出现断货和乱价的情况，没有能力控制局面。

⑥分销渠道的经营模式复杂、混乱。企业的分销渠道非常复杂，有直销的，有靠渠道网络经营的，有依托网络加平台的，还有既依靠网络经销商又需要厂家出大批业务员跑单的。为了加强对终端的控制，厂家不惜代价又无所适从。分销渠道经营模式复杂、混乱，渠道网络的作用明显下降。

总之，目前渠道网络隐患不少，整个物流配送体系缺乏整合。与国际市场营销方式接轨，进行渠道整合势在必行。

（2）多渠道整合的作用。所谓渠道整合就是建立一个互动联盟，它能通过优势互补，营造集成增势的效果，从而在纵深两方面强化渠道竞争能力。渠道整合中要特别注意以知识为核心的活性要素的作用，以此带动其他要素功能的提高，形成现代的诚信理念、科学的营销理念、发展市场的理念、朴素的双赢理念、良好的沟通理念、相互学习的理念。互动联盟是一项能够极大提升渠道优势的动态工程，通过多方协调，发挥彼此的资源优势，以实现延伸市场触角、分散市场风险、扩大优势范围的目的，达到共生共荣、协同推进、多方长远受益的效果。

多渠道整合的作用是多方面的：

①有利于实现渠道的整体优化。在当今竞争时代，企业营销实践的复杂度前所未有。解决实际问题时，很容易陷入“按下葫芦浮起瓢”的怪圈之中。为此必须面向全局综合地分析和解决问题，使渠道整体优化。如惠普在新形势下实施“渠道升级”的资源整合战略，便是明智之举。不少业界知名公司加强了对渠道的知识培训与提升的力度。如联想集团的“大联想学院”、思科公司的“网络大学”等，从产品功能、技术趋势、营销技巧到服务策略，对渠道商乃至用户进行深层次的培训。这当然和企业实力不无关系，但中小企业也绝不可忽视这一点，要尽可能保障、激发知识要素在渠道中的战略作用。同时，还要善于发现和利用系统缺陷、失控和无序之源，不断寻找增强渠道系统完整、动态调试及有序演化的新途径。在此基础上，还要最大限度发挥主观能动性，施加对市场环境的反作用力，使之呈现出有利于渠道系统整体优化的姿态。

②有效利用外部资源。随着用户群体不断扩大，单靠厂商自身很难保证良好的技术支持和服务。事实上，在现代经济中，资源相对紧缺，自身的资源很难促使企业获得超常规发展；企业要想超常规发展，不断突破自身的局限，必须有效利用外部资源，“借鸡

生蛋”。

厂家与经销商一体化经营，厂家对渠道加以控制，使分散的经销商形成一个整合体系，渠道成员为实现大家的目标共同努力，追求双赢或多赢。供应商的服务从产品研发开始，通过对渠道的全面支持，最终获得用户的认同。渠道商的服务则要同时面向供应商和客户，为供应商提供市场信息、用户反馈等，全力确保用户满意。服务会使渠道联盟更加稳固，供应商、渠道商和用户之间的亲密度大大增强。

③实现多赢。要实现多赢策略，仅仅在渠道内部加强合作是不够的，还需要借助与外界的有效结盟。与消费者结盟，可以更好地识别并满足消费者需求，如用友公司的“中国计算机用户协会用友分会”，独具匠心。与其他生产商、供应商结盟，可以谋求降低供应成本，增加市场触角，减轻自身技术开发压力，如业界盛行的 OEM 就属此列。与科研机构结盟，能够获得人才、技术优势，如联想集团与中科院计算机研究所共建的“联想研究院”，堪称业界典范。与政府合作，可获得人力、财力支持，加大产品的市场影响力等。所有这些足以证实合作联盟可实现多赢。

④化解渠道冲突。在渠道建设过程中，不可避免地会伴随着各种各样的冲突。其中最重要的就是文化冲突以及渠道之间的冲突。

营销渠道本身也是一个包含多重文化的系统，那么沟通势必要引出中西文化之间、地域文化之间、企业文化之间的交流或交锋。如果存在冲突或抵触，将会给渠道建设带来负面影响。只有对“拿来文化”进行系统整合，增强其亲和度，才能使渠道文化资源变成优势。

在渠道网络广泛分布、渠道沟通成本成为商家竞技焦点之一的今天，渠道沟通的数字化已是大势所趋。要重视在渠道内实现信息交换、知识传递的数字化，特别是实现电子商务。信息沟通的数字化是渠道建设的当务之急。国内很多公司建立了各自渠道的电子商务或电子管理体系，这对其他商家是一个很好的示范或启发。

2. 多渠道组合

多渠道组合是指多渠道中的每一个个体独立承担分销的功能，以增加产品销售量和市场份额。各条渠道向不同或相同的顾客提供不同的产品或服务，彼此不受影响。有时也提供相同的产品或服务。

多渠道组合的主要类型有以下几种：

（1）集中型组合方式。在单一产品市场组合多条分销渠道，这些渠道互相重叠，彼此竞争。如某公司在零散的消费者和小客户的现货、大规模定制产品市场采取了无差异的人员推销、电话营销、网上分销三种渠道形式（见图 6-4）。

（2）选择型组合方式。对产品市场进行细分，对不同的市场选择不同的分销渠道，这些渠道不互相重叠，也不彼此竞争。如公司将市场分割为零散的消费者的现货购买、小客户的大规模定制产品和大客户的独特解决方案等三个子市场，分别采用网上分销、电话营销和销售人员推销三种方式，各负其责，互不干扰（见图 6-5）。

（3）混合型组合方式。综合运用集中型和选择型两种组合方式。一般的情况是选择型单一渠道用于某种优先权市场，集中型渠道用于较大规模的市场。如英国航空公司业

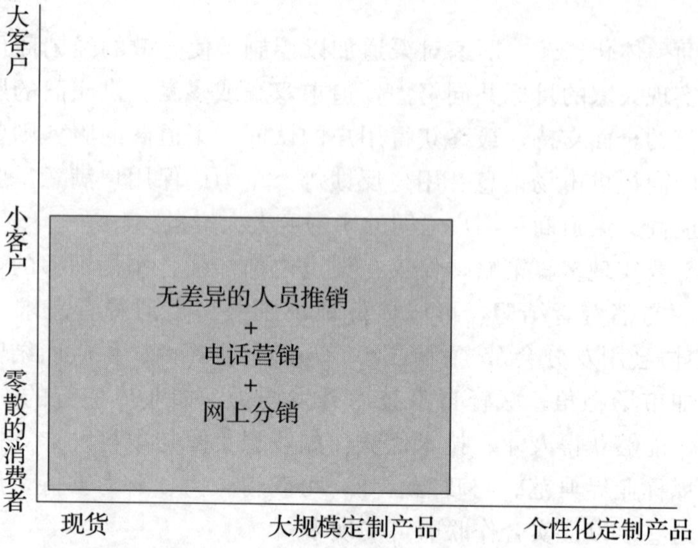

图 6-4　集中型组合方式

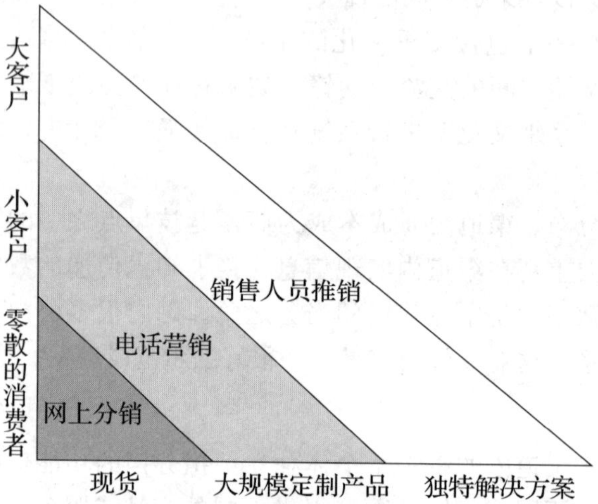

图 6-5　选择型组合方式

务拓展的多渠道组合，对于大型业务活动的客户服务由区域销售队伍去开拓；对于团体业务中的订票、度假规划经营，则采用旅行社、互联网、电话营销、旅游商店等多渠道；对于个体旅游者也采用的是互联网、电话营销、旅游商店等多渠道的组合（见图 6-6）。

3. 多渠道组合的原则

弗里德曼和弗瑞在《创建销售渠道优势》一书中，提出了多渠道组合所必须遵循的四条原则。

（1）用集中型组合方式满足重要顾客的需求。多渠道组合的目的是满足目标顾客的服务需求，进而增加市场销售额，因此组合方式必须集中面向重要的购买群体，即这个群体在公司整体业务中占有较大的份额，对他们一般采取集中型组合方式，即采取多种渠道形式满足这个群体的各种需求。

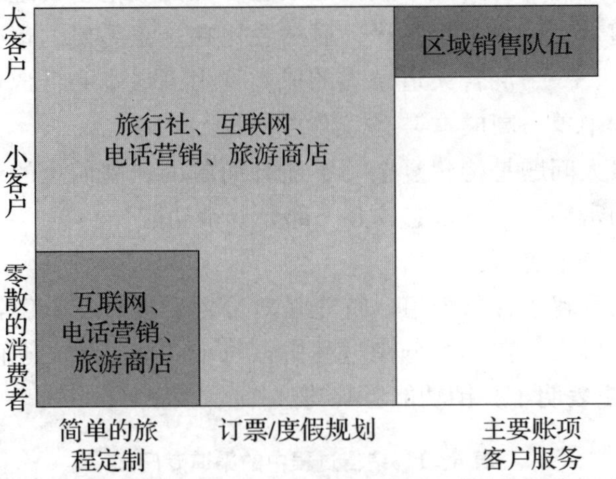

图6-6　混合型组合方式（以英国航空公司为例）

（2）追求利润目标。多渠道组合形式无疑会使产品和服务的销售额增加，但同时也会使成本增加，因此在设计多渠道组合方式时，不能仅考虑销售额的增加，还要考虑能否获利。避免利润下降的方法是：每一条渠道都能独立地为公司创造利润，每一条渠道都能为产品创造新的销售机会。

（3）适时采用选择型组合方式。对于大量一般性客户采用无差异的多渠道策略，让他们各取所需；对少量的重量级大客户可采用另外一种独特的渠道满足其特殊的需求。如果客户有明显差异，可对市场进行细分，每个细分市场采用不同的分销渠道。

（4）避免渠道冲突。多渠道分销难免产生渠道或渠道成员之间的冲突，一旦冲突发生，产品利润自然会下降，渠道成员也会受到不同程度的伤害，影响合作。解决的方法是：一方面尽量使不同的渠道满足不同的目标顾客群，另一方面通过分销政策来调整。例如，不同的渠道实行统一的价格体系，实行不同价格体系的渠道可适当改变产品包装和促销方法，或是限制新渠道的启用。

4. 多渠道整合的步骤

一些西方分销专家将分销活动分解为五个环节：唤起潜在顾客—确认潜在顾客—售前准备—交易达成—售后支持。这五个环节所要求的服务各不相同，所花费用也大相径庭，前两个环节相对简单，交易达成是最复杂的环节。令人惊奇的是，渠道的多种类型各有特色和优势，有条件与各个环节相匹配，成本花费相差很大。仅采用渠道组合策略而不考虑整合，就等于每条渠道的长短处一起用，自然会使渠道成本增加。渠道整合是将分销任务一一分解，然后分配给效率高、费用低的不同渠道。实际上，不同渠道类型构造了一条而不是多条渠道。

多渠道整合的最大好处是各渠道形成合理分工，提高效率，降低成本。例如，在唤起和确认潜在顾客环节，电话营销、互联网渠道费用低，产出投入比最高，而人员推销、中间商渠道费用高，产出投入比最低；相反在交易达成环节，电话营销、互联网渠道成功率较低，而面对面推销渠道成功率最高。因此，渠道专家弗里德曼和弗瑞认为：“一个销售过程中任何环节可能都需要成本最高的渠道，如区域销售代理或商业合作伙伴的参与。这种高成本渠道贯穿整个销售过程，显然要比在真正需要的情况下运用其承担某些独立任务的成本更高。一个混合渠道模式的成本（由高成本和低成本两部分组成）显然要比在整个销售过程中单一高成本渠道模式的成本低。”

多渠道整合的最大问题是构建复杂，不适合简单的、周期短的分销过程，同时还需要得到各渠道成员的密切配合，自愿放弃一部分分销功能。

多渠道整合包括三个步骤：

（1）将分销功能分解于各条渠道。首先是对分销功能进行分解，然后找到与每个功能相匹配的分销渠道形式。在一个分销过程中，每个功能选取一至两个成本最低、效率最高的形式。表 6－1 表明了分销功能分解与选择的过程。

表 6－1　销售过程中的渠道专门化

渠道	潜在客户的产生	客户身份认证	售前	销售结束	售后支持
直接（区域）销售	☆	☆	☆☆☆	☆☆☆	☆
分销商/商业伙伴	☆☆	☆☆	☆☆☆	☆☆☆	☆☆☆
电话营销	☆☆☆	☆☆☆	☆	☆	☆☆☆
互联网	☆☆☆	☆☆	☆	☆	☆

☆☆☆：独特的贡献，即效率最高或成本最低的渠道。
☆☆：可以运用。
☆：不适合或不经济。
资料来源：弗里德曼，弗瑞．创建销售渠道优势．北京：中国标准出版社，2000.

（2）对各条渠道进行有效的衔接。与组合渠道不同，整合渠道中的各成员承担分销过程一个环节的功能，这些环节的有效衔接才形成一条真正的渠道，因此，渠道成员间的有效衔接非常重要。

第一，确定合适的移交点。例如电话营销员负责寻找潜在顾客，销售部门负责面对面销售，电话营销是试拨电话确认地址无误后移交，是初步洽谈后移交，还是接受订单后移交，要事先确定。明确各自职能，才能有效配合。

第二，制定移交的程序。有一个严谨而又正规的移交程序，各渠道成员之间才能有效配合。

（3）分清利益关系。多渠道转化为一条渠道，各成员在完成各自功能的同时，必须实现自己的利益。利益是什么，必须事先规定清楚，特别是成员分属不同所有者时。

案例 6－2

小米的全渠道模式

小米按照雷军的思路，不放过任何一个网络时代发展的风口，通过 9 年的积累和摸索，小米最终形成了线上线下融合的全渠道模式。

1. 小米早期的互联网渠道

小米早期通过米聊触达用户、积累用户，最初的 100 个梦想赞助商来自 MIUI。小米通过线上（小米社区、新媒体、小米商城促销）方式，通过互联网电商发展粉丝，粉丝达到上百万。小米通过小米家宴掀起粉丝建设的高潮，目前小米家宴成为小米为粉丝量身打造的年度盛宴。小米通过不同模式与用户连接，通过社群方式，建设忠诚的小米粉丝群体，销售手机。

2. 小米电商平台

小米建设电商平台，在国内主要与京东、苏宁合作，在世界其他地区主要通过 Flipkart 及亚马逊等第三方电商销售产品。代理商直接购买小米的产品，然后向终端用户分销。小米重视线上直营，通过小米商城主打小米手机、平板等科技数码产品，也涉及周边生活商品。同时，小米在天猫开设旗舰店，进行小米产品的自营。2017 年，小米推出小米有品，打造精品生活电商平台，这次，小米有品采用了多品牌合作的模式，除了小米和米家的产品，也有第三方独立品牌。

3. 小米线下布局

小米线下布局基本分为以下几种类型：

小米之家，自建自营，线下直营，位于一二线城市，进驻大型商城，旗舰店 1 000～2 000 平方米，一般店 250～300 平方米，集形象展示、产品体验咨询和销售功能为一体。

小米专卖店，他建自营，位于三四线城市，150～200 平方米，小米与各地优秀服务商、零售商合作，小米直供产品、直接管理运营。

小米体验店，他建他营，小米指导，类似代理商模式，四线城市以下主推，在产品 SKU 选取上因地制宜，对城市中心店和郊区店作出了区隔。

小米直供点，当作 C 端客户，店主在线申请即可获得销售资质，直接从小米小规模订货，店主可通过微信、电商、抖音等方式推广。

4. 小米社交电商

通过平台赋能模式，2019 年小米有品有鱼开始推广社交电商，发展小米渠道的外部合作力量，开始发展大规模的社交电商。有品是小米的精品购物开放平台，依托小米生态链体系，用小米模式做生活消费品，预计推出超过 20 000 种商品，是众筹和筛选爆品的平台；小米商城有 2 000 种商品，是小米自己和生态链的产品；每个小米之家大约有 200 种商品。这些共同组成小米自营全渠道的三层结构。小米建立了 S2B2C 的运营模式，平台为优质商家提供物流、客服、品控等全方位的支持，小米与 400 余家行业头部企业达成合作。小米有品同时打造会员模式“有品推手”，有品推手采用邀请制注册，新用户通过邀请码注册开通成为推手会员。小米推手会员享有自购省钱、推广赚钱的权益。

5. 小米物流

全渠道建设中，物流是全渠道策略成功实施的保障。2019 年小米宣布与中国邮政建立战略合作关系，签署战略合作协议。在快递物流方面，小米集团将充分利用邮政优势资源，与中国邮政开展更广泛的业务交流与合作。中国邮政将为小米集团提供仓储、物流、快递配送和行政办公类文件、物品寄递等服务。小米 2019 年 6 月注册了“小米快递”商标。小米快递可以提供的服务包括：包裹投递、快递服务（信件或商品）、运载工具故障牵引服务、船运货物、旅行陪伴、贵重物品的保护运输、司机服务、运输、商品包装、导航、货物贮存等。

资料来源：赵桐，吴越舟．小米全渠道模式解读．销售与市场（营销版），2019（11）.

本章小结

分销渠道的长度是指企业分销渠道中中间环节的数目。中间商是指同一产品的又买又卖者和帮助转移商品所有权的机构。商品在分销中经过的环节越多，分销渠道就越长；反之越短。渠道根据长度大致可分为四种基本类型：零层渠道、一层渠道、二层渠道和三层渠道。零层渠道又称短渠道，利用短渠道从事的分销行为被称为直接销售，简称为直销。直销与非直销两种分销形式，利弊都十分明显，理性分析与谨慎抉择十分重要。渠道长度设计的影响因素有市场因素、购买行为因素、产品因素、中间商因素和企业因素。

分销渠道的宽度是指经销某种产品的同级别的批发商、零售商、代理商的数量。如果一种产品通过尽可能多的销售网点供应给尽可能广阔的市场，就是宽渠道，否则，便是窄渠道。一般来说，渠道的宽度主要有三种类型：密集分销、选择分销和独家分销。渠道宽度设计的影响因素有市场因素、购买行为因素、产品因素和企业因素。

分销渠道的广度是宽度的一种扩展和延伸，是指厂商选择几条渠道进行某产品的分销活动，而不是选择几个批发商或几个零售商。渠道广度主要有两种类型：一条渠道，指的是厂商仅利用一条渠道进行某种产品的分销；多条渠道，指的是厂商利用多条不同的渠道进行某种产品的分销。

在实际的分销渠道建立过程中，厂商大多建立多渠道系统。采用多渠道可以为企业带来许多好处：扩大市场覆盖面，如增加乡村代理商开拓农村市场；降低渠道成本，如增加新渠道节省了费用。但采用多渠道也有不利的一面：首先，两个以上渠道对准一个细分市场时，容易产生渠道冲突；其次，新渠道独立性较强，合作困难，不易控制。

市场在变，竞争在变，进行渠道整合势在必行。多渠道整合的最大好处是各渠道形成合理分工，提高效率，降低成本。多渠道组合的类型有：集中型组合方式、选择型组合方式、混合型组合方式。多渠道组合的原则为：用集中型组合方式满足重要顾客的需求；追求利润目标；适时采用选择型组合方式；避免渠道冲突。

多渠道整合包括三个步骤：一是将分销功能分解于各条渠道；二是对各条渠道进行有效的衔接；三是分清利益关系。

基本概念

分销渠道的长度	零层渠道	分销渠道的宽度	分销渠道的广度
多渠道组合	集中型组合方式	选择型组合方式	混合型组合方式

思考题

1. 渠道的长度有哪几种基本类型？
2. 影响渠道长度的因素有哪些？
3. 采用零层渠道有什么优势？

4. 渠道的宽度有哪几种类型?
5. 影响渠道宽度的因素有哪些?
6. 阐述渠道长度、宽度和广度的关系。
7. 渠道广度设计的步骤有哪些?
8. 多渠道组合有哪几种类型?
9. 多渠道组合的原则是什么?
10. 多渠道整合包括哪几个步骤?

案例分析

京东渠道:互容+共赢

2018年,京东家电提出服务战略、赋能战略、市场营销战略及渠道战略四大战略。这份战略规划标志着京东家电开启面向全国消费者提供统一标准的家电消费服务的新征程。京东家电的渠道战略是针对消费者、品牌方和线下门店构建一个全方位的集渠道、品牌、物流等方面生态优势于一体的服务格局,让3~6级市场及农村市场的消费者都能享受与大城市一样的家电网购服务体验,实现京东平台服务体验的全面一致化的同时,也保障合作方实现"渠道互容,共生共赢"。

京东家电推出的渠道战略将直接为3~6级市场的用户带来更便利的购物体验。该战略的服务对象为普通用户,将普通用户的权益和体验放在首位,意味着京东用户不管身处哪里,都可以享受到一致的京东购物体验;这个渠道战略集中了京东在多方面的资源,因而更能体现京东家电在行业破局方面的决心与优势,对于京东生态的发展无疑将起到积极的促进和示范作用。

互容+共赢:无界零售如何赋能新生态

工信部赛迪研究院发布的《2017年家电网购分析报告》显示,在家电市场上,京东家电占有60.8%的市场份额,堪称最大的线上家电零售商。中国家电服务维修协会发布2018年度"3·15"家电服务业消费者权益保护调查结果,京东家电成为唯一获得"2018年度消费者权益保护示范企业"荣誉称号的家电渠道商。京东家电提出的渠道战略将3~6级市场的消费者、品牌方、线下门店作为主要服务对象,将提升这些区域用户的购物体验。特别是在这些区域设置品牌体验店、超级体验店以及家电专卖店,使得这些区域的用户在购物体验方面和1~2级城市实现了零差距。

截至2017年年末,京东家电已经拥有近8 000家家电专卖店,覆盖全国。线下专卖店不仅承担着京东家电平台在提升线上线下客流引入方式的新场景方面的创新功能,而且在实现提升门店客流、转化品牌线上线下销售和效能最大化方面也将发挥平台连接作用。

渠道下沉驱动平衡局面,差异化成历史

在过去几年的发展过程中,受限于地域、物流网络、供应链等因素形成的差异化服务局面,不同区域的消费者享受到的服务体验也千差万别,虽然其间有不同平台努力消除这种不平衡局面,但因为缺乏必备的生态因素而失败。京东家电推出的渠道下沉战略,凝聚了京东在品牌、物流、线下网络等方面的生态优势，整合了京东内外的资源，同时通过建设零售基础设施、赋能线上线下多种零售业态的方式，打通了面向不同地域用户提供一致化服务的全新业态。渠道下沉战略将3～6级市场作为重点对象来推进工作，将彻底革新这些地域用户与1～2级城市用户的无差别购物体验，定义全新的用户体验高度。

差异化体验将成为历史，用户是这个战略的获益方。在整个家电产业发展的过程中，这个战略所蕴含的行业意义无疑是巨大的。这个新战略带来的行业价值，还体现在对整个行业的服务水平、发展业态方面的推进作用。

资料来源：朱翊．渠道下沉的京东家电，将如何平衡服务和产品差异化?. http://www.cmmo.cn/article-211285-1.html.

思考题

1. 京东家电的渠道长度、宽度、广度是如何设计的?
2. 京东家电多渠道整合的作用有哪些?

第7章
建立渠道关系

本章要点

1. 松散型渠道关系
2. 垂直型渠道关系
3. 共生型渠道关系
4. 建立渠道生态系统

引导案例

家电渠道的变革不是灭掉代理商

互联网高速发展的变革时代，家电网购市场从来不缺抓住机遇脱颖而出的黑马，奥克斯空调便是其中极具代表性的一个。近年来，依托各大电商平台业绩持续增长的奥克斯已经成为中国空调行业的一种现象。数据显示，奥克斯空调 2016 年、2017 年的出货量同比增长异常迅猛。2018 年奥克斯空调再度逆势上扬，在行业有些品牌增速放缓甚至出现负增长的情况下，奥克斯空调全年销量增长突破 26%。

然而，奥克斯“互联网直卖空调”背后的网批模式的核心，绝对不是简单的打响一场“代理商消灭战役”，全面拥抱电商，而是通过破除“层层代理、分销的渠道模式”，追求更高效快捷的零售效率。其实，奥克斯过去的一些代理商都已转型为零售商和运营商，从过去的电商驱动到如今的网批运营，也需要构建线上线下多触点快零售体系。

同样，无论是美的、海尔还是海信、格力，虽然也在推动分销渠道的变革，但从来没有发起“淘汰代理商”的渠道战略。其中，美的、海尔等企业当前渠道变革最大的变化，就是借助数字化的分销管理平台，与代理商一起推动区域经销商的经营变革，再来倒逼代理商经营职能的转变，从过去的“回款、压货、囤货”变为“动销、服务、经营”，积极推动家电代理商抛开过去的定位，承担新的职责，以追求更高效率的零售渠道。

同时，这一系列变革也释放出一个信号：单纯的线上电商继续驰骋家电零售产业的时代已经结束了。如今的电商也要通过帮助线下的众多加盟实体店引流，再反向推动平台的经营规模最大、经营成本最低，从而分摊平台引流、物流配送等一系列公共成本，推动经营业务在一定规模下的可持续发展。它们强势地推动着代理商和经销商的共同转型：这些渠道成员要么拥抱变革，要么被消费者抛弃、被市场淘汰。

资料来源：家电渠道的变革不是灭掉代理商 . https://www.jiemian.com/article/3130139.html.

如果说渠道设计是一个建立渠道的重要过程，那么建立渠道关系就是维护渠道的一种重要手段，渠道关系的好坏会对渠道的有效性产生深远的影响。本章的内容主要涉及松散型、垂直型、共生型三种渠道关系和建立渠道生态系统。

7.1 渠道关系类型

企业在建立自己的渠道时有许多模式可选，这些不同的模式是按照渠道成员之间的关系来划分的，具体来说企业选择的渠道关系主要有以下几种类型（见图 7－1）。

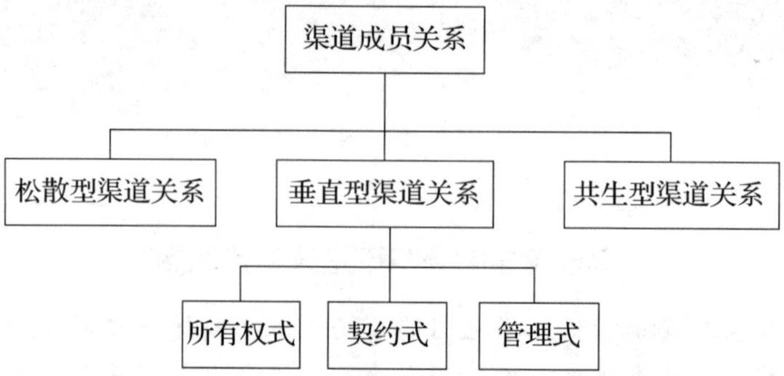

图 7－1 渠道关系类型

1. 松散型渠道关系

松散型渠道关系，顾名思义，渠道各成员之间的关系是临时的、偶然的、不稳定的，也许很久才做一笔生意。麦克康门把传统渠道关系描述为："高度松散的网络，其中制造商、批发商和零售商松散地联络在一起，相互间进行不亲密的讨价还价，对于销售条件各执己见，互不相让，所以各自为政，各行其是。"

松散型渠道关系具有较大的灵活性，可以随时、任意地淘汰或选择分销渠道成员。但渠道成员追求自身利益最大化，不顾整体利益，会使整体分销效益下降，同时渠道成员之间缺乏信任感和忠诚度，自然也就缺乏合作的基础，难以形成长期、稳定的渠道成员关系。选择松散型渠道关系的企业越来越少。

比较适合选择松散型渠道关系的企业有：一是小型企业，小型企业资金实力有限，产品类型与标准处于不稳定状态，不适合采取固定的分销系统。例如，今年生产服装，明年有可能生产床垫的企业，需要进行渠道变革。二是小规模生产，产品数量太少，不可能形成一个稳定的分销系统的企业。因为大分销商不会与一个经营规模相差悬殊的企业形成紧密型关系，小分销商也常常寻找大生产商合作。在市场营销不发达的时期，传统分销模式非常流行，例如过去电影分销不叫分销而叫发行，生产商与分销商之间就是松散型渠道关系。在生产较为分散的日用品、小商品生产领域，也普遍存在松散型渠道关系。

2. 垂直型渠道关系

垂直型渠道关系，一般由生产者、批发商和零售商组成一种统一的联合体，每个成员把自己视为分销系统中的一分子，关注整个垂直系统的成功。垂直型渠道关系包括三种形式：所有权式（又称公司式）、契约式和管理式。垂直型渠道关系具有广泛的适应性，美国多数消费品采用此种系统。无论是大企业还是小企业，无论是日用品还是生产用品，都大量采用垂直型渠道关系。

垂直型渠道关系的特点是厂商与批发商或零售商形成紧密合作关系，这种关系的形成机制有产权型、契约型和管理型。每一种机制都可使厂商与批发商、零售商之间形成利益共同体。垂直型渠道关系的优势是：合理管理库存，削减分销成本；便于把握需求动向；易于安排生产与销售；渠道控制力强；有利于阻止竞争者加入；商品质量有保障，服务水平高。垂直型渠道关系的劣势是：维持系统的成本较高；经销商缺乏独立创造性。

3. 共生型渠道关系

共生型渠道关系，一般是由两个或两个以上成员相互联合在一起，共同开发新的营销机会，其特点是两家或两家以上的公司横向联合共同形成新的机构，发挥各自优势，实现分销系统有效、快速运行，实际上是一种横向的联合经营。例如可口可乐公司和雀巢公司合作，组建新的公司。雀巢公司以其专门的技术开发新的咖啡及茶饮料，然后交由熟悉饮料市场分销的可口可乐公司去销售。

共生型渠道关系的优势是：通过合作实现优势互补和规模效益，节省成本，快速拓展市场。共生型渠道关系的劣势是：合作有一定的冲突和困难。共生型渠道关系比较适合实力相当而营销优势互补的企业。

7.2　松散型渠道关系

松散型渠道关系，是由各个相互独立的成员组成，没有哪一个成员能够拥有足以支配其他成员的能力，每个成员只关心自身的最大利益，共同执行分销功能的渠道关系模式。属于这种关系类型的成员之间联系比较松散，渠道关系在成员间持续不断的讨价还价过程中得以维系，这种模式在中小企业合作中普遍存在，中小企业比较乐于采用。

通过选择松散型渠道关系，企业可以与渠道成员建立起松散型渠道关系，这种关系为企业提供了最大限度的自由，下面对这种渠道关系的优点和缺点进行详细介绍。

1. 松散型渠道关系的优点

松散型渠道关系从严格意义上来讲还算不上一种较为定型的模式，但对于实力较弱的中小企业来讲，参与其中要比单枪匹马、独闯天下强得多。它会为渠道成员提供如下好处：

①渠道成员有较强的独立性，无太多义务需要承担，谁都可以凭借实力谋求老大的位置。

②进退灵活，进入或退出完全由各个成员自主决策，根据局势需要可以自由结盟。

③由于缺少强有力的“外援”，企业必须不断创新，增强自身实力。

④中小企业缺乏知名度、财力和销售力，在进入市场时可以借助这种关系迅速成长。

2. 松散型渠道关系的缺点

市场上充满各种陷阱，处于松散型渠道关系网络的每个成员须及早准备防身之术，正所谓“害人之心不可有，防人之心不可无”。松散型渠道关系存在如下缺点：

①为临时交易关系，缺乏长期合作的根基。

②成员之间不涉及产权和契约关系，不具有长期性、战略性，无法充分利用渠道的累积资源。

③渠道成员对脆弱的安全保障机制盲目信任。

④渠道安全系数小，缺乏有效的监控机制，渠道的安全性完全依赖于成员的自律。

⑤没有形成明确的分工协作关系，广告、资金、经验、品牌、人员等渠道资源无法有效共享。

⑥缺少投身渠道建设的积极性，渠道成员最关心的是自身利益能否实现及商品能否卖出去或者能否卖高价，而较少考虑渠道的长远发展。

要克服上面的缺点，企业运作的关键就是加强控制渠道关系的能力，不断积聚力量，使众多企业自觉地向自己靠拢。

案例 7－1 FJ 水泥集团管理渠道关系现状

应注意的是，要想做大企业，不应满足于这种松散的市场联络方式，应该积极地构筑更稳定、更持久、更可靠的关系网络，因为松散型渠道关系体现的毕竟只是一种松散型经营方式。

7.3 垂直型渠道关系

垂直型渠道关系，是由生产者、批发商和零售商组成一种统一的联合体，每个成员把自己视为分销系统中的一分子，关注整个垂直系统成功的渠道关系模式。垂直型渠道关系按照形成的方式可以分为三种：所有权式渠道关系、契约式渠道关系和管理式渠道关系。

1. 所有权式渠道关系

所有权式渠道关系，是指一家公司通过建立自己的销售分公司、办事处或通过实施产供销一体化及横向战略而形成的渠道关系模式。所有权式渠道关系是渠道关系中最紧密的一种，是制造商、经销商以产权为纽带，通过企业内部的管理组织及管理制度建立起来的。相对于契约式和管理式渠道关系而言，根基更为牢固，这与它所采取的“步步为营”的渠道拓展战略有关。

（1）企业可以通过以下两种方式来建立所有权式渠道关系。

①制造商设立销售分公司、建立分支机构或兼并商业机构，采用工商一体化的战略形成销售网络。

②大型商业企业拥有或统一控制众多制造性企业和中小商业企业，形成贸工商一体化的销售网络。如日本的综合商社、美国的西尔斯都属于这种类型，相对于前者，后者具有更为强大的信息及融资优势。

（2）所有权式渠道关系的优势。所有权式渠道关系以产权为纽带凝聚而成，关系紧密，建立这种关系会使其成员获得如下好处：

①行动的一体化。在公司型关系中从生产到销售的各个环节都在总公司的严密控制之下，统一指挥，公司的经营战略能够很好地贯彻，减少了网络变动的成本和风险。

②品牌的统一化。有利于树立统一的公司形象。

③最大限度接近消费者。

④节省费用。将市场交易成本内部化，减少流通环节，节省成本。

2. 契约式渠道关系

契约式渠道关系，是指厂商或分销商与各渠道之间通过法律契约来确定它们之间的分销权利与义务关系，形成一个独立分销系统的渠道关系模式。它与所有权式渠道关系的最大区别是成员之间不形成所有权关系，与管理式渠道关系的最大区别是用契约来规范各方的行为，而不是用权利和实力。当前越来越多的制造商或服务性企业通过契约这一“文明锁链”将自己的产品、服务或商号、形象快捷地扩散到世界各地。

（1）企业建立契约式渠道关系的优势。

①系统建立容易。对于许多生产企业来说，自己投资组建渠道系统并不是一件容易的事，涉及产权关系的兼并、收购也相对复杂，契约式渠道系统是在不改变各方产权关系的基础上进行的一种合作，并用契约这种黏合剂使其稳定化，是渠道系统建立的一种快速而有效的方法，组建成本较低。

②系统资源配置较佳。契约式渠道关系可以实现较佳的资源配置，使有钱的成员出钱，有经验的成员出经验，有场地的成员出场地。这不是通过增加生产资料而增加社会财富，更多的是对现有社会资源进行一种新的排列组合，通过这种排列组合实现最佳的效益和 1＋1＞2 的效果，成果最终由社会和系统各成员分享。

③系统具有灵活性。我们希望一个系统建立后相对稳定，但是随着生产、消费和渠道本身的变化，必然引起企业自身分销系统的调整。由于契约式渠道关系不涉及产权关系，调整起来相对容易，变更起来也具有一定的灵活性，可以及时修改和补充契约的有关条款，以适应不断变化的市场和分销要求。

（2）契约式渠道关系的类型。在长期的商业实践中，涌现了多种形式的契约式渠道关系，下面介绍三种类型。

①以批发商为核心的自愿连锁销售网络。在实践中，许多批发商将独立的零售商组织起来，批发商不仅为零售商提供各种货物，还在许多方面提供服务，如销售活动的标准化、统一店标、订货、共同采购、库存管理、配送货、融资、培训等。这种分销网络往往集中在日用品、五金配件等领域。

②零售商自愿合作销售网络。这一网络中的成员通过零售商合作社这个商业实体进行集中采购、共同开拓市场、共同策划广告。成员间最重要的合作是集中采购，可获得较大的价格折扣，所得利润按采购比例分配。相对以批发商为核心组织起来的销售网络，这种网络成员间的联系程度要松散一些，合作事项也少。

③特许经营销售网络。在西方，特许经营是发展最快、地位最重要的一种模式。它是指特许权授予人通过协议授予受许人使用特许权授予人已经开发出的品牌、商品、经营技术、经营规模的权利。受许人必须先付一笔首期特许权使用费，换得在一定区域内出售商品或服务的权利，并须遵守协议中关于经营活动的其他规定。

3. 管理式渠道关系

管理式渠道关系，是指由一个或少数几个实力强大、具有良好品牌声誉的大公司依靠自身影响，通过强有力的管理将众多分销商聚集在一起而形成的渠道关系模式。

管理式渠道关系的特点如下：

（1）系统会形成一个核心。管理型渠道系统形成的基础是规模大、实力强的企业牵头，这就形成了一个系统核心，分销策略、规划、方向都出自这个核心，各个渠道成员围绕这个核心从事各种各样的分销活动，自然地构成一个相对紧密、团结互助的分销系统。这比过去松散型的渠道系统有更高的分销效率。因为在松散型渠道系统中，每个成员都将自己利润的增加建立在他人利润减少的基础上，合作不可能形成合力，也就不可能有效益。没有核心或多个核心都会导致分销效率的降低。

（2）渠道成员之间的关系相对稳定。无论是渠道关系还是渠道系统，一旦建立，最好保持相对稳定，除非到了非改不可的程度。因为每一次渠道的调整与变革都会导致一些损失，甚至出现渠道阻塞。管理式渠道关系是围绕一个核心企业建立的，核心企业对于每一条渠道来说都有一定的信誉和盈利能力，有助于形成一种互相依存的平衡关系，只要核心企业没有大起大落，就会保持相对稳定的成员关系。

（3）渠道成员目标趋于一致。分销渠道由多个环节组成，整体分销效率的高低，不仅取决于每个成员的分销效率，更取决于成员之间的合作效率。在传统的松散型渠道系统中，各个成员都追求自己的利益最大化，最终导致整条渠道效率受到影响，每个成员无法实现利益最大化。管理型渠道系统的效率评价，不是以个别成员和短期收益为标准，而是以全体成员和长期收益为标准。这样，才能最终保证各成员都实现利益最大化。

（4）实现社会资源的有机组合。并不是每一种产品和服务都适合投资建立分销网络，可能会增加投资风险，可能会陷入多元化发展的泥坑，还有可能使产品的分销范围变小。最聪明的银行家是用别人的钱来赚钱，最聪明的商人也应学会用别人的网络来分销自己的产品，这样会化解一部分分销风险。管理式渠道关系，就是利用他人网络分销产品，而渠道各成员背靠大企业也可获得稳定的生意。

管理式渠道关系特别强调企业对渠道的控制，也就是说，企业必须掌握分销渠道的主导权。然而，要实现这一点却并非易事，想对别人发号施令，得有实力做支撑。

案例 7－2　社交电商：小纸巾玩出大生意

7.4　共生型渠道关系

在市场上，很多企业由于各种动机，积极寻找合作伙伴，以取长补短、发挥资源的协同作用，从而形成共生型渠道关系。共生型渠道关系是指两家或两家以上公司通过联合发挥资源的协同作用，共同开发新的市场机会而形成的渠道关系模式。下面，我们将对共生型渠道关系的形成动机和维持方式进行详细分析。

企业建立共生型渠道关系是基于如下几方面的考虑：

①发挥资源的协同效应，实现优势互补。例如，网络企业通过依托传统产业强大的配送能力及渠道的渗透力，使电子商务成为一种可操作的行业。

②节省成本，避免重复建设。合理的分工使企业间形成了良好的合作关系，在实现企业目的的前提下避免了重复建设，节省了成本。

③规避风险。通过把部分职能转让出去，风险也进行了转移。

④大树底下好乘凉。这是众多小企业依附于大企业常见的心理。

⑤分享市场。常见于互为竞争对手的企业之间，例如可口可乐和百事可乐、麦当劳和肯德基，实力相当，谁也无法在短期内吃掉对方独占市场，所以很明智地采取了共生战略，互惠互利，共同发展。

要想使共生型渠道关系得到维持，必须有如下事实的存在：

①合作双方各自拥有对方所不具备的优势，以己之长求他人之长、避己之短，这是吸引对方参与的关键。

②合作双方地位是平等的，不存在支配与被支配关系。

③合作双方有共同的需求，也就是说，共同的利益使它们成为“同一战壕里的战友”。

案例 7－3　良品铺子引领实体零售创新转型

7.5　建立渠道生态系统

渠道生态系统，简称渠道生态，一般是指在同一个渠道中，多方渠道成员通过协商、合作、协议形成了长期维持的利益共同体。在渠道生态系统中，渠道成员之间追求类似的利益目标，一般这种渠道生态系统是渠道成员之间的关系发展到一定阶段的产物。在渠道生态系统中，渠道成员之间有共同的游戏规则，制定共荣的渠道策略，在避免损害各自利益的情况下共同开发市场，共同管理和规范销售行为，承担市场风险，享受生态系统内部的合作成果。

1. 渠道生态系统的特点

(1) 长期性。渠道生态系统中渠道成员之间的合作往往是长期且稳定的。生态系统中渠道成员之间的交流和沟通较为深入，通过多次的市场交易活动增进了解，一般都能够合理评估参与合作的多方的利益和能力，并保持较为长期的合作关系。因此，在渠道生态系统中，这些渠道成员之间的合作行为往往比较稳定，难以被其他方替代，一般只有发生了强烈的外部环境变化才会打破长期性。

（2）自愿性。在渠道生态系统中渠道成员为了实现更好的利益目标和更有效率的合作协议，往往都是自愿加入的。所以渠道成员具有较强的分工协作意识和自主合作意愿，并通过合作协议维持渠道生态中权力的平衡，保持渠道成员之间的稳固关系。因此，在渠道生态系统中，大多数渠道成员的目标和动机是一致的，并能够保持较为良性的发展和合作关系。

（3）承诺性。承诺是渠道成员对维持合作关系的一种积极愿望和意图的表达，承诺与成员之间的信任密切相关。这种承诺可以是口头上的，也可以是行为上的，一般行为上的承诺比口头承诺更具有可信性。渠道生态系统具有高水平的承诺，在渠道生态系统中，多方之间不断增加对合作伙伴的投资力度，因此，多方之间的依赖性不断增加，也意味着合作风险不断上升。渠道生态中的成员会通过彼此的承诺，以合作协议等形式规范各自行为，并确定对风险的承担情况。

2. 渠道生态系统的形成条件

渠道成员形成渠道生态系统有诸多好处，比如可以通过渠道生态进行资源共享，通过渠道之间的合作协议对市场风险共同承担，还可以通过渠道生态系统的合理分工实现各渠道成员之间的优势互补，从而提高渠道生态系统的整体竞争优势。但渠道生态系统的建立也会产生许多负面的影响，比如在渠道生态系统中，渠道成员可能要服务于生态系统的利益和目标，丧失灵活性；渠道生态系统虽然可以减少渠道成员之间的摩擦和冲突，但生态系统的运作成本太高，可能会导致部分成员得不偿失。因此，并非在任何情况下都适合建立渠道生态系统，要根据渠道的实际情况和总体战略进行判断。

建立渠道生态系统需要满足以下四个条件：

第一，加入渠道生态系统的渠道成员需要在渠道营销资源方面具有独特的需求或者能力；

第二，渠道成员在渠道生态系统中能够获得自身不具有的资源和能力；

第三，多方加入渠道生态系统后，能够比在加入之前获得更多的整体收益；

第四，在渠道生态系统中应该具有较高的退出壁垒或者较为稳定的合作协议，以保证生态系统的稳定性和长期性。

前三个条件代表着渠道生态系统的本质应该为生态系统中的成员带来更高的渠道价值，渠道成员能够通过生态系统获得增益，并且实现渠道成员之间的优势互补，提高竞争溢价的能力，这也保证了渠道生态系统能够实现自愿性以及收益性原则。

渠道生态系统中较高的退出壁垒或稳定的合作协议，则是渠道生态系统长期性和承诺性的重要保障。只有渠道成员之间实现彼此承诺，制定相关协议，才能够筑起较高的退出壁垒，有了退出壁垒，各方不能随意进出，这也表明渠道生态系统中的承诺和利益增值不是单向的，而是双向共赢的。只有通过退出壁垒和合作协议，才能让渠道生态系统的合作和收益保持较长的时间，才能够让渠道生态系统成为渠道战略中的重要载体之一。只有这些条件存在并成立，才能够保证渠道生态系统是必要且可能的，建立起来的渠道生态系统具有较强的生命力。

3. 渠道生态系统的具体形式

在一个渠道生态系统中有不同形式的组织，常见的有渠道会员制、销售代理制、特许专营、渠道促销联盟等，这些组织形式适用于渠道成员合作的不同情况，同时也能够共同组成渠道生态系统并发挥其优势。

（1）渠道会员制。渠道生态系统中的成员可以通过会员制形成合作关系。渠道会员制是指渠道成员通过一个渠道协议形成一个俱乐部组织，在这个组织内部，渠道成员可以互相帮助，制定和遵守共同的游戏规则，通过高度信任实现共同发展。但会员制的渠道关系的约束力并不够强。根据参与者的不同，渠道会员制又可分为以下几种形式：①零售商之间的会员联盟；②制造商与零售商之间的会员联盟；③批发商与零售商之间的会员联盟；④制造商与批发商等中间商之间的会员联盟。为了更好地加强会员俱乐部内部的控制和管理，这类联盟可以根据不同渠道成员的地位，收取一定的会员费并签订会员协议书，通过书面协议和保证金提高会员制关系的承诺和约束力。

（2）销售代理制。在渠道生态系统中，销售代理制与一般的销售代理含义有所不同。销售代理制要求销售代理方签订销售代理合同，同时要求制造商签订相关的制造承包合同。因此，渠道生态系统中的销售代理制，从销售代理商的角度来看，是一种制造承包制，而从制造商的角度来看，是一种销售代理制。销售代理制相比于渠道会员制而言，具有更紧密的结构。销售代理制有以下几个特点：①销售代理制的合作期往往较长，有时候会超过十年之久，而一般的销售代理往往是一年签订一次销售代理合同；②销售代理制下，制造商和代理商之间的约束力比较强，这是因为在协议里涉及的内容众多，同时履行的义务比较广泛，相对于一般的销售代理约束力更强；③销售代理制一般采取佣金代理的模式，销售代理商只是帮助制造商进行产品销售，获得佣金，而不拥有产品的所有权。

（3）特许专营。渠道生态系统中，渠道成员可以通过特许专营的方式由一家企业作为主导（特许人），通过特许经营合同将其他渠道成员（受许人）联合起来，形成一个以特许为核心的渠道合作关系。通过特许专营，特许人可以将自身的技术优势、管理方式、运作技巧等无形资产传递给其他渠道成员，从而增强这些渠道成员在渠道生态系统中的竞争优势。特许专营有以下几种特殊形式：①零售商与零售商之间的特许专营关系；②零售商与批发商之间的特许专营关系；③零售商与制造商之间的特许专营关系；④批发商与制造商之间的特许专营关系等。特许专营让渠道生态系统中的优势企业可以发挥带头作用，加强渠道生态的建设。

（4）渠道促销联盟。渠道促销联盟是指渠道生态系统中的多个企业在产品或者业务相关的领域共同开展促销活动，共同扩大产品销路，其中包括：共同开展公关活动、共同开展营业推广、共同进行广告宣传、共享品牌建设成果、交叉对顾客进行产品销售等。同时根据企业产品和服务上的相关性，渠道促销联盟还可以分为以下几种具体形式：①互补产品的促销联盟，例如电脑与电脑外设产品、数码相机与相关的存储设备等共同开展促销活动；②同类产品的促销联盟，包括零售商之间的同类产品的品牌宣传广告，同类产品的展销会等；③跨界促销联盟，如家居行业的促销活动，赠品是数码产品。

本章小结

本章主要介绍如何建立渠道关系。具体来说，企业选择的渠道关系主要有：松散型渠道关系、垂直型渠道关系、共生型渠道关系。

松散型渠道关系，是指一般的分销组织形态，渠道各成员之间是一种松散的合作关系，各自追求自己的利润最大化，最终使整个分销渠道效率低下。松散型渠道关系下，渠道各成员之间的关系是临时的、偶然的、不稳定的。

垂直型渠道关系，是由生产者、批发商和零售商组成一种统一的联合体，每个成员把自己视为分销系统中的一分子，关注整个垂直系统的成功。垂直型渠道关系包括三种形式：所有权式（又称公司式）、契约式和管理式。

在市场上，很多企业由于各种动机，积极寻找合作伙伴，以取长补短、发挥资源的协同作用，从而形成共生型渠道关系。共生型渠道关系是指两家或两家以上公司通过联合发挥资源的协同作用，共同开发新的市场机会而形成的渠道关系，目的是通过联合发挥资源的协同作用或规避风险。

渠道生态系统，一般是指在同一个渠道中，多方渠道成员通过协商、合作、协议形成了长期维持的利益共同体。并非在任何情况下都适合建立渠道生态系统，要根据渠道的实际情况和总体战略进行判断。在一个渠道生态系统中常见的有渠道会员制、销售代理制、特许专营、渠道促销联盟等，这些组织形式适用于渠道成员合作的不同情况，同时也能够共同组成渠道生态系统并发挥其优势。

基本概念

松散型渠道关系　垂直型渠道关系　共生型渠道关系　所有权式渠道关系
契约式渠道关系　管理式渠道关系　渠道生态系统

思考题

1. 企业选择的渠道关系类型有哪些？
2. 垂直型渠道关系的优劣势有哪些？
3. 共生型渠道关系的优劣势有哪些？
4. 松散型渠道关系的优缺点是什么？
5. 垂直型渠道关系有哪些类型？
6. 管理式渠道关系有什么特点？
7. 企业可以通过什么方式来建立所有权式渠道关系？

8. 所有权式渠道关系有什么优势?
9. 契约式渠道关系有哪几种类型?
10. 渠道生态系统的具体形式有哪些?

案例分析

华为的渠道生态营销

华为经过30多年的发展，经历了从直销模式的纵向深耕，到分销模式的横向扩展，最终到生态营销战略的苦难辉煌。

华为创立之初，国内通信市场被国外巨头垄断。任正非发现县级和乡镇级市场线路条件差，利润微薄，被跨国巨头忽视或没有精力开拓，这恰恰是华为生存的空间和机会。华为采取“农村包围城市”的渠道模式，到农村去建立根据地，培育和深耕低端渠道。华为通过直销方式，采取人海战术，划分区域，密集拜访与培育客户，帮助乡镇与县域客户解决通信运营与技术上的各类难题，持续积累了宝贵的渠道与产品经验。此外，早在1995年任正非就意识到要实现持续的增长战略必须走出去，拓展国际市场。但全球的中高端市场已被通信巨头抢占殆尽，留给华为的只有处于市场中低端的非洲、亚太、拉美等地的发展中国家。国外渠道的拓展必须进行整体规划，并在借鉴国内经验的基础上进行策略创新，这就是借助国家品牌，走出去，引进来。2005年，华为海外合同额占比58%，首次超过了国内合同额占比。英国电信宣布华为入选其21世纪网络供应商名单，是入选的唯一一家中国厂商。

1998年10月，华为渠道拓展部成立，标志着华为渠道战略开始升级，从直销模式转向“直销＋分销”模式。分销被确定为华为新战略，计划用2～3年时间，建成规模化的分销体系，拉起华为渠道的第二条生命线。华为的分销之路坎坷而曲折，从鼓励内部员工创业、转成代理商到后来收购港湾，华为快速进行渠道调整，利用自身优势稳住了市场与客户。华为的迅猛发展使全球最大的网络设备制造商思科公司感受到了威胁。2003年1月，思科公司向美国一家地方法院起诉华为侵犯其知识产权，华为积极应对，化解了与思科公司的“世纪冲突”。2004年7月，华为、思科和3Com向美国地方法院共同提出终止诉讼的申请，这场知识产权纠纷案以和解告终。这场诉讼使华为认识到，孤军作战，必然四面受敌，而自身快速的发展也必然会冲击原有的利益结构。分销模式是华为战略的关键抉择，“高端引领，整体演进”是这一战略的精髓，华为只有敢于冲击部分技术尖端，才能将另外的尖端让渡给“友商”，与合作者长期共同分享整体渠道的利益、整条产业链的利益。

华为开辟了一个全新的营销时代，这就是生态营销模式。任正非强调，构建一个开放和谐的生态圈，让广大合作伙伴实现资源共享、能力互通，打造越来越多创新的、更具竞争力的行业解决方案，为客户创造价值。华为明确自身的战略定位是全球领先的ICT（信息与通信技术）基础设施和智能终端提供商，致力于把数字技术带入每个人、每个家庭与组织，构建万物互联的智能世界，与供应商、合作伙伴、产业组织、开源社区、标准组织、大学、研究机构等构建共赢的生态圈。华为聚焦于主管道、高端技术开发，30 多年来，华为和运营商一起建设了 1 500 多张网络，帮助世界超过 30 亿人口实现联结。在 2019 年华为中国生态伙伴大会上，华为宣布将“平台＋生态”战略演进为“平台＋AI＋生态”，为合作伙伴提供“＋AI”的支持。华为孵化智慧园区，在企业业务领域搭建和完善强有力的支撑平台；成立华为中国合作伙伴大学，致力于支持合作伙伴的运营和销售，帮助它们降低成本、提高效率、培训人才，有效发挥各自优势，创新渠道服务模式；依托华为商业分销授权服务中心，更好地服务分销客户。在消费者服务领域，华为与国际著名品牌在手机、智能家居、智能车载、运动健康领域开展跨界合作。在产学研领域，华为与产业界、学术界、产业标准组织等开展密切合作交流，推动建立一个公平竞争的产业健康发展生态圈。

资料来源：吴越舟．华为渠道战略：从直销、分销到生态营销．销售与市场（营销版），2019（7）.

▶ **思考题**

1. 华为的渠道战略经历了哪些阶段？各阶段的主要成绩是什么？
2. 华为构建渠道生态系统的启示是什么？

第8章
优化渠道组合

本章要点

1. 渠道与产品管理
2. 渠道与定价管理
3. 渠道与促销管理
4. 渠道的投资组合

引导案例

完美日记的新媒体渠道运营

近年来，很多国货美妆品牌通过各大新媒体平台，结合品牌营销手段，一跃成为国人心目中的国货之光，例如美康粉黛、完美日记、稚优泉、WIS、HomeFacialPro 等品牌。完美日记的营销战略可圈可点。

完美日记于 2016 年正式上线，2017 年开设淘宝店。2019 年淘宝"6·18"彩妆品牌销量数据显示，完美日记已经稳坐前 10，排名甚至超过了雅诗兰黛、欧莱雅等知名国际品牌。完美日记的成功与其营销方式息息相关。

最初，完美日记选择小红书作为产品推广的主战场。入驻小红书后，完美日记官方发布的笔记就将近 500 篇，疯狂吸粉近 200 万，高颜值的首页也成为用户爱上它的原因之一。如今，在小红书的搜索框输入"完美日记"四个字，就会出现 10 万余篇笔记，其中大部分来自普通用户。素人消费者的良心种草推荐与生活场景的应用大大增进用户对品牌的信任，产生共鸣。

完美日记还邀请很多头部和腰部的 KOL（关键意见领袖）撰写原创笔记，对其产品进行测评、试色和对比，用自己的消费感受引导消费者购买产品，并请他们在微博上带动话题，大大增加了忠诚粉丝数。在铺垫好所有基础数据，取得用户一定信任之后，完美日记邀请一些明星实名推荐其产品，并在 2018 年邀请朱正廷代言品牌，得到了明星背书的完美日记因此名声大噪。

除此以外，目光独特的完美日记还选择了抖音与 B 站作为其宣传产品的主要短视频平台。在抖音邀请带货达人李佳琦种草推荐，在 B 站面向学生用户展示自己的性价比优势，完美日记有的放矢赢得了大批消费者。

完美日记还在公众号和快手等平台投入了一定的精力，未来将会打通全渠道，开展更加有力的营销。

完美日记作为彩妆新宠，在国际美妆品牌已经非常成熟的情况下不断创造销售奇迹。“打入年轻人的阵地，用他们乐于接受的方式进行对话”，完美日记将传播方式社交化，形成自己的流量社区，在众多彩妆产品中脱颖而出。

资料来源：新媒体营销案例解析：完美日记成功上位销售 TOP 前十榜 . https://www. seoxiehui. cn/article-145228-1. html.

市场在变，竞争在变。市场竞争日趋增强的激烈性和对抗性，要求企业经营更加深入化和细致化，提高市场资源的可控程度。渠道管理的一个重要任务就是提升营销活动的效果和效率，提高资源的可控程度，而营销活动的开展、资源的调配都离不开营销组合中四个要素（即渠道、产品、定价以及促销）之间的相互作用和协调。所以，渠道管理人员除了了解渠道的任务和使命外，还需要深入了解渠道外的组合，包括产品、价格和促销等要素，并将其和渠道管理相结合，提升组合间的协同作用，最大限度地完成分销目标。

8.1 渠道与产品管理

渠道管理的任务不仅仅限于销售产品，同时也需要对产品策略不断调整，优化产品策略。在渠道中不同产品的类型以及潜在消费者的行为模式有所不同，把握渠道中产品管理的几个要点，是渠道管理人员提升产品策略优化的关键，也是保证渠道管理成功的基石。

1. 新产品开发管理

对于新产品的开发管理保证了渠道在市场中的竞争力，更合理的新产品开发管理，不仅能够促进对新市场的开发，也能够激发渠道成员之间更紧密地合作。渠道管理人员要从以下几个方面入手，提高新产品开发的合理性、科学性。

（1）在新产品开发中鼓励渠道成员参与。开发新产品的目的是促使渠道更好地获得市场份额，提高渠道成员的竞争力和经济收益。在新产品开发过程中应该多吸收渠道成员的意见，同时尽可能鼓励渠道成员一同参与到新产品开发中来，提高新产品开发的合理性，避免新产品不接地气而被市场或渠道成员摒弃。在鼓励渠道成员参与新产品开发的过程中，可以采取的形式多种多样，比如在新产品的试销阶段，可以征集渠道成员的意见，获取信息反馈。同时可以对主要的渠道成员进行访谈，了解消费者喜欢的新产品的特征，纳入新产品开发中，提高新产品满足消费者需求的能力。

（2）在新产品开发后促使渠道成员接受新产品。将新产品传递到最终消费者的手上，通过渠道成员才能实现，所以在新产品开发后，首先要让渠道成员接受新产品。与消费者不同的是，渠道成员更关心的不是新产品是否能够带来与之前产品不一样的价值，而是新产品是否能够为渠道带来更多的利润和收益，扩大渠道的市场份额，如果未能实现收益的增长，渠道成员会更加依赖以前的产品来维持市场。同时，新产品如何保存、展示，是否方便运输，对于渠道成员而言也十分重要。新产品开发方应该积极促进渠道成员接受新产品，这本身也是对渠道成员的一种管理。一方面，要将新产品的价值传递给渠道商，让它们对新产品的未来充满期待；另一方面，要对渠道成员进行培训，让它们更好地管理新产品，在销售过程中能够维持较低的成本，最终使渠道成员乐于进行新产品推广。

（3）在新产品推广中开展渠道成员培训。在新产品市场推广过程中，很依赖渠道成员的努力工作，而渠道成员的工作效率很大程度来自渠道成员对新产品的认知。如果渠道成员不相信新产品能够打动消费者，获得市场份额，那么渠道成员工作的努力程度就会下降；如果渠道成员并不十分了解新产品的卖点或可以满足的消费者的潜在需求，在销售过程中可能就无法将新产品的信息较好地传递给消费者，痛失潜在市场机会。对渠道成员的培训，更多的是为了增强渠道销售人员对新产品的信心，同时让渠道销售人员更明白新产品的卖点和消费者的潜在需求。在这个过程中，培训方应该告诉渠道销售人员如何对新产品进行介绍和展示，如何制定相应的新产品推广计划，如何向新产品开发方提供反馈意见。

（4）在新产品销售后保证产品售后服务。新产品的使命并非在销售后就结束了，它还需要在消费者手中履行它的服务功能。当新产品出现质量问题或者设计方面的瑕疵，渠道成员应该尽可能满足消费者的售后服务需求。制造商应该和渠道成员沟通、协调，降低对渠道成员的伤害，并根据反馈采取措施，避免新产品的问题在下一个批次中重现。

2. 产品生命周期管理

对于渠道而言，一个渠道成员往往会经历产品的完整生命周期，所以如何对产品不同的生命周期阶段开展不同的管理，对提升产品的运营效率有重要意义。

（1）产品引入期的管理。在引入期，新产品相对比较薄弱，需要强化管理，广告以及其他形式的促销尤其重要，这就需要渠道管理人员对产品与促销组合进行优化。同时，对新产品的铺货要跟得上引入期的促销宣传，不然消费者无法买到新产品，促销的努力将付之东流。在引入期，既要保证新产品的舆论热度，提高大家的关注度，也要保证产品供给充足。实现需求和供给的匹配并不是一件容易的事情，这就需要渠道管理人员具有强大的分析能力和市场预测能力，适时调整宣传和供给，保证供需之间的平衡，加快新产品导入的速度。

（2）产品成长期的管理。产品进入成长期时，消费者对产品的需求增长十分迅速，给渠道管理人员带来了不小的挑战和压力。一方面，相比于产品的引入期，渠道成员需要提供给消费者更多的产品以满足市场需求，避免消费者因为无法获得产品而感到不满；另一方面，在产品成长期，竞争进入白热化，竞争对手往往会施加很大的压力，对产品的销售产生一定的影响。这就要求渠道成员观察市场的需求变化和竞争对手的渠道策略，分析外部环境，改变产品销售模式，以满足更多的市场需求。

（3）产品成熟期的管理。产品进入成熟期，往往会因为更加激烈的竞争以及新产品的替代而销量下降，此时产品会降价来与新产品竞争。渠道管理人员应尽可能避免产品销量大幅下滑或者价格大幅下调，通过控制出货量，协调与渠道其他新产品之间的关系，让产品在成熟期时逐渐地、有规律地向衰退期慢慢过渡。对于拥有较多成熟期产品的渠道成员，可以给予津贴、折扣，鼓励其进一步销售成熟期产品，还可考虑改变渠道结构或者任务分配来降低销售风险。

（4）产品衰退期的管理。当产品进入衰退期，渠道成员的销售成本明显上升，产品销售量和经济收益明显下滑。这时候渠道管理人员应该适当减少产品的生产和分配，或者通过促销活动进行产品的清仓销售，以缓解库存压力。在产品的衰退期，渠道管理人员应该通过合理的补贴以及销售手段，解决产品库存带来的成本问题，尽可能清理产品库存。

案例 8-1 盐津铺子线上线下渠道的产品差异化策略

8.2 渠道与定价管理

价格是营销组合中最灵活的因素。价格和价格竞争是渠道面临的主要问题，给产品定价是商业上的一个难题。价格是渠道成员利益的体现，也是消费者对渠道成员付出的努力的回报。在定价时，渠道成员必须确保渠道获得应有的利益。关键是让消费者心甘情愿地为渠道成员的产品或服务付费。

1. 渠道定价的影响因素

（1）从消费者角度。消费者在选购时，会评价产品的价格，往往会考虑下列因素：①消费者以前使用其他渠道成员的产品的相关经验；②消费者获得关于渠道门店或者产品的口碑信息；③消费者通过信息搜索获得与其他产品对比的情况；④消费者感知的渠道的整体形象或者质量；⑤消费者感知的主要产品的附加值和附加品。

消费者如何看待渠道成员的产品或服务的价格对渠道成员来说很重要，渠道成员必须弄清楚消费者对价格变化的反应。消费者对价格变化敏感，价格的小幅上涨往往会导致销售额的大幅下降。如果价格的大幅上涨只会导致销售额的小幅下降，这说明价格没有弹性。许多渠道在定价时陷入“低价谬误”。它们认为如果把价格降下来，销售量会增加。虽然降价是一种有效的策略，但并不总是如此。有时，消费者可能不像渠道成员担心的那样对价格敏感，他们可能认为价格是质量的标志。降价也会导致渠道利润下降，使渠道成员失去原有的利益。价格并不是消费者选择渠道成员产品或服务时考虑的唯一因素。渠道成员可以考虑其他办法来吸引消费者，如建立品牌信誉，提高产品质量，采用信誉定价，或利用时间和地点创造额外的价值。

（2）从渠道成员角度。渠道的产品定价必须与预期的渠道形象保持一致。消费者通常将产品或服务的价格与质量等因素联系起来。低价格往往代表低质量的产品。如果渠道成员为产品设定高价格，必须：

①确保广告或者其他促销信息能够突出产品的质量；

②通过对消费者的调查和沟通来支撑起产品的溢价；

③通过监督和增值服务来满足消费者对高价产品的预期。

若渠道成员为一种产品定了低价，必须：

①确保其他的营销组合因素来支持渠道成员的低价形象；

②确保消费者也能获得产品的真正价值；

③在广告中解释渠道成员为什么能制定如此低的价格；

④监督产品或服务的质量，不应该因为低价而导致质量低于消费者的期望。

（3）从成本和竞争角度。成本和消费者可接受的最高价格是渠道成员需要考虑的两个主要因素，因为它们决定了产品的价格范围。首先，在考虑成本时，渠道成员必须重新检查会计成本分析中的假设，确保以合理的方式分配费用和计算实际价格。这种成本分析有助于渠道成员准确把握盈利状况。渠道成员还要考虑货币波动、通货膨胀等因素，这些因素也会影响渠道成员的成本，从而影响渠道成员的定价。其次，渠道成员需要考虑竞争因素。例如，渠道成员是否需要与竞争对手竞争市场份额？如果是这样的话，就把产品的价格稍微降低一点，低于竞争对手的价格。同时，渠道成员也要考虑产品未来的价格走势。市场上价格有下降的趋势吗？如果这种趋势存在，渠道成员应该降低价格，使之与市场趋势一致。简而言之，渠道成员的营销目标和相应的营销策略必须体现在渠道成员的定价上。另外，消费者对价格、产品质量、产品差异化、服务、便利性的敏感性，以及消费者是否真正感受到产品的价值等也是影响因素。

2. 渠道定价管理的步骤

渠道成员的定价策略包括四个步骤：

（1）确定渠道成员的定价目标。渠道成员必须决定它们的产品或服务应该达到什么样的定价目标。渠道成员精心选择了自己的目标市场和市场定位，要将定价目标与整体的运营和营销目标紧密联系起来。

（2）确定价格范围。第一，渠道成员需要确定盈亏平衡点在哪里。渠道成员可以根据销售预测和当前的价格来估计能否达到盈亏平衡点。第二，渠道成员需要确定利润目标。如果渠道成员未能在给定的预测量和可接受的价格下实现利润目标，就要重新考虑战略或市场。第三，消费者满意的价格就是消费者同意的价格。渠道成员可能已经注意到，消费者满意的价格并不是产品价格的上限。如果消费者对价格不敏感，他们可能不介意渠道成员的定价高于他们满意的价格。第四，为了解消费者满意的价格，可以直接征求消费者的意见，进行各种调查，还可以分析当前的市场价格结构。这样，渠道成员就可以大致了解消费者对产品的不同定价会有怎样的反应，并且可以大致确定价格区间的峰值。只要价格区间高于渠道成员定价的下限，渠道成员的定价就是成功的。

（3）确定竞争性的定价策略。几乎所有的定价策略都是竞争性的，所以竞争对手的成本、价格是要考虑的主要因素。渠道成员将自己的成本与竞争对手进行比较，看自己是否具有竞争优势。同时，竞争对手的产品质量也是渠道成员了解的一个关键点。与买家交流，看看他们如何评价竞争对手的产品质量。如果渠道成员的产品带给消费者更多的好处，那么价格可以略高，以显示这一事实。但渠道成员必须确保它们的产品看起来比竞争对手的产品更有价值。

（4）对定价进行调整。渠道通常要对价格作出调整，使其能更好地反映诸如不同地区的需求和成本、市场细分、购买时机、交货周期、信用保证、售后服务等因素的变化情况。渠道常用的价格调整策略有：

- 区域定价：是指渠道在不同地区对产品有不同的定价。
- 价格折扣：调整渠道的基本价格，以鼓励消费者的购买行为。包括现金折扣、数量折扣、季节折扣、累计折扣等。
- 促销定价：为了暂时刺激消费者，将价格因素作为促销手段的基础。
- 差别定价：以两种或两种以上的价格销售产品或服务，价格差异不反映成本的差异。包括消费者细分定价、产品风格定价、时间定价和地点定价。

8.3 渠道与促销管理

促销是指渠道向目标客户传递产品信息，促使目标客户作出购买决策而进行的一系列说服性沟通活动。对于渠道成员而言，开展促销管理是渠道管理中最复杂、最富技巧性的一个环节，当然也是有才华的渠道管理人员大显身手的领域。渠道的促销管理在把产品及相关信息传递给目标客户的同时，试图在特定的目标群体中唤起渠道管理人员预期的意念，从而对目标群体的行为和态度产生有效的影响。对于渠道管理人员而言，可以通过以下促销管理手段提高渠道的促销能力。

1. 广告促销管理

对于渠道来说，做好广告促销会产生意想不到的效果。广告促销管理涉及广告目标、广告预算、广告媒体、广告定位、广告主题、广告表达、广告制作、广告时间、广告效果等方面。

（1）明确广告目标。毫无疑问，广告的最终目标是：通过宣传提高商品的知名度，促使消费者选购，从而提高市场占有率，使渠道获得更多利润。广告的最终目标虽然相同，但不同渠道在不同时期的广告目标各不相同。通常，渠道广告目标可以归纳为以下三种类型：

①创牌广告目标，此类广告的目的在于介绍新产品和开拓新市场；

②保牌广告目标，此类广告的目的在于巩固已有市场阵地，并在此基础上深入开发潜在市场和刺激购买需求；

③竞争广告目标，此类广告的目的在于加强产品的宣传，增强市场竞争能力。

（2）确定广告预算。确定广告预算的方法主要有量力而行法、百分率法、竞争对抗法、目标达成法及投资利润率法等。同时各个渠道有不同的市场目标、销售任务、销售范围以及销售对象，因而其广告预算的分配标准也不同，这将直接影响渠道的广告效益。

（3）选择广告媒体。广告媒体种类繁多，包括报纸、杂志等印刷媒体，电视、广播、互联网等视听媒体，以及户外广告、橱窗广告等其他广告媒体，它们的性能和传播信息的效果千差万别。广告媒体决策就是在众多的媒体中作出选择，以最低的广告支出实现最佳的广告传播效果。

（4）广告定位策略。广告定位的策略主要有抢先定位、强化定位、比附定位、逆向定位、补隙定位等。

①抢先定位。指渠道在进行广告定位时，力争使自己的品牌及产品第一个进入消费者的心目中，抢占市场第一的位置。

②强化定位。指渠道在成为市场领导者后，还应不断加强品牌及产品在消费者心目中的印象，以确保第一的地位。

③比附定位。指渠道在广告定位中，不但要明确自己现有的位置，而且要明确竞争者的位置。

④逆向定位。指渠道在进行广告定位时，面对强大的竞争对手，寻求远离竞争者的“非同类”的构想，给自己的品牌独特的形象。

⑤补隙定位。指渠道在进行广告设计时，根据自己产品的特点，寻找消费者心目中的空隙，力求在产品的规格、价格和功能等方面独树一帜。

（5）确定广告主题。一则广告必须鲜明、突出地表现广告主题，使人们很容易理解广告告诉他们什么，要求他们做什么。一般来说，广告主题有三类：理性主题、情感主题、道德主题。在确定广告主题时，一定要符合广告接收者的心理需求，如果不能满足客户的心理需求，就不是好主题。

（6）广告表达决策。广告主题寓于一定的表达形式之中。如何将既定的广告主题用感情化、性格化、合乎逻辑的表达方式表现出来，是一门高度灵活、不易掌握的艺术。广告表达涉及表达结构、表达格式与广告发送者。

（7）广告制作管理。广告作品由视觉形象要素和听觉形象要素构成。视觉形象要素又可分为文字形象要素和图画形象要素两大类。渠道应该根据广告媒体的特点和商品本身的特性、功能等，来选择合适的传播媒介。在制作过程中要尽可能将广告媒介的优势发挥出来，以取得理想的宣传效果。

（8）广告时间决策。广告时间决策是指对广告发布的具体时间和频率作合理安排。要根据广告产品的生命周期阶段、广告的竞争状况、渠道的营销策略、市场供求变化等灵活安排。广告时间决策是否得当，对广告效果的影响很大。

（9）广告效果测定。渠道在实施广告促销决策之后，会产生一定的广告效果。一个完整的广告投放阶段过后应对效果进行评价。广告效果主要表现在三个方面：一是广告的销售效果；二是广告的认知效果；三是广告的综合效果。

2. 销售促进管理

销售促进管理就是指渠道运用各种短期诱因，鼓励购买或销售渠道产品或服务的促销活动。由于市场竞争日趋激烈，渠道越来越多地运用一些销售促进手段来刺激中间商和消费者的购买行为，达到带动销售的目的。销售促进是渠道销售的开路先锋与推进器，历来被各渠道视为促销利器。销售促进在鼓励试用、改变购买习惯、刺激购买数量、刺激潜在需求、吸引中间商、推广新产品、宣传附送品、防范竞争者、巩固品牌形象等方面具有独特的功效。

（1）销售促进的特征。与其他促销方式相比，销售促进具有以下明显特征：

①非连续性。销售促进一般是为了某种即期的促销目标而专门开展的一次性促销活动。它不像广告、人员销售、公共宣传那样作为一种连续的、常规性的促销活动出现，通常着眼于解决一些更为具体的促销问题，因而往往是不规则、非周期性地使用。

②形式多样。销售促进的方式多种多样，有优惠券、竞赛与抽奖、加量不加价、集点优惠、折价优惠、包装促销、回邮赠送、付费赠送、退费优惠、零售补贴、免费样品、POP 广告等。这些方式各有长处和特点，渠道可根据不同的产品特点、不同的市场营销环境、不同的客户心理等灵活选择和运用。

③即期效应。销售促进往往是在一段特定的时间里，针对某类消费者或中间商提供一种特殊优惠的购买条件，给买方以强烈的刺激。只要方式选用得当，其效果能很快地在经营活动中显现出来，而不像其他促销方式需要一个较长的周期。因此，销售促进比较适合那些突击式的、需要快速见效的促销目标。

（2）销售促进管理的内容。渠道在运用销售促进策略的过程中，需要进行一系列的决策活动，主要包括：

①确定销售促进目标。销售促进目标是从总的促销组合目标中引申出来的，而它在总体上又受销售总目标的制约，表现为这一总目标在促销策略方面的具体化。在不同类型的目标市场上，销售促进的具体目标各不相同。就消费者而言，销售促进的目标可以确定为：鼓励大量购买和重复购买；吸引潜在购买者试用；说服竞争品牌使用者放弃原有品牌而改用本企业产品。就中间商而言，销售促进的目标可以确定为：吸引中间商购买新的产品和提高购买水平；鼓励非季节性购买；对抗竞争者的促销活动；建立零售商的品牌忠诚和获得进入新的零售网点的机会。就销售人员而言，销售促进的目标可以确定为：鼓励对新的产品或型号的支持；刺激非季节性销售；鼓励更高的销售水平。

②选择销售促进工具。销售促进的工具多种多样，各有特点和适用范围。一个特定的销售促进目标可以采用多种销售促进工具来实现，所以应对多种销售促进工具进行比较选择和优化组合，以实现最优的促销效益。

③制定销售促进方案。在确定了销售促进目标和销售促进工具后，接下来就要制定具体的销售促进方案。制定一个具体的销售促进方案包括激励规模、激励对象、送达方式、活动期限、时机选择、预算及其分配等方面的决策。

④试验、实施和控制销售促进方案。销售促进方案制定后一般要经过试验才会实施。通过试验，可以明确所选用的销售促进工具是否恰当，刺激规模是否最佳，实施的方法效率如何等。一些大公司常在选定的市场区域中对不同的策略进行试验。面向消费者市场的销售促进较容易进行试验，可邀请消费者对几种不同的可能优惠办法作出评价，给出评分，也可以在有限的地区范围内进行试验。

⑤评估销售促进效果。销售促进活动结束后，应立即对其进行效果评估，以总结经验与教训。很多渠道忽视这一工作，有关销售促进活动获利性的评估少之又少。实际上，评估销售促进效果是销售促进管理的重要一环，对整个市场营销战略的实施具有重要

意义。

3. 公共宣传管理

公共宣传作为促销的重要手段之一，在树立渠道形象、提高产品的知名度、刺激目标客户对产品的需求、促进销售等方面起着十分重要的作用。下面主要介绍公共宣传的作用、特点以及公共宣传管理的内容。

（1）公共宣传的作用、特点。公共宣传作为一种促销工具，具有如下作用：介绍新产品、新品牌，使新产品迅速打开销路；恢复人们对需求下降的产品的兴趣，以促进销售；引起人们的注意，提高渠道和产品的知名度；改善渠道的公共形象。公共关系部的员工一般都忙于与各种群体打交道，包括股东、员工、政府机构、民间团体、地方公众等，可能会忽略支持产品营销目标的公共宣传。由于公共宣传必须借助某种媒介来实现，因此其使用次数是有限的。它虽然是突发性的，但作用十分显著。

具体说来，公共宣传具有如下特点：

①可信度很高。公共宣传的文稿是由独立的第三方撰写的，在新闻媒体上发布，体现了公众的利益和看法，所以，客户认为它是客观真实的，可信度很高。

②影响面较广。渠道的公共宣传会随着新闻媒体的传播而扩散。如果渠道的宣传具有新闻价值，许多新闻媒体就会争先恐后地报道，效果比广告要好得多。

③促销效果好。对广告或人员销售不予理睬的客户，一般不会对渠道的新闻报道有反感，因为它是一种新闻活动，客户在心理上不必担心上当受骗。如新产品投放市场之前先以公共宣传的方式促销，就便于销售人员将产品推销给零售商或直接买主。

④费用水平低。渠道无须花钱购买媒介的版面或时间，虽然提供新闻素材及说服媒介采用要有所花费，但这项费用微乎其微。而公共宣传所产生的价值可能要花很多广告费用才能得到。与其他促销工具相比，公共宣传的费用是最低的。

（2）公共宣传管理的内容。在考虑公共宣传的使用时机与方法时，渠道促销部门应该作出如下决策：

①确定公共宣传目标。渠道首先应根据自己产品的特点确定公共宣传的具体目标。如美国加州葡萄酒制造商曾委托一家公共关系公司为其进行公共宣传，以使美国人相信喝葡萄酒是快乐生活的一部分，达到提升加州葡萄酒形象和增加市场份额的目的。为此确定了以下公共宣传目标：撰写有关葡萄酒的文稿，设法刊登在最著名的杂志和报纸上；从医学的角度指出葡萄酒对身体健康的益处，并请医疗单位予以宣传；分别针对年轻人市场、大专院校市场、政府市场及各种团体拟出特定的公共宣传方案。

②选择公共宣传的信息与工具。促销部门应确定企业产品有哪些具有新闻价值的内容可供报道。如果企业可供报道的素材不够多，宣传人员就应该开展几次有新闻价值的活动，如周年庆典、展览会、博览会、时装表演、捐赠仪式、学术讨论会、记者招待会和邀请名人讲话等。有时平凡的创意也能成大新闻。如北京某商场在雨天免费向客户提供雨伞，只要求客户凭觉悟在下次光顾商场时将雨伞送还。尽管会有个别客户带走两把雨伞，后来送回的雨伞也不多，但这一事件被记者拍成电视新闻播放后影响很大，而这正是商家所期待的。

③实施公共宣传方案。从事宣传工作必须慎重。重大新闻很容易被新闻媒体报道出来，但企业有分量的重要新闻并不多，不一定都能被编辑采用。所以，宣传人员应与媒体编辑加强联系，了解编辑所需。如果宣传人员把媒体编辑看作一种市场，满足其需要，编辑必然会采用他们提供的新闻素材。

④评估公共宣传效果。测定公共宣传的效果是一件比较困难的事情，因为公共宣传通常都与其他促销工具一起使用，很难分清哪些是公共宣传的贡献。但如果在使用其他促销工具之前开展宣传活动，评价其贡献就容易多了。公共宣传是根据有关沟通对象反应的目标而设计的，这些目标可以作为测量其活动效果的基础。

案例 8－2　玛丽黛佳的线上线下活动创意

8.4　渠道的投资组合

渠道投资成为企业日益关注的话题，实现整体更有效率的投资组合也势在必行，然而资源的有限性告诉我们必须进行合理的投资组合规划。

1. 渠道投资组合的流程

预算总是有限的，资源也总是不足的。如何将资金及资源投入到最必要的地方成了企业亟须解决的问题。企业必须明确其投入是否能获取最好的回报，是不是企业改善产品市场及收益状况的迫切需要。在渠道建设上不管是投资不足还是投资过度都会给企业带来负面影响。因此，企业必须拥有一个合理的规划，使投资资金及资源能够最大限度地服务于渠道建设。

事实上绝大多数企业倾向于以上一年的渠道成本为基准，根据企业现在的销售和营销状况适当增加或减少投入。于是经营良好的企业可能在本年度追加投资，而经营欠佳的企业则可能削减投入。这种常规预算规划可能适合单渠道模式，却不适合多渠道模式，其原因有以下两点：

（1）缺少对市场或收入的分析。大多数企业都是根据上年度的渠道成本来决定本年度的预算，这本身就是一个错误的做法。渠道的预算应该根据该渠道能够为企业带来的收入来确定，这才是切合实际的做法，尤其在多渠道投资组合中。应该将投资向能够带来最多收入的渠道倾斜。

（2）渠道规划缺乏系统性。常规预算通常是独立处理每一笔销售及营销开支，而不是将它们视为市场投资体系的一部分。常规做法下，不同渠道的管理者纷纷提出自己在资金和资源上的要求，这些都将纳入预算的考虑范围。在独立处理各预算的情况下，似乎每个要求都有合理性，基本上都会批准，导致企业的综合销售成本的增长率要大于销售额的增长率。

多渠道预算应当遵循以下投资组合流程（见图 8－1）：

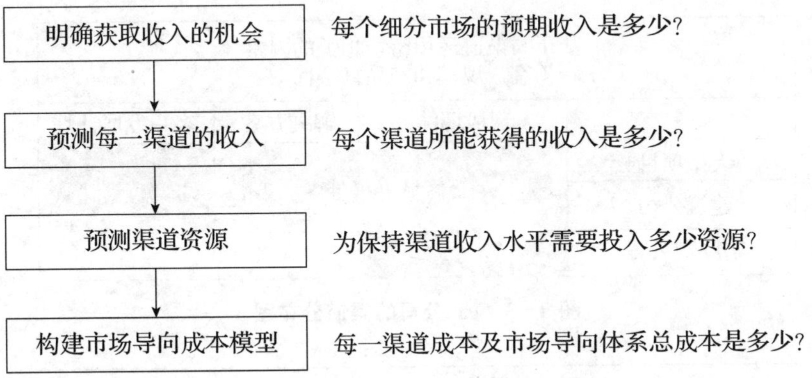

图 8-1　多渠道投资组合流程

资料来源：牛津协会.

下面对多渠道投资组合流程的四个步骤进行具体阐述。

2. 明确获取收入的机会

最普遍的收入预测方法是根据不同的细分市场和不同的产品线的销售预期值来构建最终的预期收入。图 8-2 给出了一个范例。

基于市场与产品线			
	标准墙漆	混合墙漆	特殊墙漆
住宅	350	150	100
厂房	400	500	200
公共设施	350	250	800
总预期收入3 100			

基于与渠道运用密切相关的因素（客户规模和产品复杂性）			
	现成墙漆	解决方案	客户发展计划
大型项目	100	500	800
建筑公司	600	400	300
家庭购买者	400	0	0
总预期收入3 100			

图 8-2　EF 公司下一年预期收入（万元）

EF 公司的墙漆产品分为标准墙漆和半成品墙漆，通过遍布全国的各级零售商售卖。同时公司还有直销队伍，针对大型项目以及一些大客户的特殊需要，基于半成品墙漆提供解决方案，或设计客户需要的墙漆。图 8-2 中，左图基于市场与产品线的预期收入最大的问题就是没有办法决定如何选择渠道，在各渠道之间平衡业绩指标和资源，而右图基于渠道的预期收入则可以根据产品的复杂化程度对应到具体的渠道。

3. 预测每一渠道的收入

结合图 8-3 中 EF 公司的渠道分布图和图 8-4 中各渠道销售目标，可以计算出各渠道的预期收入。

4. 预测渠道资源

渠道收入与实现该目标所需要的资源有着直接关系，渠道收入＝资源数×每一资源

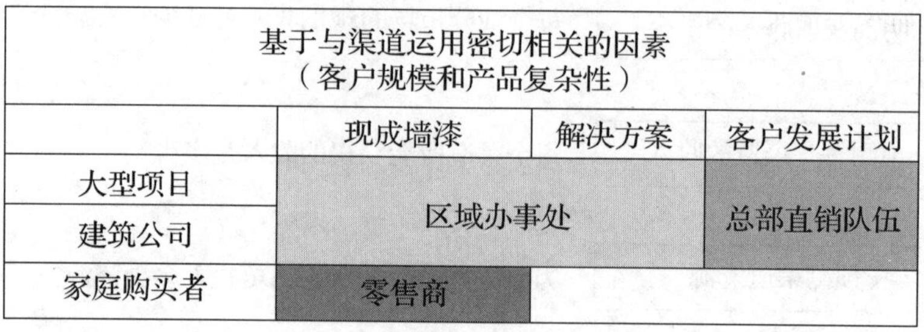

图 8－3　EF 公司的渠道分布图

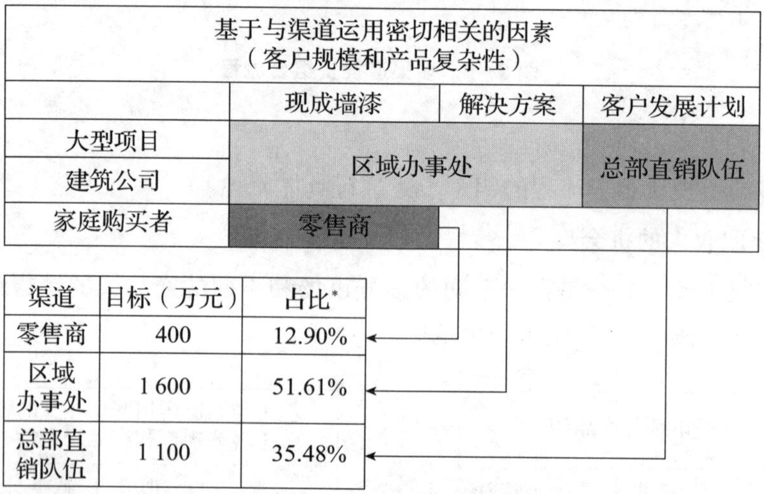

图 8－4　各渠道销售目标

* 因四舍五入，三项相加之和不等于 100%。

的产出收入。这里的资源数通常指的是销售人员的数目，因为销售人员通常是资源中最昂贵的。如果每个销售代表一年的产出是 100 万元，那么拥有 10 个销售代表的销售队伍的产出就是 1 000 万元（见表 8－1）。

表 8－1　EF 公司的渠道资源需求分析

	目标收入（万元）	每个资源的产能	需要的资源数目	已有资源数	资源数目的增减
零售商	400	80	5	3	2
区域办事处	1 600	80	20	25	－5
总部直销队伍	1 100	100	11	6	5

以 EF 公司为例，用每个渠道的目标收入除以每个资源的产能就可以计算出各个渠道所需要的人员数目。再结合公司已有资源数目，就可以调整公司的渠道人员配置了。

5. 构建市场导向成本模型

渠道成本除了资源成本以外还有别的成本和费用，表 8－2 列举了不同渠道应该考虑的成本费用。罗列各渠道发生的所有相关费用后，作出合理的预算，比较各渠道的收入/成本，确定合理的预算分布。

表 8-2 建立渠道费用模型的基本框架

1. 直接销售成本	销售代表的工资和佣金 间接渠道费用（差旅费、场地演示费等） 销售管理费用的摊销
2. 分销商成本	分销商或商业伙伴的利润 电话成本 计算机系统成本 销售管理费用的摊销
3. 电话营销成本	电话营销代表的工资和佣金 电话成本 计算机系统成本 销售管理费用的摊销
4. 电子商务成本	电子商务的创建成本 电子商务的运营成本 合同履行成本
5. 营销和广告成本	渠道支持的营销成本和促销成本 广告和媒体的支持成本 公司营销费用的摊销
6. 履约成本	运输 订货程序 存货运送成本 融资/风险假定
7. 日常费用的摊销	公司日常管理费用的摊销 其他应摊销的费用

本章小结

渠道管理的任务不仅仅限于销售产品，同时也需要对产品策略不断调整，优化产品策略。在渠道中不同产品的类型以及潜在消费者的行为模式有所不同，把握渠道中新产品开发管理以及产品生命周期管理，是渠道管理人员提升产品策略优化的关键，也是保证渠道管理成功的基石。

价格是营销组合中最灵活的因素，它与产品不同，变化异常迅速，故价格与价格竞争是渠道面临的主要问题。给产品定价是商业上的一个难题。在定价时，渠道成员必须确保渠道获得应有的利益。关键是让消费者心甘情愿地为渠道成员的产品或服务付费。

对于渠道成员而言，开展促销管理是渠道管理中最复杂、最富技巧性的一个环节，渠道的促销管理在把产品及相关信息传递给目标客户的同时，试图在特定的目标群体中唤起渠道管理人员预期的意念，从而对目标群体的行为和态度产生有效的影响。对于渠道管理人员而言，可以对广告促销、销售促进、公共宣传等促销活动进行管理来提高渠道的促销能力。

预算总是有限的，资源也总是不足的。企业必须拥有一个合理的规划，使投资资金及资源能够最大限度地服务于渠道建设。多渠道预算应当遵循以下投资组合流程：明确获取收入的机会；预测每一渠道的收入；预测渠道资源；构建市场导向成本模型。

基本概念

新产品开发管理　　渠道定价管理　　销售促进管理　　广告促销管理

思考题

1. 渠道的新产品开发管理可以从哪几个方面入手？
2. 在产品生命周期的不同阶段，渠道管理的内容有哪些？
3. 渠道定价的影响因素有哪些？
4. 渠道成员对产品定高价或者低价后，必须做哪些工作使得定价与预期的渠道形象保持一致？
5. 渠道定价管理步骤有哪些？
6. 渠道如何开展对销售促进的管理，具体内容有哪些？
7. 渠道中开展公共宣传管理的作用有哪些？
8. 多渠道预算应当遵守的投资组合流程是什么？

案例分析

天猫和京东的线下渠道拓展

天猫商城是阿里巴巴集团旗下经营 B2C 零售业务的平台。阿里巴巴集团拓展线下渠道几乎所有的举措都是围绕天猫商城推出的。根据《零售业态分类》标准，天猫拓展的线下渠道主要有百货店和超市两种业态。首先拓展的线下渠道为百货店业态。2014 年，阿里巴巴集团战略投资 53.7 亿港元，与银泰百货成立合资企业，共同发展 O2O 业务。之后，天猫全面接手银泰百货原有的 B2C 平台，银泰的会员体系也与天猫商城的大数据体系打通，线上线下融合渐趋紧密。其次是与三家企业合作拓展超市业态。一是投资成立专营生鲜类食品的首家支付宝会员店盒马鲜生，采用线上线下全渠道商业模式，承诺顾客无论是在店内购买商品还是在线上 App 下单，都享受 5 公里内 30 分钟送达的服务。二是投资 21.5 亿元收购三江购物 32%的股份。三江购物是浙江省最大的连锁超市之一，开始采用阿里巴巴集团的新零售经营模式开设创新门店进行运作试验，为接下来的渠道融合做好准备。三是购买战略合作方百联集团旗下的联华超市 18%的股份，成为第二大股东。联华超市目前拥有“世纪联华”“联华超市”“华联超市”“快客便利”等主要品牌，涵盖大型超市、超市和便利店三种业态，总门店数达到 3 618 家，遍布全国 19 个省份和直辖市。

京东商城拓展的线下渠道主要分为四个业态类型：一是便利店业态。2013 年 11 月，京东与位于山西省的唐久便利店合作上线 O2O 项目，京东负责在自己的 B2C 平台上为唐久便利店搭建入口，提供在线流量，顾客在京东平台下单后，便利店后台的信息系统会指导供货、仓储和最后一公里配送。其后，京东陆续与上海、哈尔滨、温州、西安等国内 10 多座城市的 10 000 多家便利店达成战略合作，包括快客、好邻居、美宜佳、良友等 10 多个品牌，借助便利店在社区的地缘优势扩大线下规模。二是超市业态。2015 年，京东与永辉超市达成战略合作，京东持有永辉超市 10%的股份。永辉超市借助京东到家 App 平台，承诺 3 公里配送范围 2 小时内送达的服务。京东则在永辉超市的三家门店内开设了“京选空间”，陈列 3C 产品、“全球购”化妆品、个护产品等，顾客扫码下单，商品快递到顾客的目的地。三是大型超市业态。2016 年，京东与沃尔玛达成深度战略合作，沃尔玛持有京东 12.1%的 A 类普通股，京东获得 1 号商城包括“1 号店”的品牌、网站、App 在内的主要资产。沃尔玛逐步把包括 App 在内的线上平台转移到京东，把仓储、配送等物流服务交由京东负责。四是专业店业态。京东选择具有竞争优势的家电品类和母婴品类以加盟店的形式拓展线下专业店。2014 年底，京东在县级市开设“京东帮服务店”，为县域及农村消费者提供代客下单、大件商品送货、安装、维修、退换等一站式服务。到 2016 年底，京东帮服务店已达 1 700 多家。依托京东帮服务店的快速发展，2017 年开始设立家电专卖店，负责销售、市场选择、客户推荐维护等工作，配送、安装及售后退换货、维修等工作由京东帮服务店负责。2017 年 7 月，京东宣布母婴渠道下沉计划，在全国范围内开设“京东贝全母婴伙伴店”，专注建设“线上＋线下＋物流”的母婴新零售闭环，重点覆盖三、四线城市，目前已在部分城市开业。

资料来源：刘畅．基于多案例分析的 B2C 电商线下渠道拓展研究．中国商论，2018（11）.

▶ **思考题**

1. 天猫与京东为什么分别要对线下渠道进行拓展？
2. 试对天猫与京东的多渠道投资组合进行评估。

03

第3篇

选择渠道类型

企业可以选择代销、经销、销售代理、连锁经营、特许经营、技术授权、海外投资、专卖店、直销、电商渠道、邮购、媒介销售、自动售货等方式来分销产品。本篇主要介绍几种重要的渠道类型：经销与销售代理、连锁与特许经营、电商渠道、国际分销渠道。

第9章

经销与销售代理

本章要点

1. 经销商的含义和分类
2. 销售代理的方式
3. 代理商的特点

引导案例

雪佛兰对经销商网络的改造

2018年1—10月，在中国乘用车市场同比下降1.02%的不利环境下，雪佛兰在中国的销量（含出口）达到552 219辆，同比增长22.7%。尽管在2016年雪佛兰因产品线和外部政策等问题还进退维谷，但经过对产品矩阵、服务、品牌形象，尤其是经销商网络的系统改造，雪佛兰终于走出了困境，逆势攀升。

2015年左右，部分经销商退出合作，雪佛兰适时开启了经销商的升级改造之路。第一，将经销商体系的稳定发展和健康度作为优先考量因素，根据市场实际需求合理设定销量目标。2016年以来，雪佛兰市场团队根据具体市场特征，为不同区域经销商针对性地设计盈利模型，并给予适当奖励，鼓励经销商多提供衍生服务。第二，帮助经销商提高衍生业务能力，挖掘更多盈利点，如回厂、售后、保险等业务。在江苏、浙江等地区，部分雪佛兰4S店的购车贷款渗透率已经超过60%，比豪华车品牌更高。第三，全面着手对经销商展厅进行升级改造。展厅改造之后，拥有全球同步的全新品牌形象，此举既增加了经销商面对用户时的信心，也提升了用户对品牌的好感度。第四，2017年以来，雪佛兰还做了一些新的尝试：通过经销商与当地的汽贸城、汽配城合作挂靠二级经销商，在二级经销商布置一些活动物料，做基本的品牌形象展示，借此对现有经销商网络渠道进行补充。

经销商是汽车品牌和用户之间最直接的接触点。雪佛兰科学且持续的精细化运营，不仅让经销商和消费者实现共赢，更提升了自身品牌的口碑和含金量。

资料来源：市场寒冬，雪佛兰为何能逆势攀升?. https://www.cyzone.cn/article/483045.html.

在分销渠道的各种类型中，经销与销售代理是生产性企业采用的最常见的渠道类型。

9.1 经销

在分销渠道的各种类型中，经销是生产企业最喜欢采用的一种，也是应用最广的一种。批发商与零售商的种类与特点，如何选择和管理批发商与零售商是本节关注的内容。

1. 经销商的含义

在经营中，厂家若指定某公司作为其产品交易的中间商，双方明确购销合同，约定由厂家持续地供给该中间商一定产品进行转售，我们就称该中间商为经销商。这个购销合同也就是经销合同，合同中除了明确该中间商的销售权利外，同时明确了其销售义务。实务中的经销商与厂家的关系是一种法律上的买卖关系；经销商依据经销合同可以享受某些权利，如独家专卖权或是货物供应数量的承诺等，但也须承担诸多义务，如一定时期内达到最低经销金额或数量。经销商与一般的贸易商的区别是，经销商与厂家是一种持续的、特殊的买卖关系。经销商与代理商的主要区别是，代理商不是从厂家购来产品销售，代理商只是以厂家的名义替厂家销售，是一种法律上的代理关系；而经销商是从厂家持续地购入产品，为厂家提供销售服务，它与厂家之间是法律上的买卖关系。

经销商的货物是根据经销合同由厂家保证供应，因此，厂家能够通过经销合同对经销商在购货数量、价格、服务、分支机构与广告推广方面加以控制。经销商只能在一定限度内自行定价，定价过高，销售量下降，厂家会有意见；定价过低，影响自身利润。

经销商一般都要有一定的资金，有分销机构和服务设备，可在当地储存厂家的货物，而且提供的服务项目往往超过一般中间商所能提供的服务项目。在国际分销中，经销商担任重要的角色，起着独特的作用。一般而言，厂家国外没有销售代理商，或该销售代理商仅负责广告促销及售后服务时，经销商就需要担负起产品进口后在当地配销的职能。

经销商与代理商的不同，可用图 9-1 的业务流程图来表示。

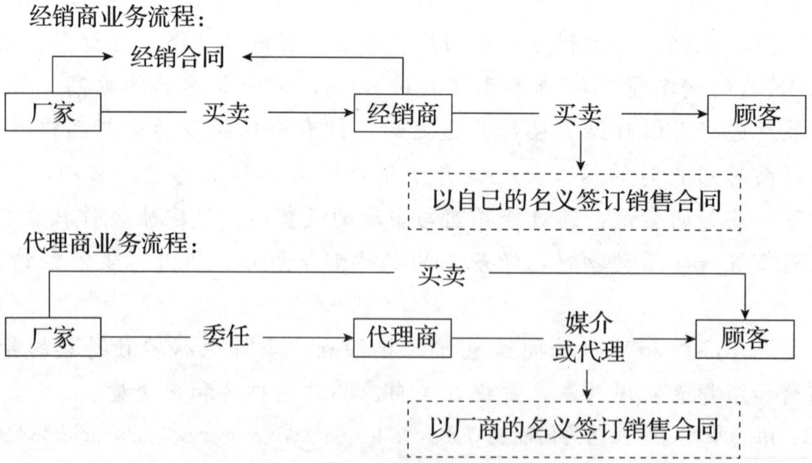

图 9-1 经销商与代理商业务流程图

由于经销商与代理商有本质区别，经销合同与销售代理合同本质上也有区别。经销合同无论从哪一个角度来看都是买卖合同，厂家与经销商之间发生买卖关系，经销商与最终顾客发生买卖关系，而厂家与最终顾客并无买卖关系。

2. 经销的方式

独家经销与非独家经销是经销中的两种主要方式。

（1）独家经销。独家经销是指中间商以买方的身份从厂家购入商品替其销售，该中间商自负盈亏，而且在一定区域内，就该厂家的特定产品享有独家购买权、销售权。因此，独家经销商与厂家之间的关系在法律上与一般的买卖关系并无本质区别，只是该经销商在一定时期、一定区域内对特定的产品有独家购买权、销售权。

独家经销合同是规定厂家将独家经销权授予经销商的有法律效应的文书。独家经销合同一经签订，原则上授权人不得再通过其他途径将该产品授给约定的经销区域中的任何企业或个人。同时，独家经销商从原则上来讲也失去经销具有竞争性的其他厂家的产品的权利与自由。例如，我国某电视机制造厂与美国某进口商订立了美国地区的独家经销合同，则该电视机制造厂就不得再通过其他渠道将电视机销往美国。同时，该进口商原则上也失去经销其他厂家的有竞争性的同类电视机的自由。

在国际分销中，将独家经销权授予某一进口商并予以保护，是获得进口商充分合作的好办法。国外的进口商往往主动要求授予独家经销权，因为国外进口商进口货物在国内转售，风险大，投入的资金也较多，而且对销售的货物往往要提供售后服务，拥有独家经销权，就可以避免无谓的竞争，确保合理的利润。

对于厂家而言，独家经销制度有如下优点：

- 可获得经销商的充分合作。
- 独家经销商一般推销更为卖力，厂家可避免与顾客直接接触，从而节省开支。
- 宣传、广告方面易获得合作。
- 可减少国外顾客的信用风险。
- 彼此间的意见易沟通，由此获得必要的支援与建议，发生争议时较容易解决。
- 独家经销商售后服务更为专心，从而使产品获得良好的声誉。

（2）非独家经销。非独家经销是指厂家的某一特定产品由几家经销商共同经销。这种经销方式下，厂家的商品除了可以通过这几家经销商销售外，还可以招揽更多的经销商或通过其他渠道进行销售。

非独家经销方式可以避免独家经销方式的许多弊端，有如下优点：

- 厂家有较多的经销商，不易被某一个经销商控制其销售。
- 经销商数目众多，销售力量更为强大。
- 经销商之间相互竞争，共同开拓市场。
- 独家经销商有独家经销权，买卖之权系于一身，有可能服务态度不如非独家经销商好。

3. 经销商的分类

经销商按销售对象可分为两大类型：批发商和零售商。

（1）批发商。批发商是指一切将物品或服务销售给为了转卖或者商业用途而进行购买的个人或组织。

①批发商的类型。批发商按职能和提供的服务是否完全，可分为两种类型：

● 完全服务批发商。这类批发商执行批发商业的全部职能，提供的服务主要有：保持存货、雇用固定的销售人员、提供信贷、送货和协助管理等。完全服务批发商分为批发商人和工业分销商两种。批发商人主要向零售商销售，提供广泛的服务；工业分销商向制造商而不是零售商销售产品。

● 有限服务批发商。这类批发商为了减少成本费用，降低批发价格，只提供一部分服务。有限服务批发商又可分为五种类型：

—现购自运批发商。它不赊销，也不送货，顾客要自备货车去批发商的仓库选购商品，当场付清货款，自己把商品运回来。现购自运批发商经营食品杂货，其顾客主要是小食品杂货商、饭馆等。

—承销批发商。它们拿到顾客（包括其他批发商、零售商、用户等）的订货单，就向生产者进货，并通知生产者将物品直运给顾客。承销批发商不需要有仓库和产品库存，只要有一间办公室或营业室就行，因而这种批发商又叫作“写字台批发商”。

—卡车批发商。它们从生产者那里把商品装上卡车后，立即运送给各零售商店、饭馆、旅馆等。这种批发商不需要有仓库和产品库存。由于卡车批发商经营的商品多是易腐和半易腐商品，它们一接到顾客的要货通知就立即送货上门。卡车批发商主要执行推销员和送货员的职能。

—托售批发商。它们在超级市场和其他食品杂货商店设置自己的货架，展销其经营的产品。产品卖出后，零售商才付货款。这种批发商的经营费用较高，主要经营家用器皿、化妆品、玩具等产品。

—邮购批发商。指那些借助邮购方式开展批发业务的批发商。它们经营食品杂货、小五金等产品，其顾客是边远地区的小零售商等。

②批发商的选择。由于各行各业的情况不同，需求也不同，选择批发商时结合本行业的特定情况加以考虑，以满足公司的需要。在选择批发商时，至少有以下因素需要重点考虑，即批发商在业界的声誉、渠道网络、经营管理能力、财务能力、所销售的产品品牌与种类、提供售后服务的能力及合作意愿等。

下面以医药行业的制造商为例，就选择批发商的有关因素进行详细说明。作为医药行业的制造商，在选择批发商时会关心该批发企业渠道的广度和深度、资金实力、信誉等级以及营销能力等因素。表 9－1 和表 9－2 为某医药制造商制定的批发商筛选量表。

表9-1 某医药制造商的批发商筛选量表（一）

评价项目	权重	评价			评价标准
		好（10）	中（5）	差（0）	
业内评价	1				1. 多数人评价很好，无冲窜货历史：好 2. 多数人评价较好，可以有少量非故意性冲窜货：中 3. 业内口碑很差，有冲窜货记录：差
终端情况	1				1. 有效终端数量大于10：好 2. 有效终端数量介于3～10之间：中 3. 有效终端数量小于3：差
计划和目标	1				1. 有明确的营销与市场推广规划，并有远期规划：好 2. 有近期简单规划：中 3. 无规划：差
企业文化认同度	1				1. 对企业文化高度认同，愿意遵守企业的规章制度：好 2. 对企业文化比较认同，对企业的某些规章制度有看法：中 3. 完全否认企业的文化和制度：差
支付保证金情况	2				1. 无条件足额支付：好 2. 愿意首先支付一定比例：中 3. 不愿支付保证金：差
从业历史	0.5				1. 大于2年：好 2. 6个月至2年：中 3. 小于6个月：差
个人资料真实性	0.5				1. 愿意及时提供个人真实资料：好 2. 有所保留，基本配合：中 3. 不提供个人真实资料或提供虚假信息：差
总分	7				

使用方法：

1. 通过条件

不存在0分项，且总分≥60。

2. 停止条件

（1）任何一项为0分，则该经销商为不合格，不予进入下一步。

（2）中评≥3项，该经销商为不合格，不予进入下一步。

3. 二次筛选条件

不存在0分项，中评≤2项，且总分≥55，则进入下一步。

表9-2 某医药制造商的批发商筛选量表（二）

评价项目	权重	评价			评价标准
		好（10）	中（5）	差（0）	
市场策略	1				
市场开发计划和目标	0.2				1. 有详细计划：好 2. 有计划，但不很明确：中 3. 毫无计划，缺少想法：差

续表

评价项目	权重	评价			评价标准
经营药品的成功实例	0.2				1. 丰富的成功经验：好 2. 成功经验不多，但有明确目标和潜力：中 3. 无成功经验也无想法：差
开发终端的成本	0.2				1. 大量前期投入：好 2. 前期投入不多：中 3. 利用现有资源坐享其成：差
对药品投入的精力	0.2				1. 80%以上投入：好 2. 一次支付 50%～80%投入：中 3. 一次支付 50%以下投入：差
盈利模式	0.2				1. 成熟、完善：好 2. 不断调整变化：中 3. 打一枪换一地：差
代理商实力	1				
资金实力	0.2				1. 一次支付 10 件以上：好 2. 一次支付 5～10 件：中 3. 一次支付 5 件以下：差
发展潜力	0.2				1. 思路清晰，管理规范：好 2. 经验丰富，但缺乏管理：中 3. 毫无章法，一锤子买卖：差
销售队伍素质	0.2				1. 拥有专业销售人员：好 2. 有业务员，但销售和产品知识匮乏：中 3. 没有销售人员：差
采用的配送公司	0.2				1. 专业配送公司：好 2. 自己配送：中 3. 无配送，临时寻找：差
人脉关系	0.2				1. 重点终端有强大关系网：好 2. 同行关系强大，但重点终端关系较少：中 3. 初入行，无人脉资源：差
合作意愿	1				
合作态度	1				1. 态度积极，意向明确：好 2. 态度友善，试探性意向：中 3. 不认同公司文化，只认价格：差
总分	3				

使用方法：

1. 通过条件

总分＞15

2. 停止条件

总分≤15

量表（一）得分＋量表（二）得分≥70 分，为合格经销商

③批发商管理精要。对照表9-3，制造商可检查自己对批发商的管理是否到位，批发商的积极性是否被激发出来。

表9-3 批发商管理精要

问题	要点	检查结果
1. 选择批发商最重要的因素是什么?	渠道网络、资金实力、信誉、市场推广能力、经销同类产品的经验、仓储设施等	
2. 怎样要求批发商做市场推广?	通过控制的网络快速铺货，及时向厂家反馈销售情况，做好促销工作等	
3. 怎样促进批发商的布点工作?	要求批发商建立零售点登记台账，编制零售客户分布图，拜访客户，召开座谈会，建立信息反馈制度等	
4. 对批发商送货的要求是什么?	定时间，定人员，定线路，定重点客户等	
5. 控制、激励批发商的主要环节是什么?	品牌、质量、铺货、广告支持、补货、库存、折扣、回款周期、经销区域、稳定的合作关系等	

(2) 零售商。零售商就像其所售产品一样，也经历发展和衰退阶段，这称为零售生命周期。一种零售商在某个历史时期出现，经过一个迅速发展的时期，日臻成熟，然后衰退。老式的零售商经过多年才发展到成熟阶段，新式的零售商发展到成熟阶段所需要的时间就短多了。新型商店的出现是为了满足顾客对服务水平和具体服务项目的各种不同的偏好。

①零售业态。零售业态是指为满足不同的消费需求，商品零售经营者对相应要素进行组合而形成的不同经营形态。国家标准《零售业态分类》(GB/T 18106－2021) 根据有无固定营业场所，将零售业态分为有店铺零售和无店铺零售两大类。

有店铺零售按店铺的特点，根据其经营方式、商品结构、服务功能，以及选址、商圈、规模、店堂设施、目标顾客等单一要素或多要素进行细分，可分为：便利店、超市、折扣店、仓储会员店、百货店、购物中心、专业店、品牌专卖店、集合店、无人值守商店十种零售业态。

无店铺零售分为网络零售、电视/广播零售、邮寄零售、无人售货设备零售、直销、电话零售、流动货摊零售七种业态。

②零售商的选择。鉴于零售商控制着绝大多数制造商同消费者见面的机会，所以，选择能够贯彻自己经营意图的零售商，自然是制造商看重的事情。

零售商遴选条件主要包括：

● 选址：调查店铺的商业性质、商圈消费者数量、竞争店数量、经营业绩、客流状况、交通是否便利、周边店铺情况、场地条件、规模大小、商誉等。

● 零售业态与产品特性：日杂店对于各种便利品或中低档选购品来说，是比较好的零售渠道。中高档化妆品和大件家用电器应选择分布在客流量较高的闹市区的经销店。

● 销售某种产品的专门经验：找熟手要比找生手好。

● 主力产品：主力产品代表了业态的主要功能和核心能力。主力产品缺乏是我国零售业目前最突出的通病，也是造成千店一面的重要原因，这常常使很多商家不能进入厂家的入选范围。所以，在主力产品上下功夫是商家获取竞争优势所必须的。

● 市场开发能力：主要体现在商品吞吐规模、市场开发投入、促销的技能以及在困境中突破重围的行为能量等诸多方面。

● 综合服务能力：如广告宣传力度、店堂演示、产品咨询、技术服务、送货、养护、退货等。

案例 9－1　海天味业无处不在的经销网络

9.2　销售代理

对代理商的管理是渠道经理的一项重要工作。本节主要阐述什么是销售代理，销售代理的种类及其选择、如何管理代理商。

1. 销售代理的含义与作用

销售代理是以被代理人的名义代替其联系订单及做其他与销售有关的工作的分销方式，代理过程中发生的法律权利与责任皆归被代理人所有。销售代理一般是缔约代理商，以被代理人的名义行事，拥有代替被代理人订立合同的权利。销售代理商必须是独立的商业主体，有固定的经营场所，与被代理方的关系是长久的、持续的。

销售代理是企业开拓市场特别是开拓国际市场的一种主要分销方式。其作用主要表现在以下几个方面。

（1）使企业产品更快地进入某一市场，试探市场需求。制造商通常不如销售代理商熟悉当地市场，销售代理商比较熟悉当地的销售渠道与风俗习惯，比企业销售人员更易拓展市场。企业使用代理商，不能完全控制其销售工作，也无法要求其充分配合企业的营销目标，但是设立销售分支机构，自建销售网络，需要大量的投入，而且往往需要相当长的时间才能见效，不能像使用销售代理商那样迅速打开市场。

企业可以使用代理商进行市场试验，若销售情况不如意，可以迅速转移投资，若销售量显示市场潜力相当大，也可以结束代理关系，由厂商自设营销机构进行销售。

（2）降低市场风险，降低销售成本。如果当地投资环境不适合投资建厂，或者国外市场潜力不足，可使用代理商在当地销售。代理商对本地市场较为熟悉，对客户的信誉状况也较为了解，厂商能获得较多的订单，收回货款也较为容易。

通过代理商进行交易，可以减少自建销售网络所必需的高昂的固定成本，如营业地点租金、办公设备和通信设备的购置费、仓库费；同时也节省了可变成本，如推销员的工资由低得多的佣金费所代替，因而大大降低了销售成本。

（3）减少交易次数，加强售后服务。制造商不可能面向所有的最终用户。由于代理商可以将顾客的零星订单汇总，一次订购，制造商就可以避免零星订单的交易，减少接洽次数，提高效率。

代理商可以为顾客提供售后服务，从而促进销售。规模大、实力雄厚的代理商在售后服务方面作用更大。厂商在选择代理商、签订代理合同时都十分重视售后服务条款，在销售代理合同中，一般都规定了代理商的零配件储存量、服务范围及提供售后服务的费用水平，同时也规定了代理商提供售后服务的额外报酬的计算方法。

2. 销售代理的方式

确定采用代理商进行分销之后，企业紧接着要选择合适的代理方式，即是选择独家代理方式还是多家代理方式；是采用佣金代理方式还是买断代理方式；抑或是将代理方式与其他分销方式配合使用（见表9-4)。

表9-4 销售代理方式

<table>
<tr><th colspan="2">某一市场上代理商的数量</th><th colspan="2">是否承担货物风险以及与原厂的业务关系</th><th colspan="5">混合</th></tr>
<tr><td>独家代理</td><td>多家代理</td><td>佣金代理</td><td>买断代理</td><td>代理商与原厂互为代理</td><td colspan="3">经销与代理混合</td><td>分支机构指导下的代理方式</td></tr>
<tr><td colspan="2">● 产品生命周期
● 市场潜力
● 厂家产品类型区分
● 现有代理商的能力</td><td colspan="2">● 产品特点
● 代理商实力
● 价格策略</td><td></td><td>总代理商下设经销商</td><td>总经销商下设代理商</td><td>总代理商与总经销商并存</td><td></td></tr>
</table>

(1) 独家代理和多家代理。独家代理是指厂家授予代理商在某一市场上的独家代理销售权，厂商、其他代理商与其他贸易商都不得在该市场上推销产品的一种代理形式。独家代理的特点是：

第一，厂家可获得代理商的充分合作，立场容易统一，双方都易获得对方的支持。

第二，代理商更乐意做广告宣传与售后服务工作。

第三，厂家对销售代理商更易于管理。一个市场区域只有一家代理商，从发货到费用、佣金控制、再到视察代理商的工作都较为方便。

第四，厂家易受代理商的要挟。

多家代理是指厂家在某一市场区域内有多家销售代理商，它们共同开发该市场的代理形式。多家代理的特点是：

第一，代理商之间相互牵制，厂家居于主动地位。

第二，厂家所拥有的销售网络更为宽广。多一家代理商，厂家就多一条市场通路。多家代理商的销售网络自然比一家代理商的销售网络要宽广。

第三，更易为某些国家或地区所接受。一些国家或地区如欧盟等认为独家代理的方式违背了货物自由流通的原则，而采用多家代理的方式从法律上更易规避风险。

第四，容易造成代理商之间的恶性竞争。多家代理造成的竞争往往表现为价格上的竞争。当某家代理商降价时，另一家虽然可以向厂家反映，但往往也不得不跟着降价。

第五，代理商的士气不高。

制造商应考虑产品不同的生命周期、市场潜力及现有代理商的能力，灵活运用独家代理方式与多家代理方式。

当产品处于投入期与成长期时，由于厂家要求代理商向顾客提供使用指导、技术服务、售后维修服务等，代理商必然会要求在某一市场区域拥有独家代理权。当产品处于成熟期或衰退期的前期时，厂家便可以考虑增加代理商的数量。

市场潜力不同，代理方式也应不同。采取多家代理方式的前提是市场潜力较大，需要多家代理商共同开发市场。市场潜力过小，多家代理商同时代理，则会僧多粥少。这时采用独家代理的方式更合适，不但节省了厂家的佣金支出，而且代理的效率比多家代理更高。

厂家的产品类型的区分十分明显，譬如高级品与低级品的顾客区隔十分清楚时，厂家可作更细的市场区隔，对不同的市场授予不同代理商独家代理权，以掌握不同特性的顾客。若厂家的产品之间并无明显的区分，市场容量较大，还是以多家代理的方式为宜。若这时厂家采取独家代理的方式，代理商会陷入争夺顾客的泥潭。

从代理商的能力看，独家代理商应当有较强的销售能力、较宽的销售网络及较为雄厚的实力。否则，厂家便得考虑采用多家代理的方式。

（2）佣金代理和买断代理。佣金代理情况下，代理商的主要收入是佣金。佣金代理方式包括代理关系下的佣金代理与买卖关系下的佣金代理。代理关系下的佣金代理是纯粹的销售代理，代理商只领取佣金收入，不承担买卖风险。买卖关系下的佣金代理中，厂家与代理商之间有一定的买卖关系，代理商以自己的名义向厂家购进商品，代理商的收入是佣金收入加上产品售价超过厂家定的最低价后的销售利润，代理商承担的风险较大。与买断代理方式相比较，佣金代理方式的特点是：

第一，厂家更容易控制代理商。佣金代理商一般资金实力不太强，而且代理合同对佣金代理商的约束更大，在进货方式、价格、费用发生、成本核算方面受厂家的控制更严。在产品未到消费者手中之前，产品的所有权一直都归厂家所有。

第二，产品价格更为统一，竞争力更强。佣金代理方式下，产品价格决策权基本上掌握在厂家手中，厂家就能根据世界市场的不同，制定比较统一与完整的价格体系，使企业价格策略与厂家的总体营销目标相符合。这是厂家最感兴趣的一点。佣金代理方式下，代理商的收入主要是佣金，即使是买卖关系下的佣金代理商，其收入也不过是佣金加上售价超过最低价的那一部分收入，因此产品的销售费用低，销售价格也就相应低，产品竞争力更强。

第三，对代理商而言，佣金代理需要的资金较少。对代理关系下的佣金代理商而言，最重要的是要有销售网络，资本并不是很重要，因为该代理商的营运周转资本只要能应对货运、报关、仓储等方面的费用即可。对买卖关系下的佣金代理商而言，所需的资本周转金需根据付款条件而定。

买断代理是指代理商先购得厂家产品后再售给客户，获得买卖差价收入，同时负担广告宣传的一种代理方式。其特点是：

第一，买断代理商资金雄厚，销售能力一般来说更强。买断代理商大多从经销商、自营贸易商转化而来，故其销售网络一般都相当广。

第二，产品价格无法统一。买断代理商取得产品的所有权后，产品的价格一般就由买断代理商来决定，从而导致全球价格不统一，厂家基本上无价格策略可言。但是，知名企业在谈判时处于强势地位，有能力控制买断代理产品的最终售价。

第三，买断代理商承担的风险较大，经营收入一般要高于佣金代理商的收入。厂家一旦将产品卖给买断代理商，其后的风险一概由买断代理商承担。当然，当买断代理商以到岸价格（CIF）条款与厂家订立买卖合同时，厂家还得对货运中发生的意外事故承担连带责任。佣金代理商的收入主要是佣金，一般在10%～15%，买断代理商的收入则主要是买卖价差，其盈利状况由买卖价差的大小来决定，因此收入一般较高。买断代理商的高收入与其在买卖中承担较多的职责和较大的风险成正比。

选择佣金代理与买断代理时应考虑产品内容、代理商的实力、价格策略等因素。

企业产品处于投入期或是成长期时，适合采取佣金代理方式。因为这时企业亟须找到代理商，打开市场。若企业采用买断代理方式，代理商一般不愿意承担买卖中的风险。买断代理方式一般适用于成熟期的产品或是名牌产品，尤其是名牌的消费品。

企业若选用买断代理方式，则要求代理商有较为雄厚的资本、较大的影响力、良好的商誉。采取买断代理方式，企业的营销基本上由买断代理商接手，这时代理商的能力就决定了厂家的生死存亡，因此采用买断代理时，厂家更应注重代理商的能力，若没有合适的代理商，决不可勉强采用此方式。

厂家若十分重视统一价格策略，最好采用佣金代理方式。低价竞争导向强的产品采用佣金代理方式也更佳。高价的产品，如名牌产品、高档品、奢侈消费品则可考虑采用买断代理的方式。

（3）混合代理方式。厂家在设计营销渠道时，还可以将销售代理与其他分销渠道结合起来使用。具体形式主要有以下三种：

①代理商与原厂互为代理。它是指两个厂家互为代理商，相互帮助对方开拓自己所在国或地区的市场。采用互为代理的方式，最好两个厂家的产品性质相同或者相近，两个厂家规模相近、声誉相当，两个厂家所拥有的权利与所承担的义务必须对等。

②经销与代理混合使用。这种混合式代理有两种情况：一种是总代理商下设经销商。在这种情况下，厂家与中间商总体来说是代理关系。另一种则是总经销商下设代理商。在这种情况下，厂家与中间商总体来说是买卖关系。

实务中，总代理商与总经销商并存的情况也是存在的。这是因为有部分公司在取得国外厂商代理权后，不愿花费大量配销成本，成为买断代理商，而仅担任佣金代理商抽取佣金，将营销业务另找一家在当地拥有大量配销网的批发商担任总经销商，从而产生了总代理商与总经销商并存的现象。在这种情况下，总代理商与总经销商在职能上有不同分工。

③分支机构指导下的代理方式。它指厂家一方面设立分支机构对代理商进行指导与监督，另一方面分支机构不具体从事销售事务，销售事务由代理商负责。这种分支机构指导的代理方式下，分支机构仅负责指导、协调与监督代理商，维修与售后服务交由代理商。

3. 销售代理运营管理

（1）征询代理商。征询代理商的方式主要有两种，即直接信函询问和广告征询。

①直接信函询问。厂家首先应当收集本行业潜在代理商的名单与其他具体信息。可通过本国驻国外商务人员、驻外贸易协会或商会、商业银行、贸易刊物、出口服务组织、制造相关但并不竞争的产品的厂家、商展等获得有关代理商的信息。然后直接进行信函联系，表达合作意向。

②广告征询。它是指在报纸、杂志、电视、广播或街头广告栏上打出诚征代理的广告来征询代理商。由于需要打广告，因此要花一定的广告费用，同时厂家由于没有商会等中间人的介绍，自我推介所花费的精力与时间投入也会增加。但是广告征询的方式联系面广，对方若来联系代理，说明对方已有合作意愿，厂家有一定的主动权。

（2）选择代理商应考虑的因素。

①代理商的品格。由于厂家与代理商之间，是一种信任关系，因此，即使代理商能力很强，在商场上处于优势地位，但是若品格欠佳，在营销、货款回收、维护企业形象方面都会给厂家带来不利影响。

②代理商的营业规模。潜在代理商长期发展趋势如何？所属经销商有多少家？已成立多久？目前营业额为多少？代理商的营业额由外部经销商经手的有多少？该代理商目前的营业区域多大？是否将扩展营业区域？如果扩展，会扩展到哪些地区？如何扩展？

③代理商的经营项目。代理商以前经营的产品应与厂家相同，或类似。代理商以前经营的产品决定了其拥有的营销网络。另外代理商所代理的产品不宜过多。

④代理商的销售网络。就消费品而言，选择一个与零售组织关系良好的代理商是非常重要的。若代理商本身设有直接控制的零售店、专卖店则更好。就工业用的原材料及半成品而言，则要求代理商与其他批发商关系良好，从而可以层层批发。

⑤代理商的业务拓展能力。代理商有无专用仓库？专用仓库是自有的还是承租的？仓库的容量有多大？使用情形如何？采取何种库存管理方式？代理商对推销人员有无奖金制度和福利措施？有无培训制度？有无特别奖励或激励计划？代理商是否愿意为厂家提供某些特别服务？

⑥代理商的财务能力。当厂家考虑使用买断代理的方式，或是厂家本身出口量相当大时，要求代理商有足够的资金用以预付货款，垫付运费、仓储费、广告费、售后服务费用等。对于消费品来说，代理商更须有一定的财务实力。

⑦代理商的营业地址。代理商的营业地址必须适中，最好处于商业中心，这样，厂家的商品能以最低的成本配销至市场的各地区。

⑧代理商的国籍。有些国家的法律限制代理商的国籍。在中东地区，这一点尤其明显。有的国家则规定，国外厂商必须选东道国中间商担任代理商。

⑨代理商的政治和社会影响力。日本厂商十分注重这一点。日本电视机厂商击败美国厂商，就是因为有数十位美国高级联邦官员担任日本电视机厂在美国的代理商。

⑩同行对代理商的评价。若同一行业大多数中间商对代理商不满，或评价过低，则说明该代理商存在不足之处，这将影响代理商所代理产品的销售量。

4. 代理商行为管理

（1）激励代理商。厂家激励代理商一般有物质激励、代理权激励和一体化激励三种方式。

①物质激励。它是指厂家采取软硬兼施、威胁利诱的“胡萝卜加大棒”的方法。代理商达到厂家的要求有物质上的好处，未达到则可能失去某些利益，甚至丧失代理商的身份。正面的物质激励包括较高的佣金、交易中给予特殊照顾、奖金等额外酬劳、合作广告补助、展览津贴和销售竞赛等。消极的物质制裁有威胁减少佣金、推迟交货或中止关系等。经验较为丰富的厂家设法与代理商建立长期的合伙关系，通过这种长期合伙关系来激励代理商。

②代理权激励。它是指厂家通过变化代理权的形式与内容来激励代理商，使代理商更积极地工作。代理权的激励有两种形式，一种是先采用多家代理再转为独家代理，另一种是先采用独家代理后转为多家代理。

③一体化激励。它是厂家激励代理商的最高形式。包括厂家向代理商技术授权、厂家与代理商相互参股以及厂家与代理商共同投资成立合资企业等方式。

技术授权是指厂家将自己的技术、商标、品牌授予其他厂家使用，技术受让厂家使用其技术制造产品，并以该厂品牌、商标销售产品，原厂家收取权利转让费。

厂家与代理商之间相互参股进行投资，代理商可得到厂家注入的资金，同时由于代理商拥有厂家的股权，厂家更关心代理商的业务与成长。这对代理商是一种莫大的鼓励，更利于厂家与代理商之间形成一种长期合作关系。

厂家与代理商共同投资成立合资企业，大股东是原厂家，因而主要经营活动由原厂家负责。代理商不需要负责太多经营活动，又能借助股权投资获得红利，故参与投资的热情很高。

代理商获得许可，购买原厂家的部分股权。若原厂家乃名牌厂商，则允许代理商参股是对代理商极大的鼓励。这种情形较少，要求代理商本身也为实力雄厚的大公司，否则无力参股，即便勉强参股，参股份额较少，也不起任何作用。厂家许诺将业绩突然的代理商作为自己的自营销售部门或子公司，从某些角度来说也是对该代理商的激励。

（2）通过代理合同规范代理商行为。厂家主要可通过代理合同中的如下项目规范代理商的行为：划分清楚代理区域，以防越区代理；规定最低代理销售额，以防代理商不积极推销产品；规定商情报告制度，以加强厂家与代理商的沟通；规定代理产品价格与代理佣金水平。

（3）通过日常业务控制代理商。厂家不宜对代理商的业务过多地干涉，主要通过对代理商的指导及对代理商的评估来达到控制代理商日常业务的目的。

第一，对代理商进行指导。如果产品对于代理商所在国家而言是新产品，代理商就不一定精通该产品的营销。在这种情况下，厂家应派人员协助代理商，或定期对代理商的销售人员、技术人员进行培训。否则，便不能利用诸多代理商发挥其配销的功能。有些代理产品，厂家要求代理商应用较新的销售方法，代理商可能一时难以跟上，因而亦需指导。

案例 9－2　OPPO 和 vivo 的小区域代理模式

第二，对代理商进行评估。对代理商进行评估主要是检查销售业绩及成长率、代理商推销产品的努力程度及服务品质的高低等。对代理商的评估应从长期评估、短期评估、纵向评估、横向评估四个方面展开。

本章小结

在分销渠道的各种类型中，经销是生产企业最喜欢采用的一种，也是应用最广的一种。

独家经销与非独家经销是经销中的两种主要形式。独家经销是指中间商以买方的身份从厂家购入商品替其销售，该中间商自负盈亏，而且在一定区域内，就该厂家的特定产品享有独家购买权、销售权。非独家经销是指厂家的某一特定产品由几家经销商共同经销。

经销商按销售对象可分为两大类型：批发商和零售商。

批发商是指一切将物品或服务销售给为了转卖或者商业用途而进行购买的个人或组织。批发商按职能和提供的服务是否完全，可分为完全服务批发商和有限服务批发商。在选择批发商时，至少有以下因素需要重点考虑，即批发商在业界的声誉、渠道网络、经营管理能力、财务能力、所销售的产品品牌与种类、提供售后服务的能力及合作意愿等。

零售业态是指零售企业为满足不同的消费需求而形成的不同的经营形态。零售业态主要依据零售业的选址、规模、目标顾客、商品结构、店堂设施、经营方式、服务功能等分类。

销售代理是以被代理人的名义代替其联系订单及做其他与销售有关的工作的分销方式，代理过程中发生的法律权利与责任皆归被代理人所有。销售代理是企业开拓市场特别是开拓国际市场的一种主要分销方式。确定采用代理商进行分销之后，企业紧接着要选择合适的代理方式，即是选择独家代理方式还是多家代理方式；是采用佣金代理方式还是买断代理方式；抑或是代理商与原厂相互代理方式、经销与代理混合方式及分支机构指导下的代理方式。

厂家激励代理商一般有物质激励、代理权激励和一体化激励三种方式。物质激励是指厂家采取软硬兼施、威胁利诱的“胡萝卜加大棒”的方法。代理权激励是指厂家通过变化代理权的形式与内容来激励代理商，使代理商更积极地工作。一体化激励是厂家激励代理商的最高形式，包括厂家向代理商技术授权、厂家与代理商相互参股以及厂家与代理商共同投资成立合资企业等方式。

基本概念

经销商	独家经销	批发商	销售代理
独家代理	佣金代理	买断代理	

思考题

1. 经销的方式有几种？分别是什么？
2. 选择经销商应考虑的因素有哪些？
3. 经销商按其销售对象可分为几种类型？
4. 我国的零售业有哪些类别？
5. 销售代理的作用有哪些？
6. 独家销售代理的特点是什么？
7. 多家销售代理的特点有哪些？
8. 佣金代理和买断代理的特点分别是什么？
9. 征询代理商的方式有几种？分别是什么？
10. 厂家激励代理商的手段一般有哪些方式？

案例分析

卡特彼勒的全球代理商机制

卡特彼勒是一家工程机械和矿山设备生产公司。2019年，卡特彼勒在美国《财富》500强榜单中排名第58位，年营收达到547.22亿美元。卡特彼勒成功的因素有很多，其中最重要的是其全球代理商机制。卡特彼勒的代理商机制不但具有高度的专业性，也具备其他企业鲜有的灵活度和人性化，使其成为业界典范。接下来对卡特彼勒的代理商机制展开详细的说明。

1. 严格执行分销机制

如果市场不景气，有些企业就越过代理商自己销售产品来获取更高的利润。而卡特彼勒除了某些特定产品外，很少直接向最终用户出售产品，坚持其分销代理机制。

20世纪70年代，阿拉斯加州的一家企业要求卡特彼勒直接把产品卖给它，否则就购买竞争者的产品。卡特彼勒没有让步，坚持让对方从其代理商处购买产品。墨西哥经济萧条期间，卡特彼勒的5家代理商都渡过了难关，而其竞争对手的代理商全军覆没，当经济情况好转时，卡特彼勒成了当地唯一的供应商。

2. 选择实力雄厚的中小型经销商

卡特彼勒的产品是工程机械、矿山机械等重型装备行业的特殊、高端产品，这类产品通常售价数百万美元，用户使用频率高，对服务的质量和及时性要求也很高。卡特彼勒在选择经销商时，最看重的是经销商的专业性和服务能力，而非经销商的体量大小。考虑到大的经销商往往业务复杂，不会专心经营卡特彼勒的产品，而中小型经销商熟悉当地情况和客户需求，能为客户提供及时和快捷的服务，确保机器的正常运转，因而卡特彼勒往往会选择实力雄厚的中小型经销商。

3. 坚持独家代理

卡特彼勒的经销权通常由独立代理商所有，代理商是独家经营、独家出资，而且代理商的后代会继承父辈的事业。卡特彼勒要求经销商独家代理它的产品，不能代理其他竞争对手的产品，这样就能为用户提供专业、稳定可靠的服务。

1995—2012 年期间，卡特彼勒在营业收入增加几倍的情况下，全球代理商数量从 186 家增加到 189 家。进入中国 40 年，卡特彼勒在国内专注发展了 4 家代理商，分别是威斯特、信昌、易初明通和利星行。据了解，它们都是先在海外与卡特彼勒有多年合作关系，后来一起携手开拓中国市场的。

4. 长期稳定的合作关系

卡特彼勒与经销商的关系已经超越了商业关系，形成了一种“家庭化”的长期和紧密的关系。相对来说，卡特彼勒更喜欢和家族企业打交道，家族企业比公众企业在政策上更具连贯性，一家经销商往往会被同一家族企业掌控超过 50 年，这其中就包括很多早在 1925 年就与卡特彼勒合作的海外经销商。

实际上，卡特彼勒内部有一个特殊的机制来帮助代理商延续其家族业务。例如，当一家私营代理商的负责人到了 50 岁左右时，卡特彼勒公司便为其家族成员举办关于税务问题以及财务和管理方面继任计划的研讨会。在该负责人工作期间，这些研讨会将举行 2～3 次，以确保其接班人能够顺利过渡。同时，卡特彼勒鼓励代理商让自己的子女从小参与代理工作，当这些代理商的孩子大学毕业时，卡特彼勒会帮助其安排全职工作。

5. 强大的信息化管控手段

卡特彼勒的代理商虽然只有 180 多个，但这些代理商分布世界各地，分支销售店 1 500 多家，管理难度仍然很大，所以卡特彼勒一直很重视信息化手段与现代工具的结合。卡特彼勒和代理商之间实现最大程度的信息共享。卡特彼勒有强大的 IT 信息系统，管理其生产领域和财务领域的数据。卡特彼勒要求代理商提供其财务和经营业绩数据，代理商也可以随时访问卡特彼勒的数据系统，追踪产品运输情况、零配件的储备情况。

卡特彼勒正在建立全球电子网络系统，将代理商和公司总部、公司的供应商及仓库连接起来，这样不仅有利于零部件的库存分享，而且可以对卖出的产品进行远距离监控，了解设备的运行情况。

资料来源：柳琪．卡特彼勒代理商机制对国内农机企业的启示．当代农机，2017（7）.

思考题

1. 卡特彼勒在代理商和经销商的管理方面有何可资借鉴之处？
2. 卡特彼勒和代理商是否实现了双赢？为什么？

第10章
连锁与特许经营

本章要点

1. 连锁经营的概念
2. 连锁商店的类型
3. 特许经营的含义
4. 特许经营的类型
5. 特许经营形成的要素

引导案例

星巴克的全球性连锁经营

星巴克成立于1971年，是一家全球性的咖啡连锁店。截至2019年年底，星巴克在中国的门店已超过4 000家。这家企业是如何打破文化壁垒，成功进行跨国连锁经营的？

1. 注重公司形象的塑造。星巴克制定的跨文化营销策略取得巨大成功的原因之一在于塑造了良好的公司形象，在进行市场活动的同时承担社会责任。星巴克不仅帮助作为中国主要咖啡产地的云南培训当地的咖啡种植农，并且在咖啡采购中率先推广并坚持优质优价原则，为优质咖啡支付高于行业市场均价的价格，致力于帮助改善云南咖啡种植农及其家庭的生活。

2. 开发多元化的产品。针对不同文化背景下的消费者，星巴克提供不同类型的产品供消费者选择。以星巴克在中国地区的咖啡为例，由于中国有着几千年的饮茶历史，最初进入中国市场的时候，星巴克咖啡举步维艰。后来，在了解到中国消费者的饮茶习惯之后，根据中国人的口味特点，星巴克提供包括茶在内的适合中国消费者口味的饮品，其产品很快融入中国市场。

3. 体验营销模式。星巴克在全球范围内发展很快，开设了许多门店，每一家门店的装修都别具一格。星巴克在全球的众多门店的装修既体现了美国文化中的简约、大方，给人以自由轻松的享受，同时也会融入当地的文化元素。以成都太古里旗舰店为例，星巴克的装修风格充分融入了古蜀文化，别致的三层独栋小楼，采用温暖木质色调的内装，加之与环境融为一体的建筑风格，消费者进入星巴克就会产生天然的亲近感。

资料来源：祁玉军．跨文化视阈下企业营销策略分析——以星巴克为例．现代商贸工业，2019（6）.

连锁经营以其特有的魅力吸引着中国的广大企业，特许经营则被誉为21世纪的主导分销模式。本章将对连锁经营与特许经营的重要内容进行阐述。

10.1 连锁经营

连锁经营这种特殊的经营方式进入中国后，成为一种重要的分销方式。

1. 连锁经营的含义

连锁经营是指同一资本所有，经营同类商品和服务，由同一个总部集中管理领导，共同进行经营活动的经营形式。欧美一般要求连锁店的数目在11个以上。这个定义中的关键是同一资本所有，这也是区别连锁店与其他经营形式的标准。

理解连锁经营的概念，要重视以下两点：

（1）标准化过程。标准化过程是指在精心设计安排的基础上，按照一定的法则经营店铺。标准化经营技术是连锁经营自始至终坚持，不断开发、不断完善的经营技术，贯穿经营和发展的全过程。主要包括以下阶段：

第一，探索、发掘最佳的方式方法；

第二，新型经营技术规格化、明文化；

第三，按照新型经营技术的需要进行教育和训练；

第四，不断提高、改善。

（2）经营理念。连锁经营的理念，简单地说，就是从消费者立场出发，通过商品开发，发展商业经营新形式，在更高层次上满足人民日常生活需求，创造丰裕、便利的消费生活。

上述两点，是欧美发达国家100多年连锁发展过程中总结出来的连锁经营的特征，也是每个从事连锁经营的企业必须坚持的两个基本原则。

2. 连锁商店的类型

（1）按主导企业类别划分。依据连锁总部主导类型的不同，连锁商店可以划分为生产厂家主导型连锁、批发商主导型连锁、零售商主导型连锁。

①生产厂家主导型连锁。这是生产企业提供一定的资金和服务，吸收零售企业加入而形成的连锁店。通过对商店的扶持，建立起相互间的密切关系和销售网络。

生产厂家发起连锁，通常考虑的是树立企业形象，促进商品销售。连锁组织主要销售自己的商品。许多厂家发起的连锁组织都坚持只经销自己的商品，不采购、不销售同类的或其他厂家的商品，这样做的原因之一是顾忌经销其他竞争品牌的商品会影响店内自己品牌商品的销售和声誉，影响整个企业的形象乃至生存。即使有的生产厂家主导型连锁组织采购其他厂家其他品牌的商品，也只是作为搭配、附带销售的商品。这样做会导致店内经营的商品显得单调，使商品在广度和深度的组合上难以满足顾客的需求。当然，如果生产厂家及其所提供的商品具有很好的声誉，凭借已建立的连锁体系，可以为企业形象的维护作出贡献，还可以方便顾客购买其品牌。

②批发商主导型连锁。这是由批发企业吸收零售企业加入的联合体。在一定的区域市场内，批发商为了巩固自己的销售渠道，建立销售网络，以提供一定的资金和服务为条件，把与本企业经营范围大体相同的零售商组织起来，建立连锁组织。

对批发商主导型连锁组织来说，商品采购是相当重要的一环，也是企业赖以生存发展的关键所在。大量采购可以降低进货成本，这是此类连锁组织得以生存的先决条件，因而分店数目的多寡、其他渠道进货数量的多少，都会影响其采购成本与经营成果。大批量、直接从生产厂家采购，是批发商主导型连锁要遵守的重要原则。这类连锁组织同时发挥了批发商和零售商的优势。批发企业以其雄厚的资本、先进的技术设备、丰富的经验、健全的信息网络等优势，大批量地组织适销对路的商品，并与厂商建立稳固的协作关系，为零售分店的销售创造条件。零售商加入连锁组织，固定了购销关系，专注于销售服务，一方面提高了经营效率，另一方面为批发商拓展了市场。

③零售商主导型连锁。这通常是以大型零售企业为主导，同时包括众多中小型零售企业的连锁店。

主导企业自然成为连锁总店，对连锁分店给予扶持，从大的方面控制分店的经营与管理。分店在销售策略的制定与实施方面拥有较多的自主权。分散在各地的零售网络，对市场的充分了解，以及所取得的零售经营管理经验，可以说是这类连锁的优势所在。零售商主导型连锁组织，从厂商、中间商、进口商等多条渠道进货，店内商品能够形成多元化结构。

（2）按行业标识划分。依据所从事的行业划分，连锁商店可以分为商业连锁、饮食业连锁、服务业连锁三种。

①商业连锁。这是从事商品销售的连锁体系。超级市场、百货公司、文具店、便利店、服装店等的连锁都属于商业连锁。

②饮食业连锁。这是从事饮食服务业的连锁组织。酒店、酒楼、餐厅的连锁均属于饮食业连锁。饮食业连锁既要提供饮食，同时也要提供一定的服务。

③服务业连锁。这是指提供某项特定服务的连锁组织。银行、美容院、发廊等的连锁均属于这类连锁。

（3）按经营形式划分。依据经营形式，连锁商店可以划分为超级市场连锁、便民商店连锁、专业商店连锁、折扣商店连锁、快餐店连锁，等等。

①超级市场连锁。超级市场实行的是开架陈列货物、单位商品上印有价格，顾客在商场内自我挑选、自我服务，在出口处由收款员统一结算。

②便民商店连锁。便民商店的特点是营业面积小，营业时间长，经营品种全，距离消费者近。7-11 便利店就是典型的连锁便民商店。

③专业商店连锁。专业商店专门经营某一类商品，如眼镜店、时装店等。

④折扣商店连锁。折扣商店对店内商品打 15%～25%的折扣，优惠顾客。

⑤快餐店连锁。世界著名的快餐连锁集团有肯德基、麦当劳等。

（4）按地理范围划分。依据连锁分店的分布地区，连锁商店可以划分为地区性连锁、跨地区连锁、全国性连锁和国际性连锁四种类型。

①地区性连锁。指连锁总部和所有分店集中于同一城市或同一地区的连锁体系。

②跨地区连锁。指分店分布超出一定范围，遍及几个地区的连锁体系。

③全国性连锁。指分店设立在全国范围内不同地区的连锁体系。

④国际性连锁。指连锁店超出国界，在世界范围内分布、发展的连锁体系。

案例 10－1 家乐福：连锁超市商业模式创新

3. 连锁经营的品种选择

企业确定经营商品部门和大类时，习惯的思维方式和做法往往是“别的企业经营什么，我们也经营什么”“经营商品类别，档次要尽可能齐全”“以中低档为主，兼营高档”，等等。连锁经营对产品的品种有明确的要求和原则，只经营符合连锁企业经营战略和经营特色的品种。最重要的原则是：是否有利可图；是否便利消费者。符合这两个原则的品种应满足如下条件：①消费量大；②购买频率高；③普及程度高；④采购进货容易；⑤产品均质性强、稳定性强；⑥可替代性低；⑦毛利率高；⑧季节性强；⑨能够体现企业经营品种的结构和个性。

能够满足上述条件的必然是既能大量经营又能带来丰厚收益的品种。实际中能够同时满足这些条件的品种不多，从连锁经营的品种构成来看，至少应该同时满足其中四个条件。特别是其中的第①项和第②项，是必须满足的。第③项和第⑤项是品牌知名度高、质量稳定、供货量大的品种，也是容易入手、能够获得正常收益的品种。第⑥项是易于形成个体经营特色、其他企业不宜插手的品种。第⑨项通常是经过开发形成的、来自企业独有的采购进货渠道的品种，和企业委托生产加工的品牌品种。

（1）大众化品种和实用品种。连锁经营首先选择大众化品种和实用品种。商业经营实践中，很多人把大众化品种和实用品种局限于普通老百姓或者工薪阶层需要的品种。实际上这方面存在一些误解。生产发展到一定阶段，收入水平达到一定程度后，高收入消费者和普通消费者在基本生活必需品方面的消费越来越接近。大众化品种和实用品种也可以理解为70%以上的消费者需要的品种。连锁经营确定品种的思路不是缩小消费者范围，而是扩大消费者范围，缩小地区空间范围，满足他们的基本生活需求。另外强调的一点是大众日常生活中离不开的、经常要使用的品种，是购买频率非常高的品种，也是市场基础最为雄厚的品种，其支出占消费支出的绝大部分。

总之，连锁店经营的品种应该是消费量大、购买频率高的日常生活必需品，不经营低购买频率品，高级品和趣味性、爱好性品种。即使生活水平进一步提高，人们的消费支出也主要在于使日常生活更丰富、更充裕、更便捷。

（2）发展性品种。连锁经营还要重视发展性品种的开发和经营，即以一种积极的姿态去组织消费者需要但目前尚不能满足的品种，开发消费者实际上有需求但目前没有对应产品的品种。通过新品种开发去发掘消费者潜在的需求。靠发展性品种，连锁体系才能真正做到丰富大众日常生活。发展性品种开发是一个连续的过程。发展性品种随着企业推广会演变为大众化日常生活必需品，随着消费需求变化又需要开发新的发展性品种。发展性品种的开发是一个不断循环的过程。

4. 连锁经营的品种组合

（1）品种组合的原则。在确定了要经营的品种后，需要解决部门划分、品种组合的问题。品种组合的主要原则有：

第一，按照用途来划分商场或店铺的部门和类别。按照时间、场所、动机、生活方式来考虑分类组合。

第二，按照消费特点和购买频率确定某一部门或大类内部的比重。这不是说对某一部门或大类内的所有品种都同等对待，而是要根据消费需求量和购买频率来有意识地扩大某一部分品种，在这些品种中有意识地扩大某些品目、规格和花色品种。

第三，使顾客能够方便、轻松愉快地选择和购买。除了商场或店铺布局要做到顾客不必询问也能找到自己需要的商品，更重要的是关联性品种的合理组合。即把顾客同时使用、同时购买的品种组合在一起，尽可能减少顾客寻找商品的时间。

第四，适当搭配商品线。同时陈列的品种要处在同一商品线上，各品种的价格上限和下限要大体对称。

（2）品种组合的适度规模。部门确定和组合搭配需要注意的另一个重要方面是部门或商品组合单位的适度规模问题。部门多大，品种组合搭配到什么程度适当，不存在科学标准，视实际经营情况而定。总的来说，以顾客感觉丰富、满意为原则。这里的丰富和满意，是针对企业服务对象的需求而言的。现实生活中，人们常常觉得，不买什么东西的时候，商场里商品好像很丰富，真要买什么东西的时候，发现要找到自己满意的商品非常困难，品种非常匮乏。这很大程度上是品种组合和规模不当造成的。如果顾客来到店里，很快便能选出两三种自己中意的商品，在比较后选出最满意的商品，作出购买决策，购物就是一种乐趣。达到这样一种效果的品种结构，就是令顾客感到丰富和满意的商品构成。适度规模考虑的顺序自然是由粗到细，由部门直到品目。其中，关键的环节是要按照用途和商品线来考虑问题。

一种有效的确定适度规模的方法是通过管理信息系统分析商品销售动态，确定每一种商品的适当陈列量，进而确定适度规模。当然一定水平的数量管理能力和具体到每一个品种的管理技术是前提条件。还要考虑适度规模的部门如何来搭配和取舍的问题。总的原则是，首先要保证主要部门的适度规模；其次考虑部门的搭配和取舍。在确定部门的搭配取舍时，原则是宁可牺牲某一部门也要保证所选部门的规模。

（3）品种组合的陈列要求。这就涉及某一类品种或商品线内部，如何确定具体规格、花色构成和陈列、库存量的问题。

根据经营方针，首先区别大批量销售的品种、宣传推销品种。这里的宣传推销品种，是企业新开发的发展性品种，或者是新组织上市的品种。不管是哪种情况，都是体现企业经营特色的品种。这种品种陈列量不宜多，不超过总品种的一成，多了不易突出主题，会分散消费者注意力，起不到提示作用。陈列在货架最上端，最显眼的位置为宜。

销售品种可进一步细分为畅销品种和进入销售成长期的品种。其中进入销售成长期的品种是一个阶段的宣传推销品，下一阶段会成为畅销品，所以也是体现企业经营战略、强化企业特色的品种。畅销品要放在陈列架上顾客最容易拿到的中段或最前端，增强商品的诉求性。畅销品无疑是当前处于销售高峰的品种，是比重最大、数量最多的品种，数量上要达到一周销售量规模。由于消费者已经熟悉这些品种，放在货架的下段和中上层为宜。

5. 连锁经营的优势

连锁经营最大的优势是由其拥有众多分店所带来的规模优势，这种优势主要体现在以下几方面：

第一，一个大型连锁店在同制造商交易时有很强的讨价还价能力。由于强大的购买力，大型连锁店可以以不再合作为由同制造商谈判，获得低于市场价的折扣价格。大批量进货还可使连锁店从生产厂家获得广告费用折扣、优质商品、延期付款、及时送货等种种好处。

第二，连锁经营可以节约广告费用。由于连锁店分布的区域很广，因此总部可以利用全国性或地方性电台、电视台、报刊进行广告宣传，广告费可由众多的分店分摊。

第三，连锁经营可以节约流通费用。由于连锁店采用了现代科学技术，完善了专业分工，通过仓储配送中心科学合理地组织商流，把批发和零售有机地融合在一起，实现合理库存，选择最有利的运输线路，充分利用运输工具及时运送，从而节约了费用，提高了效率。

第四，连锁经营享有研究、开发、培训、学习的规模优势。单个商店很难聘请专家设计卖场布局等，也难对员工进行系统培训，更难从其他店学习到先进的经验，而连锁店可以开发商品陈列、照明、防盗等方面的一系列技术，并建立自己的专职培训部门。由于研究、开发和培训的费用可以由各店承担，而开发成果可在整个连锁体系中推广，因而连锁店享有研究、开发、培训方面的规模优势。

连锁经营除了规模效应这个主要的优势外，还有其他四个方面的优势即专业化、标准化、集中化、信息化，它们是密切联系、互为一体的。

连锁经营的专业化是指其各个环节根据不同的生产经营过程分成各个业务部门，并固定下来。这是通过内部组织分工形成的。从职能分工上看，总部的职责是管理，店铺的职责是销售。商店各个经营管理职能的专业化，使得采购、销售、送货仓储、商品陈列、橱窗、装潢、财务、促销、公共关系、经营决策等各个领域都有专业人士负责。专业化的经营方式，一方面提高了连锁店的管理效率，摆脱了传统销售业靠经验操作，转而向科技进步和专业技术要效益；另一方面使得连锁店的产品、操作程序、店貌等处在不断改进之中，经常保持在一个较高的水平。

连锁经营的标准化是连锁企业适应竞争的需要采取的新形式。随着市场竞争的加剧，消费者已由在任一商店中寻找自己中意的商品，转变为寻找自己信任的商店，并在这些商店中购物。因此标准化的经营既可以节约时间，又可以树立店铺形象进而赢得更多的消费者，如麦当劳能保证在所有分店品尝到味道一样的汉堡包。连锁经营的标准化表现在两个方面：

①商品服务的标准化。在商业连锁经营中，商品和设备的采购、检验、陈列，商店的开发、设计，其他如技术管理、促销等都由总部统一组织安排，保证了各连锁店在商

品、服务等各方面的统一性。

②企业整体形象的标准化。企业的整体形象包括三个方面：首先是视觉形象；其次是行为识别形象，主要是指严格的标准化的操作；最后是理念形象，这是更重要更深层的内容，经营理念是企业的经营宗旨和观念，是企业经营方式、经营构想的依据。连锁企业的总部和分店将保持整体形象的一致性与商品服务的标准化结合在一起，使连锁企业即使在不同地区甚至不同国家开设店铺，都可对顾客群体提供相同质量的服务，以吸引更多的消费者。

只有集中化管理才能实现企业的协调运行。因为分工越细越需要协调，否则各个职能部门的运行会相互牵制，各个工作岗位的衔接也难以顺利进行。连锁企业在经营管理上的集中化主要体现在以下几个方面：一是集中制定决策和规划；二是营销计划集中管理；三是商流物流集中管理；四是信息集中管理；五是人事财务集中管理等。

连锁企业以超常规的速度发展，如果没有高科技信息手段做后盾，是不可能实现的。连锁企业的信息化主要集中在以下几个方面：条形码技术、电子收款机、电子订货机、销售时点管理、管理系统、战略信息系统、客户大数据系统等的应用。

强调连锁的各种优势时，千万不要忽视其劣势，认为连锁经营是包治百病的灵丹妙药，只要药到就会病除，这是片面的。连锁经营的劣势主要源于统一化的经营。虽然这种经营方式有利于经济效益的提高和企业竞争力的增强，但是也使各分店丧失自主经营权，难以完全适应灵活多变的市场。在实际运营过程中应注意：①企业规模大，要求有较高的管理水平与协调能力。②扩张成本低，但企业不要盲目扩张。③扩张速度快，需要独特的管理技术和雄厚的资金。④分布地域广，需要加强标准化管理。⑤一家店失败会影响整个连锁企业，故应尽力维护其形象。

案例10－2　7-11如何成功跨国连锁

10.2　特许经营

现代特许经营起源于1851年的美国，胜家缝纫机公司建立了第一个特许零售系统。直到20世纪初特许经营才变得较为普遍，主要是汽车制造业开始利用特许经营来扩大它们的分销系统。到1911年，特许经营已成为美国的标准分销方式。近些年来，特许经营在我国得到大力推广和应用。

1. 特许经营的特点与类型

（1）特许经营的含义。特许经营是指特许人与受许人之间通过合同，授予受许人使用特许人已经开发出的品牌、商品、经营技术、经营规模的权利，受许人为此必须先付一笔首期特许权使用费，换得在一定区域内出售商品或服务的权利，并须遵守合同中关于经营活动的其他规定。

一个特许经营系统一般是由一个特许人和若干受许人组成，二者之间关系的核心是特许权的转让，通过特许人和受许人一对一地签订合同完成，而各受许人（或分店）之间没有横向联系。在特许经营中，各受许人对自己的店铺拥有自主权，即自己仍是老板，人事和财务均是独立的，特许人无权干涉。特许人根据合同规定，在特许期间提供受许人开展经营活动所必需的信息、技术、知识和培训，同时授予受许人在一定区域内独家使用其商号、商标或服务项目等权利。受许人在特许期间在特定区域享有使用特许人商号、商标、产品或经营技术的权利，同时须按合同的规定从事经营活动。如麦当劳要求受许人定期到公司的汉堡包大学接受制作汉堡包及管理方面的培训；对所出售的食品有严格的质量标准、操作程序的要求，以及严格的卫生标准和服务要求，如工作人员不准留长发，女士必须带发罩等。特许关系中明确规定的一点是受许人不是特许人的代理人或伙伴，没有权利代表特许人行事，受许人要明确自己的身份，以便在同消费者打交道时不致发生混淆。在这一点上特许经营关系与代理有本质不同。在特许经营中，合同规定：特许人按照受许人营业额的一定百分比收取特许费，分享受许人的部分利润，同时也要分担部分费用。

（2）特许经营的特点。在考虑是否加入特许经营之前，经营者应对其利弊要有充分的了解。

特许经营的优点：

①将经营失败的风险降至最低。对于一个缺乏做生意经验的投资者来说，自己开一家店，实行个体经营是很困难的，在与大店竞争时很容易被挤垮，而加盟一家特许经营系统有时是一种明智的选择。据国际经营协会统计，国外普通企业第一年的破产率达35%，5年后的破产率达92%；而加盟特许经营系统的企业第一年的破产率是4%～6%，5年后的破产率也只有12%。

投资者选择一家业绩较好且有实力的特许经营企业，有整个加盟系统做强大的后盾，又可以从总部获得专业技术的帮助。市场竞争很激烈，为了规避小本经营被全盘吞没的风险，接受总部的帮助会轻松得多。

②受许者通常会得到全国性的品牌形象支持。对于加盟者来说，只要能拿出足够开店的资金，借助特许经营总部的商号、技术、服务等，便可以开展经营活动。依靠总部的商誉，加盟者在开业之前便拥有了良好的企业形象，给顾客以亲切感，使得经营活动容易开展。

③分享规模效益，使开业成本降至最低。

首先，受许者可享有采购的规模效益。特许经营企业一般都实行联购分销，建立配送中心，所以采购成本较低，手续简化，货源充足。在这方面，特许经营比单店经营有明显的优势，它在商品供给和补充方面有一套系统的安排，集中采购、批量进货，价格可以优惠，加上运货有保障，能够降低采购成本。相反，单店经营的店铺由于资金及储运设备等有限，每次进货都要量出为入，造成每一种商品的采购量有限，容易脱销，给顾客留下不良印象。再者，单个店铺进货数量有限，进货折扣少，缺货时间长，货品价格高，难以吸引顾客。

其次，受许者可分享广告宣传的规模效应。特许经营企业由于有各加盟者的支持，资金实力雄厚，广告支出一般比较多。大规模广告创造的商誉，可由各加盟店分享。当然，遍布各地的加盟店本身也是一种广告和形象促销，其作用不可忽视。

最后，加盟者还可以从总部那里获得许多其他方面的支持与服务。如通过参加总部的培训课程，加盟者可以弥补基础知识和专业知识的不足；总部可以帮助加盟者选择店址，拟订重新装修的计划；帮助加盟者获得资金，作为购买特许经营权的部分款项；总部还可以帮助加盟者培训员工，购买设备，挑选或购买货品，帮助加盟者开业并顺利运作。

加盟者既可以拥有自己的业务，又可以从总部不断获得帮助，可谓一举两得。加盟者在特许经营合同的范围内独立经营，可以凭借自己的辛勤劳动获取最大的经营回报，提高其投资价值。特许经营网络中，加盟者获得的服务和支援都相同，但经营业绩有好有坏，可见加盟者还是有很大的发挥余地。许多加盟者将加盟店视为自己的事业，并以此谋生。还有许多加盟者将加盟特许经营视为一种高回报的投资，也确实如愿以偿。

特许经营并不是十全十美的，也有一些缺点：

①特许加盟商必须遵循特许权授予者的要求，很少有创新余地。总部对全体加盟店的经营一致性有严格要求，各加盟店不可能完全自主经营。因为总部必须拥有控制加盟店的权利，以稳定由加盟店提供给顾客的服务或产品的质量。加盟企业想拥有自己的事业，同时希望得到总部的指导和帮助，代价是接受总部的集中管理。

加盟店从商店的装饰、商品的陈列，到经营方法，都要执行总部的规定，投资者在这方面没有自由发挥的余地。此外，特许经营体系通常有一套完整的供货系统，从货品采购、分装到送货、补货，甚至器材供应都由总部负责，加盟店对于总部的安排只能全盘接受，自主权很小。而且，总部提供的一切服务，包括采购、运输、器材供应，乃至技术指导都不是免费的，会收取一定费用。加盟者很少有创新的余地，有时可能坐失市场良机。

②如果特许经营总部不擅长业务管理，会使加盟店受到牵连。那些满怀希望、准备大干一场的加盟店可能因此陷入经营和资金风险之中。为了防止这种情况发生，通常以法律的形式规定准备开展特许经营事业的企业有充分说明合同内容的义务。此外，商界也组织自发性的活动，搜集有关信息。如在日本，就设有特许经营协会为想要加入特许经营组织的店铺或投资者对特许经营总部的情况进行调查，这是不可忽视的重要工作。

③个别加盟店失败，脱离组织，其他加盟店的形象和信用受到不良的影响。

④转让或转移加盟店较困难。加盟合同都有条款限制经营业务的转让，这显然会阻止加盟者出售其业务。如果要中途终止合同，总部出于自身利益的考虑，一般不会轻易同意。如果店主将生意转给第三者，或者迁移他地，在未得到总部同意前，私自行动是不被允许的，即使该店土地和建筑物都归店主所有。

⑤总部采取的革新措施一旦失败，会令加盟店蒙受损失。总部应该在直营店内让新方法经受市场的考验，再向加盟者示范推广。原则上，总部对各加盟店一视同仁，但有时总部为了平衡利润率对各店有不同的要求。如对新开张的店铺，商品的提供、价格的优惠都有所偏重，而负担往往转嫁到老店上，使老店的业绩往往不如新店。另外，总部在地区间政策上的调节，也使不同店铺负担不均。

⑥加盟店由于合同期限而受制于总部。实行特许经营时，加盟店都要与总部签订合

约，合同期限或长或短，在一定程度上会影响企业的投资和经营。一旦合同到期，各加盟店将面临新的选择，因此经营的稳定性缺乏保障。

（3）特许经营的主要类型。特许经营包括的范围广泛，根据业务内容的不同，特许经营可划分为三类。不同类型的特许经营意味着双方当事人的基本权利和义务的不同。

①产品、商标特许经营。产品、商标特许经营也称作传统特许经营方式。在这种形式中，特许人通常是一家制造商，同意授权受许人对特许产品或商标进行商业开发。特许人可能提供广告、培训、管理咨询方面的帮助，受许人仍作为独立的经销商经营业务。

②经营模式特许经营。经营模式特许经营又称为第二代特许经营，这种形式的特许人与受许人之间的关系更为密切，受许人不仅被授权使用特许人的商号，而且要接受全套经营方式的培训，包括商店选址、产品或服务的质量控制、人员培训、广告、财务系统及商品供应等。这种经营方式常见于餐馆、旅馆、洗衣房及照片冲印等。麦当劳就是这一特许经营形式中最成功的例子。

③制造加工业特许经营。该模式中，受许人要自己投资建厂，加工或制造从特许人那里取得特许权的产品，然后向批发商或零售商出售，受许人不与消费者直接联系。特许人有权维护其企业的声誉，要求受许人按规定的技术和方法从事生产加工，保证产品的质量，以保护其商标及商号的信誉。同时特许人有权过问受许人对产品的广告宣传及营销方法。

2. 受许人的选择

加拿大安大略大学教授拉塞尔·奈特进行的特许经营申请人成功的个人条件需求研究（见表 10-1）表明，申请人和特许人对成功条件的要求很大程度上是一致的。

表 10-1　特许经营申请人成功个人所需条件

条件	特许权申请人（%）			特许权许可人（%）		
	非常重要	重要	不重要	非常重要	重要	不重要
同行业管理经验	0	20	80	2	14	84
个人经营经验	12	46	42	16	47	37
管理能力	84	15	1	66	31	3
成功欲望	90	10	0	93	6	1
努力工作的意志	92	8	0	93	6	1
创造力	26	56	18	12	44	44
较强的个人技能	63	32	5	64	34	2
经济实力	71	27	2	67	27	6
家庭支持	52	28	20	46	32	22

对于发展特许经营而言，必须考虑潜在受许人是否合适。可从以下几个方面考虑：

● 潜在受许人是否有良好的管理能力和创业精神？这是决定受许人成功的最重要因素，从实践来看，一些难度较高的管理问题特许人会给予受许人有力的支持。

● 潜在受许人能否与特许人总部和现场支援人员融洽相处？受许人良好的沟通技巧是保证其成功及特许经营稳定发展的重要因素。

● 潜在受许人过去的经历如何？一般要求受许人有所在行业从业经历。

● 潜在受许人有足够的财务资源吗？受许人必须投入自己的财力以增强其经营的责任感。

● 潜在受许人得到其配偶或主管部门的支持了吗？这是维系其经营稳定性不可或缺的重要条件。

除了上述因素，在选择受许人时，还应重点考察其管理企业的模式。相对而言，受许人一般是小企业，管理水平不高，其雇员从事具体的事务。企业的管理模式对于其做好特许经营业务有很重要的影响。

3. 特许人向受许人提供的服务

特许人提供的服务包括如下两种类型：征召、培训以及帮助受许人建立业务，此部分可称为初始服务；在合同持续期间，特许人向受许人提供的后续服务。这两种类型的服务都很重要。初始服务能促使没有什么从商经验的潜在受许人向能独立经营特许业务的商人转变；而后续服务能帮助受许人成功经营业务，并从经营技术、诀窍的更新，市场营销、促销、广告，研究与开发以及特许网络的扩大中受益。

下面分别介绍这两种类型的服务。

（1）初始服务。这些服务包括从征召受许人开始到受许人实际开业的那一天之间的服务。

①征召。征召通常不被认为是特许人必须向受许人提供的服务。特许人对受许人进行选择，依据受许人的态度、技能以及对自己做老板的兴趣等因素来作出决定。因此，特许人需要对受许人提供适当的帮助，使其满足这些条件，成为一个合格的受许人。

②培训。应对受许人进行基本技能的培训，这些技能包括：记录、会计、报告、人员选择、管理和控制等。接受培训后，受许人应能对业务经营状况及发生的问题作出简单的分析。

特许人应为培训工作制定一项完善的培训计划。培训工作应有专人负责，事先规划。培训一开始，应发给每位学员一套训练手册，将特许权的一切资料收录其中。训练手册中应包括经营细则、产品描述、价格表、服务程序、报表流程、办事细则、工作指导，甚至包括公司徽标及标准字体、广告稿的格式及处理原则。在培训过程中，要对经营方法详加解释，并辅之以演示以及答疑，直到受训人员完全明白为止。培训的时间一定要充裕。

（2）后续服务。特许人对受许人经营过程中的服务，实际上是为受许人的经营提供各层次的支持。

①监督和支持。特许体系和合同中应包括报告和监督体制，这既能保证特许人有核查应支付费用的途径，又能为特许人监督受许人的经营状况提供足够的信息。监督体制对双方都是有价值的工具。对受许人来说，此体制有助于获得自己经营状况和财务状况的关键信息。对特许人来说，此体制有助于得到整个体系经营状况的资料。

当然，只有这些信息是不够的，还需要与受许人进行充分的接触，以获得有价值的信息。特许人应知道，哪位受许人遇到了问题和困难，需要指导。因此，特许人应让受许人熟悉特许人的总部小组，知道小组中谁负责解决受许人的问题。现场支持人员应定期访问受许人，以便发现受许人经营中的问题。当出现了不易解决的问题时，还需要对受许人进行再培训。受许人不应过分依靠现场支持人员，应学会自己解决问题。当受许人需要时，特许人应马上提供现场支持人员。这需要双方建立良好的沟通。特许人应与受许人保持密切联系，以随时了解受许人的问题。

②持续培训。特许人将发现一直需要提供培训。经营不善的受许人需要再培训，受许人在培训自己的员工时需要协助，受许人在特许人有创新之举时要接受培训。创新可能包括体系的变动、新设备的使用或现有体系和设备的新应用。

③总部指导。特许人总部应包括各个领域的专家，以便给受许人提供协助。这些领域包括管理、会计、广告、市场营销、公共关系、产品质量控制等。

④研究和开发。特许人应有关于产品、服务体系和市场形象的研究和开发计划。特许体系需要不断创新，引入新观念和新方法，以促进特许业务的经营。

研究和开发设备应该对新产品线或新引入的产品和服务进行试验。这些产品和服务必须和现有业务相适应，并在其成为特许体系的一部分之前经过严格的市场测试。

研究和开发活动也应涉及寻找新的供应来源，以降低成本和各种费用。当体系发展，批量购买能力增强，就能从制造商和供应商那里获得更多的折扣。

⑤广告和促销。大多数情况下，特许人担负着开展广告、促销和公共关系活动的责任。相关费用由受许人向特许人提供。

4. 特许经营形成的主要要素

特许经营的形成应具有特许权、特许经营合同、特许经营费用等要素。下面对这些要素逐一分析。

（1）特许权。特许权是企业建立特许经营关系时应考虑的最主要的要素。在选择特许权时，应注意以下几方面的问题。

①特许人应该具有相当成熟的品牌、服务、技术等，能为受许人提供各方面的支持。

②受许人自身的条件应符合要求，包括受许人愿意长时间亲自参与经营活动，有娴熟地与人相处的技巧、迫切的学习愿望以及充足的后备资金等。

③受许人还应考虑自身条件是否与特许企业吻合，如受许人是否对该行业真正感兴趣，是否能接受特许企业的文化。

（2）特许经营合同。特许经营合同是一个相当重要的文件，是一种契约，合同对于受许人和特许人都至关重要。

特许经营合同通常包括以下内容：

①导言——在合同的开头指明合同各当事人、本特许经营体系的性质，以及本特许组织的名称和标志。还包括本特许体系的特殊材料、专利权、版权或其他重要组成部分。

②合同的期限——指出本特许合同的生效日期和终止日期。在确定期限时，最基本的原则是能够长期维持特许关系。许多特许人允许受许人届时延长合同期限，这种情况

下，应说明展期的期限和条件。

③费用——应说明首期特许费和其他费用。

④出售给受许人的商品或服务——许多特许人向受许人出售设备、招牌、存货、促销材料、管理服务等。在这种情况下，应作出有关规定，包括付费要求、交送程序和保证条款等。

⑤财务报告与核查——合同中应明确受许人报告其经营状况和财务状况。许多特许体系有统一的记账方式。大部分特许合同中都规定特许人有权检查受许人的销售收入。

⑥地点选择和地区指定——合同中应详细说明受许人是否只能在一定的地理区域内从事经营和促销活动。

⑦准备营业地点——特许人可以在受许人选择营业地点的过程中自始至终负主要责任，也可以由受许人承担全部责任，特许人起指导和批准的作用。合同应明确规定各方在这方面的职责。

⑧特许分店营业场所的租赁——如果特许人向受许人提供场所租赁，应在合同中指明租赁关系。一般来说，特许合同终止之时租赁关系也同时终止，合同展期租赁关系也同样终止。

⑨商标、服务标记及其他商业符号——在任何特许体系中，与特许人有关的商业符号都是一个重要的部分。合同应明确特许人仍是所有商业标识的拥有者，受许人使用商业符号应符合规定，特许人有保护商业符号的义务。

⑩贸易名称和操作程序的使用——合同应详细规定使用商业符号、操作手册、产品、服务及其他特许体系的经营方法。应建立特许体系的统一标准，包括店址、装饰、制服、陈列、装置、设备、招牌等有关特许经营的各个方面。

⑪促销与广告——特许人常常规定在本地、地区、全国乃至国际上进行广告宣传的内容和方式。合同可要求受许人定期支付广告费。

⑫培训计划——合同应列出特许人培训计划的性质、内容、时间和地点。在强制性培训计划之外还设置了选择性的培训计划，受许人如不能完成强制性培训要求，则可能被中止特许合同，附加培训要求和费用可在操作手册中列出。

⑬特许人指导特许分店和监督受许人的商品与服务质量的权利。

⑭特许人的辅助管理和业务指导。

⑮特许经营的商业程序——包括特许经营操作的标准、要求和限制。涉及设备、装置、制服、保险、顾客保证、商业形式和报告文件等各个方面。

⑯机密信息——在合同中应规定使用和公布有关特许体系商业机密的限制。

⑰竞争限制条款——竞争限制条款是对受许人从事可能与特许体系相竞争的其他业务的限制。有两类竞争限制，一类在特许合同持续期间有效，一类在合同终止以后有效。一般要规定期限、区域范围和对受许人未来雇佣情况的限制。

⑱特许合同的让渡——可包括有关如何处理受许人破产和死亡的规定。一般特许人禁止在未经其书面批准的情况下转让特许业务，但允许转让给受许人的直系亲属、合伙人或股东。可以制定未来的受让者的标准，包括个人品质、商业背景、财务能力、管理水平等。

⑲优先购买的权利——为了控制特许体系，某些特许人保留自己从受许人那里重新买回特许业务的权利，也称优先购买权，它要求受许人在计划出售特许业务时预先通知特许人，并遵循公平价格的原则。

⑳展期——许多受许人有权将他们的特许分店延长一定时期。展期权可以是绝对的，也可以是有条件的。

㉑终止——在没有正当理由的情况下，一般不允许任何一方在届期以前终止特许合同。

㉒特许合同终止或届期时受许人的义务。

㉓一些财务交易方面的问题。

㉔仲裁。仲裁实际是由双方选择的仲裁人进行的私下诉讼，它的优点在于整个程序是私下进行的。选择仲裁人可以依据仲裁人的专业知识而定，仲裁的时间可以依据双方意愿而定，双方还可以设定仲裁的规则，这样可以节省仲裁所需的时间和费用。

（3）特许经营费用。加盟特许经营体系是需要支付一定费用的。通过付费，加盟者获得特许经营的资格，并获得特许经营总部的指导与支持，特许经营总部则通过收费获得收入。

①特许加盟费。特许加盟费类似于“入会费”，用以反映特许权的价值及抵消总部的部分开支，包括对店铺和加盟者的评估、培训和监察，以及总部承担的商标的注册费用、广告宣传费用、员工工资、办公费用、法律及会计服务费用等必要的开支。换言之，加盟店在加盟之初向总部支付的特许加盟费是总部用于提供特许加盟服务的费用。

②特许经营费。特许经营费是特许经营总部定期向加盟店收取的费用，以弥补向后者提供服务与支持的成本。原则上，加盟店向总部缴纳特许经营费，以换取总部提供的服务，而总部将这笔收入作为向加盟店提供日常服务的经费。特许经营费的比例应当在特许经营合同中明确规定。在经营中，总部对于应当承担的开支也须按合同执行，不能通过随意或不公平地提高供应给加盟店的产品的价格变相提高特许经营费。

最初的特许经营费用一般不会超过特许经营总成本的10%。总部不能指望通过最初的特许经营费从加盟店获得丰厚的收益。特许经营费的水平可以在日后逐渐调高，以反映出特许经营权的增长能力与效益，并作为适应通货膨胀的调整。最普通的计算方式与抽取特许经营费一样，以营业额的一定百分比作为标准。有些特许经营总部将广告费用包括在特许经营费之内，并承诺会把特许经营费的一定百分比用于广告宣传。如果地方性的广告宣传比全国性的广告宣传更为重要，总部可能不会要求加盟店分担广告费用，而是规定加盟店必须在指定的地区性广告上投入一定资金。

5. 特许经营体系的维护

在征招受许人，建立特许经营网后，要保证特许经营的稳健发展，必须运用经济、法律和行政等控制管理手段，保证网络各环节的妥善组织与协调。

（1）经济控制。为保证特许经营网络的稳健运行，受许人的投资与努力必须得到合理的回报。

①保证受许人的长期盈利能力。特许经营网络建立的基础是做样板工程所积累的经验，但这不是一成不变的，随着市场环境的变化，必须不断配合市场需求，作出适当的

调整，使特许经营网络保持竞争地位，保证受许人长期盈利的能力。

②适当的收费水平。收费是特许经营经济控制的重要环节。受许人的一部分收入通过收费机制转移给特许人，特许人不仅有足够的资源为整个网络提供支持，还能激励网络成员全力以赴，为共同的目标而努力。

③价值链。为有效发挥网络成员的优势，使特许人与受许人实现各自的规模经济，应该运用波特的组织价值链理论研究整体工作流程，发掘改进工作的机会，把任务分派给网络中最适合的人员。例如，全国性的广告与宣传工作可以由总部来完成，受许人可以集中精力做好当地市场的运作。

④保持受许人的一致性和优质管理。网络中任何一家受许人的表现不佳，都会破坏网络的整体形象。为此，不仅要非常明确地规定优质标准，让受许人遵照执行，还要不断考察受许人的表现，在必要的时候给予指导和培训。

（2）法律控制。特许经营合同是提供给受许人的书面承诺，也是让受许人了解经营业务必须遵守的规定的沟通工具。除了在制定合同时注意严谨与合理外，在受许人的实际运作过程中也要加强监管，保证合同的正确执行。

（3）行政控制。经济控制与法律控制必须与行政控制相结合才能有效实施。要对以下几个方面进行行政控制：

①知识产权。特许经营体系的知识产权包括商标、专有技术和专用材料。必须采取措施避免网络成员或外人侵犯有关权益。

②操作手册。操作手册说明了特许经营业务的细节，受许人必须严格执行操作手册的规定，但要根据市场的变化不断更新，并及时对受许人进行指导与培训。

③周期性报告。以合同的形式约定受许人周期性报告的内容，以便能了解受许人的业务表现。周期性报告包括季度、年度财务报告，顾客的抱怨与投诉，当地市场趋势等。

④长期沟通。为了实现网络的协调，要加强网络成员的沟通交流，包括特许人与受许人之间、受许人与受许人之间的交流。具体措施包括登门拜访、定期召开研讨会、出版内部杂志等。

⑤特许经营管理人员。建立特许经营网络的协调机制之后，必须调配充足的财力与称职的管理人员将网络运行起来。

案例10-3

CoCo壱番屋：独特的加盟模式

在日本，拉面与咖喱饭是“国民食”，日本人平均一天要吃掉2 800万份咖喱饭。尽管拥有如此庞大的食客群体，尽管咖喱店很多，但大部分咖喱连锁店基本没有超出50家店铺，然而CoCo壱番屋是个例外。CoCo壱番屋创立于1978年，如今已经成为日本最大的咖喱连锁店。截至2018年8月底，旗下拥有1 466家店铺，遍及中国、美国、东南亚等各个地区。CoCo壱番屋是如何从小小的夫妻店发展成日本最大的咖喱连锁店的呢？其成功的原因在于顾客第一的产品理念和独特的连锁加盟模式。

1. 顾客第一的产品理念

CoCo壱番屋的咖喱饭并不是固定搭配的，而是根据顾客的喜好来制作。顾客可以自由选择饭量、辣度及副选菜，标准菜单中有80种以上的菜品，顾客可以组合出独一无二的咖喱饭。另外，为了更直接更有效地获取顾客的意见，壹番屋不惜每月花费300万日元，通过提意见送餐券、发放含邮费的明信片式调查卡等方式，“花钱买投诉和意见”。CoCo壹番屋的产品日趋完善，自然也越来越受欢迎。

2. 独特的连锁加盟模式

如果说顾客第一让CoCo壹番屋深受消费者青睐，那么创始人宗次自创的“Bloom System”独特经营模式让CoCo壹番屋快速扩张。不同于一般的连锁加盟模式，CoCo壹番屋的Bloom System经营模式是，不需要缴纳任何加盟费或许可费，独立经营者在CoCo壹番屋工作满两年，有200万日元的存款，取得独立认可之后，即可自行开店。CoCo壹番屋对独立经营者有八项要求：身体健康；不怕失败，能从失败中吸取教训；喜欢咖喱；想成为有钱人；热爱朋友；每月至少理发一次；已经结婚；为了成功能够放弃自尊。CoCo壹番屋还建立了资金援助制度与共同经营者体制，以保证每一家分店品质的同时帮它们尽早实现盈利的目标。CoCo壹番屋努力为员工创造价值，而连锁经营者对企业又具有高度认同，使得Bloom System的连锁经营模式越来越成功。

如今，以单款产品为主打，只搭配少量配菜、甜品、饮品等副品的单品店发展迅速，单品经济、爆品经济兴起。CoCo壹番屋不仅选对了市场需求旺盛的咖喱品类，在客户服务上也是尽心尽力、诚意满满，加上自创的经营模式，成功成为必然。

资料来源：从夫妻店到近1 500＋分店，日本最大的咖喱连锁店公布5大经营秘诀!. http://www.sohu.com/a/293650430_99923947.

本章小结

连锁经营是指同一资本所有，经营同类商品和服务，由同一个总部集中管理领导，共同进行经营活动的经营形式。欧美一般要求连锁店的数目在11个以上。这个定义中的关键是同一资本所有，这也是区别连锁店与其他经营形式的标准。

连锁经营最大的优势是由其拥有众多分店所带来的规模优势，这种优势主要体现在以下几方面：第一，一个大型连锁店在同制造商交易时有很强的讨价还价能力。第二，连锁经营可以节约广告费用。第三，连锁经营可以节约流通费用。第四，连锁经营享有研究、开发、培训、学习的规模优势。连锁经营除了规模效应这个主要的优势外，还有其他四个方面的优势即专业化、标准化、集中化、信息化，它们是密切联系、互为一体的。

特许经营是指特许人与受许人之间通过合同，授予受许人使用特许人已经开发出的品牌、商品、经营技术、经营规模的权利，受许人为此必须先付一笔首期特许权使用费，换得在一定区域内出售商品或服务的权利，并须遵守合同中关于经营活动的其他规定。

对于发展特许经营而言，必须考虑潜在受许人是否合适。在选择受许人时，应重点考察其管理企业的模式。相对而言，受许人一般是小企业，管理水平不高，其雇员从事具体的事务。企业的管理模式对于其做好特许经营业务有很重要的作用。

特许人提供的服务包括如下两种类型：征召、培训以及帮助受许人建立业务，此部分可称为初始服务；在合同持续期间，特许人向受许人提供的后续服务。

特许经营的形成应具有特许权、特许经营合同、特许经营费用等要素。在征招受许人，建立特许经营网后，要保证特许经营的稳健发展，必须运用经济、法律和行政等控制管理手段，保证网络各环节的妥善组织与协调。

基本概念

连锁经营	生产厂家主导型连锁	特许经营
经营模式特许经营	特许经营合同	特许经营费用

思考题

1. 连锁经营的含义是什么？
2. 连锁商店的类型有哪些？
3. 连锁经营应选择什么品种？
4. 连锁经营的优势有哪些？
5. 特许经营的含义是什么？
6. 特许经营的优点是什么？
7. 特许经营的缺点包括哪些？
8. 特许经营的主要类型有哪些？
9. 特许人向受许人提供的服务包含什么？
10. 特许经营形成的主要要素有哪些？

案例分析

锦江之星：特许加盟为主、直营为辅

作为中国首家经济型酒店，锦江之星自1996年创立至今，旗下的锦江之星酒店、金广快捷酒店、百时快捷酒店总数近1 000家，连锁酒店网络广泛分布于全国200多个大中型城市，成为中国最具影响力的经济型酒店品牌之一。

一、锦江之星经营模式：特许加盟为主、直营为辅

锦江之星的经营模式包括特许加盟店和直营店两种，以特许经营为主。特许经营模式下，公司通过品牌经营的方式管理酒店、出售特许经营权，并为加盟店提供品牌、销售、管理、培训、技术等全面的支持及服务。为促进品牌特许经营健康有序发展，公司经营管理的连锁酒店按照经营项目统一、服务标识一致、管理标准规范、营销策略超前、操作系统便捷和连锁联网、资源共享的模式为客人提供标准化、专业化的服务。公司设有专门培养经济型连锁酒店各类管理人才的锦江之星旅馆管理学院。

二、锦江之星特许经营战略步骤

连锁店地址选择。锦江之星客源定位于国内差旅、商务、会务及旅游、度假人员。

选址原则：主要为国家经济中心城市、直辖市；省会城市、经济特区，近些年向三四线城市扩张；邻近机场、繁华商业中心、大型游乐场所，靠近主要交通枢纽、大型停车场、商业网点；倾向于选择经济文化发展良好的地区。选择安全区域，周边不能有网吧、棋牌室等娱乐场所。

受许人（加盟方）的选择。筛选合格的受许人是特许经营能否成功的关键因素。锦江之星在筛选受许人时有如下要求：(1) 物业：建筑面积 3 500～6 000 平方米，建筑物结构合理，有一定数量的停车位，房屋产权清晰，物业使用年限在 10 年以上，交通便捷，视野开阔、外观良好，位于城市的商务中心地段，等等。(2) 完全认同锦江之星的品牌文化与经营理论，完全同意按锦江之星的建设与运营标准来投资建设与运营管理酒店。(3) 有充足的资金。锦江之星把质量放在首位，其发展速度不如其他同业，主要原因是放弃了大量不合适的项目。

总部对加盟方的管理。建立严格标准化的质量监控机制，规范管理。在加盟方新店的营运过程中，需要不断对人力资源进行培训。对酒店职员乃至管理层，均不定期培训，使他们熟悉连锁标准，遵照标准来操作执行。加盟店对人力成本、营运成本等均使用后台操作系统控制。总部向加盟店提供集团预订、营销以及采购系统，帮助加盟店降低成本，提高运营效率。

总部对加盟方的控制。设置完善的监控考评系统；注重管理与业务能力培训；总部派出暗访调查。通过效益监控与业绩考核、长远发展与约束性指标考核（包括员工自身业务能力的提高、设施设备坏损率、应收账款与坏账率、各项功能运作质量考核、顾客满意度与管理声誉考核等），对加盟店实现系统全面的监督与控制。通过强化培训考核，使员工加深对锦江品牌的认知度，主动学习业务知识，提高各项工作实务技能。为进一步保障酒店各方面的卫生安全以及服务质量，锦江之星每个月都会派人对旗下酒店做随机入住暗访调查，以严格把控全国各酒店的营运管理和卫生监督。

锦江之星的经营战略说明了连锁经营模式成功的秘诀不仅在于清晰的市场定位，更要有全面的经营管理标准、细节的把控和科学的加盟方管理与控制，只有这样才能让连锁经营模式稳步扩展，使品牌走向成功。

资料来源：陈鲁闽．特许经营商业模式案例研究——以锦江之星连锁酒店为例．赢未来，2018 (11).

思考题

1. 锦江之星的经营战略主要体现在特许经营管理的哪几个方面？
2. 结合案例，从加盟方角度来看，加入特许经营的优势和劣势有哪些？

第11章
电商渠道

本章要点

1. 电商渠道的定义、特征与类型
2. 电商渠道的主要模式
3. 电商渠道的推广方式
4. 电商渠道的配套策略

引导案例

习近平讲故事：电商大有可为

商洛市柞水县小岭镇金米村，坐落在山窝里，九山半水半分田，曾经是极度贫困村。村民为了过上好生活，将村名改为金米村，村子的路叫米汤街，就是想填饱肚子，不再挨饿。

如今，山还是那座山，村却变了模样，木耳大棚一片连着一片，房子焕然一新。总书记走进木耳种植培训中心和智能联栋木耳大棚，实地察看帮助乡亲们脱贫的"金疙瘩"。农户肖青松过去在外打零工，2019年打起背包回乡了。他向总书记汇报自家收入时，连眉梢都带着笑意："1个菌棒赚7块钱，承包两个大棚，一年两茬，一茬能挣两万块，两茬能挣四万多。"更让他安心的是"公司＋农户"的模式，行情好了按市场价，行情不好时能拿到保护价。

这几年，金米村的木耳种植从地栽到智能大棚里的塔栽、吊栽，村民们也从拿锄头刨地转为用智能手机打理木耳种植，山路也从过去羊肠小道变成了硬化车道，就连电商也连到了家门口，陕南几乎每个市县都有电商协会。总书记来到直播平台前，成了"最强带货员"。他强调，电商不仅可以帮助群众脱贫，还能助推乡村振兴，大有可为。

小木耳、大产业，给总书记留下了深刻印象。总书记指出，发展扶贫产业，重在群众受益，难在持续稳定。要延伸产业链，建立更加稳定的利益联结机制，确保群众持续稳定增收。

资料来源："陕西要有勇立潮头、争当时代弄潮儿的志向和气魄"——习近平总书记陕西考察纪实. 人民日报海外版，2020-04-25（01）.

随着互联网的发展，电商消费者的增加，电商渠道已经成为分销渠道中最为重要的方式之一。本章主要阐述如何建立和运用电商渠道为企业分销产品及服务。电商渠道是一种低成本、高效率的新型商业模式，能够以最快的速度，在最短的时间内与最广泛的消费者形成互动，能够借助大数据、电子支付等技术手段更高效地管理分销渠道。

11.1 电商渠道概述

电商渠道被越来越多的企业特别是消费品企业采用，用来分销产品和服务。一般而言，企业会通过多个电商渠道来实现电商营销的目的。

1. 电商渠道的定义与基本特征

（1）电商渠道的定义。电商渠道是指企业利用互联网技术构建在线的销售通路，高效、低成本地将产品从生产者处送达消费者所经过的路径。它是一个综合性渠道系统，不仅要让消费者更方便地了解和选择产品，同时还需要利用大数据进行消费者特征分析，结合在线电子支付手段完成交易程序，利用安全技术进行相关信息的保护。

随着互联网和电商渠道的迅速发展，电商渠道在全渠道销售额的占比越来越大，经营范围也遍及几乎所有行业，但由于地域局限性、消费者购买习惯等原因，电商渠道还无法完全替代传统的线下实体渠道。从优势互补的角度来说，电商渠道对于传统渠道而言，也是一次打通线上线下的渠道升级。通过利用电商渠道，不仅可以实现在线的产品销售，还能实现品效合一，在销售的过程中发挥品牌、产品宣传的功能和作用。

（2）与传统渠道的比较。与传统渠道相比，电商渠道具有信息传输容量大、产品销售速度快、售后服务网点理想等特点。首先，在电商渠道中，客户可以从网页上了解企业产品的各种类型、型号和价格，甚至获得有关其经营状况的全面信息。而这是传统渠道难以实现的。其次，电商物流直接配送为客户提供了迄今为止最快的送货上门的产品销售流程。这相当于为客户节省了时间、体力、脑力等。最后，电商渠道的客户服务部门将各种客户常见问题放到电商网页上，劝说客户去电商的自助系统寻求答案，电商渠道就成为缓解售后服务人员工作压力和提高他们工作成就感的有力工具。

从渠道的构成来看，尽管电商渠道也可分为直接销售渠道和间接分销渠道，但是相对于传统渠道，电商渠道的构成要简单明了得多。如图 11－1 所示，从属于电商渠道的批发商（甚至是它的多重组合）、零售商的概念由商务中介电商全部涵盖。

从整体渠道成本来看，电商分销环节和流通环节的减少，自然会带来渠道成本的降低，同时也可以节约客户管理的成本。

①电商分销将传统渠道中一般不可缺少的中介机构变为并列关系的（不会增加渠道成员层级，进而不会提高商品价格）商务中介电商，甚至没有商务中介电商。这样一来，代表一种交易的一条完整的渠道包括的渠道成员不超过三个：生产企业（或其电商）——商务中介电商——消费者，或是生产企业（或其电商）——消费者。

②电商渠道以及电商配套软件、措施带来的客户成本的节约有可能是巨大的。太阳微系统公司营销部门就曾宣布，启用电商渠道后，每月成本节约金额达 130 万美元，其

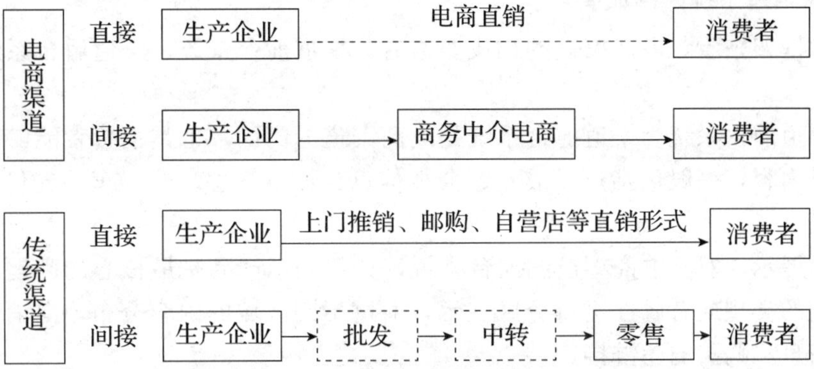

图 11-1　渠道构成的比较

中 1/3 来自人员费用的节约。

③电商分销与传统媒体（电视、广播、报纸、杂志）相结合的营销手段具有较高的经济性。

（3）电商渠道的基本特征。电商渠道拥有许多与传统渠道不一样的特征，这些构建了电商渠道的优势，也成为电商渠道的独特性。

①多元化的用途。电商渠道不仅能够销售货物，为消费者提供服务，还能够为消费者提供更多、更全面的产品信息。在电商平台中，消费者可以通过网页和用户账户来获得产品的详细信息，了解付款、物流等具体情况，并通过网页与商户进行交流、提出建议。

②简单化的结构。在传统渠道中，中间商是十分重要的成员，虽然大多数传统渠道分为直接渠道和间接渠道，但在现实中大多数还是间接渠道。中间商能够提供更多的市场进入机会，也能够更加专业化地推动产品销售，但中间商的存在也使传统渠道的结构更加复杂、管理难度更大。在电商渠道中，利用互联网技术无疑减少了中间商的层级，能够更好地实现销售。

③节约化的交易成本。电商渠道的流通环节以及层级比传统渠道更少，因此能够减少交易成本。从产品信息浏览、备选产品选择、产品购买决策、付款到最后收货，消费者投入的时间和精力更少，体验却更好。电商渠道还利用后台数据系统，更好地控制和调配货物，平衡不同渠道之间的库存压力，降低库存流通的可变成本，节省更多的仓储费用。

④多元化的功能。电商渠道不仅能够提供宣传和销售功能，还能利用平台优势完成订货、结算以及配送。对于电商渠道而言，一个精准的订货系统不仅可以获取消费者信息，还能够最大限度降低库存压力。同时电商渠道能够提供更为全面、更加方便的付款方式供消费者选择，比如网银支付、第三方支付、扫二维码支付等，这些都为消费者提供了更加灵活的支付方式。此外，一些数字产品、虚拟产品，比如软件、音乐、电影、知识服务等，可以通过电商平台下载和网络传输，比传统物流配送更高效、成本更低。

2. 电商渠道系统的构成要素

从技术框架来看，电商渠道的构成要素有：渠道前台系统、渠道后台系统和外部接口系统。

（1）渠道前台系统。渠道前台系统是电商渠道的门面，也是消费者能够直接接触到的电商渠道内容，一般包括产品展示、会员信息、订单管理、购物车、支付工具、配送内容等信息。

①产品展示。对于电商渠道的前台来说，如何展示产品是最核心的问题。产品通常会根据不同的类型或者属性进行分区展示，通过不同区域的内容分布，向消费者提供产品的具体信息和购买的超链接。

②会员信息。电商的前台系统中一般都会有会员信息注册和登录的模块，通过该模块，能够更好地收集消费者的信息，识别消费者的身份，同时提高消费者的黏性。对于电商渠道而言，消费者注册成为会员，就成了电商渠道持续营销的重要目标之一。电商会根据消费者的消费记录将其划分为不同等级的会员，给予不同比例的优惠，增强其购买意愿，也会结合一些相关活动，让种子会员成为电商渠道扩展市场的先锋。

③订单管理。订单管理是将消费者的会员信息与产品信息结合起来的一个管理模块，通过该模块，可以让消费者更好地了解自己的订单去向和具体信息，并能够完成一些自助服务，也为电商渠道分析消费者行为特征提供了数据支持。

④购物车。通过购物车，消费者可以进行产品的选择和购买，进一步实现从产品到订单的过渡，即使消费者不想购买，购物车也可以作为一个暂时存储产品信息的空间，这也便于电商渠道收集消费者最终购买失败等行为数据并进行综合分析。

⑤支付工具。对于电商渠道而言，移动支付作为在线购物的一个便捷工具尤为重要。在电商渠道的前台中，消费者可以选择不同的付款方式，一般包括在线支付、货到付款、银行转账、礼品卡支付等。

⑥配送内容。在配送内容模块，消费者可以自由选择产品的配送方式，比如快递上门、邮寄配送、网络下载、自取等。

（2）渠道后台系统。与渠道前台系统相对应的是电商渠道的后台管理系统，也是消费者无法通过在线信息系统浏览的部分。对于渠道管理者而言，渠道后台系统是电商渠道进行信息、产品、会员管理的综合系统，包括网络维护、库存管理、客户管理、售后服务、订单查询等多个功能。对于大型电商而言，可以自行构建后台系统，完成定制化的、服务于集团的功能和模块；对于中小型电商而言，可以通过购买第三方服务进行平台的构建和使用。通过接入第三方的网络平台，电商可以实现一些现有的信息管理功能，比如客户关系管理系统（customer relationship management）和客户快速反应系统（quick response system）。同时由于不同的电商渠道有不同的需求和特性，许多电商渠道会要求第三方对后台系统中的一些功能进行二次开发，并与 Web 进行集成，实现渠道需要的特殊功能。

（3）外部接口系统。外部接口系统是将电商渠道前台系统与后台系统连接到外部网络环境的接口系统，是连接电商内渠道与网络外环境的桥梁。外部接口系统包括：①为电商渠道提供物流配送服务的物流接口端，通过渠道与物流企业的无缝连接，来实现渠道的分销功能；②为电商渠道实现产品支付的金融支付端接口，满足渠道与银行、第三方支付平台的在线支付需求；③为电商渠道提供安全保障的安全认证端，实现渠道与网络安全中心的信息安全保障，保护消费者隐私。

对于一个电商渠道来说，渠道前台系统、渠道后台系统以及外部接口系统是一个有机的整体，缺一不可。通过三个系统的有机结合，电商能够完成各种在线分销功能，如资金流、物流、信息流、商流的交换；消费者能够在线完成产品选择、购买、会员注册、登录等。最终通过电商渠道、银行系统、物流系统以及其他第三方的配合，渠道和消费者完成产品与资金交换，产品传递到消费者手中。

3. 电商渠道的主要类型

电商渠道有直接渠道和间接渠道两种基本类型可以选择，也可以结合两者的优点形成复合型渠道。

（1）电商直接渠道。电商直接渠道一般是指企业通过自己的电商网络平台直接取得客户或消费者的订单。在电商直接渠道中，渠道面对的客户类型可能是公司或政府客户、互联网中间商、线下中间商、终端消费者等。

● 主要优势：企业对电商渠道具有完全的控制权，可以自由灵活地进行规则的制定和创新，全面详尽地展示渠道产品，举办各种规模和形式的促销活动；中间费用少，控制价格和利润的余地较大；获取顾客信息容易，方便进行多角度的消费者分析和调研；等等。

● 主要劣势：相关软硬件、广告、人员等的投入较大，访问量相对较低小，消费者选择的余地较小，等等。

电商直接渠道还有一种方式就是店中店直销，即企业利用第三方电商销售平台开设店铺，直接取得客户或消费者的订单。在店中店直销中，企业面对的客户类型可能是公司或政府客户、互联网中间商、线下中间商、终端消费者等。利用店中店直销，访问量会比直接渠道大，但企业对店中店的支配权受到一定的限制，在较大程度上要服从电商大平台的统一管理。

（2）电商间接渠道。电商间接渠道是指渠道通过互联网中间商进行销售。在电商间接渠道中，企业面对的是互联网中间商。中间商既可以是整体拥有在线商城的大型电商渠道，也可以是在第三方销售平台拥有店中店的代理商。

● 主要优势：交易规则较为成熟；访问量相对较大；产品种类款式全，产品展示格式统一，便于顾客集中比较；购物气氛浓，购物体验较好；大多采用向中间商批量供货的方式，物流配送成本较低。

● 主要劣势：企业对渠道的控制力较弱，尤其是当中间商的规模、实力或行业影响力超过企业的时候，企业在售前、售中、售后的各个环节通常只起到配合的作用，难以组织和实施个性化的营销活动；和顾客缺乏直接接触，难以通过中间商渠道获取顾客信息和开展相关调研。

（3）复合型电商渠道。复合型电商渠道指企业既采用电商直销，又采用电商间接分销，相互取长补短。比如，某知名手机生产企业同时运用三种电商销售渠道：官网商城直销最新手机产品及原厂手机配件；渠道在第三方销售平台开设店铺；渠道将一些优惠机型、老机型批发给电商中间商。

4. 电商渠道选择应考虑的因素

在了解了电商渠道的不同类型之后，企业该如何作出选择呢？

（1）依据产品属性。一般而言，具备下列属性的产品比较适合选择电商间接渠道：技术含量较低、价值相对较小、大规模量产、不易变质或破损、购买过程中无须慎重比较、售后服务比较容易。若企业主要生产家纺类产品，很可能企业利用的间接渠道越多销量也就越大；若企业生产的是专业性和技术性很强、对售前咨询和售后服务水平要求较高的机械类产品，则企业更应该考虑店中店直销或是电商直销渠道。

（2）依据企业自身条件。如果企业拥有知名品牌，财力雄厚，具有丰富的市场营销和渠道管理经验，则企业可以考虑店中店直销或是电商直销渠道，并且可以同时选择实力强、业绩好的互联网中间商来进行电商间接渠道分销，从而进一步提升销量。企业选择具体的电商渠道时应该考虑与企业的产品定位、目标市场和品牌策略、产品生命周期等相匹配。

（3）依据竞争对手的策略。一般而言，行业领袖选择电商分销渠道具有较强的前瞻性，其竞争对手的策略则具有较强的实用性和参考性。互联网为企业收集竞争者信息提供了一条较为便捷的途径，显然是调查竞争对手电商分销渠道的最佳途径。

案例 11-1　良品铺子：全渠道数字驱动，打造智慧门店

（4）依据电商渠道企业的情况。企业在确定了电商分销渠道的类型之后，还需要进一步选择具体的电商渠道。应该考虑电商渠道的互联网分销从业年限、销售业绩、经营的产品品种和代理的品牌、资金实力、合作态度和声誉，等等。

11.2　电商渠道的主要模式

电商渠道模式是指在互联网环境下，基于一定技术的商业运营模式和盈利模式。对电商渠道模式分类体系的分析，有助于探索新的电商渠道模式，为电商渠道模式的创新提供途径，以帮助企业制定具体的电商渠道战略和实施步骤。电商渠道可以依据不同的交易对象分类，建立不同的经营模式。

1. B2C 模式

B2C（business-to-consumer）模式是指企业通过电子网站和电子数据信息直接向消费者销售产品和服务的电商零售模式。一般以网络零售业为主，主要借助互联网和独立网店系统软件开展在线销售活动。这也是企业或品牌推广的一种新形式。B2C 模式是我国最早产生的电商渠道模式。目前 B2C 主要可分为以下几类：

（1）交易平台型 B2C。交易平台犹如一个线上大市场，有若干卖家和买家，商品种类繁多，如天猫。它有庞大的顾客群体、稳定的网站平台、完备的支付体系及安全诚信体系，具有人气旺盛、产品丰富、24 小时不间断营业、无区域限制、物流便捷等优势。企业在人力、物力和财力上都是有限的，加入交易平台型 B2C 网站不失为拓宽网上销售渠道的好方法。首先，企业要选择人气高、点击率高、流量大的第三方电商平台。其次，聘请懂网络营销、熟悉网络应用、了解实体店运营的网店经理。最后，从长远发展的角度看待网络渠道，增加产品种类，充分利用实体店、现有仓储系统、供应链系统、物流配送系统等资源发展网店。交易平台型 B2C 根据其经营品种的差异又可以分为平台综合型和平台专业型，平台综合型经营的品种没有产品大类限制，平台专业型经营的品种一般以一个产品大类为主。

（2）百货商店型 B2C。一般指一个大的独立电商面向消费者，经营品种几乎无所不包，与买方呈现一对多的关系。典型代表如亚马逊、京东商城。这类电商基于品牌优势，发挥品牌影响力，积极寻找新的利润点，培育多种业务。例如，亚马逊在现有品牌信用的基础上，依托国际化背景，探索国际品牌采购业务或国际品牌产品销售等新业务。百货商店型 B2C 模式下，网站建设应在商品展示、信息系统智能化等方面进一步细化；对于新老客户的关系管理，需要细化客户体验的内容，提供更加人性化、直观的服务；选择更好的物流合作伙伴，加强对物流的实际控制，提高物流配送服务质量。

（3）垂直商店型 B2C。服务于特定的人群或者满足特定的需求，提供有关这个领域的全部产品及更专业的服务。比如专注于经营酒业的酒仙网。垂直电商积极与知名品牌厂商沟通合作，解决与线下渠道商的利益冲突，拓展产品线和产品系列，完善售前售后服务，提供多样化的支付方式。完善物流配送建设，可以尝试探索物流联盟或协同物流模式，如果资金允许还可以逐步实现自营物流，保证物流配送质量，增强用户黏性。

（4）品牌商店型 B2C。一般指经营企业自主品牌产品的专卖店或旗舰店。传统商家建立自己的网站销售产品，有效整合传统零售和电商渠道的供应链和物流体系，通过业务外包解决经营电商渠道网站的技术问题。企业要从战略管理层面明确该模式未来的定位、发展和目标。协调原始线下渠道和网络平台的利益，并实现差异化销售。通过传统渠道销售的产品反映区域需求特征，线下产品和线上产品的价格策略将根据不同的时间段灵活运用。线上产品也可以通过线下渠道改善售后服务。在产品设计上，应该考虑消费者的多样化需求。大力吸收和挖掘网络营销精英，培养电商渠道运营团队，建立和完善电商渠道平台。

（5）服务商店型 B2C。主要指经营无形产品和服务的电子商务模式。如网上订阅模式、付费浏览模式、广告支持模式、网上赠与模式等。携程旅行网以客户为中心，为客户旅行提供便捷、周全、可靠、亲切、专业的服务，包括提供酒店预订、机票预订、度假预订、商旅管理、特约商户、旅游资讯等。通过获取酒店预订代理费、机票预订代理费、保险代理费、在线广告费等实现盈利。

2. B2B 模式

B2B（business-to-business）模式是指企业与企业之间通过互联网进行产品、服务及信息交换的电子商务模式。B2B 模式通过网站或移动客户端与客户紧密结合，通过网络的快速响应，为客户提供更好的服务，从而促进企业的业务发展。B2B 模式具有如下优点：

（1）降低采购成本。通过建立产销之间的电商渠道实现网上直接采购，可以减少双方为交易投入的人力、物力和财力。另外，通过整合电商渠道内部采购系统，可以统一向供应商采购，实现批量采购，获得折扣。

（2）降低库存成本。通过与上游供应商和下游客户建立电商渠道体系，电商渠道可以最大限度实现物流的高效运作，最大限度控制库存。

（3）节省周转时间。供应商和客户建立统一的电商渠道体系，可以实现供应商与客户之间的直接沟通和交易，减少周转次数。

（4）拓展市场机会。通过与潜在客户建立在线业务关系，电商渠道可以覆盖传统渠道难以覆盖的市场，增加市场机会。

3. O2O 模式

O2O（online-to-offline）模式是指将线下商业机会与互联网相结合，使互联网成为线下交易的平台。消费者在官方商城了解消费服务并进行线上下单，商城将订单发送给线下实体店，消费者选择就近的实体店提货并体验商家服务，消费结束后通过商城分享消费服务体验。O2O 电商渠道模式对企业有诸多好处：

（1）获得更多的宣传和展示机会，吸引更多的新客户到店。O2O 模式颠覆了传统的营销推广模式。例如，原有的火锅店有新的优惠活动，需要寻找媒体资源平台进行广告宣传。O2O 工具的出现，使得企业可以更好地管理用户，推送信息，减少了重复推广的成本。

（2）通过 O2O 模式，可以追踪商家与顾客之间的每一笔交易，也可以查询商家的推广效果。商家通过大数据分析交易质量和推广效果，掌握用户行为数据，进而与客户沟通了解更多的客户需求，不仅可以提高营销效果，还可以保持老客户对品牌的忠诚度。

（3）通过有效的网上预订，合理安排运营，降低成本。O2O 模式的重点是在线预付。对于消费者来说，预订不仅扩大了选择范围，也有利于通过网上对比选择心仪的商家。使用 O2O 模式的商家往往用比线下支付更优惠的方式来吸引消费者在线支付，这也为消费者节省了支出。

（4）推动新产品、新店铺的消费更加便捷，减少了线下实体店对黄金地段热门店铺的依赖，大大降低了租赁费用。因为 O2O 模式的推广可以获得更准确的反馈效果，所以新产品、新店铺的推广尤为有效。另外，O2O 模式与传统模式不同，不太依赖实体店的地理位置，新产品或新店铺的在线推广做得很好，实体店一样可以吸引顾客，即使它们不是在黄金地段。

4. C2C 模式

C2C（customer-to-consumer）模式是指客户把自己的东西放网上去卖，是个人与个人之间直接交易的电子商务模式。如 eBay、二淘网以及其他二手交易网站。卖方将欲卖的货品登记在社群服务器上，买方通过入口网页服务器得到二手货资料，在查看卖方的信用度后选择欲购买的二手货，通过交易平台完成资料记录，买方与卖方进行收付款交易，网站通过物流配送机制将货品送到买方。网站主要通过收取会员费、交易提成费、广告费用、排名竞价费用、支付环节费用等实现盈利。

5. C2B 模式

C2B（customer-to-business）模式是指先有消费者提出需求，后有生产企业按需求组织生产的电商渠道模式，如团购网。C2B 模式的核心是通过聚合分散分布但数量庞大的用户形成一个强大的采购集团，来改变 B2C 模式中用户一对一出价的弱势地位，使之获得以大批发商的价格买单件商品的利益。

C2B 改变了生产者与消费者之间的关系，通常情况下，产品和价格是根据消费者自己的需求定制的，或者消费者主动参与产品的设计、生产和定价。产品和价格突出了消费者的个性化需求，制造商进行定制化生产。C2B 的核心是以消费者为中心，来自同一制造商相同类型的产品的价格是相同的，无论通过哪个终端渠道，价格合理，供应链透明化。

6. F2C 模式

F2C（factory-to-customer）模式是指从工厂到顾客的电商渠道模式。F2C 模式是品牌公司将设计好的产品送到工厂代工，然后通过终端交付给消费者，保证产品设计的合理性和服务质量。F2C 模式最大的优势在于强大的线下产业支持、有效的全程质量控制和快速的市场反应。一般认为，在网上购物的过程中，消费者往往会担心无法保证产品的质量。由于购买渠道和产品供应链不均衡，厂家资质参差不齐，许多消费者对网络图片上的亮色商品感到困惑，只有收到商品后才会发现质量被夸大甚至是假货。F2C 模式有望改变这种状况，为消费者提供物有所值的产品和服务。

7. BOB 模式

BOB（business-operator-business）模式即供应方（business）与采购方（business）通过运营者（operator）达成产品或服务交易的一种新型电商渠道模式，旨在帮助中小企业或者渠道商建立品牌意识，打造自己的品牌，实现转型和升级。它将电子商务以及实际运作中的品牌运营、店铺运营、移动运营、数据运营、渠道运营五大运营功能板块升级和落地，实现“品牌塑造＋平台展示＋立体分销＋数据指导＋新媒体营销＋智能仓储＋金融结算”一体化的电子商务供应链管理。主要助力传统行业转型电商行业，使批发产业跟上互联网商业模式。传统中小型企业在电商平台化趋势下都想打响自身品牌却苦于没有电商平台的专业知识，BOB 模式的出现正好满足了此类需求。

8. B2Q 模式

B2Q（business to business and ensure the quality，企业网购引入质量控制）模式，指交易双方网上先达成意向交易合同，签单后根据需要引进第三方工程师进行商品品质检验及售后安装调试服务。买方可以在平台内选择有资质的第三方（验货、验厂）工程师，对买卖双方达成交易的商品进行校验。卖方可以在平台内选择有资质的第三方（安装、调试）工程师，对销到异地的商品提供现场安装、调试及后续的设备售后服务。第三方工程师入驻，要经过严格的审核：对工程师资质、工作能力和经验进行认定。注册的各类工程师均以兼职的方式与平台合作，通过平台实现线上接单，线下为雇主提供专业、高效的服务。这种严把产品质量关的交易模式能有效杜绝假货。

11.3 电商渠道的推广方式

电商渠道的互联网推广是渠道实现电商营销目标的重要保障，那么，哪些是渠道互联网推广的有效途径，又该如何来开展推广活动呢？下面将对其中比较重要的推广方式进行详细探讨。

1. 社媒营销

社媒营销即通过社会化媒体渠道来推广企业产品和服务的营销活动，包含三个关键元素，即 Web 2.0、用户生产内容以及人际关系网络。社会化媒体是以人际网络为基础，允许个体进行内容交换、思想互动的组织形式。社媒营销就是要利用这种互动性，以人际关系网络为撬动点，推动品牌、产品或者服务的推广。随着 Web 2.0 的发展，社会化媒体也发展出多种多样的形态，下面详细介绍其中最重要的 3 个阵地：微信、微博以及 SNS 社区。

（1）微信营销。随着智能手机等移动终端的崛起，微信已经成为社会化媒体中最具流量的营销阵地，截至 2019 年底微信月活跃用户达到 11.5 亿，是中国用户量最多的 App。微信营销是伴随着微信发展而产生的电商渠道模式。企业可以通过微信公众号等形式向用户推送产品信息，利用线上来弥补线下渠道的不足。

①微信营销的特点。作为一种新型营销渠道，微信营销具有许多独特的优势，受到企业的喜爱。主要包括：

第一，低成本的营销费用。相比于传统的营销媒体，如报纸、电视、海报等，微信营销是基于微信平台开展的，各项功能都可以试用，只需要一定的流量费，随着规模增大，成本逐步下降。

第二，庞大的用户群体。微信依附于腾讯集团，有许多的相关产品作为支撑，如 QQ、腾讯视频等，其用户群体规模庞大，基本上涵盖了青年、中年群体，对于渠道而言是个取之不尽的流量宝库。

第三，及时互动的信息交流。微信作为用户群体的聊天工具，用户基本上是实时在线的，企业可以运用微信公众号等实时和用户互动，提高用户黏性，相比于其他社媒而言，交流更具私密性。

第四，营销模式的多元化。在微信平台上，企业可以拥有多个子渠道来发展电商营销，比如朋友圈信息流广告、二维码、位置签名、微信小程序以及微信公众号等，通过多个子渠道的合作和协作，可以满足企业对电商引流的不同需求，实现文章、图片甚至语音、视频多个维度的产品宣传与引流。

②微信营销的价值。微信营销除了具有上述营销优势外，还具有一些作为电商分销渠道的价值。

第一，微信营销能够立体展现产品信息。微信平台作为一种新媒体，具有多元化的传播符号，如表情、视频、图片、语音等，能够更好地向消费者展示企业的形象、产品的信息、服务的具体内容，同时能够嵌入一些互动模块与消费者进行交流，大大提高了企业进行电商渠道营销的灵活性。

第二，强大的社交方式能够迅速拓展用户群。每个微信用户在平台上都有大量的熟人资源，通过这个庞大的人际关系网络，渠道可以鼓励消费者通过转发、评论等形式推广企业的产品。这种推广相较于传统渠道中的B2C宣传更具有可信度和感染力。

第三，传播迅速，时效性强。微信平台的信息传播具有即时性的特点，一方面，用户能够随时随地与其他用户进行交流；另一方面，渠道也可以利用平台与用户随时进行交流。同时微信具有基于位置的服务功能，用户可以将定位信息发给其他用户，形成不同用户在现实中的不同区域之间的联系。渠道也可以利用用户的LBS功能，为用户提供最合适地理位置的产品和服务，最大可能地利用用户的地理位置，为线下渠道引流。

（2）微博营销。微博指的是一种通过关注机制分享简短实时信息的广播式的社交网络平台，允许用户通过电脑、手机等多种移动终端接入，以文字、图片、视频等多媒体形式实现信息的即时分享、传播互动。截至2019年底，微博月活跃用户达到5.16亿。微博营销是指通过微博平台渠道为企业和个人创造价值的营销方式，也是指企业或个人通过微博平台发现并满足用户各种需求的商业行为模式。微博营销以微博为营销平台，每一位听众（粉丝）都是潜在的营销目标。微博作为社媒渠道的一种，具有独特的渠道优势和特征：

①利用知名博主的影响力进行营销。微博的传播机制建立在人际传播理论的基础上，如二级传播等。换句话说，微博中的社会关系是真实社会关系链的扩张性虚拟迁移。微博的影响力也代表了一种关系的信用价值。根据新浪微博的计算方法，微博的影响力是由活动（原微博转发次数、评论次数和私信数量）、传播力（原转发和评论数量）和覆盖率（即粉丝数量）决定的。通过拥有大量粉丝和高影响力的微博用户，可以接触到更多的潜在用户，达到宣传效果。知名博主作为意见领袖往往具有消费引导功能。微博是一个无可争议的自媒体，或者提供一些专业领域的知识，或者展示一些有趣的生活，或者提供娱乐信息，或者发表社会热点的评论，或者只是依靠语言个性魅力来获得关注等。通过拥有大量粉丝的微博账号进行推广也是一种广告方式。值得一提的是，这种方式多被营销公司和公关公司用来提供专业的付费微博营销服务，向互联网用户传播渠道信息和产品信息以树立良好的渠道形象和产品形象，微博账号根据关注者的数量有不同的定价水平。

②品牌拟人化，获得用户关注。在社交媒体时代，传播强调人性化和个性化。微博用一种非常人性化的方式来建立企业品牌的形象，不仅可以缩短与受众的距离，取得良好的营销效果，品牌的美誉度和忠诚度也会大大提高。品牌拟人化，是指通过完整的人格、有趣的人类语言，丰富品牌账户“人”的态度、个性与情感，真正与用户互动，获得用户的认可。用户会支持企业的产品，也会积极参与到品牌建设中。品牌拟人化也是实现口碑营销的最佳途径。在消费行为模式不断变化的时代，品牌拟人化可以在每一个消费环节发挥作用。

③操作方便，运营成本低廉，方便自营。与其他媒体相比，微博免费，界面操作简单（所有操作基于信息分布、转发、评论），信息呈现有多种形式。操作一个微博账户不需要更专业的计算机网络技术，也不需要采用专门的广告，或向报纸、电视等媒体支付广告费用。充分利用微博的“媒体”属性，做好“内容营销”是微博营销之道。

④布局微博矩阵，形成品牌推广合力。微博矩阵是指在一个大的企业品牌之下，开设多个不同功能定位的微博，与各个层次的网友进行沟通，达到360度塑造企业品牌形象的目的。可在企业、产品线、生活理念重塑三个维度上布局微博账号，最大限度发挥企业内部资源优势。多个功能明确的账号，彼此互相协作，形成传播合力。在统一的宣传口径、宣传节奏下，通过矩阵的共振效应，达到一个声音对外的效果。

（3）SNS营销。SNS（social networking service）即社会性网络服务。SNS平台具有显著的社交属性，企业可以作为平台成员直接开展营销活动。企业可以在SNS平台建立主页、发布信息（如产品信息、促销信息、渠道要闻）、开展调查和进行危机公关，并与一般用户、粉丝、媒体、专家等进行互动。但要有营销效果，吸引和黏住消费者是关键；让足够多的消费者在SNS平台上关注企业、成为企业的粉丝、传播企业的信息是SNS营销的基础。

①SNS的代表性平台。

● 百度贴吧。贴吧是百度的独立品牌，是全球最大的华人社区。贴吧与搜索引擎相结合，搭建了一个在线交流平台，对同一个话题感兴趣的人可以在一起交流，互相帮助。同时贴吧是一种基于关键词的话题传播社区，它与搜索紧密结合，准确把握用户需求。无论是热门话题还是小众话题，都能精准地聚集大量的朋友，展示他们的风采，搭建独特的趣味主题互动平台。目前注册用户已经超过15亿。

● 豆瓣。该网站最初提供关于书籍、电影、音乐和其他作品的信息。描述和评论都是用户生成内容（UGC），这是Web 2.0中一个独特的网站。它还提供音频书推荐和线下活动、小组交流和其他服务功能，更像是一个品味系统（读书、看电影、听音乐）、表达系统（我读、我看、我听）和通信系统（城市、组、朋友）的集成创新网络服务，致力于帮助城市人群找到生活中有用的东西。目前，豆瓣有38万个各类兴趣小组。

● 小红书。小红书是一个生活方式平台和消费决策门户。到2019年7月，小红书的用户数量超过3亿，70%是90后。在小红书社区，用户分享文字、图片和视频笔记，记录这个时代年轻人的正能量和美好生活。小红书通过机器学习准确有效地将海量信息与个人进行匹配。用户数以千万计的真实消费体验令小红书成为世界上最大的消费者口碑库，也让小红书成为品牌所重视的“智库”。

● 知乎。在知乎中，用户分享彼此的知识、经验和见解，为中国互联网提供了源源不断的多样化信息。更准确地说，知乎更像是一个论坛：用户围绕感兴趣的话题进行相关讨论，并可以关注兴趣相似的人。在概念解释方面，知乎的百科中几乎涵盖所有的问题。发散思维的整合是知乎的一个特点。知乎的直播功能已上线。在直播现场，用户可以更方便、更直接地分享知识、经验和见解，进行实时的讨论和交流，从主播那里获得专业的答案。

②SNS平台的营销策略。

- 与 SNS 平台的特色服务相结合。SNS 平台的特色服务往往是其关注度最高、参与性最强的平台应用，也是最能够帮助企业吸引消费者注意力的场所。比如，中粮集团的悦活品牌曾选择开心网的重点应用之一“花园”进行植入营销，开心网用户可以免费获得悦活种子、出售长成的果实或是加工好的悦活果蔬汁，或是通过将果汁赠送给好友用户而得到获得农场宠物的机会。整个过程完全遵守“花园”应用的趣味规则，悦活在活动中将“100%纯果汁”“产地限定”“无添加”等信息充分传递给消费者，在活动结束时收获了几十万粉丝。
- 增强信息的话题性。病毒营销得以发挥作用的前提是该“病毒”适合人际传播——没有什么比具有强烈话题性的信息更适合人际传播了。一个信息的话题性可以表现在信息的趣味性、娱乐性、创意性、知识性、启发性、实用性、新闻性、紧扣热点等各种价值属性上，企业应该从多种角度以多种形式（文字、图片、视频等）来发掘和构建所发信息的话题性，从而吸引和维系企业在 SNS 平台的粉丝。
- 必要的人性化。SNS 平台是人与人沟通互动的平台，具有显著的社交属性，对渠道身份进行必要的人性化、拟人化是提高沟通效果的重要方法。沟通的人性化可以表现为采用人性化的口吻、较为生动的叙述、较为亲切的称呼，等等。比如，某网片组合架（用作分层收纳物品）制造商曾在其脸书主页上发信息称“我们发布了最新规格的产品×××，产品图片和具体规格如下”，冷冰冰的渠道身份显露无遗。可以将其改为“小张用我们的新产品×××将家里布置成了这个样子！有图有真相！”这种人性化的渠道身份令粉丝产生更多的亲近感，渠道发布的内容有更大概率被转发和分享。
- 积极互动。与用户积极互动是在 SNS 平台维系消费者、扩大影响的重要方式。在多数 SNS 平台上，企业可以通过如下方式和用户互动：回复用户在企业主页上的留言；去转发企业信息的用户主页进行评论；搜索、评论和转发与企业有关的用户信息；发送和回复私信；与用户聊天；等等。
- 利用名人效应。知名人士、意见领袖往往被广泛关注并拥有大量粉丝，名人效应对 SNS 营销有着巨大的影响。企业可以通过签约名人、争取其关注、与其积极互动等方式来扩大自身在 SNS 平台的影响力。比如，国外家电品牌 KALLEY 曾签约一位形象非常健康的女明星作为代言人，代言协议要求该明星成为 KALLEY 品牌推特微博的粉丝，至少每 3 天在其主页上发布一条与企业相关的信息，与粉丝就该信息进行一定的互动，信息内容应尽量配合品牌活动并参考营销人员给出的建议。该明星为 KALLEY 品牌的微博主页带来了巨大的阅读量、转发量和粉丝量。

2. 移动营销

随着互联网和智能手机终端等的普及，移动营销发展迅速。移动营销代表着电商渠道未来的趋势，其中用户移动化、流量移动化、应用移动化、收入移动化以及终端移动化的趋势将愈演愈烈。移动营销被美国移动营销协会（Mobile Marketing Association，MMA）定义为：利用移动通信媒体作为传播内容和沟通的主要渠道所进行的跨媒介营销。移动营销的概念一方面强调了营销信息沟通渠道的独特性；另一方面强调了与其他营销渠道的共性——促进产品或服务的销售。下面对移动营销几种重要的形式进行介绍。

（1）短视频营销。短视频是目前在电商渠道中十分火爆的一种传播形式，短视频一般指在网络上传播1分钟以内的短篇幅视频内容。我国主要的短视频平台有抖音、快手、火山小视频、西瓜视频等，这些平台利用短、平、快的优势迅速发展，获得了大量的流量和粉丝，也成为电商企业争取的流量渠道和入口。短视频不同于传统的视频制作，有时只需要一部手机就可以完成视频拍摄、剪辑以及发布，所以在短视频平台中存在大量的用户生产内容，构成短视频自发内容生产的优势，也成为电商渠道的一个重要引流入口和阵地。

①短视频的主要类型。

● 短纪录片。上海一条网络科技有限公司拥有国内比较成功的国内制作团队，其视频内容多是通过纪录片的形式呈现，篇幅较短，内容制作精良，具有一定的专业性，成功地开启了短视频变现和营销的商业模式。

● 网红型。在短视频制作中，产生了诸如papi酱之类的高流量网红，这些网红制作的内容贴近生活，具有较高的认知度，获得了大量粉丝，用户黏性强，具有较大的商业价值。

● 草根型。这类短视频以快手为代表，相比于网红型，草根型更具土味，容易制作出搞笑的内容，很容易被用户接受和传播，同时更容易低成本地被模仿和翻拍。

● 技能传授型。这类短视频主要是通过技能分享和传授来吸引用户，相比于网红型和草根型，技能传授型的知识价值更高，虽然没有前者的传播热度高，但粉丝的质量更高，同时广告植入的效率和转化率更高。

● 创意剪辑型。它是短视频中利用创意或者剪辑技巧制作的具有特效、搞笑、鬼畜或者其他元素的短视频类型，因为具有一定的视频制作技巧，包含着酷炫的元素，深得年轻人的喜爱。

②短视频的代表性平台。

● 抖音。抖音是一款能够拍摄短视频的音乐创意社交软件，由今日头条孵化，2016年9月上线，专注于年轻人短视频的社区平台。用户可以选择歌曲，拍摄音乐短片，形成自己的作品。据《2019抖音数据报告》，抖音月活跃用户数量超过4亿。抖音还开放了15分钟的视频，推出了创作者服务中心，以建立一个更丰富、更多样化的内容生态系统，为用户带来更大的价值。

● 快手。快手的前身是GIF快手，诞生于2011年3月，是一款制作和分享GIF图片的移动应用。2012年11月，快手从单纯的工具应用转向短视频社区，作为用户记录和分享工作、生活的平台。之后，随着智能手机的普及和移动流量成本的降低，快手迎来了市场增长。

● 西瓜视频。西瓜视频是字节跳动的个性化推荐短视频平台，由今日头条孵化。西瓜视频利用人工智能帮助每个人找到自己喜欢的视频，帮助视频创作者轻松地与他人分享视频创作。

（2）直播营销。直播营销是指随着现场事件的发生和发展，同时制作和播出节目的营销方式。营销活动以直播平台为载体，达到品牌推广或销售增长的目的。直播营销是营销形式的重要创新，充分利用了网络视频的特点。对于广告商来说，直播营销有很大的优势：

①可以准确识别用户组。观看直播视频时，用户需要在特定的时间进入播放页面，由此可以真正识别并精准捕捉到目标人群。

②可以实现与用户的实时交互。与传统电视相比，网络视频的优点之一是可以满足用户的各种需求。这不再是单向的观看，通过弹幕、赠送鲜花和奖品，甚至可以改变节目流程。

③深入沟通，情感共鸣。在信息碎片化的时代，在去中心化的语境中，人们在日常生活中的交集越来越少，尤其是情感层面的沟通越来越少。直播可以让有着相同兴趣和爱好的人聚在一起，产生共鸣。

（3）链路营销。链路可以理解为消费者购买路径。链路营销在不同的公司有不同的名称和模式，也可以理解为消费者行为分析模型。美国广告学家刘易斯提出的 AIDMA 模型，可以算是链路营销的最早雏形，AIDMA 模型描述了消费者完整的消费路径：消费者注意（attention）广告、感到趣味（interest）、唤醒欲望（desire）、留下深刻记忆（memory）、产生购买行为（action）。到了电商渠道时代，从阿里巴巴集团的 AIPL（awareness、interest、purchase、loyalty）营销模型，到腾讯的全链路营销，再到爱奇艺的 AACAR（attention、association、consent、action、reputation）链路模型，都为链路营销赋予了不同的内涵。

链路营销强调在消费者购买的不同阶段所采用的不同方法，不仅将复杂的营销视角重新拉回到以消费者为中心，而且将越来越多的营销手段联系起来，以实现促进消费者购买的最终商业目标。在移动互联网时代，整合营销逐渐被链路营销取代，从整合营销到链路营销的转变，也是企业适应信息爆炸、移动营销时代的实际需要。一方面，在互联网时代，信息碎片化的程度越来越高。就连整合营销之父舒尔茨也无法想到，在一个超量碎片化的信息环境中，消费者对企业的印象是片面而模糊的，企业向消费者传递信息，最终能留在消费者记忆里的只有 1%。由于媒介渠道太多，营销人员已经无法有效整合所有的媒介。对于营销人员来说，不仅需要整合不同企业的营销工具，更需要以消费者的消费路径为核心进行更为高效的针对性营销。另一方面，即时便捷的电商渠道大大缩短了广告到消费的路径。以往的广告和卖场是分离的，企业需要将广告做成不同的形式，如海报、广告片等，以便消费者记住并能回忆起品牌。而现在即时的数字渠道能够让消费者加入广告和渠道一体的虚拟世界中，所见即所购。例如，在直播渠道中，当消费者看到主播推荐某一产品后，能通过页面上的链接直接下单购买，完成广告到购买的高效转化，所以广告不局限于产品的宣传，更多的是促进最终消费行为的形成。

因此，链路营销关注的是，从消费者在渠道中的第一个广告触点开始到最终形成购买转化的全部行为链条，核心在于拉近消费者的社交互动和购买之间的距离，整体的消费者购买路径大大缩短，这也体现了几年来的另一个趋势：品效合一。所以，要把握消费者心理和行为需求，让消费者直接行动起来，更短的链路＝更高效的转化，通过加速消费者的购买决策，提高链路的转化效率。

（4）LBS 营销。LBS 是“location based service”的缩写，意思是基于位置的服务，在实际生活中几乎所有消费者都在使用 LBS 技术。当消费者打开购物网站时，“附近的店家”或者“离我最近”都是通过地理信息来反馈商家信息。LBS营销是指，基于消费者的地理信息，通过位置特征推送的富有商业价值的信息服务。随着电商渠道的发展，消费者智能手机终端的普及，LBS应用蓬勃发展。

目前运用LBS技术的营销模式大体上可分为以下几种类型：

①生活服务类。生活服务类模式从消费者的生活服务出发，与消费者的日常生活、旅游等活动紧密联系在一起，派生出如饿了么、美团外卖等服务应用，这些应用都是利用LBS技术实现的。通过消费者提供的不同LBS信息，服务平台可以适配不同的服务和商家信息，提高商家的服务效率，降低交通、信息成本。

②休闲娱乐类。利用LBS技术能开发出相关的娱乐游戏，比如在2017年大火的手游Pokemen GO就是成功的案例。LBS技术基于消费者的地理信息，利用地理信息的变化，融入不同的娱乐模式，比如签到模式。商家可以鼓励消费者签到领取优惠券，这增进商家与消费者之间的联系和沟通，提高了促销活动的娱乐性。

③社区交友类。通过LBS技术还能开发社交模式，基于消费者的地点进行交友。根据不同用户出现的不同区域，建立用户之间的关联性，同时每个用户可以在位置信息的基础上附加视频、文字、语音等来展示自己，并与周边的陌生人产生联系，建立真实有效的社交关系。

④平台服务类。以各种团购网站以及地图服务类网站为代表的平台，利用LBS提供消费者服务，其中地图服务类平台提供通过判断消费者的位置，提供“发现周边”的功能，利用这个功能，消费者可以与周边的公交站、景点、酒店和美食产生联系，并获得更加便利的生活服务。

（5）二维码营销。二维码是近年来移动设备上兴起的一种编码方式，它可以存储比传统条码更多的信息，也可以代表更多的数据类型。二维码不同于普通的条码（一维码），它以特定的几何图形，按照一定的规则在平面（水平和垂直二维方向）上记录数据信息。二维码的信息容量很大，是普通条码的信息容量的几十倍。二维码营销的代码丰富多样，你可以根据商家的具体产品形式来选择代码。二维码营销应用广泛，如食品行业、建材行业、母婴行业、饮料行业、日化行业、线下门店等，都可以使用二维码进行产品推广。二维码营销的具体形式主要有：

①线下虚拟店。线下虚拟店是指在写字楼等楼宇建立商品展示空间，在这个展示空间中附带有二维码，消费者扫码就可获取产品信息、选购产品并完成支付。

②二维码广告。为了提高消费者的转化率，越来越多的商家利用海报中的二维码建立起消费者进入销售渠道的便捷路径。消费者扫海报中的二维码，能够迅速从线下转到线上渠道，进入产品的网页，更加全面地了解产品信息。这种模式可以极大提高产品展示海报的利用率，并且能够实现品效合一，完成消费者从查看产品信息到交易支付的购物闭环。

③产品包装应用。在实体产品包装上印刷二维码已经成为越来越多商家的选择，商家利用二维码刺激消费者进一步了解产品信息，完成售后评价，商家也可以利用二维码促进互动，鼓励消费者进行正面的口碑传播，将线上线下宣传相结合。

3. 搜索引擎营销

搜索引擎已经成为绝大多数网民寻找信息的有力助手。让主要的搜索引擎收录企业网站信息并争取在搜索结果中的显示位次靠前，是互联网推广非常重要的方法。

(1) 搜索引擎及其分类。搜索引擎是指由存储了大量网站和网页资料、处于不断更新中的电商数据库以关键词检索或目录分类的方式提供查询服务的互联网平台。搜索引擎主要分为两种类型：

①全文检索式（full text search）。其原理是通过检索程序不断地主动获取无数互联网站点中的信息，对信息按照一定的规则进行索引和存储，并以匹配关键词的方式响应使用者的查询。采用全文检索的搜索引擎有 Google、百度、Bing、搜狗，等等。

②目录分类式（directory search）。其一是分类网站，其二是分类网页（主要是首页面、重要的二级页面如栏目页面等）。网页分类目录的意义在于目录分类和全文检索的结合：搜索引擎使用者可以通过限制类别来有效地缩小查找范围，节省从普通网页搜索的结果中再次筛选的时间。

(2) 常用搜索引擎。利用搜索引擎进行互联网推广，我们需要知道哪些是网民最经常使用的搜索引擎（见表 11-1）。

表 11-1　常用的搜索引擎（排序不分先后）

	名称	搜索类型	网址
1	Google	全文检索、目录分类	www.google.com
2	百度	全文检索、目录分类	www.baidu.com
3	搜狗	全文检索、目录分类	www.sogou.com
4	Yahoo!	全文检索、目录分类	www.yahoo.com
5	搜搜	全文检索、目录分类	www.soso.com
6	Bing	全文检索、目录分类	www.bing.com
7	360 搜索	全文检索、目录分类	www.so.com
8	有道	全文检索、目录分类	www.youdao.com
9	新浪	全文检索、目录分类	www.sina.com.cn
10	中搜	全文检索	www.zhongsou.com
11	Ask	全文检索	www.ask.com
12	AOL	全文检索、目录分类	www.aol.com
13	DMOZ	目录分类、全文检索	www.dmoz.org
14	Excite	全文检索	www.excite.com
15	Lycos	全文检索、目录分类	www.lycos.com

需要指出的是，上述站点有些是以搜索引擎为核心服务，拥有自己的数据库和搜索特色，如 Google、百度；有些则是综合性网站，由于各种原因需要提供搜索服务，它们往往利用他人的数据库系统但根据自己的规则来显示搜索结果，或者以他人的搜索引擎

为基础进行某些方面的小变动。

（3）搜索引擎收录。如果企业网站没有被搜索引擎收录，用户就不可能通过搜索引擎找到。只具有行业内知名度或是知名度不高的企业网站应该主动向搜索引擎提交收录申请，以便尽早收录，提高企业网站的展示机会。比如，出口导向型企业应将其网站的外语首页面提交给知名的国外搜索引擎，尤其是出口目的国的常用的搜索引擎。

（4）搜索引擎优化。这主要是针对全文检索式搜索引擎的自然搜索结果而言的。搜索引擎优化就是采用合理的方法以适应搜索引擎的索引、排名规则，令网站更容易被搜索引擎收录和优先排序。企业应该从一开始就树立这样的观念：合理的方法不应包括搜索引擎作弊——企图通过关键词堆砌、垃圾链接、制作大量无关广告网页等不良手段获取相对较高的搜索结果排名。作弊无益于真正改善网站的质量和提高目标访客的满意度。主流搜索引擎一直都在努力完善防作弊技术，甚至建立了访问者举报机制，对作弊者施行永久除名等严厉惩罚，欺骗行为很可能令肇事网站得不偿失。

通常，当一个出色的网站开始在互联网上运行，很快就会被主流搜索引擎自动收录，当然，付费收录的搜索引擎和分类目录等除外。

（5）搜索引擎付费推广。对于中小型企业网站来说，搜索引擎自然搜索结果中的高排名不易保持，特别是当企业的核心产品名称含有较为热门的关键词时。此时企业可以考虑搜索引擎的付费推广。基于互联网的种种优势，搜索引擎的付费推广项目能够为广告主实时提供许多超越传统的服务支持，如关键词协助、广告成本预测与控制、广告效果评估，等等。

全文检索式搜索引擎提供的付费推广方式主要有：搜索结果广告、搜索排名广告、页面定向投放广告等。关于搜索排名广告，有一些搜索引擎为了尽量不影响自然搜索结果的客观性、公正性，将广告主网站和自然结果分开显示，如广告主网站处于顶部，使用不同的背景颜色，而自然结果的显示从页面中部或中上部开始；另一些则不把广告主网站和自然结果作较显著的区分，而只是在搜索结果条目的末尾标注“推广”等字样；还有一些直接把广告主网站置入搜索结果的前几位而不进行任何说明。这些情形会分别对广告主、搜索引擎服务商、检索者产生不同的意义，企业在选择付费推广项目时应加以考虑。

页面定向投放广告往往为大型门户网站、强势搜索引擎服务商所提供和主导，因为它们拥有很大的访问量、影响力，从而容易构建作为页面定向投放广告投放载体的网站联盟。

目录分类式搜索引擎提供的推广项目往往是付费以便优先审核收入目录、在分类目录的首要位置显示网站等。随着全文检索式搜索引擎的飞速发展，网站的分类目录越来越少使用，因为页面不直观以及目录内的网站信息难以及时更新。但大型优质分类目录与关键词检索的结合还是提升了此类付费推广的价值。同时，被著名网站的分类目录收录相当于为企业网站添加了高质量的外部链接，有助于全文检索式搜索引擎提高对该网站的重视程度。选择目录分类式搜索引擎的付费推广项

案例 11－2　借助精准电商平台找到小众目标人群

目，应主要着眼于目录站点的知名度、访问量和选取恰当的子目录提交申请。

11.4　电商渠道的配套策略

开展电商渠道的销售，还需要依托一些配套策略作为支撑，提高电商渠道的竞争优势，比如通过基于在线数据的精准营销策略来增强渠道的消费者个性化服务功能，同时还需要通过有别于传统线下的灵活实时的在线定价策略、花样繁多的在线销售促进策略、随时随地的移动支付策略、低成本获客的裂变式营销策略以及方便快捷的物流配送服务策略等，进一步利用在线渠道的优势，提升电商渠道的分销效率。

1. 基于在线数据的精准营销策略

随着在线数据的不断增加，电商渠道可以利用大数据分析等技术和工具开展精准营销，相比于线下渠道，电商渠道能够利用精准营销更好地开展个性化服务，提升用户体验，增强消费感知。个性化服务是基于用户设置来实现的，根据各种渠道收集、整理和分类资源，向用户提供和推荐相关信息，以满足用户的需求。从整体上看，个性化服务打破了传统的被动服务模式，可以充分利用各种资源优势，优化产业链，积极开展全方位服务，满足用户个性化需求。

（1）电商渠道开展精准营销的优势。开展精准营销能够为电商渠道的用户提供更多的便利和渠道的竞争优势，主要表现在：

①对于用户而言，电商渠道利用用户数据开展精准营销，用户能够提高购物感知。首先，用户可以获得由电商渠道提供的针对性服务，进一步完成满足自我个性化需求的产品或者服务操作，大大减少了用户寻找、挑选以及购买产品或服务所花精力、时间和费用，降低了其感知到的风险；其次，个性化服务能够加强企业与用户之间的联系和交流，提高用户反馈的频率和效率，增强用户对渠道的使用黏性；最后，利用个性化服务，电商渠道可以更加精准地向用户推荐配套的增值服务和产品，由于是基于用户特征，大大提高了推荐的成功率和转化率。

②对于电商渠道而言，首先，能够利用大数据更好地分析不同批次用户的实际需求，根据实际需求来判断应该生产或者需要维持的库存量，从而减少渠道的库存压力，提高渠道的资金周转效率；其次，通过个性化服务，减少对中间环节的依赖，更好地加强电商渠道与用户的沟通交流，甚至可以实现 F2C 低成本运行模式；最后，通过个性化服务，电商渠道不仅能够更好地精准出货，还能够利用数据反推回去，提高产品和服务在设计和生产上的准确性，完成产销购一体的服务优化，增强电商渠道的竞争优势。

（2）电商渠道开展精准营销的思路。当电商渠道拥有大量的用户信息，开展精准营销时，应该如何把握住个性化的商机，提高精准服务能力呢？

①采用产品多样化策略。电商渠道利用个性化服务能够提升产品配置的多样性，从而让消费者有更多的选择集可供参考，这一策略在在线虚拟产品以及咨询服务中可以更好地运用。比如在某电商渠道中，就有一个专注保健品的电商提供“私家营养师”的服

务，用户可以根据自身的习惯和时间，定制不同的营养师咨询服务，电商渠道的在线优势得以提升。

②提供消费者参与的机会。电商渠道也可以借助多种形式，吸引消费者参与到产品、服务的设计、生产中来，比如举办粉丝设计节，让消费者来设计产品的外观或者配置，这不仅可以提高消费者端的感知，还能够提高产品的宣传热度。个性化服务不仅能够优化消费者的消费体验，还能够增进电商渠道对消费者的了解，让消费者参与电商渠道的决策，提高决策的准确性。

③基于个性化服务的场景营销策略。场景营销是针对消费者在具体的时间和地点等场景中所具有的心理状态或需求进行的营销行为。随着大数据、云计算、物联网、虚拟现实、传感器和定位系统等技术手段的应用，电商渠道的场景营销为消费者带来了更加智能化和个性化的互动体验，即深入挖掘用户需求和痛点，对于场景下的人群进行贴标签、数据分析和人物画像，然后规模化、实时化，主动为消费者提供需求解决方案，构建全新的使用场景，创造从无到有的营销环境。如何利用大数据来洞察用户在不同场景下的情感需求，通过场景营销开展个性化服务，获取用户认同，是电商渠道管理者需要思考的问题。

第一，基于个性化场景为用户带来实际价值。随着电商渠道的发展，在产品相关的个性化场景下，将产品卖点与用户需求相对接，有效触动用户的痛点，引起用户的情感共鸣，激发购买欲望，建立起良好的互动关系，并形成用户黏性和忠诚度。例如，手机打车 App 创造了通过手机定位和叫车的场景，解决了出行困难和车辆调配的问题；耐克创造了跑步时可穿戴设备记录数据并通过手机 App 与好友分享的场景，帮助用户更好地锻炼，并且为跑步这项孤独的运动成功增添了社交属性。这样的解决方案最重要的是将线下的场景转化为线上的流量，扩展了电商渠道的流量入口，同时通过积累用户数据和应用技术手段，为用户带来实际价值。

第二，跨界和连接获得更大的场景价值。用户群的流动性特征要求电商渠道实现横向的跨界与连接，从侧重于流量获取转向新场景用户的创造，以此获得更大的竞争能力和场景价值。跨界深度和连接广度决定了竞争能力和场景价值。在电商渠道中传统行业的边界趋于模糊，跨界连接成为新一轮的发展趋势。跨界连接背后反映的是移动互联网时代下围绕用户的个性化和多元化需求建构起来的新场景。所以电商、搜索、视频、社交、资讯等各方媒体也开始寻求联合以期增加用户流量、广告资源占有，实现全链营销。例如，爱奇艺推出电子商城，同步推出热剧同款，整合娱乐生活服务，加快变现；百度携手芒果 TV 视频，庞大的娱乐搜索流量和视频媒体的娱乐强 IP 相结合，让百度引擎的高娱乐流量找到出口，从而增加视频媒体平台的广告流量，实现从搜索到互动、娱乐的全链营销。

第三，掌握用户画像做好精准营销。场景的背后是可量化的数据，利用互动过程中产生的用户大数据，可以帮助电商渠道定位目标人群、描摹用户画像、分析用户行为，进一步做到精准营销，还可服务于商业模式的创新，为营销模式提供选择依据，精准地为不同的人群准备不同的互动方式，提升营销效果。例如，支付宝与天脉聚源合作推出的互动产品“电视红包”使电商渠道的场景营销再添利器。基于支付宝的数据能力，用户互动和粉丝沉淀可以帮助品牌深入了解它的广告受众的画像，如地域分布、消费偏好、消费能力、消费时段等，为定制化服务和精准营销提供可能。

2. 灵活实时的在线定价策略

电商渠道的产品或服务在互联网上的定价以及通过互联网与顾客达成的成交价格，称为在线价格。在线价格策略的确定需要综合考虑电商渠道的各种影响因素，比如产品属性因素、产品生命周期因素、促销因素、竞争因素，等等。根据影响在线价格的不同因素，可以采取多种在线定价策略。

（1）竞争定价策略。随时掌握竞争者的价格变动，调整自己的竞争策略，才能保持同类产品的相对价格优势。互联网的开放性给竞争定价的实施带来了便利，电商渠道的网页通常会标出商品的价格，还会就标价结合产品特点给出解释。企业可以锁定竞争对手的网页，以便及时作出相应的决策。

（2）个性化定价策略。许多网民对产品的颜色、式样、材料、性能甚至结构等有着个性化的需求，个性化定价策略就是借助互联网的互动性，根据顾客个性化需求来确定商品的在线价格。互联网的媒体属性和互动特性使得顾客可以看到甚至是以虚拟方式看到产品状态，并向电商渠道相关部门及时准确地传递相关信息；电商渠道则获得了更具针对性的、定制化的研发、生产和定价依据。

（3）实时调价策略。根据淡季旺季交替、供求状况、竞争状况、成本变动、在线价格调研等相关结论和参数建立实时调价模型，使电商渠道的在线价格与市场的实际变动状况相适应。

（4）特殊价格策略。这是针对互联网中的特殊需求制定的。适合这种价格策略的商品需要具有显著的独特性或产源的唯一性，主要有两大类：一类是有创意、功能独特的新产品，迎合了希望标新立异、引领潮流的那部分网民的需求；另一类是具有收藏价值的商品，如古董、珍稀邮票、纪念币，等等。互联网在一定程度上突破了时空的限制，通过适当的网络推广，这类商品将面对世界范围内形形色色的网上冲浪者，其特殊价格更容易得到认可。

（5）折扣定价策略。应用较广的 B2C 折扣策略包括数量折扣、淡季折扣、现金折扣等。在 B2B 领域，数量折扣的应用更加广泛，它通过对一种产品或服务按不同购买量索取不同的价格来实现。规模生产使得边际成本降低，这是数量折扣的基础。如果某客户购买电商渠道产品的数量落在第一购买量区间（此区间购买量最少）内，那么该客户需要支付较高的价格；如果购买量超过第一区间，则超过部分可以享受一定的折扣；如果购买量超过了第二区间，则超过第二区间的部分还可以享受更大的折扣。电商渠道可以对购买量是否累积作出选择。

（6）商誉定价策略。电商企业和电商渠道网站的形象、商誉是网络营销的发展步入成熟期之前影响价格的重要因素。消费者对于在线购物存在一些疑虑，因为网上购物在商品质量、配送、退货保障、售后服务等方面都还存在一些问题。一旦一家网上商店的好名声逐渐树立起来，让顾客放心，即便其商品售价比其他网站略高，消费者也能够接受，这正是商誉定价策略的基础。

3. 花样繁多的在线销售促进策略

电商销售促进是指电商渠道运用各种短期诱因，利用互联网技术和平台，鼓励购买或销售电商渠道的产品或服务的促销活动。根据对象的不同，电商销售促进可以分为两大类：针对消费者的销售促进和针对电商中间商的销售促进。前者包括的销售促进方式较多，比如电商折价促销、电商捆绑促销、电商免费试用促销等；后者往往并不公开进行，其销售促进活动集中于批量折扣、合作广告津贴、中间商销售竞赛等。

针对消费者的在线销售促进策略主要有：

（1）电商折价促销。电商折价促销的方式有很多，比如直接提供折扣、根据购买量或购买金额给予折扣、商品限时折扣、针对不同类型或级别的网站会员发放不同的折扣券、参与电商调研享受折扣、新注册会员第一单商品享受折扣，等等。

（2）电商捆绑促销。捆绑促销是指消费者必须整体购买一个商品组合，组合中所有商品的价格都比单独购买要低。组合中的商品可以全部来自同一电商渠道（通常由单一电商渠道开展或牵头开展捆绑促销活动），或是来自不同的厂商或品牌（通常由经营多种商品的电商中间商开展捆绑促销活动）。

（3）电商免费试用促销。这是指允许顾客在一定时间内免费试用电商渠道产品或试用产品的某些功能。电商免费试用尤其适合软件类、内容类产品，因为这类产品的边际成本较低，试用基本不影响其使用价值，并且电商渠道可以较容易地对产品的试用时间、对内容类产品的完整性等设定限制。通过试用可以让顾客较充分地体验电商渠道产品的主要功能，并在一定程度上产生依赖性，从而提高产品的知名度，促进产品的销售。

（4）电商积分促销。信息技术使得积分促销的可操作性、便利性大大提高。积分的多少往往对应着不同等级的产品优惠政策、价值不同的奖品，甚至是一定比例的现金返还。积分促销是一个较为长期的活动，十分有利于顾客形成对电商渠道产品及品牌的好感，提高其对电商渠道网站的忠诚度。

（5）电商抽奖促销。抽奖促销的应用也较为广泛。抽奖促销和免费赠品促销的相似之处在于，两者都可以对参与资格附加一定的条件。随着各种名目抽奖活动的增多，由于互联网诚信机制较薄弱，电商抽奖的真实性和公平性受到了越来越多的质疑。

（6）在线交流促销。互联网技术及其应用的不断拓展，使得电商渠道与现有顾客和潜在顾客之间的沟通越来越便利，销售人员可以通过文字、音频甚至视频直接与顾客进行即时沟通。因而电商渠道可以在一定程度上将人员推销纳入电商销售促进体系，并根据互联网沟通的各种特性和注意事项等对电商销售人员、客服人员等进行专门的培训，帮助其拟定行动计划。

4. 随时随地的移动支付策略

移动支付是指为了完成某个产品或者服务的交易，交易双方利用移动通信网络实现支付的商业交易行为，整个支付过程利用移动通信系统进行，包括手机、iPad 或移动 PC 等。移动支付由于其便捷性、高效性能够替代现金、支票、信用卡的支付，同时对于电子虚拟产品（包括音乐、视频、游戏等）能够更加方便地进行闪付。

移动支付可以分为远程支付和近场支付两种类型。远程支付一般是指通过发送支付命令或者借助支付工具进行远距离的交易支付，而近场支付是指通过 NFC（Near Field Communication，近距离无线通信技术）或者二维码用手机等终端进行触碰式支付。移动支付平台主要有支付宝、微信、云闪付以及各大银行推出的手机银行等。常见的移动支付有以下几种：

（1）手机账单。手机账单是最早期的移动支付方式之一，将手机账号与结算账单绑定在一起，用户拨打电话享有点歌、订阅、聊天等各类服务，最后通过月底账单进行结算，这种方式一般花费较高。

（2）短信支付。短信支付类似于手机账单，不同之处在于短信支付大多通过短信形式选择内容服务。在短信支付中，也容易产生较高的短信费用。

（3）WAP 支付。WAP 支付是一种无线通信协议，是在 Wi-Fi 技术普及之前流行的一种支付模式，可以将互联网的优势运用到手机终端中，相比于短信支付和手机账单，在效率和费用方面更具优势。WAP 支付不局限于语音和短信。

（4）App 支付。App 支付是在 WAP 支付之后出现的新模式，支付宝和微信支付是我国消费者常用的移动支付平台。支付宝由淘宝网于 2003 年推出，2004 年独立，为更多的合作方提供支付服务。它于 2008 年推出手机支付业务。如今支付宝国内年活跃用户达 9 亿。微信支付是依托微信客户端的具有支付功能的模块，虽然 2013 年才上线，但发展迅速，截至 2018 年 12 月，微信支付的月活跃人数已经超过 8 亿。

（5）NFC 支付。NFC 支付属于近场支付的一种具体方式，它通过高频短距离的无线通信技术，能够实现电子设备之间无接触式的点与点传播。有了 NFC 支付技术，手机可以变成一个电子钱包，只需要将手机与相关读频机器接触，就可以完成支付，是目前最方便的近场交易模式。NFC 支付在超市、便利店、公交车等环境中适用，大大方便了消费者。

5. 低成本获客的裂变式营销策略

移动互联网的普及、新媒体和自媒体的兴起为裂变式营销创造了条件。裂变式营销是指在移动互联网环境下，运用新媒体手段，先发展老用户，再通过各种激励措施，让老用户不断分享、推荐，吸引新用户，达到一传十、十传百的获客效果，使越来越多的用户了解、认知和消费企业的产品和服务的营销活动。

做好裂变式营销，首先要发展第一批种子用户，可以通过广告投放、地推、体验营销、产品试用、前期补贴以及其他推广方式，把基础用户量做起来。要选择影响力大、活跃度高的忠实用户作为种子用户。有了存量用户之后，才有裂变的基础，裂变的目的是通过分享的方式获得新增用户。存量是裂变成功的关键。

在当前社交媒体丰富、便捷的环境下，企业往往只需要给一些比较小的福利（比如发电子券、分享红包、会员奖励、代金券、抽奖、小礼品赠送、免费视听、游戏道具等），就可能有大量用户裂变分享，用户一般有乐于领取福利的习惯，会让裂变起到强大的流量转化作用。在福利的诱导之下，再加入一些创意，会更容易撬动用户的社交关系，产生情感共鸣，从而获取社交流量，带来新增用户。

除了利益刺激，裂变本身的趣味性是决定其发酵程度的重要一环。广告和促销活动创意要精心设计，让用户在传播分享的时候能感到新奇、惊喜或愉悦，这样大家会主动分享到朋友圈，裂变会有更强大的生命力和影响力，甚至传为佳话或成为大家关注的焦点。

这几个方面做到位之后，裂变的成功率会提高很多。在存量和增量的不断转化中，新创品牌可以迅速引爆市场，甚至成为现象级品牌，老品牌也会换发生机。

6. 方便快捷的物流配送服务策略

对于电商渠道而言，单纯依赖网络信息无法完成营销活动的全过程，尤其是需要将实物产品通过运输工具传递到消费者手中，这就不得不依赖电商渠道的物流系统和供应链管理。物流业特别是快递业的迅速发展，为电商渠道提供方便快捷的物流配送服务创造了条件。

对于电商来说，有三种主要的物流配送模式，建设难度依次上升。

（1）传统邮政配送模式。电商渠道根据消费者所提供的网络订单和收货地址，利用合作的邮政机构办理邮政特快专递（EMS）或普通快递，将实物产品配送到消费者所在地邮局，完成产品从供给端到需求端的配送。邮政配送方式是电商渠道可以利用的最为简单、最为传统的配送方式，几乎不需要额外的管理成本。但随着消费者对物流质量、速度、取货点等的需求升级，以及电商渠道出货量的上升，这种传统的邮政配送方式已难以满足日益增长的需求。目前电商渠道大多将传统邮政配送方式作为一个基础配送的方式供消费者选择，以第三方物流以及自建配送为核心开展供应链业务。传统的物流配送模式启发了第三方物流以及自建物流。

（2）第三方物流配送模式。第三方物流配送是指提供物流交易双方的部分或全部物流功能的外部服务提供者，是物流专业化的一种形式。电商渠道与第三方专业物流公司合作，根据消费者的网络订单和收货地址，利用交通运输和仓储网络，将实物产品配送到消费者手上。这些年，随着电商渠道的发展，电商渠道订单数量不断增加，越来越多快递公司迅速成长，顺丰快递、京东物流、四通一达（申通、圆通、中通、汇通、韵达）形成各自优势和特点。

（3）企业自建配送模式。大型的电商渠道，如京东、海尔商城等，根据自身的需求，在目标消费者较为密集的地区设置配送点和仓储管理中心，能够更好地控制物流的速度、质量以及完成电商渠道运营的闭环，但缺点是会增加电商渠道整体的重资产投入，提高渠道的前期运营成本，加大资金管控的风险。渠道自建配送模式的运营机制如下：依赖渠道前台，获取消费者的购物订单以及具体的配送信息，通过渠道后台进行相关的订单信息处理，再通过渠道外部接口发送到负责配送的子系统中，最后完成产品从仓库到消费者的物流配送。

三种模式各有优劣，对于电商渠道而言，选择适合自身的配送模式才是至关重要的，也可以根据产品线采取多种配送模式，提高自己在供应链配送方面的优势地位。

《本章小结》

电商渠道是指企业利用互联网技术构建在线的销售通路，高效、低成本地完成从生产者到消费者所经过的路径。电商渠道拥有许多与传统渠道不一样的特征，包括多元化的用途、简单化的结构、节约化的交易成本、多元化的功能。从技术框架来看，电商渠道的构成要素有：渠道前台系统、渠道后台系统和外部接口系统。电商渠道有直接渠道和间接渠道两种基本类型可以选择，也可以结合两者的优点，形成复合型渠道。

电商渠道模式是指在互联网环境下，基于一定技术的商业运营模式和盈利模式。电商渠道可以依据不同的交易对象分类，建立不同的经营模式。B2C 模式是指企业通过电子网站和电子数据信息直接向消费者销售产品和服务的电商零售模式。B2B 模式是指企业与企业之间通过互联网进行产品、服务及信息交换的电子商务模式。O2O 模式是指将线下商业机会与互联网相结合，使互联网成为线下交易的平台。C2C 模式指客户把自己的东西放网上去卖，是个人与个人之间直接交易的电子商务模式。C2B 模式指先有消费者提出需求，后有生产企业按需求组织生产的电商模式。F2C 模式是指从工厂到顾客的电商渠道模式。BOB 模式即供应方与采购方通过运营者达成产品或服务交易的一种新型电商渠道模式。B2Q 模式指交易双方网上先达成意向交易合同，签单后根据需要引进第三方工程师进行商品品质检验及售后安装调试服务。

电商渠道的互联网推广是渠道实现电商营销目标的重要保障。社媒营销即通过社会化媒体渠道来推广企业产品和服务的营销活动，包含三个关键元素，即 Web 2.0、用户生产内容以及人际关系网络。目前社会化媒体也发展出了多种多样的形态，主要包括微信、微博以及 SNS 社区。移动营销被美国移动营销协会定义为：利用移动通信媒体作为传播内容和沟通的主要渠道所进行的跨媒介营销。主要包括短视频营销、直播营销、链路营销、LBS 营销、二维码营销等。搜索引擎已经成为绝大多数网民寻找信息的有力助手，让主要的搜索引擎收录渠道网站信息并争取在搜索结果中的显示位次靠前，是互联网推广非常重要的方法。

开展电商渠道的销售，还需要依托一些配套策略作为支撑，提高电商渠道的竞争优势，比如通过基于在线数据的精准营销策略来增强渠道的消费者个性化服务功能，同时还需要通过有别于传统线下的灵活实时的在线定价策略、花样繁多的在线销售促进策略、随时随地的移动支付策略、低成本获客的裂变式营销策略以及方便快捷的物流配送服务策略等，进一步利用在线渠道的优势，提升电商渠道的分销效率。

基本概念

电商渠道	电商直接渠道	B2B 模式	社媒营销
场景营销	裂变式营销		

思考题

1. 电商渠道与传统渠道的区别有哪些？
2. 电商渠道的构成要素有哪些？
3. 电商渠道的主要类型有哪些？各自的优劣势是什么？

4. 电商渠道的主要模式有哪些？
5. B2B 模式与 BOB、B2Q 模式之间的区别有哪些？
6. 社媒营销有哪些具体类型？各有何特点？
7. 移动营销有哪些类型？它们各自的优势是什么？
8. 电商渠道开展精准营销有哪些优势？
9. 电商渠道如何开展基于个性化服务的场景营销？
10. 电商渠道在线定价策略有哪些？
11. 针对消费者的在线销售促进策略有哪些？
12. 什么是裂变式营销？如何用好裂变式营销策略？

案例分析

滋源洗发水如何打通全链路营销

随着Z世代消费者的崛起，品牌年轻化已然成为品牌主不得不重视的议题。在无硅油洗护市场，滋源一直占据品类第一，但近几年受到了其他品牌的挤压。巩固地位，使品牌年轻化，吸引更多年轻消费人群，成为重要的竞争发力点。

媒介越碎片化，传播越需要聚焦。而选择绑定 IP 传播，是进行内容聚焦、媒介破壁的最有力方式。2019 年上半年，滋源再度携手优酷，合作综艺节目《这！就是原创》（以下简称《原创》），用年轻人关注并喜爱的 IP，与消费者展开多个层面的有效沟通及互动，给品牌注入更鲜活的内容，从而发挥 IP 原创力，撬动线上线下销售渠道，打通全链路营销。

为什么选择《原创》?

IP 基因助力品牌年轻化

《原创》是走近年轻消费者的一种方式：除节目中三位“原创捕手”人气高外，节目形式同样能够吸引年轻人。不同于翻唱经典歌曲的竞演音乐节目，《原创》推崇原创和自我发挥，所带来的新鲜感和独特性更受年轻人青睐。再加上很多参赛者自带话题，可拉来一些流量。

持续深耕品牌消费人群，拉新更多年轻用户

滋源并不是第一次与优酷合作，2018 年滋源联合赞助《这！就是歌唱·对唱季》（以下简称《对唱季》），全链路打通阿里生态进行全域营销，取得了喜人的成绩：电商成交人数同比上涨 54%，18～24 岁的购买人群增加 8%，并在天猫“双 11”国货洗发水中排名第一。

为了持续地对滋源吸引的 AIPL（认知—兴趣—购买—忠诚）用户进行深耕，引导其与品牌关系的层层递进转变，滋源 2019 年再度携手优酷，打造音乐类综艺节目，推动品牌的年轻化升级与营销升级。

原创音乐 IP 为品牌原创 DNA 赋能

《原创》作为国内第一档原创音乐人的网络综艺节目，对于整个华语音乐的创新有着正面的导向作用。滋源自 2014 年重磅推出定位于健康洗护的“无硅油头皮护理”品牌后随即掀起中国无硅油健康洗护热潮，之后推出了“无硫酸盐洗护”的新概念。两者原创基因完美融合，选好IP是基础，用好IP是关键。在节目中获得足够曝光的同时，还需考虑将IP延伸，成为助推品牌营销的有力工具！

深度绑定IP，有趣有范儿的品牌沟通

在传播之前，滋源先展开深刻的消费者洞察，发现“防脱、发量”已被年轻人群重点关注，而滋源无硅油无硫酸盐的产品功能特性为“防脱”形成强有力支撑。从2018年合作《对唱季》时滋源提出的“颜值看发量，心跳就开唱”，到2019年结合《原创》提出“不掉音，不掉发”的主张，滋源用年轻化的沟通方式强化消费者对品牌的认知。

除了节目中的强势硬广曝光外，滋源还花式捆绑节目内容和节目赛制，如参与滋源品牌活动，可获得选手的投票权益；助力选手复活后，会跳出花字“头皮赋活，猛兽重生”。更有产品与选手多元化互动，选手定制短片，定制品牌高光时刻“滋源灵感时刻”等，逐层打通原创内容，实现节目最强传播价值。

IP定制款，让渠道打call

除了传播，还充分发挥IP效应，赋能品牌营销各个层面。融合《原创》节目的主视觉，选择滋源超级单品“滋源生姜强根系列”进行包装设计定制；结合IP音乐属性，创意定制滋源大姜军音乐盒、Q版猛兽的限量眼罩等。用IP定制款吸引并承接节目粉丝流量，并在天猫超市独家首发，在节目中引导上天猫超市，形成“IP内容—定制产品—节目推广—渠道”的营销闭环！

赋能渠道，打通全链路营销

线上，发挥阿里策略中心数据核心优势，滋源持续深耕《对唱季》累积起来的庞大品牌AIPL用户群，并拉新更多品牌目标消费人群，用天猫淘宝站内优质曝光资源多次触达目标人群，通过《原创》实现品牌目标人群的二次运营及转化，最终将用户数据回流至品牌数据银行，形成用户资产沉淀。

线下，在商超渠道屈臣氏开展以“不掉音，不掉发”为主题的滋源头皮护理节活动。滋源通过一系列有趣的福利活动，邀请《原创》热度选手亲临现场与粉丝亲密互动，借势造势，利用原创IP强大的流量热点与粉丝效应，全方位提升终端进店率及消费者对门店和品牌的关注度。

此次顺风传媒助力滋源联合赞助优酷《原创》，正是基于品牌营销目的，赋能品牌、产品、传播、销售渠道等多个营销端口，玩转IP，赋能营销，让IP传播发挥更大效能，借势超级优质IP实现品牌的营销升级。

资料来源：碎片化传播环境，品牌如何打通全链路营销？. 声屏世界·广告人，2019（10）.

▶ 思考题

1. 滋源洗发水为什么选择综艺节目《这！就是原创》进行合作？
2. 滋源洗发水是如何进行年轻化沟通，开拓年轻化市场的？

第12章
国际分销渠道

本章要点

1. 国际分销渠道的特点与要求
2. 国际分销渠道的选择
3. 国际分销渠道管理策略

引导案例

华为的国际分销模式

华为技术有限公司（以下简称华为）成立于1987年，是全球领先的电信解决方案供应商。业务涵盖移动、宽带、IP、光网络、电信增值业务和终端等领域，其产品和解决方案已经应用于全球170多个国家。

华为进入海外市场的模式主要有三种，分别是：（1）贸易型进入：华为积极建立战略合作伙伴关系，在非洲建立办事处，在欧洲则通过销售代表—代理商—合作伙伴的形式建立了多家子公司或代表处，并设立了海外销售部门；（2）契约型进入：华为携手跨国运营商MTN开拓非洲市场，与泰国CAT、西非电信运营商等签署了一系列合同；（3）投资型进入：华为通过独资经营、合资经营或并购等方式积极开拓国际市场，与世界一流企业开展广泛合作。

通过在美国、德国、瑞典等地设立海外研发机构，华为获取了西方研发资源，向西方的研发水平看齐；通过建立海外分公司，华为迅速获取海外信息并积极反应，为客户提供必要的服务与支持；通过合资建厂，华为以本地化模式开拓发展中国家市场；通过并购，华为获取目标公司的资源优势，进入目标市场。

在国际渠道管理方面，华为分别对各渠道和各级经销商限定了经营范围，不允许跨范围行事。产品总经销商从华为进货，不允许直接向最终用户供货。（行业/区域）一级经销商作为华为分销产品物流平台，从华为进货，不允许跨区域开展分销业务。授权行业/区域的项目从华为进货，非授权行业/区域项目从总经销商进货。金、银牌认证经销商从产品总经销商进货，向行业用户供货，不能向其他渠道供货。限定经营范围避免了渠道上的种种问题，保障了产品配送和供应服务，为集团创造了价值；实现了集团的销售量、市场占有率和利润的全面增长，为企业带来了良好的业绩和发展前景。

秉持“合作共赢，耕耘收获”的渠道理念，华为通过渠道体系的建立，支持、管理、建立和谐的渠道环境，确保了客户、华为与渠道的共同长期利益；鼓励渠道对市场的长期耕耘，持续为渠道、客户创造最大价值。

资料来源：吴越舟．华为渠道战略：从直销、分销到生态营销．销售与市场（营销版），2019（7）；华为的国际分销渠道．https://wenku.baidu.com/view/0739556c7e21af45b307a886?pcf=2&re=view.

中国已稳居世界第二大经济体，中国企业越来越多地进入国际市场。企业应该选择什么方式进入国际市场，采取何种分销策略，如何进行国际分销，是本章要解决的问题。

12.1 分销渠道国际化

现在，市场的概念不再只限于一国范围，而是以区域论之，诸如欧盟、东盟、北美自由贸易区等，甚至将全球视为一个统一的市场。企业不只面对国内市场的需求刺激，还要面对经济一体化趋势下全球市场的需求压力及来自全球各地同行业内企业的竞争压力。要想在市场竞争中站住脚，企业必须走出国门，进行国际分销。

1. 全球化趋势与国际分销的必然性

由于技术的发展与传播，新的通信和交通方式缩短了国与国、人与人之间的距离，随之加速的资本流动更使得企业所面临的时空阻隔迅速减弱。地球上人与人、企业与企业、国与国之间的命运在人类历史上第一次联结得如此紧密，国与国的界限开始淡化，仿佛出现了一个“地球村”，所有人与企业只是村内的一员而已。全球市场趋于统一，企业面对的是全球市场规模下的巨大需求，同时也面临着来自全世界各地的企业的竞争冲击。企业必然要融入全球化趋势，走向世界，进行国际分销。中国的企业由于自身、国内和国际因素的影响，更具有开展国际分销的必然性（见图12-1）。

（1）国内环境的推动。主要包括经济活动周期与季节性消费的影响、不同地区产品生命周期的影响、市场竞争的压力和本国政府的推进等几个方面。

①经济活动周期与季节性消费的影响。由于经济活动周期规律的作用，国内经济运行必然会出现高涨与低潮的交替。如果经济运行进入低潮时期，国内市场会出现需求不足，企业生产能力过剩，但是，各国经济发展往往不平衡，经济周期在不同的国家或地区并不同步。因此，加紧对国际市场的渗透与扩张常常是企业转嫁国内经济危机和消化过剩生产能力的一条重要途径。另外不少产品或服务的销售受到消费季节性的影响，节日过后或者季节转换，市场一片萧条，企业生产能力过剩。对此，企业往往通过拓展国际市场，实现不同地区市场需求旺季与淡季的互补，达到供求的整体平衡。

②不同地区产品生命周期的影响。同一种产品在不同的国家或地区往往处于生命周期的不同阶段。在国内市场已处在成熟期或者进入衰退期的某种产品，在其他国家或地区可能刚刚导入或者正进入成长阶段。产品生命周期的不同促使企业将国内市场成熟产品转销到其他国家或地区，通过市场地域的扩张来延长产品的生命周期。

③市场竞争的压力。当产品在国内市场上趋于饱和，争夺市场份额的竞争加剧，企

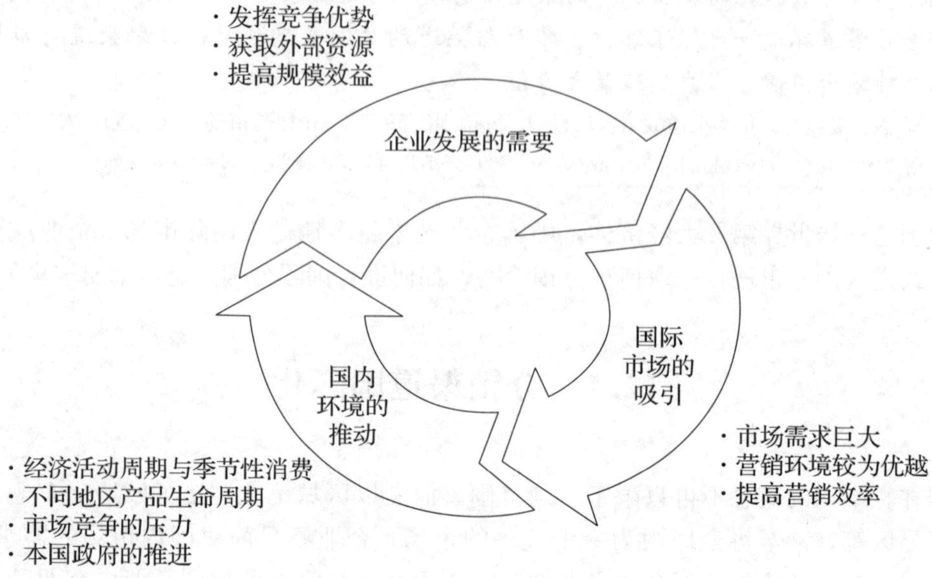

图 12－1　国际分销的必然性

业需要转向国际市场寻求出路。同时，国际市场竞争水平和激烈程度往往高于国内市场，通过拓展国际市场参与国际竞争，企业需要在更为严酷的竞争环境中磨炼自己，增强竞争能力。另外，为反击竞争对手也需要开拓国际市场。这大致有两类情况：一类是国外竞争对手进入国内市场构成威胁，国内企业采取以攻为守的策略主动向国际市场出击。另一类是竞争对手进入国际市场，为了维持自己的竞争地位或者保持竞争结构的平衡，企业只得追随对手进入国际市场。

④本国政府的推进。国际市场开拓可给本国政府带来相应的利益，如赚取外汇、增加就业、带动国内经济发展、引进先进技术与管理经验、利用国外资源等。因此，各国政府对企业的国际营销活动往往给予积极的扶持和有力的促进。我国政府通过积极的财政政策和金融措施支持企业开拓国际市场。

（2）国际市场的吸引。国内环境的压力推动企业拓展国际市场，而国际市场诱人的市场机遇、良好的营销环境和丰厚的利润回报也在吸引企业进入国际市场。

①市场需求巨大。世界经济区域集团化趋势的加强，世界范围的产业结构调整，提高了国际分工的程度，扩大了国际市场的容量。

信息技术的发展，经济与文化交往的增多，不同国家或地区消费者的需求偏好趋同；交通、通信的便利快捷，物流速度的加快和运输成本的下降，消费者需求的满足方式更加相似，各国市场趋于全球化。同时，国际社会为促进贸易自由化进行了长期努力，国际市场趋于统一。

②营销环境较为优越。许多国家或地区为了吸引外资，在努力改善硬环境的同时，还制定税收减免等优惠政策，提供配套服务等便利措施，以改善自己的投资软环境。国际市场良好的营销环境和优惠的投资政策吸引我国许多企业到海外投资。

③提高营销效率。国际市场开拓往往给企业带来较为可观的利润回报。一是国内外

市场的价差。由于比较成本的存在或者价格体制的差异，许多产品或服务的国际市场价格远远高于国内市场价格，扩大这些产品或服务的出口将提高企业经营效益，带来更高的利润回报。二是国外廉价的生产要素。由于资源条件的差异，不少国家或地区的原料、土地或劳动力等生产要素成本要比我国低，到海外投资生产有利于降低生产成本，提高利润水平。

（3）企业发展的需要。竞争优势的发挥、外部资源的获取以及规模效益的提高等因素是企业拓展国际市场的内部动机。

①发挥竞争优势。我国企业往往拥有自己的竞争优势，如专利或专有技术、独特的产品构思或服务模式、生产或管理经验等，企业可能因为国内市场的局限或者国际市场的需求，产生拓展国际市场发挥自身优势的动机。

②获取外部资源。通过国际营销活动，企业可获取的外部资源包括原料、能源、技术、资金和信息等。国内某些资源的匮乏迫使我国企业转向国际市场寻找替代来源，比如，投资国外原料或能源开发项目，或者在国外原料产地设厂生产，直接利用当地原料供应，或者利用国外资本市场筹措资金等。为了获取信息技术情报，许多外国企业在美国的硅谷设立分公司或研究机构，有些企业还出资在美国著名大学开设研究所或实验室，充分利用美国丰富的人才资源。获取市场信息是我国企业在海外设立分支机构或者开设办事处的重要目的。

③提高规模效益。规模效益源于生产规模扩大所带来的成本下降和利润上升。对国际市场的拓展，增加了企业产品的市场需求，扩大了企业产品的生产批量，降低了单位生产成本和营销费用，有利于提高企业的经营效益。我国许多产品在国内市场趋于饱和，或者国内市场容量有限，对规模经济效益的追求迫使企业开拓国际市场。

2. 国际分销与国内分销

企业要开拓海外市场，渠道战略是其成功的决定因素之一。由于各国间经济发展水平、传统文化、风俗习惯等方面的差异，国与国的渠道体系有所不同，进入国际市场的企业必须了解目标市场国渠道构成的特点，以有效组织商品和劳务的流转。

（1）国际分销与国内分销的联系与区别。国际分销与国内分销既有联系又有区别。就联系来说，不论是国内分销还是国际分销，都是企业开拓市场、组织商品交换、谋求更大的市场占有率和销售利润的经营行为。国际分销活动的起点在国内，国际分销是国内分销的扩展和延伸，市场营销原理同时适用于国内分销与国际分销。当然，国内分销与国际分销存在明显的差别：

①分销环境不同。国内分销受到本国市场环境的影响，一般来说，本国市场环境是企业经营者所熟悉的且相对单一，经营者容易适应。但国际分销面临的是多个国家的变动复杂的市场环境，经营者既要考虑国内环境的影响，还要顾及国际市场环境的差别和变化。进入国际市场，或多或少要面临国内市场上不曾遇到的障碍，如国际贸易规则、文化差异、民族主义情绪的影响。此外，国际市场受到各国市场变化、汇率变化、国际政治经济关系的影响较大，需要认真对待。

②分销对象不同。企业进行国内分销面对的是与自己的文化、语言基本相同的消费

者，分销人员容易了解和接近消费者，消费者又容易理解企业行为。但是，国际分销的对象是与企业营销人员语言不同、文化不同、消费方式不同、爱好迥异的消费者，这些差异有可能成为营销人员与消费者沟通的障碍，更谈不上对消费者的有效吸引。

③分销方式不同。国内分销的基础是利用本国资源在国内生产销售；而国际分销往往伴随着产品、劳动力、资金和技术的跨境流动，同时还有对东道国资源的利用，例如，除了把本国生产的产品销往国外，企业还可以在国外建厂设立分支机构，实现当地生产当地销售，或者一国生产他国销售。

正是因为以上差别，国际分销比国内分销要困难得多。国际环境复杂，市场的不确定性程度高，交易障碍多，这些因素无疑使决策、计划、执行、控制的难度增大。此外，海外营销人员远离企业总部，在信息沟通条件差的情况下，与企业保持有效联系、正确理解和执行国际市场分销策略也存在困难。为了做好国际市场分销，企业必须实行符合国际惯例、切实有效的国际分销管理体制、政策和策略。

（2）国际分销渠道的特点。由于国际分销管理的特殊性，国际分销渠道通常有以下几个特点：

①大量利用中间商，它们可能来自不同国家。受到市场信息沟通上的困难和贸易障碍的影响，国际分销渠道通常比较长，中间环节包括出口中间商、进口中间商和销售国国内的批发商和零售商。

②长距离的商品运输。商品必须经过跨越国境的长途运输才能送达进口国市场，因而对运输业、仓储业、保险业的依赖程度很高。

③可选择不同国家的法律作为合约解释的依据。当来自两个国家的商人签订买卖合约时，可能对合约的某些条款或术语存在理解上的差异。合约一旦签订，如果在执行中出现矛盾和纠纷，选择哪国法律作为合约解释的依据就是一个至关重要的问题。对于大多数企业来说，按照国际惯例办事是比较合适的选择。

④货币的多样选择性。世界上绝大多数国家有自己的货币。出口方和进口方签订买卖合约时，采用哪国货币作为计价和支付货币，有多种选择方案。

（3）国际分销渠道的要求。合理的国际分销渠道应符合下列要求：

①快速适应。开拓国际市场往往比开拓国内市场需要支出更多的成本，因此，进入国际市场和进行扩张的速度是一个非常重要的因素。利用熟悉国际市场环境和商业关系的中间商，或者聘用当地经营人才从事相关市场开拓工作，能够加快对市场的适应。

②按照国际惯例办事。不论是与国外中间商建立合作关系，还是履行对顾客的承诺，都可能产生权利界定方面的问题，关系到有关各方的责任分担和利润共享。这就需要按国际惯例办事，采用对双方都有利的、双赢的国际分销渠道策略。

③多元结构。出口贸易极易受各国政治、经济环境变化和国家关系变化的影响。为了稳定国际分销网络，牢固占据国际市场，应当建立多元化的国际分销渠道。这种国际分销渠道就是以多个国家市场为目标市场，发展与多个国家进出口商人、商业机构的联系和贸易关系。

④可控性。国际分销渠道应该是为销售企业的商品服务的。建立和管理国际分销渠道，应当把重点放在凝聚力或控制力的形成、运用和调节上，以便企业有效激励渠道成

员，加强合作，推动商品流通。

⑤高分销效率。在适应国际市场环境的前提下，国际分销渠道建设应当按照“少环节、低内耗、高效能”原则，对渠道的长度、宽度以及每个渠道成员进行认真选择和组织，并激励它们有效发挥各自的分销功能。

⑥有应变弹性。国际分销渠道应当能够加强国际市场调研和内部的信息沟通，以便国内生产厂商以及每个渠道成员能够及时有效地作出调整，适应国际市场环境和顾客需求的快速变化。

为了建立一个合理的国际分销渠道体系，企业管理者必须重视调查研究，在获得充分资料和信息的基础上，认真研究国际市场环境和目标市场条件，必要时应当与政府的国际贸易管理部门、行业协会和有关专家多多沟通，听取各方面的意见，以便对各个可行的国际分销渠道方案进行恰当的评估和选择。

案例 12-1　阿里巴巴助力汾酒国际化

12.2　国际分销渠道的选择

1. 国际市场的渠道进入方式

国际市场的渠道进入方式，依据产品是否在国内生产，可以分为产品出口分销和国外生产分销两大类，见图 12-2。

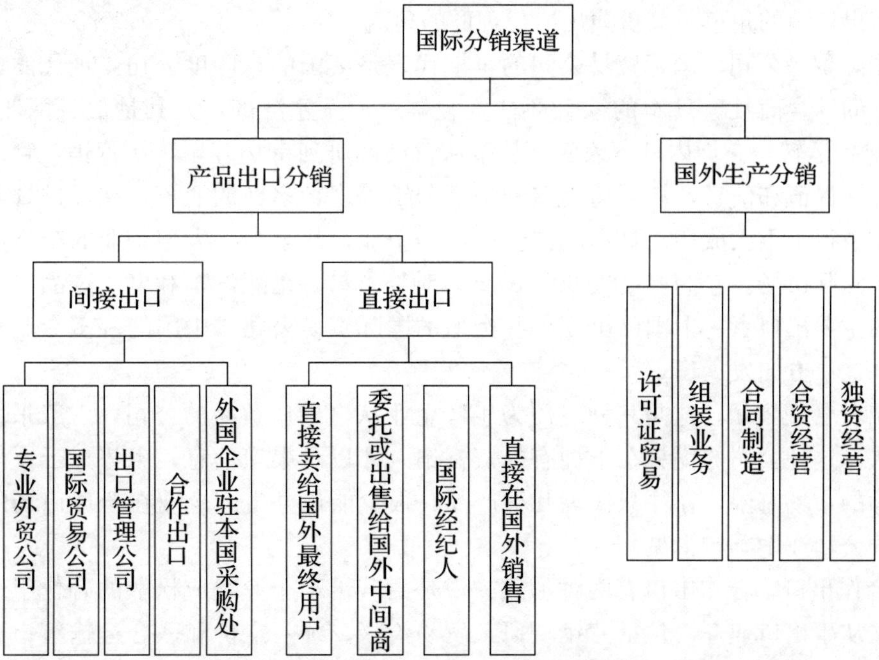

图 12-2　国际分销渠道的选择

（1）产品出口分销。产品出口有两种基本形式：一是间接出口；二是直接出口。间接出口是指企业将产品卖给国外出口商或委托出口代理商代理出口。直接出口是指企业不通过国内中间商（机构），直接将产品销售给国外客户。

①间接出口。间接出口的优势有：第一，利用出口商或出口代理商的国外渠道和外销经验，迅速打开国际市场；第二，不必增设外销机构和人员，节省直接渠道费用；第三，减轻资金负担和减少风险。

间接出口也有不利之处：第一，对产品流向和价格控制程度较低，甚至不能控制；第二，难以迅速掌握国际市场信息，不利于提高产品对国际市场的适应性和竞争力；第三，无法获得跨国营销的直接经验；第四，难以建立企业自己在国际市场上的声誉。

间接出口有两种基本形式：一是利用出口商；二是利用出口代理商。所谓出口商，指以自己名义在国内购进产品，向国外市场销售，承担产品从购进到售出的风险，赚取商业利润的企业（中间商）。所谓出口代理商，指受国内企业委托，在协定条件下，代委托人向国外市场销售产品，以佣金为其收益的企业（中间商）。出口代理又分为间接代理和直接代理两种。间接代理指出口代理商以自己的名义出口委托人的产品，并承担风险。直接代理指出口代理商以委托人的名义出口委托人的产品，不承担风险。中国的出口代理一般采取间接代理的形式。

从企业的营销实践来看，间接出口有以下几种具体形式。

● 专业外贸公司。专业外贸公司拥有人才、资金、广泛的渠道联系、多年积累的信誉、灵敏的信息网络、一定的政策优惠等优势，迄今为止，仍然是中国出口的主力军。但是，随着中国越来越多的生产企业获得了出口自主权以及外资企业的介入，这种主力军的地位正在动摇。专业外贸公司一般既从事进口，也从事出口。就从事出口而言，它们既扮演出口商的角色，又扮演出口代理商的角色。

● 国际贸易公司。国际贸易公司的早期代表是英国的东印度公司，现代的典型代表则是日本的综合商社。日本的综合商社资金雄厚，人才济济，尤其是信息网四通八达，24 小时保持运转。它们内外贸兼营，从事从营销调研到市场开拓，从营销、管理咨询到外汇的套期保值和信贷，从参与制造到负责分销等多种多样的业务，在促进日本产品的出口方面取得了很大成功。日本的许多中小型企业，甚至一些大型企业的产品都是通过它们打入国际市场。它们控制近 60%的日本对外贸易，是除汽车和电子产品以外几乎所有产品的主要出口者。中国已出现一些类似的国际贸易公司，中国的许多专业外贸公司也正在朝这一方向发展。

● 出口管理公司。这是一种专门为生产企业从事出口贸易的公司，一般采取直接代理的方式，这种公司的优势在于拥有外贸营销人才以及渠道信息，劣势在于一般规模较小，熟悉的市场有限，往往只代理几种产品，很少能包办生产企业在全球市场的出口业务。这种公司在中国较少见。

● 合作出口。合作出口有两种形式：一是由若干小企业组成松散的合作组织，以该组织名义从事出口业务，包括营销调研、贸易洽谈、统一定价和联合运输等；二是一家生产企业为了发挥规模效益或者因为产品的互补性而利用自己的出口力量和海外渠道为另一家生产企业出口产品，两者之间的关系可以是买卖关系，也可以是代理委托关系。

这两种形式在美国不是企业间接出口的主要渠道，在中国更是少见。

● 外国企业驻本国采购处。西方国家的一些大型批发商和零售商往往在其他国家设有采购处或采购中心，主动寻求合适的商品销往本国或海外市场。

②直接出口。直接出口的优势是：第一，能较迅速地掌握国外市场动向，有利于企业改进产品，提高产品对国际市场的适应性和竞争力；第二，有利于积累跨国营销经验和树立企业在国际市场的声誉，从而有利于开拓国际市场；第三，增加了企业对产品流向和价格的控制能力。

直接出口对企业的不利之处在于：第一，需要增设专门的外销机构和人员，承担直接渠道费用；第二，加重了资金周转的负担，增加了风险；第三，对一个初次进行直接出口的企业来说，总要碰上如何寻找国外客户、建立自己的国外渠道等困难。如果解决不好，企业将无法顺利进入国际市场。

直接出口有四种主要形式或途径：第一，将产品直接（包括通过互联网）卖给国外最终用户；第二，将产品卖给国外中间商或委托国外中间商代理在国外市场上的销售业务，包括进口商、国外代理商和经销商等；第三，通过国际经纪人联系国外客户，包括最终用户；第四，直接在国外销售，包括不定期地派出旅行推销员（小组）、在国外设办事处、在国外成立销售公司等。

（2）国外生产分销。国外生产意味着一个企业真正进入了跨国营销阶段。国外生产是指企业将生产（营销）过程的一部分或全部转移到国外，然后就地销售产品或者转售给其他国家。国外生产的主要形式有：

①许可证贸易。许可证贸易指由企业（授权方）授权国外厂商（被授权方）使用授权方的某种专利，包括技术、工艺、商标等，被授权方自行生产和销售，授权方向被授权方收取许可费作为回报。授权方应要求被授权方承诺下列内容：使用授权方的专利，特别是商标专利生产的产品，质量要达到规定标准；只能在授权方指定的市场范围内销售产品。双方要明确许可费的数量和收取方式、授权期限等。

许可证贸易的优点是：第一，企业无须投入资金，风险也比较小；第二，企业无须做许多开拓市场的前期工作，可以较迅速进入并占有国外市场；第三，由于向目标市场国家提供了先进技术，较容易获得东道国政府批准。

这种形式的最大缺点是，可能培养出一个强大的竞争对手。另外，虽然规定了产品的质量标准，但有时难以控制。因此，采取许可证贸易的关键有两点：一是授权方应保持强大的科技开发能力，确保最先进的技术掌握在自己手里；二是在提供商标专利的情况下，授权方应特别重视对产品质量的监控。

②组装业务。组装业务是指企业在国内生产出某种产品的全部或大部分零部件，运到国外市场组装成成品，然后就地销售或转售给其他国家。中国企业采取这种方式进入国外市场的不多，但是，采取这种方式进入中国市场的外国企业，特别是外国家电企业很多。

这种方式的主要优点是：运费低，能够突破目标市场国家的关税和非关税壁垒（许多国家对某些产品成品进口设置种种障碍，对能够给国内带来就业机会的零部件进口则比较欢迎），以及较容易被当地政府接受。

③合同制造。合同制造是指企业与国外厂家签订合同，由对方代为生产产品，然后由本企业负责产品的销售。为了使产品质量达到企业要求，企业通常要向对方提供技术和工艺服务。

这种方式的优点是：第一，企业付出的仅仅是加工费，所以企业可以充分利用当地廉价的劳动力资源降低生产成本；第二，技术和工艺、产品销售这两个最重要的环节掌握在企业手里，有利于企业对整个生产（营销）过程进行控制；第三，投资少，万一市场发生变化，终止合同带来的损失也比关闭自己在当地的工厂小；第四，能给当地带来就业机会，容易得到当地政府的批准和合作。

这种方式的缺点：一是难以找到合适的合作者；二是可能为自己制造出一个潜在的竞争者，但是这种可能性比许可证贸易要小。

④合资经营。合资经营是指企业与国外一家或多家厂商共同经营一家企业，双方按投资比例获得管理权限和利润，承担亏损和风险。合资方式可以是企业与对方或多方共同投资组建一家新企业，也可以通过参股改造一家当地的原有企业。

合资经营的优点是：第一，企业可以获得廉价的或稀缺的劳动力和原材料等资源，从而可以获得较多且持久的利润；第二，有利于开拓东道国市场；第三，对生产和营销工作有更大的控制权；第四，有利于获得当地市场信息；第五，有利于积累国际营销经验。

其缺点是：第一，投资较大，风险也较大；第二，有时会和合作者发生冲突，而且一旦发生冲突，难以获得支持。

⑤独资经营。这是企业进行国外生产的最高阶段，也是实行跨国营销的最高阶段。独资企业也可以采取两种方式建立：第一，收购当地一家现成企业。这种方式的优点是：可以充分利用现有工厂、劳动力、管理和技术人员、分销渠道、顾客以及其他无形资产，快速进入国外市场。其缺点是：改变一个组织比建立一个组织困难得多，改变一个外国组织更是如此，因为这涉及不同文化的碰撞。如果是买下原来合资方的股份而改合资为独资，则可以更充分地发挥独资的好处而避免缺陷，因为双方合资时已经有了不同文化的交流和融合。第二，投资建新厂。如果人才不缺，时间又允许，跨国营销者更愿意采取这种方式。

独资经营的好处：一是利润独享；二是可将子公司纳入企业全球营销系统，为企业的全球战略更好地服务。

但是，这种方式需要的投资更多，承担的风险也更大，并且易受到东道国政府的种种限制，同时由于没有合作者支持，较难实现和当地环境的协调。

2. 国际中间商的选择

国际中间商的选择直接关系到分销渠道的运营效率和市场整体营销计划的实现。中间商的选择应符合市场营销导向，以满足消费者需求为前提来分析中间商所应履行的职能，因为不管使用什么类型的中间商，目的都是把产品从生产厂商那里转移到消费者手中。

国际中间商为满足消费者需求所履行的职能，概括起来主要有：

（1）提供产品信息。当顾客为购买商品而希望全面系统地了解商品信息时，就应侧重于直销。

（2）满足顾客对产品的特殊要求。顾客对定制产品的要求越强烈，直销就越适合。

（3）提供质量保证。顾客对不同种类产品的质量要求是不一样的，质量保证程度越高，直销就越适合。

（4）满足顾客对大量订货的要求。顾客订货的数量和金额越大，就越倾向于直销。

（5）满足顾客对产品型号的要求。顾客对产品型号齐全的要求越强烈，就越倾向于间接销售。

（6）满足顾客对持续购买的要求。顾客的长期稳定供货要求越强烈，越应发挥中间商的储存功能，就越倾向于间接销售。

（7）提供售后服务。生产厂商不可能在任何地方都设有自己的办事机构，为满足顾客对售后服务的要求，应选择间接销售。

（8）提供后勤服务。当顾客对提供运输等后勤服务的要求比较复杂时，应采取直销方式。

通过对这些职能的认真分析，企业便可确定使市场营销活动效果最大化的中间商类型。

实践证明，国际营销渠道的成功主要取决于中间商的努力，选择营销能力强的中间商，将推动企业营销活动顺利开展。可口可乐公司进入印度的案例表明了正确选择分销商的重要性。印度国土辽阔，人口众多，拥有覆盖范围广泛的分销系统，可以将企业产品送至不计其数的消费者手中，而印度的中间商大多数服务较差，所以选择一个好的分销伙伴尤其重要。可口可乐公司收购了印度首屈一指的软饮料制造商，获得了这家制造商的整个分销系统和 60 个装瓶厂，顺利地进入了印度市场。

案例 12－2　长城与宝马正式签署合资经营合同

12.3　国际分销渠道管理策略

随着经济全球化进程加快，世界商品销售方式正在发生变革，国际市场竞争日趋激烈。开拓海外市场是企业市场营销组合对海外市场的全面进入，不仅要把商品销售到国际市场，而且要把分销渠道网络延伸到国际市场。从商品流通角度看，进出口双方都希望减少中间环节，通过优化分销渠道策略来尽可能精简跨国分销流程，甚至通过端到端直接交易来实现“不见面做生意”。我国企业要想在国际市场的激烈竞争中获得优势，必须有更有效的管理策略，包括国际分销渠道进入策略和国际分销渠道冲突化解策略。

1. 国际分销渠道进入策略

（1）组建出口联盟。中国企业的产品有多种外销渠道，在互联网通信发达的今天，企业应该建立专门的国际市场情报部门来收集、获取和分析这些信息，通过适当的方式进入进口商的采购领域。由于很多进口采购商是通过不同类型产品展销会进口产品，企业可以根据采购商的采购习惯，积极参加国外各种产品展销会，争取更多的成交机会。

单个企业参加国外的产品展销会显得势单力薄，同时，有限的供应量可能无法满足大量的采购需求，费用负担也会使众多中小企业望而却步，这就需要国内众多中小企业组建出口联盟，通过组队的形式在国际市场占据一席之地。

（2）提升渠道掌控能力。中国很多产品都是通过跨国中间商、代理商销售的。由此带来的结果是，这些产品虽然已经打入了国际市场，但其生产企业对国际市场缺乏基本的了解，无法洞悉最新的市场需求和竞争情况。这类企业虽然被称为外向型企业，但本质上仍然是封闭的内向型企业，很难获得稳定的产品销售渠道，仅仅是一个产品制造商，供应链话语权弱，没有渠道掌控能力，没有真正进入国际市场。这类企业对中间商的依赖性很高，产品销路完全取决于中间商，利益被剥夺的同时面临一定的渠道风险。

（3）适度自建渠道。不同于中小企业，一些实力雄厚的大型企业为了扩大和加强对国际分销渠道的控制权，或者为了进一步提升国际市场业绩，往往盲目地建立自己的海外销售机构。这些大型企业没有考虑到产品渠道特点和企业自身的出口额度，建立渠道的高额费用往往在短期内难以分摊消化，导致分销渠道费用和成本加大，出口业务利润减少甚至出现亏损。大型企业在扩张自建国际分销渠道时如果缺乏对当地市场的把握和分析，不了解特殊的政治法律体系、文化体系、经济体系和市场需求体系，盲目的渠道扩张会带来很大的风险。

2. 国际分销渠道冲突产生的原因及化解策略

国际分销渠道中的冲突会给海外市场营销带来不利的后果，不但会损害交易主体的利益、降低销售业绩，还会破坏国际渠道交易规则，对品牌形象带来负面影响。

国际分销渠道冲突产生的原因主要有：

（1）渠道成员选择不当。国际分销渠道中合作方的配合对渠道的有序运作和整体效率提升有着举足轻重的作用，没有慎重地选择渠道伙伴将有可能带来巨大的损失。一个典型的例子就是，百事曾与巴黎水建立渠道合作关系，由后者独家负责百事在法国境内的产品分销。但是，巴黎水在未经百事同意的情况下与百事的竞争对手雀巢签订了合作协议，同样负责雀巢产品在法国的分销。因此，由同一个经销商负责的两个公司的产品，在同一个销售市场形成了直接竞争，造成百事在法国的业绩直线下滑。该案例表明，在选择合作伙伴时，除了对其资质、能力进行考核，还需要对其信誉作出全面的衡量。如果选择了不当的渠道合作伙伴，不但会影响产品的销售业绩，还会丢失国际市场份额，让竞争对手有机可乘。

（2）文化差异。文化差异问题是国际分销渠道中潜在的暗流，表面上并不足以引起管理者的注意，但一旦触及，会深陷其中，导致合作破裂。由于文化差异的存在，跨国分销活动中，语言、信仰、观念、法律、交易习惯、商业规则、管理思路都存在或多或少的差异。这些差异如果没有得到重视，协商过程中双方很有可能因此撕破脸。

（3）国际渠道成员职责不清。在国际分销渠道中，角色是对各渠道成员应发挥功能和活动范围的界定。如果角色界定不清，一方面，渠道成员之间功能不互补，甚至重叠，造成渠道资源的浪费；另一方面，一些成员会采取投机行为，有利可图和容易做的事情抢着做，无利可图又难做的事情推给别人。另外，在发生责任事故而使整个渠道蒙受损失时，大家又会想尽办法逃避责任。比如，在隐形眼镜行业，强生公司和博士伦公司要求眼镜专业店提供顾客视力校准服务，有些眼镜店则希望制造商能提供技术支持和服务。这种角色认定的差异往往会引起渠道矛盾。

（4）国际渠道成员沟通不畅。国际渠道成员的沟通不局限于协商的过程，渠道各利益主体应当经常就交易事项、管理思路进行沟通甚至进行情感交流。沟通不畅有可能让渠道成员间关系疏远，合作关系终结。

为了化解国际分销渠道冲突，企业可以采用如下策略：

（1）模拟换位。渠道矛盾从根本上讲是人的矛盾，渠道成员之间往往由于各自的特殊情况而缺乏了解，即使进行沟通有时也难以消除误会。为了使渠道各方能够互相理解，消除文化隔阂，明确职责使命，可以尝试人员模拟换位。通过人员模拟换位，能直接接触对方的工作和观点，了解不同市场的特征与趋势，为管理者提供更全面客观的决策依据。在人员模拟换位过程中，需要注意恪守商业机密，即使是渠道合作伙伴也应在一些内部信息上有所保留。

（2）信息共享。渠道矛盾发生的直接原因是信息不匹配，这种不匹配有可能是因为文化差异或者沟通不畅，但都会引起很大的矛盾。比如说生产企业通过分析某国市场的消费结构，发现某个子产品不适合在该市场销售，于是减少了该产品的供应，然而这一信息没有及时告知该国的经销商。经销商误以为生产企业歧视它或者在另寻其他经销商。双方因此产生矛盾。为了解决类似问题，需要渠道成员建立及时的信息共享机制，只有保证了市场需求信息、产品生产信息的透明传递，才能实现通力协作、默契配合。

（3）建立有效的仲裁机制。如果渠道矛盾达到协商无法调解的地步，渠道双方应当启用有效的第三方仲裁。而公认的仲裁需要双方合作之初就确认好，否则一旦冲突发生，很难找到双方均认可的公正仲裁。在第三方仲裁的调解下，双方可能化干戈为玉帛，不计前嫌继续合作。

案例12-3　A公司国际分销渠道问题

《本章小结》

国际企业要开拓海外市场，渠道策略是其成功的决定因素之一。国际分销渠道设计的中心问题是确定到达国际目标市场的最佳途径。

国际分销与国内分销既有联系又有区别。就联系来说，不论是国内分销还是国际分销，都是企业开拓市场、组织商品交换、谋求更大的市场占有率和销售利润的经营行为。国际分销活动的起点在国内，国际分销是国内分销的扩展和延伸，市场营销原理同时适用于国内分销与国际分销。当然，国内分销与国际分销存在明显的差别：（1）分销环境不同；（2）分销对象不同；（3）分销方式不同。正是因为以上差别，国际分销比国内分销要困难得多。

合理的国际分销渠道应符合下列要求：（1）快速适应；（2）按照国际惯例办事；（3）多元结构；（4）可控性；（5）高分销效率；（6）有应变弹性。

国际市场的渠道进入方式，依据产品是否在国内生产，可以分为产品出口分销和国外生产分销两大类。

国外生产意味着一个企业真正进入了跨国营销阶段。国外生产是指企业将生产（营销）过程的一部分或全部转移到国外，然后就地销售产品或者转售给其他国家。国外生产的主要形式有：许可证贸易、组装业务、合同制造、合资经营、独资经营。

国际中间商的选择直接关系到分销渠道的运营效率和市场整体营销计划的实现。国际中间商为满足消费者需求所履行的职能，概括起来主要有：(1) 提供产品信息；(2) 满足顾客对产品的特殊要求；(3) 提供质量保证；(4) 满足顾客对大量订货的要求；(5) 满足顾客对产品型号的要求；(6) 满足顾客对持续购买的要求；(7) 提供售后服务；(8) 提供后勤服务。

国际分销渠道进入策略包括：(1) 组建出口联盟；(2) 提升渠道掌控能力；(3) 适度自建渠道。国际分销渠道冲突产生的原因主要有：(1) 渠道成员选择不当；(2) 文化差异；(3) 国际渠道成员职责不清；(4) 国际渠道成员沟通不畅。为了化解国际分销渠道冲突，企业可以采用如下策略：(1) 模拟换位；(2) 信息共享；(3) 建立有效的仲裁机制。

基本概念

间接出口　　直接出口　　国外生产　　许可证贸易
组装业务　　合同制造

思考题

1. 为什么说分销渠道国际化有其必然性？
2. 国内分销与国际分销的联系和区别是什么？
3. 国际分销渠道通常有什么特点？
4. 合理的国际分销渠道应符合什么要求？
5. 间接出口的基本形式有哪些？
6. 直接出口的主要途径是什么？
7. 国外生产的主要形式有哪些？
8. 国际中间商需要履行哪些职能？
9. 国际分销渠道进入策略有哪些？
10. 国际分销渠道冲突产生的原因主要有哪些？
11. 化解国际分销渠道冲突的策略有哪些？

案例分析

Z公司出口模式分析

Z公司是一家专做家电出口的外贸型企业，拥有专业的销售团队。近两年，该公司设立了一家自营工厂，从事家电产品的研发生产。如今，Z公司已发展成集进出口贸易和小家电生产制造于一体的工贸企业，产品远销欧美国家。

从成立以来，Z 公司的分销模式可分为以下三个阶段：

第一阶段：以参加国内广交会为主的销售模式。Z 公司的客户主要包括亚洲国家和地区的家电贸易商，这些贸易商基本上都不是最终买家，而是一些国际贸易公司。当时存在以下问题：一是 Z 公司样机开发种类繁多、数量大，而客户下单的型号和数量并不多，样机开发和订单数量不匹配；二是客户通常把价格压得很低；三是跟客户之间的业务沟通不畅，对问题的反应和解决速度偏慢等。

第二阶段：以参加国际展览会为主的销售模式。Z 公司为摆脱原有客户群体的局限性，直接参加国际展览会，积极发展欧洲客户。然而，这种模式也存在一些不足：国际展览会的备展时间长，前后需要大约 5 个月的时间；参展所需的花费巨大，每参加一次展览会，各项花费总计达到 30 万元左右。随着国内参展商的不断增加和国际采购商选择供应商的条件不断变化，参展所需的投入和通过参展所获得的回报越来越不相称，有时收效甚微。

第三阶段：以重点扶持大客户、参观国际展览会为主的销售模式。Z 公司重点扶持了几个大客户，这些客户逐渐占据公司 80%的营业额。Z 公司也鲜以参展商身份参加国际展览会，而改由核心业务人员去参观，了解展会信息，携带少量小家电样机给特定客户。总体而言，这种营销模式取得了不错的效果，一方面稳固了重点客户，提高了公司业绩，另一方面减少了参展费用，降低了营销成本。在这个阶段，Z 公司主要通过日常邮件和顾客进行沟通，处理各种业务事宜。

上述销售模式帮助 Z 公司获得了与国内外商家同样高度的专业展示平台，可以在国际一流的展览会上展现公司形象，在短期内获取大量客户并带动公司迅速发展。然而，随着近年来展会效应的逐渐弱化，这种展会类型的营销模式存在诸多问题，主要反映在以下几个方面：

(1) 营销对象不明确。Z 公司无法针对某一类具体客户，也无法知道目标客户群的实际需要，只能通过准备尽可能种类繁多、价位多样的展品来吸引可能的潜在客户。结果，往往只吸引了一些实力不强、市场不大的小客户。一些自认为可以获得销售机会的展品受到冷遇，而并不看重的展品却意外获得订单。

(2) 营销费用巨大。除高额的参展费用外，Z 公司还为参展开发了多种类型的家电样机，真正受客户青睐的产品却为数不多，大量的研发费用并没有真正用到有效客户的身上。

(3) 营销效果有限。参展效果基本上只能事后评估而无法事先预测，每当客户对参展产品有兴趣后，参展商与客户的有效沟通才能让交易达成。而 Z 公司在展会上的沟通信息非常有限，通常情况下仅就产品的功能、价位、货期等一系列基础的问题进行探讨。部分客户下一两次订单后就不再合作，参展效果难以长期维持。

国内外贸易形势日益严峻，这一分销模式越来越不能满足 Z 公司的发展需要，分销模式的创新势在必行。

资料来源：“大海捞针”的家电出口模式已然不行，“一针见血”的精准营销才是出路. https://mp.weixin.qq.com/s/yZYG93wtAYAPROhGioCW0w.

▶ **思考题**

结合该案例，请指出该企业选择的是哪一种国际分销方式，这种方式的优劣势有哪些。

04

第4篇

管理渠道成员

渠道经理在设计渠道体系和选择渠道类型以后，接下来就要管理好渠道成员，以实现渠道的高效运行。本篇主要阐述渠道成员的选择与培训、渠道领导和激励、渠道冲突和合作，渠道绩效评估与改进。

第13章

渠道成员的选择与培训

本章要点

1. 选择渠道成员的步骤
2. 找到合适的渠道成员的途径
3. 选择渠道成员的标准
4. 对渠道成员的认证及培训
5. 渠道合同的签订

引导案例

良品铺子的渠道选择与数字化运营

2010 年之前，良品铺子主要围绕购物、视觉装潢等基础内容建设线下门店，在深耕领域快速扩张，逐渐形成遍及社区、街道等触及消费者的销售终端。随着电商的兴起，2012 年良品铺子成立湖北良品铺子电子商务有限公司，在天猫、京东等电商平台进行全网布局，开始打造线上与线下"两条腿走路"的新模式。良品铺子于 2013 年成立电商物流部门，为电商渠道设置专门的库存保有单位，开始探索实体店面与线上渠道相结合的新模式。2017 年，良品铺子围绕消费者互动性、体验感打造了引流高净值客户的"桥头堡"——主题门店及良品生活馆。这些围绕"两条腿走路"打造的智慧门店依靠数字技术，打通了消费者线上与线下购买模式的"最后一公里"。

2019 年 4 月，良品铺子最终选定阿里生态企业云徙科技，采用"协同共创、驻点开发"的模式着手中台系统的开发。经过五个月的调研和系统开发，2019 年 9 月 2 日晚，新业务中台系统开始上线，到 9 月 19 日晚，经过测试检验，新的系统切换完成，业务中台系统成功上线。在会员管理方面，新上线的业务中台系统打通了全渠道会员数据，为对接第三方平台的数据预留接口，实现了包括异业合作、第三方平台合作、自有渠道触点等流量入口的全联通。业务中台系统在会员数据的基础上，构建了以挖掘客户价值、创造客户价值为核心的全渠道、全场景的营销服务生态圈，实现消费者价值最大化。

资料来源：良品铺子的全渠道数字化营销.（2021-01-22）. https://www.sohu.com/a/444142497_99947307.

好的渠道设计需要优秀的渠道成员来配合。稳定的分销渠道，是稳定市场的基本保证，更是企业长远发展的必要条件。优秀的渠道成员与健全的渠道网络是企业的宝贵资产。为了稳定渠道网络，必须慎重地选择渠道成员。

13.1　渠道成员的选择步骤

建立分销渠道，要选择合作伙伴，有的企业是由总部直接在各地区挑选分销商作为合作伙伴，有的则是由派往各地区的基层组织挑选合作伙伴。总部直接挑选分销商，挑选时原则性强一些，分销商的信誉也更好；派往各地区的基层组织在挑选合作伙伴时，则易挑选同乡、同学、亲戚等有关系的分销商作为合作伙伴，这对建立正常的分销渠道是不利的。选择分销商建立分销渠道是需要长期维持的经济行为，任何经济行为要想长期良好地维持下去，除了相互支持外，更重要的是相互约束、监督、控制，越是追求长期合作，越应加强约束、加强监督、加强控制。

1. 选择渠道成员的步骤

渠道设计后，需要选择渠道成员。需要明确的是，即使在渠道整体布局不变的情况下也需要时常作出筛选的决策。在很多情况下都要选择渠道成员，如发展更多成员以适应其扩大的规模，或者填补那些由于各种原因离开渠道的成员的空缺。

并不是所有公司都需要选择渠道成员，采取直销模式的公司就不必选择渠道成员，因为它们分配销售任务不涉及中间环节。当然，如果这些公司想改变其渠道结构，发展渠道成员，那么选择渠道成员就是必需的。

渠道密度不同，对渠道成员的要求就不同。对于那些试图采用“地毯式轰炸”的高密度渠道的公司而言，只要渠道成员诚实可靠基本上就可以满足要求。而对于采用选择性分销甚至独家分销的低密度渠道的公司而言，渠道成员的选择就非常严格，因为厂商对合作有很高的期望，每个渠道成员对渠道系统的成败都很重要。

分析了选择渠道成员的重要性和特点以后，接下来介绍选择渠道成员的步骤（见图 13-1）。

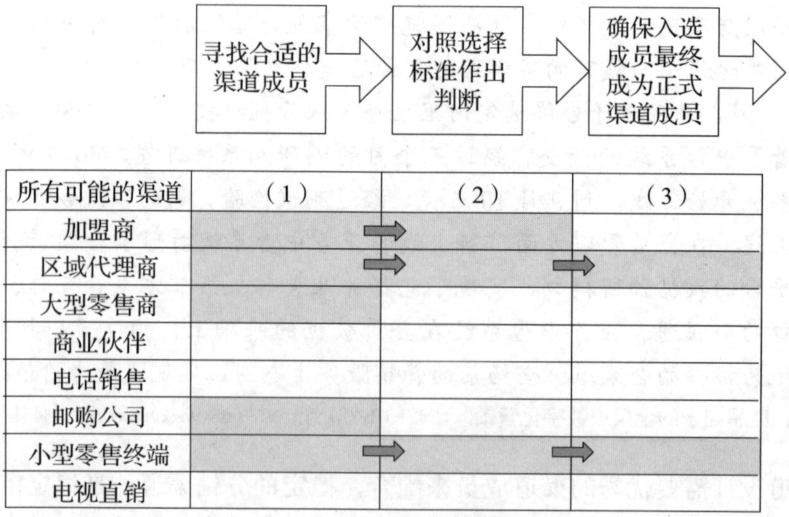

图 13-1　选择渠道成员的步骤

（1）寻找合适的渠道成员。假设有一家生产婴儿餐具的CC公司，其产品线涵盖中高端婴儿用的奶瓶、餐盘、浴盆、毛巾等。在所有可能的渠道中，CC公司通过调查分析发现只有5种合适的渠道成员：加盟商、区域代理商、大型零售商、邮购公司和小型零售终端。于是该公司渠道经理在相关的范围内寻找合适的渠道成员。

（2）对照选择标准作出判断。CC公司的渠道经理根据事先拟好的标准对备选渠道成员进行评估，最终发现只有加盟商、区域代理商和小型零售终端是合适的选择。在正常情况下，合适的渠道成员会比备选的渠道成员种类少一些，因为企业通常是取最合适的前几个种类的渠道。

（3）确保入选成员最终成为正式渠道成员。CC公司正式与合适的备选渠道成员洽商，最终将区域代理商和小型零售终端纳入渠道体系。入选成员能否成为正式的渠道成员取决于多方面的因素，入选成员不一定就是正式渠道成员。

2. 寻找渠道成员的途径

要想找到合适的渠道成员，渠道经理可从以下渠道入手。

（1）地区销售组织。有些公司有自己的销售人员，在批发、零售过程中与中间商有业务往来。销售人员是寻找新的渠道成员的得力助手，他们通常比公司的其他人更清楚谁最可能成为渠道成员。当公司决定替换、替补渠道成员时，销售人员心中早有一张候选名单。在许多公司，销售人员的主要职责之一就是要发展和保持与中间商的密切关系。当需要替换或增加新的渠道成员时，部门经理要最大限度发挥本公司销售人员的优势。

可能存在的一个问题是，在上述过程中生产商可能会忽略销售人员付出的努力。如果生产商不能有效汇报销售人员的努力，而只是根据与现有渠道成员所创造的业绩实行奖惩，销售人员就不大可能花更多时间去寻找新的渠道成员。所以，要想充分调动销售人员的积极性，生产商必须清楚如何给予适当的奖励。

（2）商业渠道。一些商业组织、出版物、电话簿、商业展览会等都能提供潜在渠道成员的信息。

比如，从中国商业联合会的网站（http://www.cgcc.org.cn/）可以查找到按照行业细分的全国性商业协会和地方商业联合会。企业可以链接到所要找的商业协会，获取相关信息，如大型零售商场、购物中心、超市和大卖场，餐饮服务企业，各类交易市场，专业批发公司和物流企业，集团和股份制公司总部，专业协会、区县商联会等信息。

（3）中间商咨询。许多公司通过向那些对经营其产品感兴趣的中间商咨询来找到未来的渠道成员。对某些厂商来说，这是寻找新成员的途径。中间商比制造商更了解其他的中间商，中间商在评判其他中间商时往往基于过去的合作经历掌握话语权。尤其是那些大型的中间商，不仅掌握其他中间商的丰富资料和资源，而且具有很强的渠道号召力和组织力。

（4）顾客。有些公司依靠顾客提供信息。厂商从顾客那里获得信息的最好办法是进行市场调研。通过正式的或非正式的市场调研了解消费者对中间商的偏好。从顾客角度得到的对未来渠道成员的看法对于厂商具有非常宝贵的参考价值。

（5）广告。刊登广告也是寻找潜在渠道成员的一种途径。图 13－2 就是某服装品牌在自己网站上征询加盟商的广告。广告的形式可以多种多样，如户外广告、平面广告、电视广告等；广告的渠道也是多种多样的，如网络、宣传册、宣传单、信函、商业杂志等。广告能吸引很多有合作意愿的潜在渠道成员，厂商可以从中作出选择，找到合适的渠道成员。

图 13－2　某服装品牌公司网站上征寻加盟商的广告

资料来源：http://www.olysec.com/search/.

（6）商业展览会或年会。商业展览会或年会是发现潜在渠道成员的有效办法。许多批发或零售领域的协会每年都举行年会，届时该领域的批发、零售机构会纷纷亮相。通过参展，厂商有可能接触到大量可能成为渠道成员的机构。这样的展览对小规模的厂商，特别是生产玩具、礼品、五金和运动商品的厂家有利。这些在各自领域内名不见经传的厂家有机会在展览会上和批发商、零售商当面打交道，以低成本物色到合适的渠道成员。

（7）其他途径。除了上面所说的渠道外，以下渠道也有助于找到合适的渠道成员：分类电话簿、毛遂自荐者、专门出售商业名册的经纪人、一些专业服务网站等。公司和个人都有自己的商业网络、亲戚朋友等，无论是开拓渠道，还是进行渠道管理和整合工作，这些资源都是宝贵而可靠的。

13.2　渠道成员的选择标准

选择渠道成员首先要广泛搜集有关分销商的声誉、市场经验、产品知识、合作意愿、市场范围和服务水平等方面的信息，确定审核和比较的标准。选定了分销商还要努力说服对方接受企业的产品，因为并不是所有的分销商都对企业的商品感兴趣。实力雄厚的名牌企业要作出选择分销商的决策并不太困难，对于那些刚刚成立的中小企业来说就不是一件容易的事情了。

1. 选择渠道成员的标准

一般情况下，选择渠道成员（分销商）时必须考虑以下几方面（见图 13－3）。

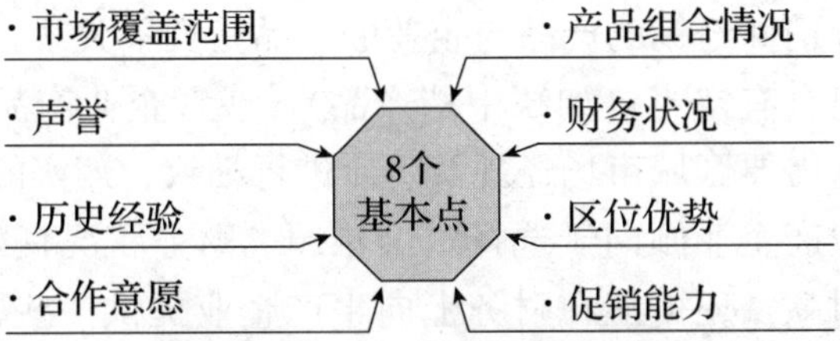

图 13－3　渠道成员选择标准

（1）市场覆盖范围。这是选择分销商最关键的因素。首先，要考虑所选分销商的经营范围包括的地区与企业产品的预期销售地区是否一致。例如，产品在华北地区，分销商的经营范围就必须包括这个地区。其次，分销商的销售对象是不是企业所希望的潜在顾客。这是最基本的条件，因为生产企业都希望所选的分销商能打入自己选定的目标市场，并最终说服消费者购买自己的产品。

分销商也并非越大越好，这里有一个适度的问题。情况常常是：产品在大分销商那里未受到足够的重视，反而为那些具有发展潜能的中等分销商所看重，因为它们深知自己提供的不仅仅是利润，更是美好的发展前景。选择和培养这类分销商是明智之举，因为这些分销商常常是真正的合作伙伴。

（2）声誉。在市场游戏规则不甚完善的情况下，分销商的信誉显得尤其重要。它不仅直接影响回款情况，还直接关系到市场的网络支持。一旦分销商中途有变，企业就会欲进无力，欲退不能，不得不放弃已经开发的市场。而重新开发市场，往往需要付出双倍的代价。多数制造商通常都会避免与当地没有良好声誉的分销商建立关系。

（3）历史经验。许多企业在确定分销商时，往往会考察分销商的一贯表现和盈利记录。若分销商以往经营状况不佳，则将其纳入营销渠道的风险较大。经营某种商品的历史和成功经验，是分销商自身优势的一个来源。首先，长期从事某种商品的经营，通常会积累比较丰富的专业知识和经验，当行情变化时，能够掌握经营主动权，保持销售稳定或乘机扩大销售量。其次，经营时间较长的分销商早已为周围的顾客所熟悉，拥有一定的市场影响力和一批忠实的顾客。

许多分销商得到规模大、有名牌产品的企业的青睐，往往是因为它们对销售某种产品很有经验，能很快打开产品销路。因此，生产企业应根据产品的特征选择有经验的分销商。

（4）合作意愿。倘若分销商不愿销售某产品，即便再有实力，声誉再好，也没有意义。所以，合作意愿是选择分销商时不得不考虑的一个因素。分销商与企业合作得好，就会积极主动地推销企业的产品，这对双方都有利。有些分销商希望生产企业也参与促销，以扩大市场需求，它们认为这样会获得更高的利润。因此，生产企业应根据产品销售的需要，确定与分销商合作的具体方式，考察候选分销商对企业产品销售的重视程度和合作态度，再选择理想的分销商。

（5）产品组合情况。许多企业希望分销商销售自己一家的产品，集中精力重拳出击。但在市场运作中，产品线的多少往往决定着顾客的多少，也决定着产品销售机会的多少，所以产品线较多并不一定是坏事。

一般认为，如果分销商经销的产品与企业的产品是竞争关系，应避免选择该分销商；但如果分销商的产品组合有空当（如缺中档产品），或者企业产品的竞争优势非常明显，也可选择该分销商。这需要区域市场经理及下属进行细致、翔实的市场考察。

（6）财务状况。生产企业倾向于选择资金雄厚、财务状况良好的分销商，因为这样的分销商能保证及时付款，还可能在财务上向生产企业提供一些帮助，如分担一些销售费用、提供部分预付款或者直接向顾客提供某些资金融通，如允许顾客分期付款等，从而有助于产品扩大销路和企业的生产发展。反之，若分销商财务状况不佳，则往往会拖欠货款。

（7）区位优势。区位优势即位置优势。理想的分销商的位置应该是顾客流量较大的地点。批发分销商的选择则要考虑它所处的位置是否利于产品的批量储存与运输，通常以交通枢纽为宜。

（8）促销能力。分销商推销产品的方式及运用促销手段的能力，直接影响其销售规模。有些产品比较合适广告促销，有些产品则适合人员推销；有些产品需要有效的储存，有的产品则应快速地运输。要考虑分销商是否愿意承担一定的促销费用，有没有必要的物质、技术基础及相应的人才。选择分销商之前，必须对其市场营销政策和技术的可实现程度做全面的评价。

2. 选择渠道成员的方法

选择分销商的方法很多，这里重点介绍企业经常采用的一种方法：评分法。评分法就是对拟选择作为合作伙伴的每个分销商，就其从事商品分销的能力和条件打分。根据不同因素对分销渠道功能建设的重要程度，分别赋予一定的权数。然后计算每个分销商的总得分，选择得分较高者。评分法主要适用于在一个较小范围的市场上，为了建立精选的渠道网络而选择理想的分销商。

例如，一家公司决定在某地区采用精选的一级分销渠道模式（即厂家把自己的产品销售给零售商，再由零售商销售给消费者）。经过考察，初步选出 3 家比较合适的候选对象。公司希望选取的零售商有理想的市场覆盖范围、良好的声誉、较好的区位优势、较强的促销能力，并且愿意与生产厂商积极协作，主动进行信息沟通，财务状况良好。各个候选对象在某些方面有一定优势，但是没有一个在各方面均名列前茅。因此，公司采用评分法对三个候选对象进行评价。

从表 13－1 的总分栏可以看出，第一个候选对象得到最高的加权总分，公司应当考虑选择它作为当地的分销商。

表 13－1　选择分销商的评价法示例

评价因素	权数	候选对象 1		候选对象 2		候选对象 3	
		打分	加权分	打分	加权分	打分	加权分
1. 市场覆盖范围	0.20	85	17	70	14	80	16
2. 声誉	0.15	70	10.50	80	12	85	12.75
3. 历史经验	0.10	90	9	85	8.50	90	9
4. 合作意愿	0.10	75	7.50	80	8	75	7.50
5. 产品组合情况	0.15	80	12	90	13.50	75	11.25
6. 财务状况	0.15	80	12	60	9	75	11.25
7. 区位优势	0.10	65	6.50	75	7.50	60	6
8. 促销能力	0.05	70	3.50	80	4	70	3.50
总分	1.00	615	78	620	76.50	620	77.25

13.3　对渠道成员的承诺与支持

需要明确的一点是：渠道成员选择是双向的。不仅厂商在选择，中间商（包括批发商和零售商）也在挑选。那些规模大、基础好的中间商认为，自己也有权挑选所代理的厂商。厂商除非信誉卓著、产品优良，否则不要指望中间商主动上门要求代理产品。确切地说，大多数厂商需要通过大量形象宣传来吸引优秀的中间商。

生产厂家可采用一些优惠条件吸引中间商，向中间商表达厂商对它们的承诺和支持。生产商可以提供的承诺和支持有多种，但大都属于下列四种情况之一：（1）质量好、利润高的产品线；（2）广告及促销支持；（3）管理援助；（4）公平交易和友好合作关系。

案例 13－1　戴森在中国市场的全渠道布局

1. 质量好、利润高的产品线

生产商提供的所有条件的核心是品质优良、销路旺盛和利润丰厚的产品线。如果厂商能做到这一点，为稳定其渠道成员而做的相关服务工作就会少得多。如果生产商的产品闻名遐迩，备受青睐，它肯定要比那些产品不怎么出名的厂商条件有利得多。对那些产品不怎么有名的厂商来说，从中间商利益出发，使它们充分认识到经销其产品的利益所在特别重要。

2. 广告及促销支持

中间商还期望生产商能提供促销支持。在消费品市场上，大规模、全国性的广告最能吸引零售商。只要生产商能做到这一点，在中间商眼中，产品的销售潜力就会大幅度提高。在工业品市场上，强有力的广告宣传同样重要。另外，无论是消费品市场还是工业品市场，广告津贴、合作式广告活动、购物指南宣传材料及展示会都表明，强有力的渠道支持对想要加入的新成员很有吸引力。

3. 管理援助

中间商都想了解生产商是否承诺不仅会为推出产品而提供广告宣传、促销支持，还会进一步帮它们做好管理工作。提供管理援助就是这一承诺的有力见证。管理援助包括在培训、财务分析及预算、市场分析、库存控制流程、促销手段等方面提供支持。最近几年出现的输出经理人措施可谓立竿见影。所谓输出经理人是指制造厂商派出职业经理人协助经销商，担负起销售经理的职责，主管产品在当地的营销推广工作，输出经理人受生产厂商和经销商的双重领导，由生产厂商支付工资。其职责因公司而异，一般包括达到一定的业绩指标，指导和培训经销商，协助经销商培养合格的经理人等。

4. 公平交易和友好合作关系

渠道关系并不是完全没有人情味的僵化的纯商业化关系，相反，它是人群之间的一种交互关系，因此渠道成员之间可能彼此喜欢或憎恶、信任或鄙夷等。渠道成员之间的关系深刻影响到渠道系统，因此厂商有责任与渠道成员建立相互信任、相互扶助、共同受益的关系。

案例 13－2　五菱汽车渠道管理成就汽车下乡

13.4　对渠道成员的认证和培训

在选择渠道成员后，需要对渠道成员进行认证和培训。渠道成员的认证能够提高行业的竞争门槛，起到倡导新技术、规范行业标准的重要作用；对渠道成员的培训可以保证渠道成员更有效地执行企业的相关目标和任务，提升渠道的综合竞争能力。

1. 渠道成员的认证

认证就是一种由可信任的、权威的第三方证实某一个经鉴定的产品或者服务满足特定的行业标准或规范性文件的活动。对渠道成员的认证，一般是制造商对经销商的认证，由第三方开展，对渠道成员在销售方面、技术方面以及服务方面的资格进行鉴定，并给予一定的许可和认证，以排除不符合技术规定或者销售规范的经销商，给予认证级别高的经销商更多的渠道支持。对经销商的认证又可以分为销售性认证、技术性认证和服务性认证三种类型。

（1）销售性认证。销售性认证是指制造商对经销商的销售业绩的认证评价。按照经销商的销售业绩规模分为不同的认证级别，通过不同的认证级别给予差异化的渠道支持。销售性认证有利于更好地利用制造商的有限资源，给予销售业绩好的经销商更多的支持，以促进销售额进一步提高，而通过减少对销售业绩差的经销商的投入，减少渠道的整体费用，从而提升渠道效率。总而言之，对经销商的销售性认证有助于更好地管理渠道下游成员，更高效地利用渠道资源，也让高绩效的经销商能够获得更高级别的认证和支持，提高竞争力。

（2）技术性认证。技术性认证是制造商对经销商的技术实力以及支持能力的认证评价。尤其是产品具有较高的技术含量时，对渠道成员的技术性认证就至关重要。一些高端技术的产品制造商，其技术性认证往往会渗透到整个渠道成员管理中，甚至成为渠道政策的一个重要组成部分。比如思科公司在技术性认证方面就具有代表性，思科公司根据对经销商的技术评级或对工程师的技术熟练度认证，将经销商分为金牌代理、银牌代理、高级认证代理、认证代理等不同的级别，从而提供不同的支持和增值服务。

（3）服务性认证。服务性认证是指制造商对经销商服务能力的认证评价。服务性认证也是对经销商成员能力考核的一个方面。例如一些涉及 IT 技术服务的公司，会对经销商的服务水平进行分类，第一层级的经销商一般通过了国家的相关服务行业的资格考试，能够满足制造商所有的服务项目要求，成为制造商最核心的服务联盟成员，获得制造商最核心的资源支持，也会在消费端优先推荐服务联盟的成员；其次是能够满足大部分服务项目要求的经销商，这些经销商能够获得制造商一般的资源支持，这类经销商占比最大。

2. 渠道成员的培训

对渠道成员的培训能够保证渠道成员较好地完成制造商所要求的渠道任务和功能。同时，对渠道成员的培训让渠道成员能够逐步接受制造商的管理模式、工作方法、经营理念，提高渠道成员的响应能力，理解渠道设计的目标，从而提高渠道整体的竞争力。

（1）渠道成员培训的价值。对渠道成员的培训对于制造商来说具有以下作用：

①有助于加强渠道中各渠道成员之间的关系，尤其是增强制造商与经销商之间的关系，以便加强对渠道成员的影响力和控制能力；

②有助于提高渠道成员的综合素质，提升渠道成员对产品、服务以及技术的理解程度，有利于提升渠道的整体竞争力；

③有助于制造商通过渠道成员的培训建立起相关的标准，更好地实现渠道成员的认证和标准推广，提高产品、服务在消费端的质量感知；

④有助于提高渠道成员的忠诚度，有利于促进渠道成员之间的合作，有利于化解渠道成员之间的矛盾和冲突。

（2）渠道成员培训的内容。渠道成员培训的内容主要包括以下几个方面：

①销售培训。销售培训是制造商对渠道成员培训中最为重要的内容，通过销售技巧、内容的培训，制造商可以帮助经销商更好地理解产品和相关服务的核心卖点，提高经销商的销售技巧，把更多的产品卖给消费者。因此，好的销售培训能够大幅度提高渠道成员的销售绩效。

②产品技术培训。产品技术培训的目的是提高渠道成员的专业化水平，提升渠道成员技术性认证的等级，确保经销商能够把制造商的专业化水平延伸到消费端，以提高对产品、服务的技术支持能力。

③管理培训。通过对渠道成员的管理培训，制造商可以将企业文化、销售战略、经营理念等渠道战略的相关内容更好地融入渠道成员的日常经营，同时将先进的思维方式、服务理论等传递给渠道成员，以提高渠道成员的管理水平。

13.5 渠道合同的签订

选择了合适的渠道成员，并不意味着能够与渠道成员形成长期、良性的合作关系，并不代表能够高效地管理渠道成员。与经销商签订渠道合同，能够从法律角度对经销商进行约束，以更为明确的形式规范双方的权利与义务。

1. 签订渠道合同的必要性

渠道合同作为一种有效的渠道管理手段和工具，能够以书面形式明确合同双方的期望。如果在签订时做到责任义务分工明确、条款细节完善到位、约束激励并重，在施行时严格遵循，就能够使渠道参与方受益。总体而言，渠道合同能够帮助维护销售区域秩序，规避渠道冲突；实施有效的促销活动，减少渠道窜货；控制应收账款，稳定渠道价格。

有的制造商和经销商认为，如果没有合同的约束，渠道的管理会更具灵活性，但事实上不重视合同，双方的合作关系会十分脆弱，更谈不上灵活。比如，很多法规都要求合同的解除需要有“正当理由”，如果合同中没有明确规定，“正当理由”便无法得到确认。

2. 渠道合同的具体内容

在与经销商签订合同时，管理者需要明确以下三个问题：

- 这份合同是否全面？
- 这份合同是否明确规定了双方的责任和义务？
- 是否将可能发生变化的条款或情况拆分放到附件中，便于定期回顾和更新？

为了解答这三个问题，管理者需要了解渠道合同的内容包括哪些方面。通常，一份完整的渠道合同至少包括常规条款、责任条款、激励条款、控制条款四个部分。

（1）常规条款。常规条款是对合同双方及约定适宜基本情况的框架性规定，包括合同当事人情况、协议内容、期限及争议处理等。

- 合同当事人：需明确合同双方分别是谁，当事人的法人代表、通讯地址、电话、账号等基本信息；
- 标的产品描述：应当明确交易产品的名称、规格、限定零售价、生产商等基本内容；
- 授权与认可：包含产品销售的委托与被委托关系，经销方式是代理还是经销；
- 协议期限：生效日期、协议延续和失效条件；
- 协议争议和解决：争议解决期限和仲裁或法律申诉地点；
- 其他事宜：协议份数和持有方，补充协议的认可，其他未尽事宜；
- 协议附件：如委托书、提货证明等，同样是协议的一部分。

（2）责任条款。常规条款只是搭起了协议的框架，要更好地实现合同的监督、控制作用，需要明确合同双方的责任和义务，否则在执行过程中容易出现推诿扯皮现象。经销商和厂商双方的责任义务可以作为附件，以便不断更新。

合同中有关厂家义务的条款通常有：

● 协助各级经销商做好产品的宣传和渠道促销工作，并为目标达成提供一定的费用支持；

● 向各级经销商宣传、讲解产品的阶段性推广计划；

● 按各级经销商的销售业绩给予相应的奖励；

● 帮助各级经销商建立和巩固终端销售网络；

● 协助各级经销商培养营销或管理人才；

● 依据一定的标准对各级经销商进行奖励或处罚。

有关渠道经销商义务的条款通常有：

● 按时足量地向下游客户配送产品；

● 维护产品的销售价格和区域；

● 按时真实地向厂家提供产品流向；

● 按要求向厂家支付货款；

● 完成协议所规定的产品销售进度；

● 实现终端网络的有效覆盖（进度、覆盖率）；

● 确保终端的安全库存，在保证不断货的情况下减少库存积压。

（3）激励条款。有了责任条款还不一定能确保各级渠道经销商按厂商的期望来执行约定细则。为了提高经销商的积极性，需要对各级经销商进行激励，这就要求在合同中制定一些利益点条款来起到激励作用。

● 区域利益点：划分市场，确定不同经销商的有效销售范围，以便实现区域保护；

● 销售利益点：授信额度、返利点数、推广经费、超额奖励标准；

● 价格利益点：明确产品的具体供货价格体系，因为产品供货价格决定了经销商的盈利空间；

● 结算利益点：铺货量、赊销额、结算周期、付款方式；

● 宣传推广利益点：媒体支持、人员推广配合和力度量化，试用品、促销品、宣传资料配发的具体数量；

● 服务利益点：最短到货周期、提货方式、配送费用由谁承担等；

● 质量利益点：质量事故的责任承担，损坏、损耗的退换条件。

（4）控制条款。有些经销商为了完成销售目标，得到相应的销售奖励，可能会违反双方约定的合作细则，引发渠道冲突，甚至引起其他经销商的不满。因此，对经销商的制约条款直接决定了渠道合同的施行效力。

● 任务完成：在签订合同时都会要求经销商完成一个基本的销售量，明确完成后的奖励，完不成会失去哪些优惠政策等；

● 市场覆盖：在产品入市阶段，应在合同中明确要求经销商主动出击，在多长时间内将货物送达多少家二级批发商或终端；

● 渠道管理：把管理下一级渠道成员遵守协议区域，控制产品流向，帮助下游渠道成员全面提升经营、营销方面的管理能力作为经销商销售产品之外的另一项工作；

- 价格遵守：为了防止经销商窜货、乱价等不良行为导致各经销商最终丧失获利空间，在合同中必须有明确的产品分销价格体系；
- 合理库存：考虑到当地市场容量、运货周期、货物周转率和意外安全库存量等因素，要求经销商保持适合的数量与品种；
- 及时回款：对经销商的回款周期、时间、方式作出规定，保证公司资金快速回笼，保证资金安全，防止资金被经销商占用；
- 产品专卖：通过专卖奖励等条款引导经销商排挤竞争产品。

3. 签订渠道合同的注意事项

在明确合同的内容之前，需要规定合同的时间框架范围。无限期合同是未规定终止日期的合同，这是最简单的合同形式，因为不可以根据特定的基础对合同进行检查。但是当市场情况发生变化的时候，无限期合同比固定期限的合同更难以控制。如果管理者决定要采用无限期合同，合同中也需要明确业绩预期并规定解除合同的原因。固定期限合同在改变合同条款上有更大的灵活性，但是也带来了更大的管理负担。公司还可以选择两者之间的混合型模式，即在固定期限（如一年期）到期后自动续约，除非明确决定不再续约。

在合同中加上附件，详细说明允许或者不允许经销商销售的产品和经营范围等内容。附加销售条件和保修声明作为合同附件，可以由供应商不时地酌情修改。

合同的措辞应当精准，以保证厂商在未来制定渠道决策的灵活性。对于要求专业技能而现有渠道又不能满足要求的新产品，或者为了避免公司合并和收购另一家公司所造成的渠道重叠，很多公司保留使用其他渠道的权利。

随着客户分布的全球化和电子商务的成长，对报酬的合理界定越来越困难。代理商可能在一个区域内负责一个产品，实际的销售活动却发生在另一个区域，而最终产品可能会运输到另外一个地点。因此，详细说明佣金的计算方法十分必要。

本章小结

优秀的渠道成员与健全的渠道网络是企业的宝贵资产。为了稳定渠道网络，必须慎重地选择渠道成员。

选择合适的渠道成员，渠道经理可从以下途径入手：地区销售组织、商业渠道、中间商咨询、顾客、广告、商业展览会或年会等。

选择渠道成员时必须考虑以下几方面：市场覆盖范围、声誉、历史经验、合作意愿、产品组合情况、财务状况、区位优势以及促销能力。选择分销商的方法很多，本章重点介绍了企业常用的评分法。

需要确保渠道成员的稳定性，生产厂家可采用一些优惠条件吸引中间商，向中间商表达厂商的承诺和支持。生产商可以提供的承诺与支持有多种，但大都属于下列四种情况之一：质量好、利润高的产品线；广告及促销支持；管理援助；公平交易和友好合作关系。

在选择渠道成员后，需要对渠道成员进行认证和培训。渠道成员的认证能够提高行业的竞争门槛，起到倡导新技术、规范行业标准的重要作用；对渠道成员的培训可以保证渠道成员更有效地执行企业的相关目标和任务，提升渠道的综合竞争能力。对经销商的认证又可以分为销售性认证、技术性认证和服务性认证三种类型。渠道成员的培训内容主要包括：销售培训；产品技术培训；管理培训。

渠道合同作为一种有效的渠道管理手段和工具，能够以书面形式明确合同双方的期望。通常，一份完整的渠道合同至少包括常规条款、责任条款、激励条款、控制条款四个部分。

基本概念

管理援助　　渠道成员认证　　销售性认证　　技术性认证
渠道合同　　激励条款

思考题

1. 选择渠道成员的步骤是什么？
2. 可以通过哪些途径找到合适的渠道成员？
3. 选择渠道成员的标准有哪些？
4. 评分法的含义是什么？
5. 生产商可以向渠道成员提供哪些承诺和支持？
6. 渠道成员认证有哪些类型？
7. 渠道成员培训的作用是什么？
8. 渠道合同的具体内容有什么？

案例分析

欧派家居的“树根理论”

1994年，欧派家居率先将风靡欧洲逾半个世纪的“整体厨房”概念引入中国，掀起了一场“厨房革命”的风潮，也奠定了其作为中国定制家居引领者的地位。随后，欧派家居相继推出全屋定制、家居制造2025、整装大家居等新战略和新模式，不断推动定制家居行业发展。时至今日，欧派家居已成为中国定制家居行业龙头企业。

2019年，房地产市场的不景气导致家居市场整体需求疲软，而精装房走热又给厨柜零售市场带来直接冲击。在外部诸多不利因素的影响下，欧派家居展示了龙头企业应有的渠道维护和开拓能力，在稳守橱柜、衣柜等传统零售市场的同时，通过推进融合模式和整装大家居战略，为传统渠道开辟新流量，成功搭建零售、整装大家居、工程（大宗业务）均衡发展的多元渠道格局，确保在市场环境压力增加的情况下，实现营收的稳健增长。

在零售市场，欧派家居推出一系列优化渠道运营的有力措施，比如：为经销商减负和赋能，提升其积极性和战略执行力；创新营销形式，推出多种营销套餐，刺激终端客户差异化需求增长；优化终端门店形象，改善终端店面装潢设计和消费体验；促进产品销售全屋化，通过全屋定制和全卫定制，提高配套产品占比，提升客单值；利用微店、社区等新兴店面引流，并试点分销模式，推动经销商从零售商向供应服务商转型，加大终端服务的覆盖面和分布密度；新增门店520家，继续扩张渠道并推动渠道下沉。

在整装大家居市场，欧派家居积极与优秀家装企业合作，成功将整装大家居业务打造为业务增长的新路径和新引擎，有力提升客户引流效率、签单率及客单值，增加公司的发展空间。目前，欧派家居整装大家居共有店面210家，大客户43家，正着手向全国地级及部分发达县级市场复制。值得注意的是，欧派家居还明确了“不同产品、不同渠道、利益补偿、业绩共享”四大原则，合理的机制解决了整装大家居与零售经销商的利益冲突问题，为整装大家居的落地推广扫除了障碍。

在工程（大宗业务）市场，欧派家居实施百强战略，与全国百强地产企业签订产品供应与安装合同，参与地产项目的精装修服务，从而深入项目前端，实现服务前置。欧派家居在工程渠道市场的占有率进一步提升，竞争力不断增强。在橱柜工程取得先发优势后，公司将相关战略和模式向衣柜、卫浴、木门品类拓展，其中工程衣柜、木门已取得较快增长，为公司盈利及现金流的增加作出较大贡献。

通过零售、整装大家居、工程（大宗业务）三大渠道的布局和创新突破，欧派家居形成了均衡而有活力的渠道结构，为公司营收的稳健增长提供了保障。不难看出，欧派家居非常重视营收增长与渠道开拓的协调性。欧派家居董事长、总裁姚良松在多个场合提到“树根理论”，认为企业如一棵大树，经销商是企业的树根。只要树的根系足够发达，大树终能枝繁叶茂、开花结果。正是在这一理念的指导下，欧派家居积极发展和让利于经销商，在企业和经销商之间形成了利益共享和良性循环。

资料来源：龙志强．欧派家居的“树根思维”模式．经理人，2019（11）．

▶ 思考题

1. 欧派家居“树根理论”的核心是什么？
2. 欧派家居给渠道成员提供了怎样的支持？

第14章

渠道领导和激励

本章要点

1. 渠道领袖的角色特征和领导方式
2. 渠道领袖的作用
3. 激励渠道成员的方法
4. 渠道关系营销的要点

引导案例

头发理疗的开创者：黑奥秘的渠道运营体系

目前，黑奥秘的关店率仅为8%。创始人吴庆辉表示："黑奥秘盈利模式的设计是基于产品而不是加盟费，只有门店持续发展，我们才能盈利。"黑奥秘成功的秘诀并不复杂，是以系统的营销能力扶持加盟门店稳健发展来赢得品牌的可持续发展。

成立头皮管理学院，以专业培训助推终端服务落地。新店开业前期，黑奥秘会对加盟商、店长、技师等进行为期12天的系统培训；开业期间，其运营团队会对新店进行为期12～15天的驻店指导；开业后，会不定期举办总裁班和店长班，围绕门店运营展开针对性的培训，进一步提升加盟团队的终端运营能力。"黑奥秘的区域培训体系已经十分成熟，平均每年42场。"吴庆辉说，"投入很大，但能有效解决终端门店的运营问题。"

自建"智训宝"平台，打造线上培训系统。以电视屏、电脑屏和手机屏为端口，结合海内外头发专家的临床经验分享以及专业知识的科普，通过直播、录播等形式，进行线上培训，帮助门店人员持续提升专业水平。"打造线上线下系统化的培训体系，持续提升整个团队的能力。"吴庆辉说，"我们虽然是连锁企业，但轻资产、重运营。"

黑奥秘在渠道和终端上的一系列赋能手段，都是为了让门店回归本质——做好服务和用户体验。回归商业的本质，是连锁加盟企业发展的战略保证。同时，以服务和体验驱动连锁企业快速跑马圈地，也将考验黑奥秘的团队运营能力。

资料来源：张旭，刘会会，张东辉．黑奥秘：头发理疗的开创者——始于"拐点"的嬗变，角逐品类冠军的制胜之道．销售与市场（管理版），2020（1）.

稳定的经销渠道是稳定市场的基本保证。在设计了渠道流程和选择了分销商后，必须对渠道成员以适当的方式进行领导和激励。

14.1　渠道领袖与领导

渠道领袖，是指在一个营销渠道中能够发挥主要渠道领导作用的组织或机构，一般能够对其他渠道成员产生较大影响。渠道领导，是指为了控制渠道运营的工作，一个主要的渠道领袖对其他成员开展的有关营销政策和策略的活动。在渠道领袖开展渠道领导活动时，主要是通过渠道领袖组织中的渠道管理人员如渠道经理完成的。因此，业界通常将渠道管理人员称为渠道边界人员，因为渠道管理人员的工作往往需要跨越多个渠道成员的组织边界，注重和其他渠道成员的员工进行互动与沟通。

1. 渠道领袖的角色特征

渠道领袖是在营销渠道中发挥领导作用和影响的组织和机构，那么如何能够成为渠道领袖，或者渠道领袖具有哪些身份特征？一般来说，渠道领袖需要具有以下角色特征，才能够保持在渠道中的领导地位。

（1）渠道实力强。渠道领袖在渠道中竞争力较强，规模较大，同时拥有较大的权力和责任。

（2）品牌影响力强。渠道领袖的角色往往由一个渠道中的知名制造商担任，知名制造商具有有影响力的品牌效应，可以带领其他渠道成员进行产品和服务的销售，提高总体市场份额。有时因为产业的性质，很多知名制造商不一定具有很大的规模，但如果具有较强的品牌力，一样能够弥补规模的劣势，居于领袖地位。

（3）在渠道中承担更多的责任。在渠道中，能够承担更多责任的厂商，往往能够被其他渠道成员认可，更容易成为该渠道的领袖。在有些渠道中，市场较为分散，但具有较大的销售潜力，比如可口可乐主导的软饮料市场，或者竞争激烈的家用电器市场，这就需要渠道成员增加广告投入，需要生产厂商承担宣传责任，承担最多宣传责任的生产厂商较容易被渠道成员认可。

（4）所建渠道结构合理。渠道领袖要影响其他渠道成员，就要有较为合理的渠道结构，其中长度和宽度意味着渠道领袖具有较多的下属渠道成员。一般来说，渠道领袖的渠道长且宽，对其他成员的影响力会减弱，反之亦然。所以在渠道较短较窄时，渠道领袖能够更好地影响其他渠道成员，对渠道成员具有较大的约束力，同时也容易通过特许经营、连锁经营的方式，实施对其他渠道成员的管理。

（5）渠道成员协议认可。许多渠道领袖的地位是通过渠道成员之间的协议或契约形成的，在这个协议之下，渠道成员服从某个生产商或中间商的管理，即使其他渠道成员具有更大的市场规模或更强的经济实力，也很难打破协议成为新的渠道领袖。

（6）能掌控市场和产品。渠道领袖也会因为渠道中的市场和产品性质不同而不同。如果渠道中的市场需求较难估计，消费者群体不明确，生产商往往由于难以进行市场推销而担任不了渠道领袖，而在不确定的市场中，中间商（如零售商和批发商）具有更丰富的市场经验，更胜任渠道领袖的角色。在汽车、医疗、通信行业，产品的技术含量较高，需要花费大量的技术研究费用，生产商往往能够成为渠道领袖。

2. 渠道领袖的作用

渠道领袖在渠道中发挥领导作用，才能够创造出单个企业实现不了的竞争优势，让渠道成员形成凝聚力，为共同创造渠道繁荣而努力。在这个过程中，渠道领袖需要发挥的领导作用体现在指导、沟通、先行以及激励四个方面。

（1）指导。渠道领袖首要的任务就是对渠道目标进行设计，并通过指导的方式，将渠道目标和具体措施传递给其他渠道成员。渠道成员并不属于同一个组织，对渠道成员的指导主要通过说服、请求、信息沟通、洽谈等方式进行，而较少采取命令的方式。但如果渠道领袖具有压倒性的权威，命令可能也会成为渠道指导的一种有效方式。渠道领袖要让指导有效，需要让指导变得可执行、完整和清晰，除了通过沟通的方式指导其他渠道成员，还需要为渠道成员提供实施有关决策和政策的有利条件，并保证计划能够实现。难以执行的意见可能会造成不良后果，让渠道成员因为无法完成任务产生落差，导致对渠道领袖的不满，降低渠道领袖在渠道中的权威性和公信力。

（2）沟通。为了更好地领导渠道中的成员，渠道领袖需要通过沟通的方式向其他渠道成员传达意见、感受、决定并施加影响，而其他渠道成员也需要通过有效的沟通让渠道领袖关注渠道成员的存在和感受，因此，有效的渠道沟通是渠道领袖应该发挥的重要作用。通过营造良好的渠道沟通氛围，渠道领袖可以提高渠道成员之间的合作效率，让渠道成员间的合作更加顺畅有效。高效的渠道沟通不仅有利于渠道成员之间的信息交流，还有利于及时发现渠道中的问题，增强渠道成员之间的情感联系，鼓舞士气，提高整个渠道的竞争力。

（3）先行。渠道领袖要实现渠道目标，就要成为先行者，鼓舞渠道中的其他成员。渠道先行包含以下几个方面的内容：首先，渠道领袖要作为渠道榜样，在利益分配、价值目标的实现方面先人后己，尤其是在遇到危难的时候能够镇定自若，起到表率作用；其次，渠道领袖要敢于承担渠道风险，通常会承担比其他渠道成员更大的风险，从而鼓励其他渠道成员不畏困难、勇往直前；最后，渠道领袖需要在渠道设计和规划方面成为先行者，在战略上引领其他渠道成员朝着渠道目标发展。

（4）激励。渠道领袖还需要通过渠道激励的方式调动成员的积极性和热情，起到鼓舞人心的作用。一般而言，人们受到的激励越大，工作动力会越强，完成目标的使命感就越强。在渠道激励中，渠道领袖最常用的手段是奖励、支持，当然采用惩罚手段也是必要的，从某种程度上讲惩罚是负方向的激励手段。通过激励，渠道领袖能够更好地促进渠道成员之间的合作，减少渠道冲突和矛盾。

3. 渠道领袖的领导方式

渠道领导理论主要建立在行为科学研究的基础之上，发展出了多个流派，可以分为三个类别：一是权变理论，主要研究领导方式如何与环境有效结合；二是领导行为理论，主要研究领导有关的方式和风格；三是特质理论，又称为品质理论，研究领导者个人素质如何影响领导工作。在三个类别中，最主流的渠道领导方式以权变理论，尤其是路径-目标理论为依据。路径-目标理论认为领导者需要帮助其他成员排除实现目标的障碍，给成员一定的指导，同时还需要给成员阐释任务要求。路径-目标理论提出了四种领导方式：

（1）成就型领导方式，即充分相信其他渠道成员的能力，为其他渠道成员提出适合它们的目标，让其他渠道成员通过实现目标获得成就感。

（2）参与型领导方式，即渠道领袖遇事时能够与其他渠道成员进行商谈，在战略决策时充分收集、采纳其他渠道成员的意见，并经常征求其他渠道成员的建议。

（3）支持型领导方式，即不单纯依靠工作来让其他渠道成员满意，而是通过关注其他渠道成员的实际需求，处理好合作关系来提升其他渠道成员的满意度；努力创造友好、愉快的工作环境，同时保持良好的信息交流、沟通网络。

（4）指令型领导方式，即领导艺术主要靠个人权威和判断，在决策方面依靠个人经验，较少依靠其他渠道成员的建议和意见，而在指令发布后，其他渠道成员需要无条件地执行，完成相应的目标。

这四种领导方式并无优劣之分，不同领导方式的效果完全取决于外部环境和内部环境是否与领导方式匹配。比如，在渠道成员责任不明确、渠道冲突不断的情况下，指令型领导方式可能在短时间内能够迅速提高渠道效率，但如果渠道成员合作顺畅，采用这种领导方式反而会抑制渠道成员的积极性和创造力。选择适宜的渠道领导方式才是最好的。

案例 14-1　优布劳的渠道运营模式

14.2　渠道激励

激励渠道成员是指制造商激发渠道成员的动机，使其产生内在动力，朝着所期望的目标前进的活动过程，目的是调动渠道成员的积极性。

美国心理学家威廉·詹姆士在《行为管理学》一书中提出，合同关系仅能使人的潜力发挥 20%～30%，而如果受到充分激励，其潜力可发挥至 80%～90%，这是因为激励活动可以调动人的积极性。所以，激励渠道成员是渠道管理中不可或缺的一环。

1. 了解渠道成员

知彼知己，才能百战百胜。渠道经理要想成功地管理渠道成员，必须了解渠道成员，了解它们的想法和需求，只有这样才能有的放矢。理论研究表明，中间商和制造商虽然同属一条供应链，却存在着显著的不同。

（1）中间商具有相对独立性，并不认为自己是制造商供应链中的一员。它们安于某种经营方式，执行实现自己目标所必需的职能，在可以自由决定的范围内制定自己的政策。

（2）对中间商而言，最重要的是客户，而不是制造商。中间商感兴趣的是客户要购买什么，而不是生产商要提供什么。

（3）中间商往往会把销售的所有商品当作一个整体来看。中间商关心的是整个产品组合的销量，而不是单个产品种类的销量。

（4）如果没有一定的激励，中间商不会记录各种品牌的销售情况。生产商无法从中间商非标准化记录中获得有关产品开发、定价、包装或者促销计划的信息。有时候，中间商还会故意隐瞒实际情况。

经过上述分析，可以发现中间商和制造商是各自独立的经济实体，有各自的利益。它们之间是合作关系，而不是上下级之间的命令关系。所以，制造商要想管好中间商，不能靠行政命令，应该采取“胡萝卜加大棒”的政策，但是，“胡萝卜”要多一些，“大棒”只在不得已的情况下使用。

2. 激励渠道成员的方法

产品从制造商到用户的整个过程需要催化剂，有效的激励措施就是催化剂。

对于制造商而言，使用催化剂的目的无非是希望中间商多提货、早回款，希望现有的渠道增强抵御风险的能力等。因此，了解中间商需求只是激励的第一步，之后应该做的是采取有效的激励措施。

激励中间商的形式多种多样，大体上可以分为两种：直接激励和间接激励。直接激励指的是通过物质、金钱的奖励来激发中间商的积极性，实现公司销售目标。间接激励指的是通过帮助中间商获得更好的管理和销售方法，提高销售绩效。

（1）直接激励。直接激励通过给予物质或金钱奖励来肯定中间商在销售和市场规范操作方面的成绩。例如，为了应战格兰仕掀起的新一轮微波炉价格大战，美的一改往常的做法，将焦点放在经销商身上。美的投入 3 000 万元，购买了奔驰、宝马、奥迪 A6 等 83 辆车用于奖励，并承诺送 120 家优秀经销商负责人出国深造。

直接激励除了利用价格折扣政策和销售返利政策外还有以下几种形式：

①开展促销活动。生产者的促销措施通常很受分销商的欢迎。促销费用一般由生产者负担，亦可要求分销商合理分担。生产者还应经常派人到主要的分销商那里，协助安排商品陈列，举办产品展览和操作演示，培训推销人员，或根据分销商的推销业绩给予相应的激励。生产者开展促销活动时要注意如下几个问题：

- 促销的目标。很多人认为促销就是增加销售额，这样说太笼统，不便于执行、考核，一定要明确销售额多少、增加二级批发商多少、渗透终端店多少，等等。
- 促销力度的设计。设计促销力度，一要考虑是否激发经销商的兴趣，二要考虑促销结束后经销商的态度，三要考虑成本的承受能力。很多企业都是拿利润来促销，一促销销售额便上去，停止促销销售额就下来，怎样做都没有利润。
- 促销内容。无论是送赠品、抽奖、派送、还是返利，促销内容一定要能吸引人。
- 促销的时间。什么时间开始，什么时间结束，一定要设计好，并让所有的客户知道。
- 促销考评。为了保证促销有始有终，好钢用在刀刃上，一定要对促销效果进行考评。一来督促经销商认真执行；二来从中总结经验教训。促销考评结果要存档备案。
- 促销费用申报。这是企业滋生贪污腐败的温床，因而要严格执行申报制度。申报时一定要上报促销方案、实施情况、考评结果、标准发票、当事人意见，只有这样才能保证促销费用的有效使用。

● 促销活动的管理。促销活动在正常营销工作中占有很重要的位置，无论是公司统一组织、统一实施，还是分区组织、分区实施，从提交方案、审批、实施到考评，都应当有一个程序，从而确保促销活动的顺利进行。

与别的企业直接针对终端消费者促销不同，娃哈哈的促销重点是经销商，公司会根据一定时期内的市场变动、竞争对手的变动以及自身产品的配备，推出各种促销政策。针对经销商的促销政策，既可以激发其积极性，又保证了各层级销售商的利润，因而可以做到促进销售而不扰乱整个市场的价格体系。相反，直接让利于消费者的促销，造成经销商无利可图而缺乏动力，最终竞相降价，打乱零售价格体系。

娃哈哈认为，生产商推出任何一项促销活动或政策，首先应该考虑的是设计一套层次分明、分配合理的价差体系。价差指的是产品从厂家到消费者手中经过的各个批零渠道的价格差。就饮料、家电等产品而言，一般有三到四个环节的利益分配。高价的产品如果没有诱人的价差分配，无法调动经销商的积极性，而低价产品如果价差控制得当，仍然可以因量大为经销商带来利润。有序地分配各级经销层次的利润空间，不但是生产商的责任，更是其控制市场的关键所在。很多企业喜欢以低价轰炸市场，以为价格比别家的低，肯定卖得更火，其实未必。如果没有考虑价差，经销商无利可图，就没有动力销售产品，企业的目标仍然无法达成。低价策略在新产品进入一个成熟市场时会取得一定效果，在长效经营中却可能是一支毒素颇大的兴奋剂。

②提供市场基金，即市场启动基金。给经销商一个报销的额度，以调动其在各个环节的能动性。

③设立奖项。为渠道成员设立奖项，如合作奖、开拓奖、回款奖、专售奖、信息奖、销货奖等。

④补贴。

● 协助力度补贴。针对中间商对厂家产品的陈列状况，如陈列数量、场所、位置、货架大小等所给予的补贴。一般来说将产品大量陈列在过道两旁，不论是橱窗展示还是专柜陈列都需要给予一定的补贴。

● 库存补贴。包括点存货补贴和恢复库存补贴。前者是指促销活动开始时，中间商清点存货量，再加上进货量，减去促销活动结束时的剩余库存量，其差额即厂家需给予补贴的实际销货量，再乘以一定的补贴费；后者是指点存货补贴结束后，如果经销商将库存再恢复到过去的最高水平，厂家会给予一定的补贴。

激励措施的最佳效果就是经销商心甘情愿地做希望它做的事情，这个过程没有任何强制或胁迫的成分。达到这一境界并非易事，但如果激励措施到位的话，厂家会发现受益颇多。

（2）间接激励。在市场机制日益成熟的今天，直接激励的作用不断削弱。经销商对独特且行之有效的营销方法的渴望，已经远远超过它们对利润空间和厂家广告费的追逐。制造商越来越意识到间接激励的重要性。

间接激励通常有以下几种形式：

①帮助经销商建立进销存报表，做安全库存数和先进先出库存管理。进销存报表可

以帮助经销商了解某一周期的实际销售数量和利润；安全库存数可以帮助经销商合理安排进货；先进先出库存管理可以减少即期品（即将过期的商品）。

②帮助零售商进行零售终端管理。终端管理的内容包括铺货和商品陈列等。通过定期拜访，帮助零售商整理货架，设计商品陈列形式，在举办促销活动时做一个漂亮的堆头和开箱陈列。

③帮助经销商管理其客户网来加强经销商的销售管理工作。帮助经销商建立客户档案，包括客户的店名、地址、电话，根据客户的销售量划分等级，采用不同的支持方式，从而更好地服务于不同性质的客户，提高客户的忠诚度。

④库存保护。使经销商保持一个适度的库存量，以免断货。

⑤开拓市场。使中间商获得广阔的发展空间，这是一种较为长远的激励措施，是中间商最希望得到的。

⑥产品及技术支持。为中间商提供优质的产品和强有力的技术支持及服务，对中间商来说是最实在的。

以上这些措施都存在一定的短期性，从长远看，应该实施伙伴关系管理，也就是制造商和中间商结成合作伙伴，风险共担，利益共享。

近年来，营销渠道的作用逐渐增强，渠道合作、分销商合作、商业合伙、战略联盟日益普遍。伙伴关系表现为制造商和渠道成员间持续的相互支持的关系，包括努力提供一个高效团队、网络或渠道伙伴联盟。

制造商和中间商在签订伙伴协议的时候应注意以下三点：

①如果以前没有合作过，则制造商对产品的有用性、技术支持、定价等问题在协议中应予以明确说明。伙伴协议签订以后，渠道成员的任务及其报酬就比较清楚了。

②评估现有分销商完成任务的能力。这一过程讨论渠道成员的需求和遇到的问题，并且评估渠道成员的优势和劣势。制造商在上述方面对分销商给予特别的关注，帮助其克服在计划执行中暴露的弱点。例如，如果分销商没有足够的销售力量，制造商应制定并执行一项培训计划，以提高分销商的销售人员的技能。如果一个特别的渠道成员在控制存货方面遇到问题，制造商应提供专家意见。总而言之，制造商的支持计划应很清晰，关注分销商的需要。

③制造商应持续地评估方案的恰当性，以指导渠道成员。在迅速变化的环境中，没有一套渠道方案可以长久保持不变。

案例 14-2　海天下沉市场的破局之道

14.3　渠道关系营销

关系营销是现代营销理论的一个重要组成部分。实施关系营销管理，对提高渠道效率起着十分重要的作用。

1. 关系营销的含义

企业盈利有两种典型的思路：一是榨取合作伙伴铺就成功之路，将企业之间的竞争视为一种“零和游戏”；二是与合作伙伴携手共赴辉煌，实现双赢。

关系营销是指所有旨在建立、发展和维持成功的关系交换的营销活动。其精髓是将客户视为长期合作的伙伴，努力实现双赢。

现代关系营销理论认为，企业要生存发展，必须处理好企业与顾客、企业与中间商、企业与政府以及企业与社区之间的关系，这对企业的营销战略以及企业形象的影响很大。现代企业应着眼于长远利益和平时努力，协调和处理好这几方面的关系，打造企业生存的空间。

2. 加强与渠道成员的关系管理

根据关系营销的含义，企业必须与中间商进行广泛的合作，有效调动中间商的销货积极性。从经济学的角度看，企业与渠道成员建立战略联盟是为了在市场交易中寻求一种节约成本的制度安排，企业间通过合作可以稳定交易关系，减少交易费用，矫正市场缺陷，同时又可以抑制交易的“内部化”倾向，避免组织失灵。从市场营销角度看，企业与渠道成员间的合作不仅能够节约相互之间的交易费用，而且可以通过获取合作伙伴的互补性资产，扩大企业运筹外部资源的边界，聚合彼此在不同价值链环节中的核心能力，合作创造更大的顾客价值。企业如何协调与渠道联盟中其他成员的关系，是能否确保合作的长期性和稳定性的关键。具体来说企业应做到以下几点：

（1）强调共同利益。企业与渠道成员之间自然存在共同的利益，但双方的增值结构是不对称的。双方的收益结构有一部分能共享，其他部分则不能共享。共享收益可能与独立收益存在着此消彼长的关系，这时一方或双方便有牺牲共同利益而让独立部分利益最大化的动机，从而造成双方关系紧张。在合作联盟中共同利益的实现需要合作各方齐心协力。为了共同利益，渠道中的参与者不应该仅仅以对自己是否有利来选择合作策略，而应求大同存小异，减少短期利益冲突。因此，只有建立共享利益远景，确立共同发展目标，才有利于合作关系的发展，才能在合作过程中获得各自的竞争优势。

（2）企业应加强与渠道成员的互动沟通。在合作联盟中，企业关心的不应仅仅是某个活动中自己得到什么，或者收益如何，还应该包括合作联盟对企业长期生存发展的作用。在合作联盟中，合作应该被参与者视为长期战略安排，而不仅仅是一种短期策略。

（3）企业与渠道成员应增进互信。信任是合作关系稳定的重要基础。企业与渠道成员之间只有逐步建立起互信，才能降低协调成本，减少沉没成本，从而提高联盟的资源合成力，使合作具有更高的生产率。

（4）在企业联盟发展中增强自身的竞争力。在激烈变动的竞争环境中，竞争优势主要来自企业的创新能力和控制能力。这种创新能力和控制能力往往需要通过企业与渠道成员之间的合作与互补获取。也就是说单个企业之间的竞争演化成整个价值链的竞争。另外，通过与渠道成员建立长期信任关系，企业可以向合作伙伴学习，提高企业自身的学习能力和竞争力。

本章小结

渠道领袖，是指在一个营销渠道中能够发挥主要渠道领导作用的组织或机构，一般能够对其他渠道成员产生较大影响。一般来说，渠道领袖需要具有以下角色特征，才能够保持在渠道中的领导地位：(1) 渠道实力强；(2) 品牌影响力强；(3) 在渠道中承担更多的责任；(4) 所建渠道结构合理；(5) 渠道成员协议认可；(6) 能掌控市场和产品。

渠道领袖在渠道中发挥领导作用，才能够创造出单个企业实现不了的竞争优势，让渠道成员形成凝聚力，为共同创造渠道繁荣而努力。在这个过程中，渠道领袖需要发挥的领导作用体现在指导、沟通、先行以及激励四个方面。

路径-目标理论认为领导者需要帮助其他成员排除实现目标的障碍，提供给成员一定的指导，同时还要给成员阐释任务要求。路径-目标理论提出了领导的四种方式：成就型领导方式、参与型领导方式、支持型领导方式、指令型领导方式。

优秀的经销商与健全的销售网是企业的宝贵资产。为了稳定经销渠道，必须选择适当的方式对其进行激励。渠道经理要想成功管理渠道成员，必须了解渠道成员，了解它们的想法和需求，只有这样才能有的放矢。

激励中间商的形式多种多样，大体上可以分为：直接激励和间接激励。直接激励指的是通过物质、金钱的奖励来激发中间商的积极性，实现公司销售目标。主要有以下几种形式：开展促销活动、提供市场基金、设立奖项和补贴等。间接激励指的是通过帮助中间商获得更好的管理和销售方法，提高销售绩效。间接激励的形式也多种多样。

企业如何协调与渠道联盟中其他企业关系，是能否确保合作的长期性和稳定性的关键。具体来说企业应该做到以下几点：(1) 强调共同利益；(2) 企业应加强与渠道成员的互动沟通；(3) 企业与渠道成员应增进互信；(4) 在企业联盟发展中增强自身的竞争力。

基本概念

渠道领袖　　渠道领导　　直接激励　　间接激励　　伙伴关系
关系营销

思考题

1. 渠道领袖的角色特征有哪些？
2. 渠道领导的作用表现在哪些方面？
3. 渠道领袖的领导方式有哪些？
4. 直接激励主要有哪几种形式？
5. 生产者开展促销活动时要注意哪些问题？
6. 间接激励主要有哪几种形式？
7. 制造商和中间商在签订伙伴协议时应注意哪些问题？

8. 企业在处理渠道关系营销方面应做到哪几点？

案例分析

毛铺苦荞酒的深度分销模式

近些年来劲牌公司在开发新产品上也做了许多尝试：参茸酒、十全大补酒、红珠（枸杞酒）、追风八珍酒（治风湿）等，最终迎来了健康白酒——毛铺苦荞酒的市场爆发。2013年8月毛铺苦荞酒上市，当年实现销售额1.26亿元；2014年销售额逾5亿元，保持高增长势头；2015年销售额为10亿元；2016年全年营收16亿元，仅用了三年多时间即达到10亿元以上规模。

毛铺苦荞酒成功背后的原因是什么？在此我们主要聚焦渠道角度，复盘毛铺苦荞酒的成功。

聚焦根据地市场

与对战略新品孵化极其谨慎的态度一样，毛铺苦荞酒的市场布局也十分稳健，劲牌公司一直秉承着理性的经营风格，先搞试验田，成熟了再推广。

毛铺苦荞酒在上市之初选择湖北本地作为单点突破的市场，即使在劲酒消费相对成熟的省外区域，毛铺苦荞酒也只是尝试性操作，并未真正发力。此举意图在于，一是打造样板市场，二是探索适合毛铺苦荞酒的成熟操作模式。据了解，2014年毛铺苦荞酒在湖北就有超过500人的基层销售团队。众所周知，劲牌公司已将深度分销的组织管理体系操练得炉火纯青，在组织末端和渠道末端展现出极强的战斗力，毛铺苦荞酒在湖北省内迅速得以推广动销。

聚焦源点渠道

劲牌公司深知，若要赢得经销商的重视和主推，则需要企业集中资源于源点渠道，以争取渠道内更多的支持和重视，实现更多排面、陈列、展示、试用和品牌推广的机会，使战略单品成功的概率更高。

毛铺苦荞酒的市场导入推广以餐饮为核心，有70%以上的动销都在餐饮渠道。由于白酒产品在餐饮渠道品类众多、竞争激烈，消费者选择空间较大，因此作为一个新品，必须将其放到消费者看得到、摸得着的地方。营销团队制定详细的摆桌陈列推广计划，再分解到各市场、各区域，将目标进一步细化到每个人、每一周，同时作为销售人员月度核心工作进行重点考核。

当毛铺苦荞酒在各区域餐饮渠道实现一定的覆盖后，由于产品知名度和品牌影响力需要持续积累，产品此时还无法快速形成良性动销。毛铺苦荞酒采取逐个突破、以点带面的营销策略，打造样板餐饮，以实现市场的快速启动和突破。在此策略下，毛铺苦荞酒制定了详细的餐饮样板店、样板街的开发计划，通过核心餐饮联合推广、摆桌陈列、餐饮联谊会、健康新体验等活动营造良好的销售氛围与推广气势。此外，毛铺苦荞酒的销售团队还对重点餐饮终端老板、服务人员进行消费培育以及推广激励。

导入深度分销模式

在毛铺苦荞酒进行渠道快速扩张时，再次引入劲牌公司打造单品劲酒时使用的深度分销模式。深度分销强调以构建和优化营销价值链为目的，与下游分销渠道结盟，分工协同；同时强化企业的主导地位，通过对价值链各环节的系统管理，加之营销队伍的努力，形成“快速、稳定、效率、增值”的共生型销售网络。

毛铺苦荞酒的营销工作的确延续了劲牌公司多年以来积累的行之有效的营销理念和基本模式，如让经销商无风险操作、市场非饱和销售、劲牌公司指导性投入、严格的市场管理等。毛铺苦荞酒与经销商的合作非常紧密，销售队伍亦由双方共建。业务员的基本薪资由劲牌公司负责，补贴、提成由经销商提供，福利则由双方共同承担。

在渠道结构设置上，有所为有所不为，直控终端，不做二批。劲酒采用的是地级经销制，其他白酒采用省级代理制，毛铺苦荞酒采用的是地级和县级相结合的方式。重点县级市场可能一个县设置一个代理商，非重点县级市场可能两三个县设置一个代理商，原则上市区单独设置一个代理商，可根据市区代理商的网络情况和综合能力而定。

深度分销思想指导下的具体实操就是区域滚动销售。毛铺苦荞酒在湖北市场取得成功后，立即在其他市场进行滚动复制。在单个市场运作过程中，坚持“远连线，近作面”，核心市区重点突破，利用边缘效应拉动周边县城，精耕细作，向乡镇网点纵深发展、全面覆盖。

资料来源：熊友文．全案解析：复盘毛铺苦荞酒．销售与市场（营销版），2019（3）．

▶ 思考题

1. 毛铺苦荞酒是如何发挥渠道领袖的领导作用的？
2. 毛铺苦荞酒在激励经销商方面有哪些亮点？

第15章
渠道冲突和合作

本章要点

1. 渠道冲突的类型与测量
2. 渠道冲突的原因
3. 渠道冲突的解决方法
4. 窜货的原因与控制措施
5. 渠道合作与演化阶段

引导案例

渠道冲突的产生

N冰箱制造有限公司是集研发、生产、销售、服务于一体的高新技术企业，主营电冰箱、冷柜及其配件。旗下代理商与分销商之间的冲突主要体现在以下方面：

（1）争夺用户市场产生的冲突。代理商作为区域内的一个零售平台，也是可以直接和用户签订销售合同的，所以就会出现代理商与分销商争夺同一用户资源的情况。

（2）关于进货价格的冲突。分销商是从代理商那里进货，也就是说，代理商自身零售产品的成本价格低于分销商，这就导致同一用户所签订的销售合同中报价会有差异，造成分销商和代理商之间的冲突。

（3）跨区域低价窜货的冲突。当代理商无法在本区域完成当月批发任务的时候，就会采用最简单粗暴的跨区域低价销售的办法，也就是向其他区域进行低价批发。这种行为直接导致代理商和本区域分销商之间的冲突，因为本区域经销商严格按照厂家的进货价格签订销售合同，而其他区域的分销商却能以更低的价格拿到相同的产品。

由于每个区域都有N公司的代理商，各代理商从厂家进货并无差异，所以恶性低价批发就成了唯一的竞争手段。代理商和分销商在面对终端用户时，销售的都是相同型号的产品，恶性低价竞争便成为抢夺终端用户的最有效方式。

分销商渠道的每个成员背景不同，其公司规模和仓库资金情况也有所不同。规模略大的分销商可以帮助代理商分担更多的销售压力，代理商在压货时，资源会有所倾斜，但这间接影响了小型分销商的利润。这是传统渠道中代理商和分销商产生冲突的一个很关键的因素。

分销商为了获取更多的返利、拿到更多的资源，就会超出实际消化能力来完成进货指标，从而造成库存消化速度减慢，库存积压。在活动期间，为了抢占市场、争夺更多的终端用户，经销商会采用直接或间接降价的方式来快速消化库存。这种恶性的降价必然会引发渠道冲突。

资料来源：赵艳丰．冰箱企业巧解代理商与分销商的冲突．家用电器，2019（12）.

渠道系统是一系列独立的经济组织的结合体，是一个高度复杂的社会营销系统。在这个系统中，既有制造商又有中间商，构成了一个复杂的行动体。这些经济组织由于所有权的差别，在社会再生产过程中所处的地位不同。因此，它们的目标、任务往往存在矛盾。当渠道成员就计划、任务、目标、交易条件等产生分歧时，必然出现冲突。成员之间的冲突是利益关系的反映，每个渠道都是独立的经济组织，获取尽可能大的经济利益是渠道成员追求的重要目标。然而，利益在成员之间又是一种分配关系，具有此长彼短的特点，都希望多分得利益，少承担任务和风险，这就会造成冲突。为了减少冲突，可以加强渠道成员之间的合作，提高渠道效率。

15.1 渠道冲突的类型与测量

1. 渠道冲突的含义

渠道冲突是指当分销渠道中的某一成员将另一成员视为对手，且对其进行伤害、设法阻挠或在损害该成员的基础上获得稀缺资源的情形。简而言之，渠道中一个或几个成员利用某些优势和机会对另一个或几个成员采取敌意行为都可以认为是渠道冲突。

最早从事渠道冲突研究的是帕拉茅亭教授，他认为渠道冲突是不可避免的。大多数学术研究人员同意这样的观点。不过，渠道成员也需要彼此合作，因为它们彼此依赖才能实现各自单独的目标。按照旁帝教授的研究结果，渠道冲突分为五个阶段：

- 潜伏冲突——冲突的深层诱因；
- 察觉冲突——察觉到的冲突；
- 感觉冲突——紧张、焦急和不满的感受；
- 公开冲突——产生阻碍另一渠道成员目标实现的行为；
- 冲突余波——冲突后的行为。

在上述各种冲突形式中，只有公开冲突直接影响一个渠道成员对另一个渠道成员的行为。

2. 渠道冲突的类型

天下熙熙，皆为利来；天下攘攘，皆为利往。制造商、经销商和消费者等渠道成员作为独立的利益主体，不可避免地会产生各种各样的冲突。我们必须对渠道冲突加以重视，防止渠道关系恶化，避免整个渠道体系的崩溃。

渠道冲突可以分为三种：水平渠道冲突、垂直渠道冲突和多渠道冲突。

（1）水平渠道冲突。是指某渠道内同一层次的成员之间的冲突。如同级批发商或同级零售商之间的冲突，表现形式为跨区域销售、压价销售、不按规定提供售后服务或促销等。

（2）垂直渠道冲突。是指同一渠道中不同层次之间的冲突。如制造商与分销商之间、总代理与批发商之间、批发商与零售商之间的冲突，表现形式为信贷条件的不同、进货价格的差异、提供服务（如广告支持）的差异等。

一直以来，商品的制造商相对于零售商拥有较强的市场力量。这是因为制造商推出大量广告以建立消费者的品牌偏好，结果使零售商被迫经营制造商的品牌。但是，现在情况发生了变化。零售商的力量日益增强，它们向制造商收取新产品进店时的货位费、弥补货架成本的陈列费、晚交货或交货不齐的罚金、制造商要求停止销售商品时的退场费等。

（3）多渠道冲突。多渠道冲突也称为交叉渠道冲突，是指两条或两条以上渠道之间的成员发生的冲突。当制造商在同一市场或区域建立两条或两条以上的渠道时，就会产生此类冲突，如直接渠道与间接渠道中成员之间的冲突，代理分销与经销分销中渠道成员之间的冲突。冲突的表现形式为销售网络紊乱、区域划分不清、价格不同等。可口可乐刚推出终端售货机时，零售商非常不乐意，因为终端售货机也是面向最终消费者，实际上就是一个细分渠道，但可口可乐想办法解决了类似的冲突问题。

我国渠道冲突的主要表现形式是水平渠道冲突和垂直渠道冲突，其中尤以水平渠道冲突中的跨区销售最常见。水平渠道冲突往往是由经销商所主导的一种冲突模式，垂直渠道冲突则是零售商壮大（特别是大型连锁超市兴起）以及互联网普遍应用后生产商直接与零售商交易引发的一类冲突。

3. 渠道冲突与渠道效率的关系

需要指出的是，渠道冲突并不一定只对企业的渠道系统发展造成不利的影响，有时候，水平渠道冲突或垂直渠道冲突会更好地促成企业分销目标的实现。因此，根据是否阻碍或促进企业的渠道管理和分销目标的实现，可以把渠道冲突分为良性渠道冲突和恶性渠道冲突两种。

良性渠道冲突可以在两种情形中看到：第一种情形是指适当的压力或冲突可能会加强渠道系统中的联合，提高渠道系统的稳定性。事实上，渠道成员也许会得出这样的结论：目前的渠道关系是实现目标的最佳途径。例如，零售商也许会抱怨生产商的产品破损率和次品率高居不下，却找不到更好的供应商。在这种情况下，基本冲突仍然存在，但压力并不大。第二种情形是指渠道系统发生变化时，不可避免地会产生冲突，但这种冲突带来的压力将导致业绩的提升，就像生物进化过程一样适者生存。这种渠道冲突往往是良性的。相反，当渠道系统中出现相互交叉的努力，渠道成员的资源部分浪费以及渠道成员利用各自的资源来增加冲突而不是解决冲突时，便是恶性渠道冲突。

研究人员在渠道冲突是提高还是降低渠道效率这个问题上存在分歧。那些认为渠道冲突具有积极作用的研究人员指出某些冲突会刺激创新，防止渠道成员变得自负。例如，尽管多渠道销售同一种产品会增加冲突，但这一策略可以使销售额最大化、增加顾客便利和迫使渠道成员不断创新。另外一些研究人员认为过度冲突导致不良后果，降低渠道效率。

一些研究人员认为，低水平的渠道冲突对渠道效率可能没有任何影响，中等水平的渠道冲突可能提高渠道效率，高水平的渠道冲突则降低渠道效率。这一模型是基于这样的思想：渠道成员对渠道冲突有一个忍受区，只有当冲突超出它们忍受的临界点时才对冲突作出反应。高水平的冲突可能导致感情恶化、法律争端和关系破裂，这时双方就会有高的调整成本。温斯坦德教授和亨特教授的观点是，渠道冲突对渠道效率的影响与冲突的起因、冲突的程度以及如何控制冲突相关。

伯特·罗森布罗姆认为渠道效率随着冲突水平的增强，先保持一定的稳定水平，然后上升，再接着下降。科赫兰等学者认为功能性渠道冲突有利于渠道关系的协调与改善，剧烈的渠道冲突会损害渠道的协调和运行。罗森堡和斯特恩认为特定的冲突原因导致特定的冲突水平，而特定的冲突水平带来特定的冲突结果。

国内学者庄贵军、周筱莲和王桂林综合国内外的研究，详细阐述了渠道效率评价指标，指出了渠道效率的测量应该涵盖的方面，见表 15－1。

表 15－1　渠道效率评价的层面和指标

评价层面	量化指标	非量化指标
渠道	商品流量指标 现金流量指标	企业的渠道策略 不同渠道之间的关系与互动 消费者或用户的渠道满意度
渠道成员	商品流量指标 现金流量指标 其他量化指标	与某一渠道成员的关系与互动 渠道成员的满意度 渠道氛围

研究者详细研究了渠道冲突与渠道效率的关系，各自基于严格的假设分析提出了一些渠道模型，只是缺乏实证数据来说明量化的渠道冲突值对应的行业渠道效率处于什么水平。未来可以通过理论推导和实证数据来总结不同的行业的渠道冲突和渠道效率（见图 15－1）。

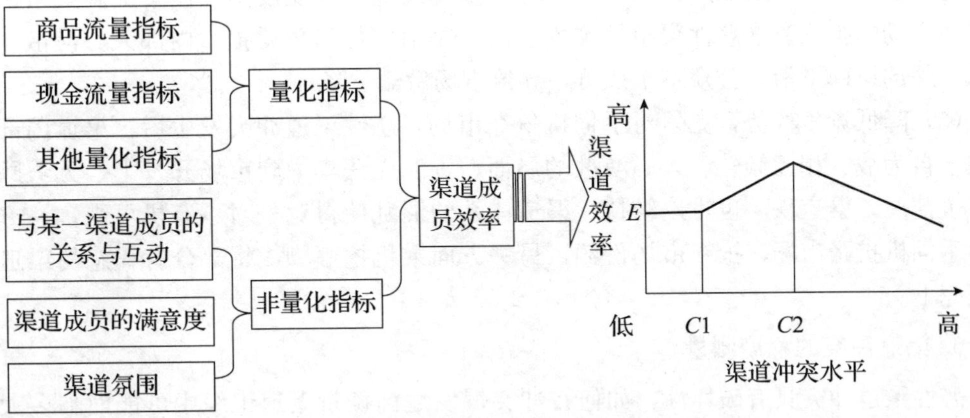

图 15－1　渠道冲突与渠道效率图

4. 恶性渠道冲突的危害

渠道冲突在分销渠道中或多或少会发生，大多数管理者认为渠道冲突会损害渠道成员的关系，影响渠道的协调和运行。大部分情况下这样理解是对的，但是在某些特殊的情境下渠道冲突也会帮助改善关系。建设性冲突中，双方希望达成的目标是统一的，只是在实现方法、工作思路上有分歧。这种冲突如果能够协调好，将会有利于形成更加全面、有效的方案，达成共同的目标。如果冲突双方期望的目标不一致，也就是有根本利益点的冲突，这样的冲突就具有严重破坏性，不能很好调解的话，将对渠道关系带来很大破坏。

恶性渠道冲突会带来哪些破坏性的后果呢？虽然理论上渠道冲突分为良性冲突和恶性冲突，良性冲突有一定的建设性意义，但实际中，大量的冲突是恶性的，会带来严重的后果。

比如当渠道成员产生冲突时，不愿共享资源，不肯发挥自身优势，而是为了自身利益进行重复性工作；或者在冲突出现以后不是积极地去探讨解决问题的方案，而是进行无谓的利益争夺。这样一来，渠道冲突得不到解决，会降低渠道系统的绩效，浪费渠道成员的资源，对渠道系统产生消极的作用，甚至导致渠道系统的解体。

总体而言，恶性渠道冲突的危害有三点：

（1）影响渠道业绩，丧失渠道协同优势。分销渠道是各渠道成员的有机组合，是一个协同运作的整体，该整体通过良好的合作机制实现共赢。在恶性渠道冲突发生时，渠道合作伙伴会消耗大量的时间和精力，冲突双方想尽一切办法阻挠对方，打信息仗、资源仗，却将渠道的整体目标和整体利益放到一边。由此带来问题，首先是渠道成员没有将有限的精力和资源聚焦到提升业绩上，导致经营投入减少，业绩受损；其次，渠道的协同机制被打破，群体优势丧失，严重时导致渠道组织运作受阻甚至面临分裂。

（2）损害渠道整体形象和品牌价值，降低市场份额。渠道形象在市场中有重要作用，对渠道内部而言，良好的渠道形象能增强渠道成员的归属感和责任感，促使渠道成员站在渠道收益的角度看问题，珍惜整体荣誉，合力促进渠道发展；对渠道外部而言，良好的渠道形象具有较高的品牌价值，市场对其认知度高、接受度高，便于更多渠道伙伴的加盟和市场的扩张。在恶性渠道冲突发生时，渠道整体形象受损，内部人心涣散、效率降低，外部口碑下滑，公众不予认可，导致市场份额下降。

（3）降低竞争优势，竞争对手伺机争夺市场。恶性渠道冲突发生后，渠道内部往往出现各自为战、相互倾轧、人心涣散的局面，资源无法集中到市场开发上，无暇顾及市场竞争情况，渠道秩序也难以维持。渠道体系的混乱使得竞争对手有机可乘，一方面竞争对手伺机扩张市场，抢夺市场份额，另一方面乘机挖墙脚，将部分有积怨的渠道伙伴收至麾下。

5. 渠道冲突的程度测量

恶性渠道冲突具有破坏性，如何在冲突爆发之前衡量渠道组织中可能面临多大程度的冲突呢？应当组织渠道关系管理人员评估渠道冲突，通过标准化的评估体系对冲突进行评级，预估其后果的严重性，采取相应的应对、控制措施。通常，渠道冲突程度测量需要完成如下步骤。

（1）收集分歧问题的数量。渠道伙伴都有各自关注的利益点和问题，渠道关系中的矛盾往往是由这些利益问题所引发，所以管理人员应当统计这些问题的数量，分析这些问题涵盖了渠道关系的哪些方面。比如说，钢材厂商与经销商之间的分歧就包含产能供应稳定性、运力调度程序、物流运输机制、仓储库存管理、供应链融资渠道、交割支付手段、售后保障、质检等多个方面。

（2）衡量各个问题的重要性程度。针对每个问题，明确其对于经销商的重要性。主要的方法有两种：第一种是进行经销商访谈，这类方法主要适用于某些非常规问题。比如说厂商决定实施某个新的销售策略，或者开拓新市场，这属于新出现的问题，可能会触及经销商利益，因此需要对经销商进行深度访谈，了解该问题对于经销商的重要程度。第二种是问卷调查，这类方法适用于常规性的但不同时点重要性有差异的问题。比如新一年的渠道促销政策即将施行，厂商针对新促销政策的各个方面设计问卷让经销商打分，可以用 7 级量表（1 代表非常不重要，7 代表非常重要）的加权平均分数来表示重要性程度。

（3）计算发生分歧的频率。渠道管理人员收集渠道冲突双方发生分歧的次数等数据，统计出双方意见不一致的频率。可以采用主观打分法，也可以建立长效机制来客观记录，最终以量化的形式报告结果。

（4）评估某个问题争论的强度。渠道管理人员事先建立衡量争论强度的标尺和评价标准，该标准因所处行业、渠道特点的不同而有差异，但在一个时间段内，应当保证标准的统一性和可评估性。当冲突发生时，管理人员根据强度标准来判断冲突双方争论的激烈程度，用量化打分的形式记录下来。

（5）按照公式计算出冲突程度指数。冲突程度受以上四步收集到的信息的综合影响，建立计算模型如下：

$$\text{冲突程度指数}=\sum_{i=1}^{N}\text{重要性程度}_i\times\text{分歧频率}_i\times\text{争论强度}_i$$

该公式综合考虑了分歧问题的重要性程度、发生分歧的频率和争论强度的影响，假设一共有 N 个问题，加总这 N 个问题的乘积，就得出一个冲突程度指数。不同经销商对应的指数值不同，通过比较可以衡量与不同经销商之间渠道冲突的程度。该模型之所以采用乘积的形式，是因为模型中任何一个变量如果趋近于零，冲突强度都不会大，比如说分歧问题不重要，或者分歧很少发生，那么冲突强度理论上都不会太大。而如果三个变量的值都很大，即分歧问题很关键，分歧时常发生，而且一旦发生就会导致激烈的争论，那么渠道冲突的强度很大。

许多学者对渠道冲突进行研究，使用多种研究设计、实证与理论方法来分析渠道冲突的不同方面，试图建立测量冲突的指标。在大部分研究中，研究者建立了单一的指数来测量显性渠道冲突。例如，福斯特和舒普特林（1974，1976）使用 20 个不同测项的平均值，拉什（1976）加总了渠道成员对不同渠道测项的不满的频度。布朗和弗雷泽（1978）还根据每个测项的重要性给它们赋予权重。比较受推崇的是布朗和戴（1981）在总结前人研究的基础上提出的六个渠道冲突测量指标。他们根据信度、内容效度、法则效度和会聚效度对这些指标进行评估和分析，发现了六个指标中最好的指标。

科赫兰和斯特恩（2001）系统地提出了渠道冲突测量的流程。他们借用了布朗和戴的 $F \times N \times I$ 测量指标，并加入了潜在冲突、可察觉冲突和感觉冲突，完善了测量渠道冲突的模型。他们在进一步分析后提出："尤其在高度冲突的渠道内，由于个人情绪的卷入达到极致，他们相信实际的分歧比已经表现出来的还要多。"然而，科赫兰和斯特恩没有分离出潜在冲突、可觉察冲突和感觉冲突的具体测量细目，以及如何处理那些非量化的渠道冲突指标。

具体操作中，结合布朗和戴（1981）论证的 $F \times N \times I$ 测量指标以及科赫兰和斯特恩（2001）论证的潜在冲突、可察觉冲突和感觉冲突，通过访谈、问卷调查等方法，界定测量指标项以及测量指标细目，使得测量的细目涵盖潜在冲突、可察觉冲突、感觉冲突和显性冲突，并且将一些非量化指标纳入测评体系，开发出实际操作可行的渠道现实冲突测量模型（如图 15－2 所示）。

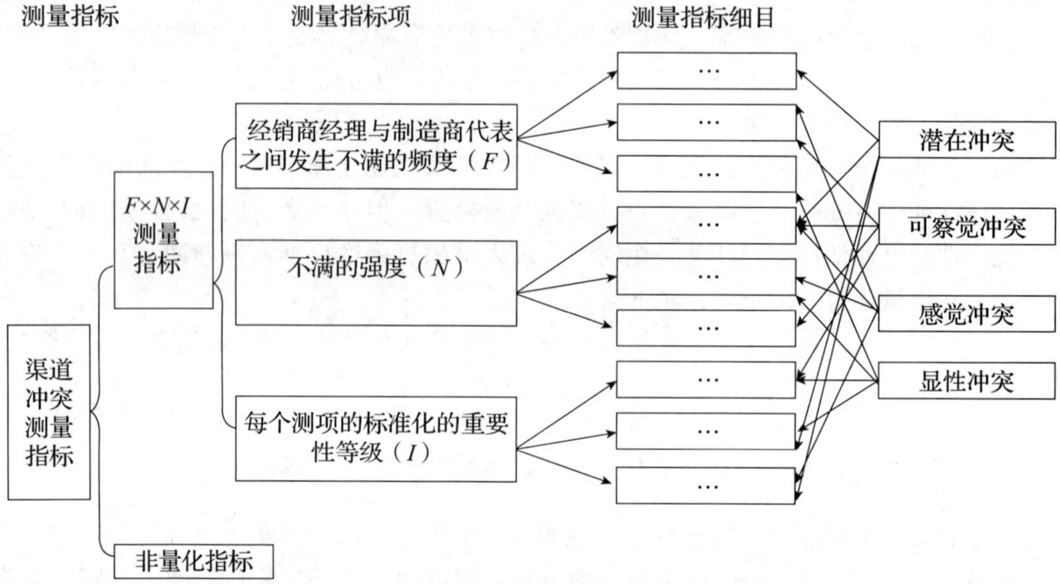

图 15－2 $F \times N \times I$ 测量指标

15.2 渠道冲突的原因

识别渠道冲突的类型后，需要我们去探讨产生渠道冲突的根本原因与直接原因。

1. 渠道冲突的根本原因

学者们把渠道冲突的根本原因一般归纳为：角色失称、认知偏差、决策权分歧、期望差异、目标错位、沟通困难及资源稀缺。

（1）角色失称。一个渠道成员的角色是指每个渠道成员都可接受的行为范围。当发生角色不一致时，一个渠道成员的行为就超出了由其他成员角色预期决定的可接受范围。例如，一个批发商可能遇到来自供应商的发货延迟，这是它难以接受的。在某些情况下，当一个渠道成员对什么样的行为属于可接受的不能肯定时，就会产生角色模糊。渠道成员需要知道其他渠道成员的预期是什么、自己的责任有哪些以及自己的行为是如何被评价的。

（2）认知偏差。认知偏差是指一个渠道成员如何理解一种情景或如何对不同刺激作出反应。一个零售商如果觉得 50%的毛利率是合适的，那它也许会认为 40%的毛利率是不公平的。渠道成员也可能对同样的刺激作出不同的反应。例如，尽管一个小独立零售商把制造商的合作广告计划看作重要的促销工具，大零售连锁店可能会认为这种计划无效。

渠道成员可以通过理解其他成员的观点及改变报酬制度，解决属于观点差异性质的冲突。以合作广告为例，如果大零售商和小零售商对此计划有不同看法，制造商应当为它们提供不同的计划。以毛利率问题为例，制造商应当在零售商同意保持更大存货水平的条件下，考虑给予 50%的折扣。

（3）决策权分歧。决策权分歧是指渠道成员对它应当控制的特定领域的业务不满意的强烈感受。共同决策权分歧表现在零售商或制造商是否有权决定商品的最终销售价格，零售商是否有权转售商品，或制造商是否有权对销售商规定存货的保有水平等。

（4）期望差异。期望差异涉及一个渠道成员对其他成员行为的预期。例如，当一家零售店遭遇新兴的几家零售店进攻时，制造商可能预期其销售额会明显下降，从而减少其销售人员的访问次数并实行更紧的信用控制；零售店则期望制造商提供更多的支持以帮助其渡过危机。无论是制造商还是零售商，对于合作各方的行为都有基本判断和预期，这些判断和预期不可能完全一致，总会存在差异。

（5）目标错位。目标错位是指不同渠道成员的目标可能不一致，而且不可调和。例如，一个制造商可能为其新风味的乳酪谋求更多的货架空间，以便扩大其市场份额。相反，超市零售商关心的是这种新风味食品如何能增加销售额。尽管从销售一种品牌转到销售另一种品牌是制造商的目标，零售商更关心该品牌类型的总销售额。通过分析中间商和制造商各自关于怎样才能使其利润最大化的观点，我们也可以看到目标错位现象。中间商通过更高的毛利率、更快的存货周转、更低的支出及更高的制造商佣金谋求利润最大化。除了更多的销售额，制造商愿意看到中间商更低的毛利率、更多的存货、更多的促销开支及更少的佣金。

（6）沟通困难。沟通困难是指渠道成员间缓慢或不准确的信息传递。沟通困难的例子有：最终消费者在批发商和零售商知情之前被通知回收一种产品，或者制造商不能得到特定渠道中一种重要产品的销售信息。为了减少沟通困难，某些大零售商要求供应商通过电子数据交换系统传送采购单、发票及在某些情况下提前装运，等等。

（7）资源稀缺。这是指由于稀缺资源分配引起的冲突。资源稀缺造成冲突的一个例子是一家制造商在决定采用间接销售的渠道形式后，仍决定保留某些大客户作为自身客户。客户资源本身有限，谁都想获得优质客户，对于客户资源的争夺便是渠道冲突的诱因之一。

2. 渠道冲突的直接原因

（1）价格原因。各级批发价的价差通常是渠道冲突的诱因，尤其是企业实施坎级价差价格政策体系时。生产商常常抱怨经销商的销售价格过高或过低，不严格执行企业的价格政策体系，影响了产品形象与定位，经销商则常常抱怨生产商所给折扣过低而无利可图。另外，企业给不同的中间商的价格或折扣不一样也会引发渠道冲突。

（2）存货水平。生产商和经销商为了自身的经济利益都希望把存货水平控制在最低。生产商希望经销商大量进货，有规律地提前订货，尽可能压低企业的库存，经销商则希望生产商能随时供货，规避价格下降或产品过时的风险。因此，存货水平可能导致渠道冲突。

（3）大客户直接订货。生产商和经销商之间存在持续不断的矛盾，来源之一是生产商和最终用户建立直接购销关系，特别是大型连锁超市发展壮大的今天，这些用户通常都是大客户，经销商担心大客户直接向生产商订货而威胁其生存，进而引发渠道冲突。

（4）争占对方资金。生产商希望中间商先付款后发货，中间商则希望企业先发货后付款，尤其是在市场需求不确定或需求变化较大的情况下，中间商甚至希望采用代销等方式降低自己的风险，这样就增加了生产商的资金占用和财务支出费用。

（5）技术咨询和服务问题。经销商不能提供良好的技术咨询和服务，常常是生产商采用直接销售方式的重要理由。对某些用户来说，需要通过技术咨询来选择最适合自己的产品，即便产品的技术标准相对稳定。

（6）中间商经营竞品。生产商显然不希望自己的中间商同时经营竞争企业的同样的产品线，尤其是在工业品市场上，用户对品牌的忠诚度并不高，中间商经营第二产品线会给生产商带来较大的竞争压力。而中间商常常希望经营第二甚至第三产品线，以扩大经营规模，并免受生产商的控制。

案例 15－1　渠道崛起：贝壳的野心

15.3　渠道冲突的解决方法

通过分析渠道冲突的根本原因和直接原因，提出解决冲突问题的出发点与解决方法。

1. 化解渠道冲突需要解决的问题

渠道冲突将降低渠道的销售效率并增加销售成本，妨碍渠道经营柔性化，但也可能带来渠道改进的机会。化解渠道冲突需要解决四个问题：

（1）不同渠道是否服务于同一类最终用户？如果不同渠道服务于同一类最终用户，显然会给渠道效率带来不良影响。有时看似恶性的渠道冲突，如果服务于新市场，服务于不同类的最终用户，反而成为新渠道成长的好机会。

（2）渠道之间是恶性竞争还是互相受益？新渠道看似对现有渠道构成了威胁，但也许有利于扩展产品用途或是建立品牌支持。

(3) 现有渠道利润减少是其他渠道入侵的结果还是渠道本身的问题？渠道利润下降不一定是渠道冲突引起的，也许是渠道成员经营不善导致现有渠道竞争力下降，所以必须厘清现有渠道利润下降的真实原因，不要动辄就把渠道冲突作为渠道利润下降的罪魁祸首。

(4) 一条渠道的衰败是否威胁到企业的利润水平？鱼和熊掌不可兼得，如果一条渠道因渠道冲突而衰败，修复它所得的收益远远小于修复它的成本，并且此渠道对整个企业的利润不会有太大的影响，那么企业就要考虑是否有修复它的必要。毕竟，渠道维系需要考虑投入产出比，不能为企业带来利润的渠道完全没有必要考虑其生死存亡。

深入分析这四个问题之后，企业就比较清楚哪种渠道冲突真正具有破坏性，并结合其对企业利润的影响采取相应行动。

- 冲突对企业利润影响小，但破坏性大——放弃该渠道。
- 冲突对企业利润影响大，但破坏性小——立即安抚，增强控制。
- 冲突对企业利润影响小，且破坏性小——持续关注。
- 冲突对企业利润影响大，且破坏性大——立即行动，化解冲突。

2. 渠道冲突的解决方法

渠道冲突的存在是一个客观事实，不能消灭，不能根除，只能辩证分析，区别对待。

并非所有的冲突都会降低渠道效率。低水平的渠道冲突可能对分销效率无任何影响，中等水平的渠道冲突有可能会提高渠道的分销效率，高水平的渠道冲突才会降低渠道的分销效率。适当冲突的存在会增强渠道成员的忧患意识，刺激渠道成员创新。例如，尽管多渠道销售产品会增加产生冲突的可能性，然而这一策略也可能使各渠道之间互相竞争，带来销售额的最大化，使顾客购买更加便利以及迫使渠道成员不断创新。所以，应该把渠道冲突控制在一个适当的可控范围之内，善加利用。同时，避免会导致渠道成员关系破裂的高水平渠道冲突。

(1) 长远战略：建立产销战略联盟。产销战略联盟是指从企业的长远角度考虑，产方和销方（制造商与分销商）之间通过签订协议的方式，形成风险-利益联盟体，按照商定的分销策略和游戏规则，共同开发市场，共同承担市场责任和风险，共同管理和规范销售行为，共同分享销售利润的一种战略联盟。渠道成员建立产销战略联盟是消除渠道冲突最有效的方法。

1985 年，波特在其著名的《竞争优势》一书中提出价值链的概念，将价值链定义为从原材料的选取到最终产品送至消费者手中的一系列价值创造的过程。价值链作为一种分析工具，在企业战略分析中，已超越企业的边界而扩展到分析供应商和分销商，涵盖企业外部价值链分析和内部价值链分析。外部价值链分析包括供应链分析和顾客链分析；内部价值链分析包括研发、生产和营销分析。一个企业要具有竞争力，必须创建自己高效的价值链。因为企业之间的竞争不单是企业个体之间的竞争，而且是企业所处的价值链之间的竞争。同处一条价值链的企业之间应是一种战略合作关系，而不仅仅是一种简单的买卖关系。科特勒（1997）指出："制造商希望渠道合作，该合作产生的整体渠道利润将高于各自为政的各个渠道成员的利润。”巴泽尔和盖尔的研究表明：企业与主要的供应商竞争是不可取的（见表15-2）。

表15-2 与供应商竞争状况下的绩效比较

平均	与供应商没有竞争	与供应商竞争
投资收益率（ROI）	22.7%	20.7%
销售利润率（ROS）	9.3%	8.3%
毛利率	26.7%	24.8%

资料来源：巴泽尔，盖尔．战略与绩效——PIMS原则．北京：华夏出版社，2000.

由表15-2可知，与供应商竞争状况下的投资收益率、销售利润率和毛利率均低于没有竞争状况下的值。厂商合作并没有改变传统的渠道结构，本质上却将渠道成员中的厂家和商家由松散的、利益相对立的关系变为紧密的、利益融为一体的关系。

①产销战略联盟实现的基础。产销战略联盟是建立在双方或多方共同利益的基础之上的，这种共同利益的形成依赖于双方或多方基于优势相互吸引。可以将这种优势描述为一种力量，称为渠道关系的五种基本力量，产销战略联盟能否实现，取决于双方或多方之间是否存在这种基本力量中的一种或几种。制造商的这五种力量为：

- 强迫力量。强迫力量是指当分销商不合作时，制造商就威胁停止某种资源的供给或终止往来关系。如果分销商对制造商的依赖程度较高，这种力量的影响是相当大的，但制造商施加压力会使分销商产生不满，并迫使它们组织起来以抵抗这种力量。强迫力量在短期可能有效，但从长远的观点来看，这种力量是最弱的。
- 报酬力量。报酬力量是指分销商执行特定任务时，制造商给予的附加利益。报酬力量的效果虽然比强迫力量好，但制造商的开支过高。分销商按照制造商的要求做事并不是出于固有的信念，而是因为有额外的报酬。每当制造商要求分销商执行某项任务时，分销商往往要求更高的报酬。如果报酬取消了，分销商就会感到受骗。
- 法定力量。法定力量是指制造商凭借上下级关系或合同要求分销商执行某项任务。例如，制造商要求分销商保持一定的存货量作为特许合同的一部分。法定力量的使用必须两相情愿，制造商认为这是自己的权利，也是分销商应尽的义务。只要分销商把制造商看作法定的领导者，这种法定力量就起作用了。
- 专家力量。专家力量是指制造商所拥有的专门技术，这些专门技术正是分销商认为有价值的东西。例如，某制造商有一个完整复杂的系统来确定分销商的领导者，或给分销商的推销员提供专业的知识培训。专家力量是一种权利，因为分销商如果不从制造商那里得到这方面的帮助，它的经营就很难成功。问题是一旦专业知识传授给分销商，这种力量的基础就被削弱了。制造商解决问题的办法是不断开发新的专业知识，以致分销商会迫切地不断要求与制造商合作。
- 声誉力量。声誉力量是指制造商拥有品牌、商标、管理方法等无形资产，分销商对制造商有很高的敬意，并希望成为其中的一员。例如IBM、麦当劳、劳力士等大公司就有很高的声誉力量，分销商通常都会按其要求行事。

一般来说，制造商应该依次培养其声誉力量、专家力量、法定力量和报酬力量，并使用这些力量建立产销战略联盟，以便产销双方成功合作，对于强迫力量则应尽可能少用。

②产销战略联盟实现的方式。产销战略联盟具有方式灵活、层次多样的特性，所以产销双方在实行联盟时有多种形式。

- 会员制。这是产销战略联盟的一种初级形式，各方通过协议形成一个俱乐部式的联盟，共同遵守游戏规则，互相协调，互相信任，互相帮助，共同发展。一般来说，生产企业为俱乐部的核心，负责制定游戏规则，经销商是会员，可参与游戏规则的制定，产销双方均要遵守规则。
- 销售代理制。该形式比会员制更具有紧密结合性和长期战略性。企业的分销渠道通常可采用经销或代理的方式，但作为产销战略联盟的销售代理制，与一般意义的非联盟代理相比有不同的特点。首先，作为产销战略联盟的销售代理制一般是制造商的独家代理形式或地区的独家代理形式，而非联盟代理既可以是独家代理，也可以是多家代理。其次，产销战略联盟的销售代理制一般采用的是佣金代理形式，而非联盟代理可以是佣金代理，也可以是买断代理。最后，产销战略联盟的销售代理制的代理商与企业之间的代理协议约束力较强，涉及的内容较多，而非联盟代理协议的约束力较弱，涉及的条款内容较少。产销战略联盟的销售代理制下产销双方合作的期限较长，可长达 10 年以上，而非联盟代理的合作期限较短，通常 1 年续签一次合同。
- 联营公司。这是更高层次的产销战略联盟。联营公司是指产销双方企业利用各自的优势以各种方式按照法律程序组成联合经营体，具体的方式包括合资、合作和相互持股等。形成联营公司的产销双方在利益上更趋一致，更具有共担风险、共享利益的特性，合作的基础也更牢固。

1997 年 11 月，格力在湖北成立了第一家销售公司。该销售公司是以资产为纽带，以品牌为旗帜的区域性销售公司，由格力出资 200 万元控股，其余 4 家经销商各出资 160 万元组建而成，开创了独具一格的厂家和商家合作的专业化销售道路。这种公司式的合伙关系可以消除厂家和商家为追求各自的利益而造成的冲突，厂家与商家结成利益共同体，致力于提高市场营销网络的运行效率，由于优势互补，可减少重复服务而增加经营利润。

(2) 短期战术。

①目标管理。当企业面对竞争对手时，树立超级目标是团结渠道各成员的根本。超级目标是指渠道成员共同努力才能达到的单个成员难以实现的目标，其内容包括维持渠道生存、提高市场占有率和顾客满意度，等等。一般只有当渠道一直受到威胁时，共同实现超级目标才会有助于渠道冲突的解决，这时才有建立超级目标的必要。

对于垂直性冲突来说，一种有效的处理方法是在两个或两个以上的渠道层次上实现人员互换。例如，让生产商的一些销售主管到中间商那里去工作，但由生产商管理并负责薪酬；中间商负责人可以在负责制定中间商政策的部门工作。通过人员互换，可以提供一个设身处地为对方考虑问题的位置，便于在确定共同目标的基础上处理一些垂直性冲突。

②销售促进激励。要减少渠道成员的冲突，有时成员组织的领导者不得不对其政策、计划进行折中，对以前的游戏规则进行修改。这些折中和修改，是为了激励成员。激励措施包括价格折扣、数量折扣、付款信贷、按业绩的奖励制度、分销商成员的培训和会议旅游等。

③协商谈判的。协商谈判是为了实现解决冲突的目标而进行的讨论沟通。成功的、富有艺术的协商谈判能够将原本可能中断的渠道关系引上新的成功之路。协商谈判是营销渠道中常有之事。有效的谈判技巧是非常有用的。首先，它是渠道成员自我保护和提高自己地位的手段。如果掌握了这一艺术，在面临冲突解决问题时保持良好关系的可能性就会大大增加。其次，许多对手也会因一次成功的谈判而成为长久的合作伙伴。

谈判过程包括以下几个步骤：识别问题，正确地识别问题是解决问题的前提和基础；获取事实，要注意分清事实和假设；提出可能的解决方案；评估待选方案，要注意运用客观的、符合逻辑的判断标准；选择方案；执行方案；对结果进行评估。如果未能解决问题，很可能需要重新进行这一过程（见图 15－3）。

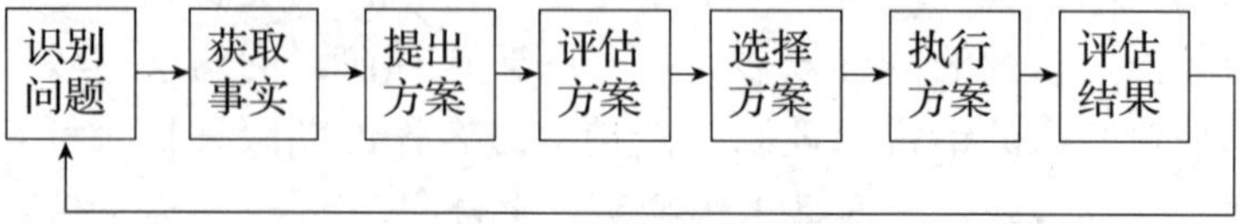

图 15－3　谈判步骤

④清理渠道成员。对于不遵守游戏规则、屡犯不改的渠道成员，应该重新审查，若不符合资格和要求，应予以清除。如对那些肆意跨地区销售、打压价格进行恶性竞争的分销商，或长时间未完成规定销售目标的分销商，都应清理。

⑤使用法律手段。法律手段是指渠道系统存在冲突时，一方成员按照合同或协议的规定要求另一方成员作出既定行为的法律仲裁手段。比如在特许经营体系中，受许人认为特许总部不断新增的加盟商侵蚀了它们的利益，违反了加盟合同中的地理区域限定，这时就很可能采用法律手段来解决这一问题。

法律手段是解决冲突的最后选择。因为一旦采用了法律手段，另一方可能会完全遵守其意愿改变其行为，但是会对诉讼方产生不满，这样的结果使双方的冲突可能增加而非减少。从长远来看，双方可能会不断卷入法律纠纷而使渠道关系恶化。

15.4　渠道窜货管理

窜货在现实中非常普遍，也是企业解决得不太好的一个问题。窜货，又叫冲货或倒货，或是越区销售，是指由于渠道网络中的各级代理商、分公司等受利益驱动，使所经销的产品跨区域销售，造成价格混乱，使其他经销商对产品销售失去信心，消费者对品牌失去信任的一种现象。

1. 窜货的原因

窜货现象屡屡发生就是因为对管理过程中各个环节的“链”缺乏有效的控制，导致某些经销商有空可钻。一般来说，窜货有七个方面的原因。

（1）价格体系混乱。价格体系的不完善是造成经销商窜货的原因之一。目前，许多企业仍然套用老一套的“三级批发制”来定价，即总经销价（出厂价），一批、二批、三批价，最后加个建议零售价。这种价格体系中每一个阶梯都有一定的折扣。如果总经销自己直接做终端的话，其中两个阶梯的价格折扣便成为相当丰厚的利润。如果经销商比较看重利，不太注重量的话，这个价格体系所产生的空间差异就非常大，形成了让其他经销商越区销售的基础。

（2）厂家唯利是图。一般来说，厂家如果运营规范，重视客户利益，往往会采取独家经销制，即在某个区域市场（一般是县级以上）只寻找一家经销商或代理商合作，从源头保证经销规范有序。然而，总有一些厂家因利益驱使而不顾市场规范，只要愿拿钱来买它的货，就可以成为它在当地的经销商。

（3）企业盲目地向经销商加压加量。一个产品在一个销售区域每年有多少消费量，没有确定的数字，新产品更是个未知数。所以，理性的企业在初次与经销商洽谈时，一般都有一个产品试销期（大多为三个月或三批进货量），通过试销期的运作情况来确认经销商是否正常履约。有的经销商看中企业的产品后，为了拿到经销权，往往会在试销期间全力以赴。而有些厂家被经销商在试销期内的销量迷惑，在签订正式经销合约时以此为基量，再加上广告、推广、促销投入后的市场销量提升预估值，形成一个年度目标，对完成目标的经销商给予年终奖励。经销商为了获得诱人的年终奖励，在本地市场容量有限时，便会产生越区销售的念头。

（4）公开返利政策运用不当。返利政策最容易引起窜货行为。返利有多种划分方式，常见的有三种：从兑现时间上可以分为月返、季返、年返；从兑现方式上可以分为明返和暗返；从执行目的上可以分为过程返利和销量返利。

返利政策运用得当，的确可以起到激励经销商的作用，可一旦用不好，就会产生相反的效果，成为越区销售的催化剂。产生这种恶果的原因往往是厂家把家底亮给了经销商。

（5）经销商不满厂家，另择贤良而违约操作。厂家与经销商之间的合作可能产生种种矛盾，厂家没有向经销商履行承诺或是厂家没有完全按照合约执行，就会引起经销商不满，继而使经销商无奈之下另择贤良，不顾合同约定大肆向周边地区倾销，以求尽快变现。

（6）推广费由经销商自己掌握，变相为低价位，造成新的价格空间。推广费是企业在运作市场时的一种基本投入，因为无论什么产品，都有一个让消费者了解、认知的过程。推广费的使用一般都与市场的销量挂钩，而营销推广活动会根据当地的实情去企划。这样一来，许多经销商就会向厂家提出推广费的主导问题。一些厂家缺乏相关的企划人才，又懒得跟经销商争论，往往会同意经销商的要求，按销量拨给经销商一定推广费。经销商将这笔推广费是否全部用于推广产品，厂家无法掌控。推广费变成整个价格体系上巨大的差额空间。

（7）销售人员受利益驱使鼓动经销商违规。销售人员的收入始终是与销售业绩挂钩的，有的人为了自己多拿奖金，不顾企业的销售政策，鼓动经销商违规操作，向其他地区发货。有的销售人员因妒忌其他同事奖金比自己高，擅自让经销商向某些地区冲货，以达到破坏该地区正常销售秩序的目的。有的销售人员跳槽前跟经销商达成默契，以种种理由求得厂家支持，然后向其他地区抛售，引起区域冲突。这类丧失职业道德、行为不端的做法引发的越区销售现象比较典型，危害也很大。针对此类现象，厂家应加大经销管理力度。

2. 窜货的控制措施

窜货的危害企业或多或少有所体会，那么如何有效控制窜货呢？

（1）产品外包装实现区域差异化。企业可以考虑不同销售区域采用不同的包装形式。实现产品外包装区域差异化的主要措施有：一是实行产品代码制；二是产品商标颜色差异化；三是有明确的文字标示，即在每种产品的外包装上印刷“专供某某地区销售”的字样。产品外包装差异化，就能准确监控产品的去向，使得经销商有所顾忌，不敢贸然行动。即使发生了窜货行为，企业也可以追踪，为处理窜货事件提供真凭实据。

为防止经销商在处理滞销、积压产品时发生的窜货乱价行为，企业建立与经销商共担风险的制度，允许一定条件下的退货。

（2）建立合理的差价体系。建立完善、公正的价格体系是控制窜货的最有效手段，这是因为现实中最容易由于价格存在利润空间而形成窜货。一些企业在制定价格策略时考虑不周，埋了许多导致窜货的隐患。企业可将销售网络中的经销商分为总经销商、二级批发商、三级零售商，分别制定总经销价、批发价、零售价等。在确保销售网络中各个层次各个环节的经销商都能获得相应利润的前提下，根据经销商的出货对象，严格规定价格，控制好每一层级的利润空间，以防止经销商跨越其中的某些环节窜货。

（3）控制促销过程。企业开展促销活动时要制定现实的营销目标，不能急功近利，不要寄希望于依靠巨奖、人海战术、广告轰炸等来打开市场。另外，企业还要制定完善的促销政策，发挥政策的激励作用，防止一促销就窜货，停止促销就销不动的局面发生。促销政策应能协调厂商与总经销商以及各地总经销商之间的关系，为各地总经销商创造平等的经销环境。奖励措施应当充分考虑合理的促销目标、适度的奖励措施、促销时间的控制、严格的兑奖制度和市场监控，确保整个促销活动是在受控的情况下进行的，不会出现失控现象。

（4）加强销售通路管理。完善的专营政策也是控制窜货的一个有效措施。区域专营政策制定的关键是法律手续的完备。企业在制定专营政策时，要对跨区域销售作出明确的规定，以相应的政策来约束相应的行为，并使其在法律上生效，产生法律效力。另外，还应认真考虑相关联的价格政策、返利政策等。专销商制度或成立地区销售公司也是可行的选择。

（5）签订不窜货乱价协议。用合同来约束总经销商的市场行为。由于销售网络管理者和各地经销商之间是平等的企业法人之间的关系，销售网络不可能采取上级管理下级的方式，只能通过签订总经销商合同来加强管理。在合同中明确加入“禁止跨区销售”的条款，将总经销商的销售活动严格限制在自己的市场区域之内。

对发生跨区销售行为的总经销商按跨区销售行为的严重程度分别给予警告、停止广告支持、取消年终返利和取消经销权等处罚，对窜货行为起到惩戒的作用。另外还可以将业绩的考核与窜货挂钩。

（6）加强销售队伍的建设与管理。销售队伍是营销制胜的保证。为防止销售人员窜货，应加强销售队伍的建设与管理。首先，建立严格的人员招聘、选拔和培训制度。企业应把好销售人员的招聘关，在人才市场上挑选真正符合要求的最佳人选，并提供完善的培训。其次，在企业中营造一种有利于人才发挥所长的文化氛围。企业应尊重人才、理解人才、关心人才，并制定人才成长的各项政策，如为每一位销售人员设计一个完善的事业发展计划，让每一位销售人员产生责任感，提高工作积极性。再次，应制定合理的绩效评估和薪酬制度，真正做到奖勤罚懒，奖优罚劣。公正的绩效评估能提高销售人员的公平感，合理的报酬既能有效地控制成本，又能为企业留住优秀人才。最后，企业应建立良好的淘汰机制。通过人员的筛选清除销售队伍中素质不佳或能力平庸的人，识别真正的优秀人才。

案例 15－2　经销商被品牌取消代理权孰是孰非

15.5　渠道合作与演化阶段

渠道合作是指为了实现共同目标和利益，渠道成员之间采取的互利互惠的行为。渠道成员之间的合作程度越高，产生冲突的可能性就越小。渠道合作取决于渠道成员之间关系的紧密程度和相互依赖的程度，由于渠道成员难以完成每一个生产和销售环节，所以渠道成员之间存在相互依赖的需求，而这种需求推进了渠道成员之间的合作。因此，相互依赖性是渠道成员之间合作的基础。渠道成员之间的相互依赖性越高，合作的基础越强，摩擦和冲突的可能性就越低；如果渠道成员之间的依赖性消失了，就缺少了合作的需求，导致合作的消失和冲突的发生。接下来介绍渠道成员合作的具体内容，以及渠道成员合作的演化阶段。

1. 渠道合作的具体内容

渠道合作的具体内容因渠道成员的需求不同而不同，主要包括地区保护、联合培训、信息共享、提供专卖产品、联合促销等。

（1）地区保护。地区保护是指企业特许作为中间商的渠道成员进行独家代理，行使独家代理权以保护各自区域的销售权益的合作方式。通过地区保护，各渠道成员会加强和生产商的合作依赖性，同时各渠道成员之间的冲突会减少。

（2）联合培训。联合培训是指由生产商发起的，包括批发商、零售商等中间商一同加入的联合培训计划，其中涉及销售培训、产品培训等项目。通过联合培训，可以增强生产商与中间商、中间商与中间商之间的联系，增强渠道成员的产品、服务、合作等意识，提升渠道成员的素质。比如，海尔就设立了海尔大学，为中间商的业务骨干提供相关的教育培训，增强中间商的合作意识。

（3）信息共享。信息共享是指渠道成员共同加入网络数据共享平台，通过电子数据交换等技术，打通制造商、批发商和零售商的各个终端，快捷、迅速地完成信息交换。通过信息交互和共享，实现渠道成员之间的无缝连接，增进渠道成员的互相了解，也便于企业进行渠道政策调整，减少渠道成员之间任务分配不平衡的情况，进而减少渠道摩擦和冲突。通过渠道的信息交换，还可以增进同行业的交流，及时分享各渠道成员的销售成果，便于企业进行渠道内信息的调研和分析。

（4）提供专卖产品。提供专卖产品是指制造商通过为渠道中间商设计并提供专门的产品（即专卖品）来帮助渠道成员减小价格竞争的不良影响。比如设计迎合不同地区消费者的产品系列，提供配套服务，让消费者不太容易对产品进行价格比较，同时让渠道成员更专注于售卖各自的专卖品，从而减少价格竞争所产生的影响或者窜货行为，并为跨地区产品合作提供潜在的机会和可能。

（5）联合促销。联合促销是指制造企业为主导，让渠道中间商成员开展渠道的联合广告活动、联合产品展示活动、联合销售活动、联合调研活动、联合担保活动等。其中，联合广告活动是企业让中间商成员加入企业的广告发布，同时也提高中间商的知名度；联合产品展示活动是企业通过向中间商提供一些示范、展示的产品，让渠道成员通过产品展示提高产品的知名度和美誉度；联合销售活动是企业在进行销售活动的时候，将中间商的销售目标和任务一同考虑进来，或企业参与到中间商的销售活动中去；联合调研活动是企业让中间商成员帮忙一起进行市场调研，同时分享调研数据给中间商；联合担保活动是企业与中间商一同对销售的产品提供保证，并对发生质量的产品共担经济风险。

2. 渠道合作的演化阶段

渠道成员之间的合作关系的产生总体来看是一个不断变化的动态演化过程。渠道成员之间的合作关系会经过五个阶段，分别是：知觉、开发、强化、承诺和散伙。这五个阶段既是渠道成员合作的生命周期，又是渠道合作不断升级、削弱的演化阶段。

（1）渠道合作的知觉阶段。渠道成员合作一般源于知觉阶段。知觉阶段开始于渠道成员之间对共同利益的发现和认识，因此，以共同利益为基础，通过相互依赖的需求，渠道成员能够逐渐发展成交易合作伙伴。在知觉阶段，渠道成员之间只能通过对方的历史和它与其他企业的活动情况来增进了解，在这时，双方之间一般没有或者只有少量的沟通和互动。如果在知觉阶段双方对彼此的评估是正面的，渠道合作关系就能够进入下一个阶段；如果评估是负面的，双方的合作基础就难以建立，双方也不会进入下一个阶段。

（2）渠道合作的开发阶段。渠道成员的合作关系在经历了知觉阶段之后，就进入开发阶段。开发阶段是指渠道合作双方中一方试图和另一方进行接触和沟通，并开始尝试一些市场交易活动。在初期的交易活动中，双方都会持续评估、考察对方，在这个阶段，关系发展是循序渐进的，可能维持较长的时间。如果在这个阶段，双方的评估过程较为顺利，初期的市场交易活动较为顺畅，那么双方会加强合作，并开展更为广泛的市场交易活动。如果在这个过程中，交易不愉快或产生了较大的摩擦和冲突，双方的合作关系可能就会停留在这个阶段。

(3) 渠道合作的强化阶段。在经历了顺畅的开发阶段后，双方进入强化阶段，即双方都有进一步发展关系的动机，同时都愿意共同承担更大的风险，开展更广泛的市场交易活动。在这一阶段，渠道成员的沟通、合作不断增多，互动性、依赖性不断加强，渠道合作成员之间的目标更趋一致，信任感螺旋式上升，多方之间的关系更加稳固，可替代性不断降低。

(4) 渠道合作的承诺阶段。进入承诺阶段的渠道成员往往都经历了较长时间的考验，双方之间的关系比较稳定，寻找替代者的可能性较低，同时为了让合作更加顺利，双方都有意增加交易活动的投入来维持伙伴关系。这时候往往形成了化解矛盾、冲突的有效机制和协调方式，彼此之间的矛盾较容易化解。渠道成员会通过某种合约的方式将双方合作的内容确定下来，并形成渠道成员生态联盟的形式。

(5) 渠道合作的散伙阶段。天下没有不散的筵席，渠道成员最终会走向散伙阶段。散伙的主要原因是外部环境或者双方发生了比较大的变化，失去了合作的基础。比如，合作中一方存在较为明显的投机行为，或者维系双方合作的领导离开等。双方发生了比较大的变化，会破坏合作的基础，同时会改变双方对共同利益的评估，从而导致双方关系慢慢破裂。双方关系的倒退还可能是因为其中一方将合作视为理所当然的事情，未积极满足另外一方的要求和期待。

案例 15－3　娃哈哈营销渠道管理模式的发展

本章小结

渠道冲突是指当分销渠道中的某一成员将另一成员视为对手，且对其进行伤害、设法阻挠或在损害该成员的基础上获得稀缺资源的情形。一般可把渠道冲突分为三大类：水平渠道冲突、垂直渠道冲突和多渠道冲突。

化解渠道冲突需要解决四个问题：不同渠道是否服务于同一类最终用户；渠道之间是恶性竞争还是相互受益；现有渠道利润减少是其他渠道入侵的结果还是渠道本身的问题；一条渠道的衰败是否威胁到企业的利润水平。

渠道冲突的解决方法有：(1) 长远战略：建立产销战略联盟。(2) 短期战术：目标管理；销售促进激励；协商谈判；清理渠道成员；使用法律手段。

窜货，又叫冲货或倒货，或是越区销售，是指由于渠道网络中的各级代理商、分公司等受利益驱动，使所经销的产品跨区域销售，造成价格混乱，使其他经销商对产品销售失去信心，消费者对品牌失去信任的一种现象。

窜货的控制措施有：(1) 产品外包装实现区域差异化；(2) 建立合理的差价体系；(3) 控制促销过程；(4) 加强销售通路管理；(5) 签订不窜货乱价协议；(6) 加强销售队伍的建设与管理。

渠道合作是指为了实现共同目标和利益，渠道成员之间采取的互利互惠的行为。渠道合作的具体内容因渠道成员的需求不同而不同，主要包括地区保护、联合培训、信息共享、提供专卖产品、联合促销等。渠道成员之间的合作关系的产生总体来看是一个不断变化的动态演化过程。渠道成员之间的合作关系会经过五个阶段，分别是：知觉、开发、强化、承诺和散伙。

基本概念

渠道冲突　水平渠道冲突　垂直渠道冲突　产销战略联盟
窜货　渠道合作

思考题

1. 渠道冲突的含义是什么？
2. 根据旁帝教授的研究结果，渠道冲突的五个阶段是什么？
3. 渠道冲突有哪些类型？
4. 渠道冲突程度测定需要完成哪些步骤？
5. 恶性渠道冲突的危害有哪些？
6. 制造商的五种基本力量是什么？
7. 解决渠道冲突的短期战术有哪些？
8. 化解渠道冲突需要解决哪四个问题？
9. 窜货的原因是什么？如何对窜货进行控制？
10. 渠道合作的具体内容有哪些？渠道成员之间的合作关系会经过哪几个阶段？

案例分析

五光十色照明：体系性迭代带来的逆增长

2019 年，受上游房地产调控政策的影响，灯饰照明作为家居家装的下游行业，承受了巨大的压力。虽然大环境不容乐观，但是部分企业仍然保持营收与利润平稳增长的态势，如欧普、西顿、五光十色等。因对行业发展前景的精准把握，五光十色的创始人章厚定被评为“年度中国照明电器行业领军人物”。

告别大区域独家代理

纵观整个行业，都是代理商模式，但代理商大多是短期行为，有利润可赚，就好好服务下面的加盟商；没利润很快就撤，这是多年的行业痛点。过去整个行业过度依赖单一的区域总代理模式，厂家的渠道建设和业绩增长必然受到制约。五光十色决定先在江苏试点，启动分公司模式。江苏是章厚定的“根据地”，根基深厚，最适合率先实施销售分公司的渠道模式。

分公司采用的是合伙人模式，一方面免去了过去外部驱动和利益分配不均的困扰；另一方面，分公司模式容易组建固定的团队，改变过去随走随补的临时队伍格局。大家倾向于做长期规划，不想急功近利。很多时候，组织存在的最大价值就是有能力让成员应对不确定性，坚定成员面对挑战的信心。

很快这种模式就见了成效，过去区域总代理模式下，渠道商往往是按地市授权，在分公司主导的模式下，降低了渠道商加盟的门槛，可以按区甚至卖场、社区单独授权。五光十色将这个模式在全国多个区域复制，目前已经组建了 20 多家分公司。公司还发展 KA、社区、电商渠道、家装渠道代理等多种渠道，采用混合渠道模式。

告别价格和利益纷争

在混合渠道模式下，定价和利益分配是关键。区域和区域之间的价格冲突倒好说，五光十色在内部制定了严格的市场规范和定价规范，价格相对透明，价差空间合理，对各区域的反馈也能及时响应。

经销商、加盟商更在意的是线上和线下的价格冲突。新零售这种新兴模式流行，线上线下相融合，打造体验式消费，这对于行业来说是一个新的发展契机，但要落到实处，就有细节问题要考虑。

年轻消费者对这种新零售模式十分热衷，有人线上搜索看到一款中意的产品，就会去店里看看，价格合适的话就在店里下单；有人在家装过程中漫无目的地在店里逛，看到一款比较心仪的产品，但不确定要购买，闲逛一圈后，回家在线上下单。

上述情况下，线上线下其实起到了相互引流的作用，也实现了新模式的初衷。但如何定价，利润归谁呢？五光十色的方法十分简单，线上线下价格一致，对于线下门店来说，只要线上订单的顾客地址属于该区域，那利润就归你所有。线上运营也不必担忧，公司有专供线上销售的产品，这是线上店铺的专属。

告别被无度索取的经销商

经销商最担忧的是什么？厂家一波又一波强行压下来的销售任务和完不成任务面临随时出局的结果，所以厂家和经销商的矛盾难以调和。章厚定说："问题的关键在于卖货，如果货卖不出去，那不只是经销商的责任，也有厂家的责任。一个成功企业的目标就是让平凡的人做不平凡的事。"

五光十色把重点放在如何把货卖出去上，以分公司为单位，培养经销商的员工，分公司必须按照总公司的要求，定期对经销商进行差异化培训。针对组长及店长级别的员工，培训如何进行员工激励和店面管理；针对一线员工的培训主要是对产品的深度了解，避免店铺管理者的二次传播造成信息遗漏和解读偏差。

这种培训是一种赋能式的培训。2018 年五光十色与国内一流的 AI 平台天猫精灵达成合作，对公司的智能化系统升级改造。公司自上而下进行全员培训，员工对智能化照明的了解在业内居于前列。

此外，总公司还成立一个终端运营团队，这个团队不参与总公司的运营，而是到全国的 1 000 多家门店去做运营指导，根据每个店铺的区域特色、位置优劣势、覆盖人群等制定具体方案，特别是在节假日、店铺的周年庆这样的时间节点上制定针对性的方案。

资料来源：曹亚楠．五光十色照明：体系性迭代带来的逆增长．销售与市场（营销版），2020（1）．

▶ 思考题

1. 五光十色实施的销售分公司渠道模式有哪些亮点？
2. 五光十色是如何处理厂家和经销商的矛盾的？

第16章
渠道绩效评估与改进

本章要点

1. 渠道绩效评估的流程
2. 渠道整体绩效评估
3. 渠道成员的财务贡献评估
4. 渠道成员综合评价
5. 渠道改进策略

引导案例

欣奕除疤：在冷门里深耕

从2008年到2015年，欣奕除疤（以下简称欣奕）门店的成功复制，让欣奕找到扩张的自信和方式，以郑州为圆心，欣奕开始“小店快跑”在全国布局，截至2015年年底，已在全国22个省（自治区、直辖市）开设了200多家门店。连锁+加盟方式的迅速扩张背后考验的是组织力、供应链、品牌管控等综合运营能力的匹配度。硬实力背后是软实力，能满足不同市场的顾客需求是检验欣奕实力的唯一标准。而比起迅速增长的营业额，运营能力提升的不同步成为欣奕增长的瓶颈。

2015年起，移动互联网时代的信息传播方式深度影响甚至颠覆传统的营销方式，对各行业造成冲击。消费升级以及80后、90后主力消费群体的成熟，也让医疗美容店如雨后春笋，扩张迅速。改变，迫在眉睫。

2016年2月，欣奕除疤营销中心正式成立，开始探索通过互联网导客方式为门店引流。营销中心从最早的几个人发展成为60多人的队伍，逐步建立起推广+客服+门店的立体营销体系，掌握全国每个门店、每个客服、每个护理的数据。从推广、进店、转化到成交，再到后期顾客管理，从线上到线下，这种全程数据化闭环的建立，不仅为欣奕地面门店导入新客源，也推动公司数据化管理更加精益求精。

同时，营销推广团队内部建立阿米巴单元模式，鼓励试错，任何人都能提出推广申请；进店率、转化率、ROI等KPI指标让内部团队相互独立又相互竞争。欣奕的营销推广团队逐步找到属于自己的推广方式和节奏。这种数据化的营销形式建立起数十万客户的案例库，不断增强欣奕的核心竞争力。

欣奕将在完成疤痕分类和模块化的基础上，在客户案例库的支撑下，实现祛疤产品的分类化和标准化，以使除疤更加简单有效，也给更多顾客带来福音。

资料来源：吴铭．欣奕除疤：在冷门里深耕．销售与市场（管理版），2019（2）．

对现有分销渠道进行监测与评估是分销渠道管理的重要内容。渠道网络架构完毕以后，并没有万事大吉。制造商必须经常问这样几个问题：渠道运行效率是否已经达到了预定的目标？渠道成员是否符合要求？是否可以通过改进使渠道绩效进一步提高？这样做有如下好处：首先，企业的渠道管理人员能够准确了解分销渠道的各个方面及其运行状况，在此基础上对分销渠道的结构和政策进行必要的调整和修改，提高分销渠道的绩效，增进渠道的活力。其次，有利于引导和激励渠道成员认同组织目标。最后，有利于约束和监督渠道成员的行为以确保组织目标得以实现。

16.1 渠道绩效评估的含义与流程

1. 渠道绩效评估的含义

渠道绩效评估是指制造商通过系统化手段或措施对其分销渠道系统的效率和效果进行客观的考评和评价。

渠道绩效的评估可分为宏观层面和微观层面。从宏观层面来说，渠道绩效是指渠道系统表现出来的对社会的贡献，是站在整个社会的高度来考察；从微观层面来说，渠道绩效是指渠道系统或渠道成员对厂商所创造的价值或服务增值，是从厂商的角度来考察。本章主要从制造商的角度来阐述如何对渠道系统进行渠道绩效评估，评估的对象既包括整个渠道系统，也包括渠道系统中某个层级的渠道成员。在营销实践中，不少制造商同时对某个层级的渠道成员及整个渠道系统进行评估。尤其是在渠道扁平化发展的趋势下，厂商加强了对渠道系统中渠道成员的绩效评估，以利于厂商决定是否对某些层级的渠道成员进行扁平化管理。

2. 渠道绩效评估的流程

渠道的目的在于帮助实现企业的销售目标。对渠道的评估旨在建立一套与企业特定经营目标相一致的评价指标，引导渠道行为。

渠道绩效评估整体流程如图 16－1 所示。

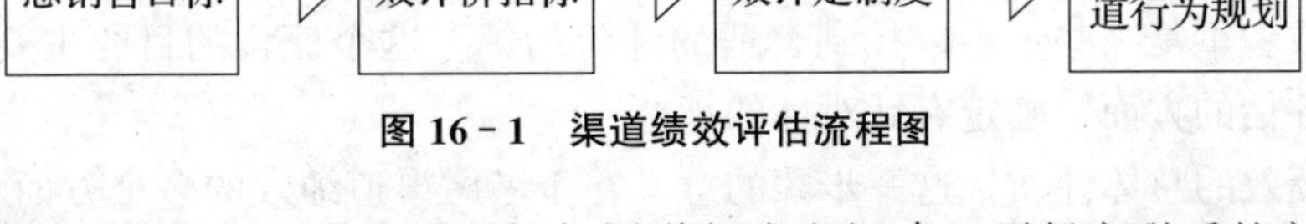

图 16－1 渠道绩效评估流程图

（1）明确总销售目标。在公司目标与渠道行为之间建立更紧密联系的方式是将公司目标分解成一系列具体的明确的销售目标。企业有自己的销售目标，这些销售目标将公司目标有效地传达给各个独立的渠道。但大多数情况下，企业管理层，尤其是那些运用复杂的多渠道体系的企业管理层，很少能对“在市场领域中所有渠道组合后应该完成哪些任务指标”这个问题给出满意的答案。

通过以下步骤分解公司目标可以给出答案：

①将每一个公司/业务目标分解为对应的销售目标。将公司的每一个目标独立分解为一个定量的销售目标，如目标“将经营利润提高到有竞争力的水平”通常被直接转化成诸如“销售成本降低 6%”这样的销售目标。为帮助企业实现每一个高水平的战略目标，销售目标应该逐一明确、量化。

②将公司目标分解成三类：收入增加、利润提高和客户忠诚度提升。尽管公司目标各不相同，但大多数都适用这种分类法。将公司目标与以上三大类别一一对应是有必要的，因为这种简单的分类法能让企业在设定合理的销售目标的过程中明确销售任务。

- 收入增加目标要求对应的销售目标致力于获取新客户，扩大客户群的范围，加强对新市场的渗透，以及加强对已有市场的渗透；
- 利润提高目标要求对应的销售目标致力于保留老客户，降低交易成本，将重点放在大多数能带来利润的客户上，更有效地运用销售资源；
- 客户忠诚度提升目标要求对应的销售目标着重改善客户服务质量，提供更强大的售后支持，向主要客户提供更灵活的销售资源及渠道的配置。

以上三类目标并不是相互排斥的。事实上，在设定综合绩效指标时，大多数企业至少考虑到三类目标中的一部分。通过将公司目标分解成以上三大类，企业通常能给出更明确的销售任务以设定合理的销售目标。

当一系列完整的销售目标被清楚地表达出来时，第一个步骤就完成了。销售目标在渠道绩效指标中起着基础性的作用。

（2）设定渠道绩效评价指标。绩效指标是有效的渠道管理的一个中心部分。清楚而明确的绩效指标描述，如“使今年的渠道销售量增加 6%”，为评估渠道成功与否、追踪渠道绩效状况提供了一个基准点，也便于企业采取补救措施，使渠道绩效与其预期值相一致。合理的渠道绩效指标基于销售目标和销售过程中的渠道作用两个前提。销售目标指的是所有销售行为的总目标。它表明，一个单独的渠道个体，其目标绩效水平必须以帮助企业实现销售目标为导向。设定的绩效指标必须能反映销售过程中每个渠道各自扮演的角色。例如，如果某个渠道的职能是提供客户支持服务，那么为其设定一个收入指标显然是没有意义的；同样，客户满意度对仅负责企业潜在客户的渠道来说通常也不是一个有价值的绩效指标。企业为每个渠道设定的期望值必须能够反映该渠道在销售过程中所承担的特定职责。

在确定渠道评价指标时，可以遵循图 16－2 所示的框架。在某些情况下，这种顺序可以变动，或者重复某些步骤以找到合适的评价指标。这个流程的目的主要还在于清楚地认识所需评估的方面，确定有针对性的指标。

①描述绩效的总体性质。这一步骤的意义在于考虑渠道绩效的多个方面和影响因素，以避免遗漏。绩效的定义可能包括某些方面而不包括另外一些方面，这取决于具体的绩效问题。比如，在评估顾客服务绩效时，顾客满意度可能是一个好的指标，但它并不评

图 16-2　评价指标确定流程

估不同顾客服务活动的获利性，也不测量因服务不满意而造成的损失。其他一些定义渠道绩效的备选方案包括 3E（效果、公平、效率）模型、基于结果和基于行为的控制系统等。

②明确有待评估的主要领域。这一步骤的主要意义在于尽可能地将渠道绩效的一些细微方面包含到测量指标中去。

③识别绩效评估的角度。渠道绩效评估至少有三个角度：

● 内部的角度，比如，渠道的某个成员为了比较自己的绩效与目标之间的差距，进行自我评估；

● 相对外部的角度，渠道成员的绩效由目前（或潜在）的合作伙伴进行评估，比如，厂家从供应商的角度对分销商绩效进行评估；

● 第三方的角度，这是指渠道外部的第三方对渠道绩效进行评估，比如，监管机构调查价格歧视或限制销售条款。

对绩效评估的角度进行清楚的认定非常重要，因为它是绩效标准的主要决定因素。

④确定所需数据的类型。这一步主要决定需要收集什么样的数据及其收集方法：是财务数据还是非财务数据，是主观数据还是客观数据，是原始数据还是标准数据，是采用调查、内部审计方法还是二手资料收集方法。

⑤形成评估量表或评价指标。

（3）制定渠道绩效评定制度。渠道的绩效评定使企业管理者能够随时追踪渠道的绩效状况，确保其与对应的绩效指标相符，并揭示存在的绩效问题。渠道绩效评定制度有两个基本用途。首先，可被用作管理渠道绩效的强有力的连续检测工具。连续的绩效评定是动态渠道管理的基础，它使市场预期值与实际值实现实时对照及调整。其次，提供了认清渠道现有水平与实现销售目标所要达到的绩效水平之间的差距的机会。事实上，大多数企业渠道绩效还没有达到 2～3 年以后所要达到的水平。关键是明确为达到未来的绩效水平，每个渠道现在必须采取什么行动。

（4）认清绩效差距并制定渠道行为规划。在确定一个渠道为实现目标要达到的绩效水平后，制定渠道行为规划是决定必须采取哪些具体行动的强有力的管理手段。制定渠道行为规划包含以下步骤：

● 以渠道绩效指标及评定制度为起点，对渠道行为进行评定，以使其与绩效指标相符；

● 记录评定的渠道实际绩效；

● 确定 18～30 个月后渠道绩效必须达到的水平；

● 确定一系列具体的针对渠道的行为，以帮助渠道从现在的绩效水平过渡到未来

(期望) 的绩效水平。

渠道行为规划通过将企业的销售目标和渠道绩效指标解析成具体的渠道行为来发挥渠道优势。该渠道行为与渠道实现其目标、达到其绩效指标的要求相一致。

当涉及一个多渠道投资组合时，应高度强调渠道绩效管理的重要性。作为一个指导性体系，一系列经过认真推敲后选定的目标和评定制度，为确保销售渠道服务于企业的主要目标并在销售过程中履行职责奠定了基础。同时，该目标和评定制度也使企业管理者能够按照“渠道绩效必须与公司目标及期望值相符”的要求确定具体的渠道行为。

16.2 渠道整体绩效评估

渠道评估的流程旨在建立一套与企业特定经营目标相一致的评价指标，引导渠道行为。渠道整体绩效评估主要是从整体上对渠道进行评估，可以从社会和企业两个角度去评估。

1. 从社会的角度评估

路易斯·斯特恩等提出了评估营销渠道整体绩效的多维结构 3E 模型。这一模型包括对渠道成员的财务绩效和渠道的社会贡献的测量。而渠道的财务绩效又是渠道所承担的其他多种任务与责任的体现。

3E 模型采取的是一个较为宽广的角度。效果（effectiveness）是指渠道以尽可能低的成本将服务或产品交付给最终消费者的整体绩效力。总体而言，工业化国家的渠道效果优于非工业化国家的渠道效果。公平（equity）是指一个国家的所有公民有相同的机会去使用现有的营销渠道，有相同的能力去接触现有的营销渠道。从这个角度而言，全球性分销的公平性是相当差的。效率（efficiency）是指以较少的社会资源达成某些具体结果。由于这些具体结果通常是针对细分市场的目标消费者的服务条款，因而效率和效果是紧密相连的。信息技术的发展提高了渠道的效率。

2. 从企业的角度评估

从企业的角度考察整个渠道绩效，可以从渠道管理组织、渠道的运行状况、渠道的服务质量和渠道的经济效果四个方面进行。前三者主要是定性分析，后者是从财务角度进行的定量分析。

(1) 渠道管理组织评估。渠道管理组织评估包括两个方面的内容：一是考察渠道系统中销售经理的素质和能力。比如在厂商的某渠道系统中，从事销售工作三年以上且达到一定学历的地区经理占销售经理总数的比例有多大，该比例越大，表明销售管理组织的素质和能力越强。二是考察厂商分支机构对零售终端的控制能力。比如，厂商分支机构是否有自控的零售终端，如果有，自控零售终端的销售额占厂商分支机构所在地销售额的比例是多少。

(2) 渠道运行状况评估。渠道的运行状况是指渠道成员之间的配合、协调以及积极性发挥等方面的综合表现。它决定渠道的效率和功能。

渠道运行状况评估是以渠道建设目标和分销计划为依据，考察任务的分配是否合理、渠道成员的合作意愿与努力程度、渠道冲突的性质与程度、销售是否达到既定目标等。具体分析时可从渠道通畅性、渠道覆盖面、渠道流通能力及利用率、渠道冲突等方面展开。渠道运行状况关系见图 16－3。

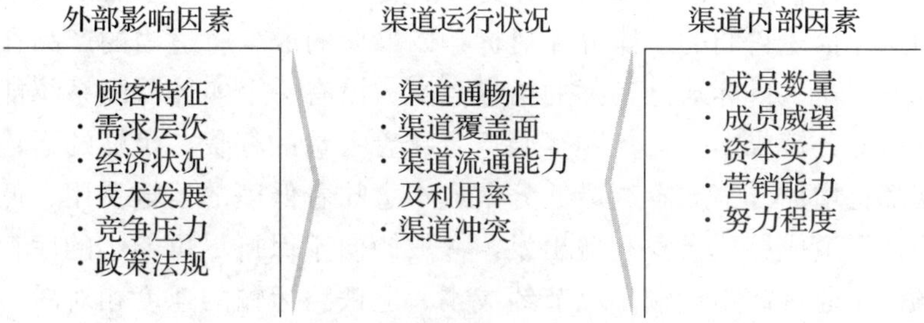

图 16－3　渠道运行状况关系

①渠道通畅性。渠道通畅性是指产品流经渠道各环节时的通畅程度，即指产品能否在合适的时间到达顾客手中。可以通过以下几方面情况来判断：渠道的某些环节是否有断货现象，产品是否在中间环节积压，产品到达某一环节的时间是否正常等。

②渠道覆盖面。渠道覆盖面是指最大的销售区域。它是渠道运行状况的一项重要指标，可从渠道成员数量、分布区域和零售商圈大小等方面衡量。

③渠道流通能力及利用率。渠道流通能力是指厂商在单位时间内经由该渠道将产品转移到用户手中的平均数量。流过的产品数量与时间的比值是流速。一般而言，渠道的流通能力取决于渠道的瓶颈部分。流通能力的评价指标可以通过流通能力利用率来衡量，而后者又可以细分为以下指标：平均发货批量、平均发货间隔期、日均销售数量和平均产品流通时间。

④渠道冲突。渠道冲突是交换过程的一部分。无论怎样对渠道进行设计和管理，都不可能完全消除冲突。过多的渠道冲突会导致渠道的失调，但一定程度的渠道冲突能产生建设性的作用，使渠道获得适应变化的动力。因此，处理渠道冲突的重点不是如何消除，而是如何管理。关于渠道冲突的详细介绍，参见本书第 15 章。

（3）渠道服务质量评估。对服务质量的评估可以从信息沟通、实体分配服务、促销效率和顾客抱怨与处理等方面进行。

①信息沟通。市场信息的搜集者和传送者主要是零售商或批发商，信息的接收者和使用者主要是生产厂家或渠道领导者。信息沟通质量主要是考察渠道的下游对上游所反馈的市场信息与产品信息是否有效，衡量指标包括沟通频率、沟通内容、沟通时间和沟通方式。

渠道商家往往身在市场第一线，相对生产厂家而言更接近消费者。在沟通良好的情况下，下游企业在某种程度上可以常年为上游企业承担市场调研的职能。沟通的信息可以是当地的经济状况与发展趋势、政府的政策与法规，可以是竞争品牌的营销新举措、新进入者的情况，也可以是自身业务开拓如市场份额变化、宣传与促销等诸多方面；因而渠道信息沟通质量对于生产厂家的营销决策具有重要意义。

②实体分配服务。实体分配也称为物流，它指对原料和最终产品从生产者向使用者转移，以满足顾客的需要，并从客户获利的实物流通的计划、实施和控制。实体分配的基本功能包括物质的运输、保管、装卸、包装、流通加工以及与之相联系的物流信息。实体分配服务质量是指渠道成员满足顾客需求的及时程度。及时满足顾客需求不仅要求快速完成谈判、签订合同，而且要快速交货，以便顾客在需求产生时能立即购买到产品。

不少公司这样描述它们的实体分配目标：以最低的成本将适当的产品在适当的时间运到适当的地方。这一目标缺乏实际的指导意义，没有一个实体分配系统能同时兼顾最佳顾客服务和最低分销成本。最佳顾客服务意味着大量的存货、足够的运输工具和许多仓库，这一切都将增加分销成本。最低分销成本意味着低廉的运输费用、低水准的存货和少量的仓库。渠道成员从自身利益出发，一般倾向于保持尽可能小的库存，以减少资金的占用；倾向于通过铁路运输，以节约成本。但铁路运输的速度相对较慢，较低的库存容易造成断货。

西方许多企业在设计和管理渠道时，着重从六个方面来控制实体分配的服务质量：快速反应、高弹性、最小库存、优化运输、全面质量控制和产品生命周期支持。

③促销效率。渠道促销效率是指在促销活动的前后，渠道中产品流通量的变化与预期效果的比较。促销效率的事后评估是检验促销活动是否达到预期目标以及促销花费是否合算的较好途径，同时也是为下一次的促销决策提供参考和衡量的标准，避免盲目行动的风险。为了提高促销效率，营销管理者应该坚持记录每一次促销活动的成本和对销售的影响，可以通过统计促销促成的销售比例、赠券回收率、询问人数等来研究促销效率。宝洁公司采用销量浮动评估法、随机抽样评估法和数据综合分析评估法评估促销效率，对渠道促销效率的评估是整体促销评估方案的一部分。

企业可采用多种方法对渠道的促销效率进行评估，而且在不同的市场可采取不同的做法。比如，可根据促销活动前后零售商销量、商店货架空间的分布和零售商对合作广告的投入等评估对零售商促销的效率。

④顾客抱怨与处理。顾客的抱怨行为是由对产品或服务不满意引起的。顾客对产品或服务的抱怨意味着经营者提供的产品或服务没达到他的期望，未满足他的需求，另外，也表明顾客仍对经营者抱有期待，希望能提高服务水平。一位不满意的顾客对商家的负面影响是不容忽视的，可能给企业的形象蒙上一层阴影，使商家的利益直接或间接地蒙受损失。企业应该全面了解顾客抱怨的前因后果，积极采取应对措施，使顾客由抱怨到满意再到惊喜。顾客的抱怨实际上是企业改进工作、提高顾客满意度的机会。

在顾客面前，渠道成员代表了其所售产品生产厂家的形象。因此，渠道成员对顾客抱怨的处理效率非常重要。如果处理效率低下，就容易激化矛盾，并因此给生产厂家增加压力。生产厂家应协助渠道成员建立顾客抱怨管理制度。第一，鼓励顾客公开提出批评和建议，同时应对那些私下抱怨的顾客进行追踪调查，积极收集顾客对其产品或服务的反应的完整资料，进行分析，及时发现问题并予以纠正。第二，建立顾客抱怨卡，记录顾客抱怨事件的内容，通常是关于顾客因企业失误而产生抱怨的时间、地点、经过及处理结果等。

（4）渠道经济效果评估。评估渠道的经济效果，一是评估产出——这体现在销售分析上；二是评估投入——这主要是分析渠道的费用。除此之外，通过一些财务比率如盈利能力和资产管理效率的计算和比较，分析较深层次的原因。

渠道绩效评估的常用方法有两种，一种是历史比较法，另一种是区域比较法。这两种方法都比较适合定量评估。

历史比较法是指将渠道系统或渠道成员的当期销量与上期销量相比较，得出上升或下降的百分比，然后再与整体市场的升降百分比进行比较。对高于整体市场平均水平的渠道系统或渠道成员予以奖励，对低于整体市场平均水平的渠道系统或渠道成员则要做进一步分析，找到原因并帮助改进。该方法的难点在于需要准确把握整体市场平均水平。

区域比较法是指将各渠道成员的绩效与该区域销售潜量分析所得出的数值进行比较。具体做法是：将某区域内各渠道成员在某一时段的实际销售量与通过分析得出的该区域销售潜量进行比较并排序，然后测算相关指标，以确定这些渠道成员在这一时段是否达到了某一标准。该方法的难点在于需要客观把握该区域内的销售潜量。

渠道经济效果评估主要包括以下方面：

①销售分析。销售分析是渠道运行的经济效果评估的重要内容，它主要评价销售计划与目标的实现情况。销售分析可以进一步分为销售差异分析和区域/产品分析。

销售差异分析旨在通过销售额这一指标，分析影响销售额的诸多因素对渠道效率的影响程度。由于“销售额＝销售量×价格”，所以除了渠道效率之外，消费者需求、竞争状况、产品质量、促销等都对销售额产生影响；价格的升降也影响销售额。例如，假设某公司年度销售计划所定目标为全年实现销售额 200 万元，销售产品 5 000 件，每件产品平均单价为 400 元；年末实际销售产品 4 500 件，平均单价为 380 元，完成销售额 171 万元，即销售额差异为 29 万元。我们可以通过销售差异分析来探究销售绩效降低在多大程度上归因于价格下降，在多大程度上是因为销售量下降。

$$\text{价格下降形成的差异}=(400-380)\times 4\,500/290\,000=31\%$$

$$\text{销售量下降形成的差异}=400\times(5\,000-4\,500)/290\,000=69\%$$

由以上计算可以发现，销售差异的形成在 69%的程度上是因为销售量下降。此时，可以就渠道效率对销售量下降的影响进行深入分析，比如，渠道的推广力度和渠道的推广能力等都对销售效率产生影响。

区域/产品分析是指按产品类别和销售区域进行比较分析：先找出影响销售额的主要区域/产品，再按照销售差异分析的思路找出主要影响因素。

②市场占有率分析。仅分析企业销售绩效并不能反映出企业相对于其竞争企业的经营状况如何。企业销售额的增加可能是由于企业所处的整个经济环境的发展变化，也可能是因为其市场营销工作较其竞争者有改善。市场占有率正是剔除了一般的环境影响来考察企业本身的经营工作状况的指标。如果企业的市场占有率上升，表明相对于竞争者其绩效更好；如果下降，则说明相对于竞争者其绩效较差。

市场占有率分析的目的在于：通过对市场占有率的严格定义，为决策者提供可供比较的市场占有率；通过对市场占有率的构成因素的分析，找到市场占有率上升或下降的具体原因，并为企业改进其渠道系统提供明确建议。

市场占有率有三种不同的计算方法：

● 全部市场占有率：以企业的销售额占全行业销售额的百分比来表示。使用这种测量方法必须作两项决策：第一是要以单位销售量还是销售额来表示市场占有率；第二是要正确认定行业的范围，即明确本行业所应包括的产品、市场等。

● 可达市场占有率：以其销售额占企业所服务市场的百分比来表示。可达市场就是企业产品最适合的市场、企业市场营销努力所及的市场。企业可能只有相对较小的全部市场占有率，却有近 100%的可达市场占有率。

● 相对市场占有率：企业销售额与主要竞争对手的销售业绩之比。根据比较对象的不同，又可以分为相对于三个最大竞争者的相对市场占有率和相对于市场领导竞争者的相对市场占有率。前者以企业销售额与最大的三个竞争者的销售额总和的百分比来表示。如某企业有 30%的市场占有率，其最大的三个竞争者的市场占有率分别为 20%、10%和 10%，则该企业的相对市场占有率是 75%。一般情况下，相对市场占有率高于 33%即被认为是强势的。后者以企业销售额与市场领导竞争者的销售额的百分比来表示。相对市场占有率超过 100%，表明该企业是市场领导者；相对市场占有率等于 100%，表明企业与市场领导竞争者同为市场领导者。相对市场占有率的上升表明企业正接近市场领导竞争者。

了解企业市场占有率之后，还需正确解释市场占有率变动的原因。企业可从产品大类、顾客类型、地区以及其他方面来考察市场占有率的变动情况。一种有效的分析方法是从顾客渗透率（C_p）、顾客忠诚度（C_l）、顾客选择性（C_s）以及价格选择性（P_s）四个因素入手进行分析。顾客渗透率，是指从本企业购买某产品的顾客占该产品所有顾客的百分比；顾客忠诚度，是指顾客从本企业所购产品占其所购同种产品总量的百分比；顾客选择性，是指本企业一般顾客的购买量占其他企业一般顾客的购买量的百分比；价格选择性，是指本企业平均价格占所有其他企业平均价格的百分比。全部市场占有率（Tms）就可表述为：

$$Tms = C_p \cdot C_l \cdot C_s \cdot P_s$$

假设某企业在一段时期内市场占有率有所下降，则上述方程为我们提供了四个可能的原因：企业失去了某些顾客（较低的顾客渗透率）；现有顾客从本企业所购产品数量在其全部购买中所占比重下降（较低的顾客忠诚度）；企业现有顾客规模较小（较低的顾客选择性）；企业的价格相对于竞争者产品价格显得过于脆弱，不堪一击（较低的价格选择性）。经过调查，可以确定市场占有率改变的主要原因。

假设期初的顾客渗透率是 60%、顾客忠诚度是 50%、顾客选择性是 80%、价格选择性是 125%，可计算得出企业的全部市场占有率是 30%。

假设期末的企业的全部市场占有率降为 27%，在检查市场占有率要素时，发现顾客渗透率为 55%、顾客忠诚度为 50%、顾客选择性为 75%、价格选择性为 130%。很明显，市场占有率下降的主要原因是失去了一些顾客（顾客渗透率下降），而这些顾客的购买量一般都高于平均的购买量（顾客选择性下降）。这样，企业决策者就可采取有针对性的措施。

③渠道费用分析。渠道系统的成本（费用）直接影响到厂商的利润，因此，有效控制渠道系统成本对厂商来说就显得非常重要。

● 分销渠道成本的构成。渠道成本是指以最终用户支持的任何方式将产品从生产者向最终用户转移过程中产生的所有成本。企业的营销渠道无论采用哪种模式，其单位产品渠道成本（C）都来自建立之初的初始成本（FC）和运转中的变动成本（VC），企业通过市场预测和会计核算可以估算出这两种成本。如果企业选择建立直接销售渠道，则要设立拥有产权的销售部门，培养自己的销售队伍，配备用于销售的设备设施，故其初始成本（FC_1）较大。而一旦直接销售渠道建立起来，维护的变动成本（VC_1）较小，主要是销售人员的工资支出等费用。如果企业选择了间接渠道，利用中间商的渠道来销售，其初始的成本（FC_2）较小，但是以后的维护费用、单位产品的变动成本（VC_2）较高。首先，生产商的下游企业要从单位产品价格中拿走较大的份额作为佣金等；其次，为了防止产品在价格和服务质量方面失控，维护企业和产品的市场形象，还需要对中间商加强管理，使得变动成本增加；最后，为了促使中间商尽可能多地代理或经销本企业的产品，企业还需要派人定期访问中间商，为其提供宣传品等，这些都会增加变动成本。

根据上述对渠道成本的分类，以 S 代表销售量，则渠道成本函数可以表示为：

直接渠道成本函数：$C_1=FC_1+VC_1\times S$

间接渠道成本函数：$C_2=FC_2+VC_2\times S$ 且有 $FC_1>FC_2, VC_1<VC_2$

渠道成本函数见图 16－4。

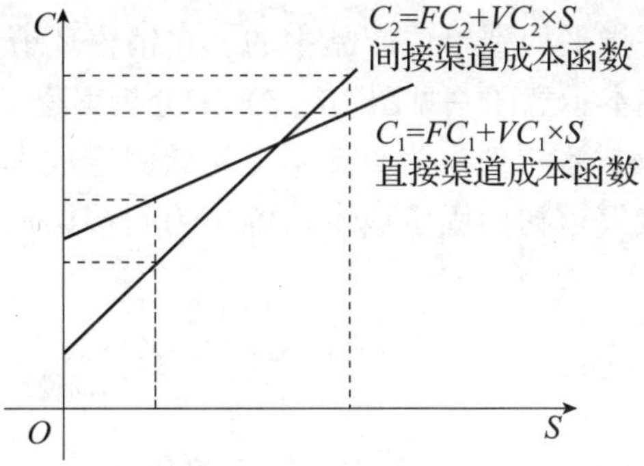

图 16－4　渠道成本函数图

以上分析是基于传统经济学的理论框架，其中的成本概念主要沿袭了生产成本的经济学概念。这里有两个基本的假设条件：第一，竞争非常充分（不管是完全竞争市场还是垄断竞争市场），市场参与者信息完全且完全理性，所有的公司都希望掌握控制权，因而偏好纵向的渠道整合；第二，相关的固定成本可以分摊在数量巨大的交易之中，而且，随着交易量的不断增加，生产商能够实现自己在营销渠道中的专业化运作并从规模经济中获利。

实务操作中，渠道系统的成本可划分为：直接推销费用（主要包括直销人员工资、奖金、差旅费、培训费以及招待费等）；市场促销费用（主要包括宣传海报、产品介绍等的印刷费，赠品费，展览费，促销人员劳务费等）；渠道成员的代理费用（即给予渠道成员的佣金）；厂商自建渠道成本（包括初始投资成本以及此后的运营成本等）；仓储费用

(包括租金、维护费、折旧、保险和存货成本等)；包装与品牌管理费用（包括包装费、产品说明书费用、品牌制作费和品牌管理费等)；其他市场营销费用（包括市场营销管理人员工资、办公费用等)。

有些与销售额直接相关，称为直接费用；有些与销售额并无直接关系，称为间接费用。有时也很难划分。

● 渠道运行效率与单位产品渠道成本。渠道运行效率是指通过某个营销渠道的商品流量与该渠道成本之比。实务操作中常计算渠道成本与销售额比率，也就是用当期渠道成本除以当期销售总额的比率。该指标主要用来衡量厂商的渠道系统的运作效率。若该比率较大，表明厂商的渠道效率较低，应注意渠道成本费用的控制；若该比率较小，则说明厂商现行的渠道效率较高，应继续保持。渠道成本与销售额比率用公式表示如下：

渠道成本与销售额比率＝当期渠道成本÷当期销售总额×100％

用传统经济学的概念分析渠道成本的构成的假设前提是大多数行业处于垄断竞争状态，产品的价格由激烈的市场竞争所决定，某一供应商对价格只有很小的控制能力，可以说市场价格是个既定量。对某一细分市场来说，在某一决策时点上，产品销售量的最大值也是一定的，它将由产品的市场容量和企业总体供给能力决定：二者之中的较小者就是最大销售量，即 max 销售量＝min(市场容量，企业总体供给能力)。其中，市场容量由产品的档次、消费者市场的规模、消费者市场与供应者之间的空间距离等因素决定。企业总体供给能力则主要受人力、资金、设备设施的影响。在以上条件下，由于价格和最大销售量都是既定的，企业营销渠道效率的最大化将取决于单位产品渠道成本的最小化。单位产品渠道成本是指平均到单位产品中的、在销售环节和其他渠道环节发生的两部分费用。可以用渠道成本示意图（见图 16－5）来分析渠道成本与渠道模式的关系，其中 S 代表销售量，C 代表成本；FC_1 为直接渠道初始固定成本，VC_1 为直接渠道运行中的变动成本；FC_2 为间接渠道初始固定成本，VC_2 为间接渠道运行中的变动成本，且有 $FC_1>FC_2$，$VC_1<VC_2$。

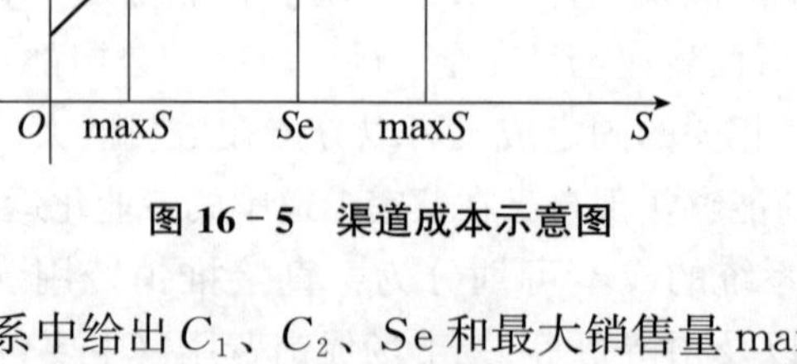

图 16－5　渠道成本示意图

图 16－5 在同一坐标系中给出 C_1、C_2、Se 和最大销售量 maxS 四者之间的关系。在由直线 C_1 和 C_2 共同决定的销售水平 Se 上，两种渠道的销售成本相等，即 $C_1=C_2$，Se 称为等成本点，在 Se 左边，$C_1>C_2$；在 Se 右边，$C_1<C_2$。结论就是：当企业所提供

的销售规模 $\max S < Se$ 时，选择间接渠道成本较低，企业可实现渠道效率的最大化；当企业所提供的销售规模 $\max S > Se$ 时，选择直接渠道成本较低，企业可实现渠道效率的最大化；当 $\max S = Se$ 时，两种渠道可以给企业带来相同的渠道效率。

● 渠道费用评估原则。渠道费用评估遵循两个原则：一是费用比例与功能地位的匹配性；二是费用增长与销售增长的匹配性。

渠道费用的构成应与分销功能相匹配。各分销渠道功能的有效运行都需要一定的费用作保障，重要或难度大的分销功能应获得较多的费用支持。合理的费用分配应当是：对于每一项功能而言其费用系数与功能系数之比等于 1，否则就表明有些费用支持不合理，应分析原因并加以改进。

渠道总费用应与产品销售额保持一个合理的比例。在市场竞争激烈的情况下，常出现渠道费用大幅度增长而销售额却缓慢增长的现象，此时有些渠道费用支出的效果被竞争抵消了。比如，A 公司在 B 公司采取降价措施的情况下，不得不展开促销活动或加大广告宣传力度。

④盈利能力分析。

● 销售利润率。销售利润率是指渠道系统当期利润与当期销售收入之间的比率，表示每销售 100 元产品时企业获得的利润。用公式表示为：

销售利润率＝当期利润÷当期销售收入×100％

有些企业销售额的增长是因为采取了大量的促销和低价销售手段。此时，销售额虽然上升了，但利润下降了——单独考察销售额指标无法揭示这种状况。因此，渠道成员和厂商都引入销售利润率作为评价一个渠道系统获利能力的主要指标。对于渠道成员来说，销售利润率在一定程度上影响渠道成员的积极性，进而影响渠道系统的稳定性；对于厂商来说，销售利润率则影响厂商的持续发展能力。

同一行业各个企业间的负债比率往往大不相同，而对销售利润率的评价又常需要与同行业平均水平进行对比。因此，在评估企业获利能力时最好能将利息支出加上税后利润，大体消除由于举债经营而支付的利息对利润水平产生的不同影响，增强在同行业间衡量经营水平时的可比性，准确地评价市场营销效率。前述销售利润率计算公式实际上应该是：

销售利润率＝税后息前利润÷产品销售收入净额×100％

● 资产收益率。资产收益率是指厂商所创造的总利润与厂商自身全部资产的比率。与销售利润率的理由一样，为了在同行业间有可比性，利润是指税后息前利润。用公式表示为：

资产收益率＝当期利润÷资产平均总额×100％
＝税后息前利润÷资产平均总额×100％

式中，资产平均总额＝(年初资产总额＋年末资产总额)/2。之所以用资产平均总额，是因为年初余额和年末余额相差很大，如果仅用年末余额作为总额显然不合理。

● 净资产收益率。净资产收益率是指税后利润与净资产所得的比率。净资产是指总资产减去负债总额后的净值。这衡量的是企业偿债后的剩余资产的收益率，体现的是投资者的绩效评价角度。其计算公式是：

净资产收益率＝税后利润÷净资产平均余额×100％

分子不包含利息支出，因为净资产不包括负债。

⑤资产管理效率。

- 资产周转率。它是指一个企业以资产平均总额去除产品销售收入净额而得出的全部资产周转率。其计算公式如下：

资产周转率＝产品销售收入净额÷资产平均总额×100％

该指标反映的是渠道现有资产循环的次数，用以衡量企业全部投资在渠道中的利用效率。资产周转率高说明投资的利用效率高。

- 存货周转率。存货周转率是指产品销售成本与存货（指产品）平均余额之比。其计算公式如下：

存货周转率＝产品销售成本÷存货平均余额×100％

该指标说明某一时期内存货周转的次数，从而考核存货的流动性。存货平均余额一般取年初余额和年末余额的平均数。一般来说，存货周转率越高越好，说明存货水平较低、周转较快、资金使用效率较高。

16.3 渠道成员的财务贡献评估

前面介绍的方法主要是从整体的角度对渠道进行评估。对于管理者而言，仅了解渠道的整体绩效还不够，公司需要根据不同渠道成员的不同成本及其获利性特点来调配资源。为了揭示渠道体系中不同渠道成员的成本与获利性，本节介绍作业成本法和直接产品利润法。

1. 作业成本法

作业成本法（activity-based costing，ABC）是指将成本分解到生产该产品所必需的活动中的方法。率先对作业成本法给出明确解释的是哈佛大学青年学者罗宾·库珀（Robin Cooper）和罗伯特·卡普兰（Robert Kaplan）。他们认为：成本计算的基本对象是作业而非资源；作业消耗资源，产品消耗作业。作业成本法是以作业为中心的。作业成本法的理论基础是成本动因理论，这种理论认为费用的分配应着眼于费用发生的原因，把费用的分配与导致这些费用产生的原因联系起来，按照费用发生的原因分配。这包括后勤、生产、服务、技术、市场、销售、行政和信息资源成本。在产品层面，一旦成本被充分考虑，管理者就能克服传统成本计算制度对成本的扭曲，认识到哪些产品的成本比别的产品的成本要高。

作业成本法把作业分为四个层次：单元作业、批别作业、产品作业、支持作业。其中，单元作业的成本与产品的产量成正比，批别作业的成本与产品的生产批数成正比，产品作业的成本与产品的品种数量成正比，支持作业与产品生产无直接关系。显然，不同层次的作业具有不同的成本动因。按照传统成本的处理方法，对批别作业和产品作业的成本按产品产量分配必然会导致产品成本计算的扭曲。在多品种小批量的生产模式下，这种扭曲尤为严重。

作业成本的核算需要先确定资源、作业、成本对象以及资源动因和作业动因，并根据实际的消耗关系建立资源向作业的分配和作业向产品的分配。资源就是各项费用，来自企业总分类账户；成本对象通常是各种产品；作业根据企业的实际情况确定。作业成本采用二阶段分配实现成本计算，即资源成本按资源动因分配到各个作业，归集到作业的成本按作业动因分配各产品。

作业成本的实施一般包括以下几个步骤：第一，设定作业成本法实施的目标、范围，组成实施小组；第二，了解企业的运作流程，收集相关信息；第三，建立企业的作业成本核算模型；第四，选择/开发作业成本实施工具系统；第五，运行作业成本；第六，分析解释作业成本运行结果；第七，采取行动。企业是一个变化的实体，在作业成本正常运行后，还需要对作业成本核算模型进行维护，以使其能够反映企业的发展变化。伴随企业的运行，作业成本的运行、解释和行动是一个循环的过程。

作业成本法为企业成本管理提供了良好的基础。可以将这一概念应用到分销渠道的情境中，只需将“产品”解读为“渠道”或“产品与渠道”，也即可以采用作业成本法比较不同渠道的效率，或者比较特定渠道销售不同产品的效率。

为了解通过某一渠道销售某产品的获利性，参照作业成本法实施步骤，首先需要识别所用资源及其成本，然后将这些成本分摊到特定的渠道功能和流程中，最后得出各渠道的损益。这使得企业能够判断不同渠道模式的获利性。

渠道作业成本法流程见图 16－6。

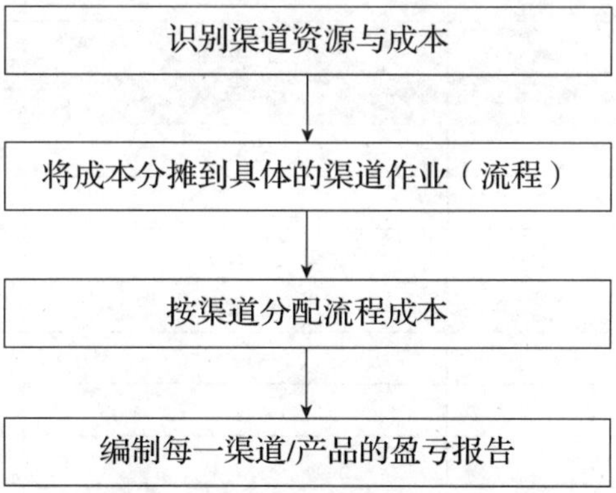

图 16－6　渠道作业成本法流程

2. 直接产品利润法

直接产品利润法（direct product profit，DPP）是一种会计核算方式，用来检验每一种产品对零售商的总利润的贡献，它是按单个的存货单元，把毛利作净成本和利润分摊。为了确定一个单品的 DPP，创造出了一个特殊的公式来推导经手那个单品的所有直接成本和间接成本。DPP 不涉及管理费用的分摊问题，只涉及与产品直接相关的成本，如订货和存货；ABC 涉及这些管理费用和间接成本。DPP 从渠道下游成员看上游成员的角度，关注单个产品或存货单元的财务绩效。

DPP 概念是由麦肯锡公司于 20 世纪 60 年代初为通用食品公司建立的。这种方法为每一产品建立了独立的损益账目，调整每一项目的毛利率以反映交易、预期收入和现金折扣，识别和测量某一产品的直接成本（劳动力、空间、库存和运输）。

这种方法需要详细的会计资料，最好是通过作业成本法得到的资料。信息系统和扫描系统提高了该方法的可操作性。

相对于毛利润空间、毛利率和单位产品毛利率等传统的价值衡量标准，DPP 为批发商和零售商提供了更精确的衡量产品盈利能力的标准。DPP 只关注与每种产品相关联的、由运营或销售产生的直接成本，其他的固定成本（如非直接劳动力、总部管理费用等）则不计算在内。表 16－1 显示的是两种不同的干货产品的成本构成，其中的数据说明两种产品的真正价值贡献可能会与其边际毛利率完全不同，这也说明边际利润率在实际产品评估时可能存在误导。净利率对于单类产品而言通常毫无意义，毛利率忽视了直接运营成本和现金折扣，DPP 则在这两者之间实现了平衡。

表 16－1 直接产品利润示例（%）

第一步	产品 A	产品 B
销售收入	100.0	100.0
一产品成本	79.5	76.5
毛利润空间	20.5	23.5
＋现金付款折扣	1.6	0.0
＋交易折扣	2.0	1.2
＋净利润	1.3	0.0
＋回程运费收入	0.8	0.0
调整后的毛利润空间	26.2	24.7
第二步	**产品 A**	**产品 B**
调整后的毛利润空间	26.2	24.7
仓库成本		
一劳动力	1.1	1.6
一空间	1.0	1.2
运输成本		
一劳动力/设备	1.2	1.5
商店成本		
一办货劳动力	2.6	2.9
一收银劳动力	1.7	1.9
一空间（能源和占用）	2.2	2.7
总部成本		
一存货持有成本	0.7	0.4
直接产品成本总计	10.5	12.2
直接产品利润	15.7	12.5

DPP 法使分销商关注仓库和库存的诸多细节，如收货、入库、文书工作、选择和检查货物、装载货物和空间成本。对小宗商品而言，上架和收银成本必须仔细检查、核对；对大件商品来说，保有的货架空间必须计算在内。DPP 尤其有助于改善空间管理。

美国食品营销协会支持 DPP 概念并协调了整个行业的努力，先后发布了干货产品、肉制品、农副产品和焙烤食品模型。这是基于这样一种强烈的信念，即 DPP 数据有助于培养分销商和制造商之间的良好合作关系。第一，对 DPP 的了解有助于识别通过制造商和分销商的合作而改善的高成本活动，包括包装的尺寸、箱子的大小、外包装设计和交货方式等；第二，通过为商店货架提供关于产品流动和货架朝向的研究数据、测试产品展示方法与地点、进行产品大类的利润研究，DPP 数据能帮助制造商和分销商提高分销的获利性；第三，理解 DPP，能极大地影响制造商的销售战略与方案。了解了分销商的成本及其形成原因，制造商的交易模式更易被接受。

16.4　渠道成员综合评价

上一节从成本的角度介绍了对经销商的两种评价方法，本节简要介绍对经销商的综合评价方法。因为在实际工作中常常是多种方法配合起来使用，而不是仅采用某种方法。对经销商评估的本质在于确定经销商的价值贡献，找到改进点。

1. 产出与行为评价

产出与行为评价包括以产出为基础的测算方法和以行为为基础的测算方法。在以产出为基础的测算方法中，用得最多的指标是总体经销容量、总体经销利润、销售毛利率、存货周转率和市场份额；在以行为为基础的测算方法中，服务部门、保修或顾客投诉处理、固定设施、办公系统、员工激励计划等是最常考虑的要素。

在对经销商进行评估时，需要涵盖以下几个方面：

（1）销售绩效。在过去一年中，分销商是否成功地为制造商创造很高的租金收入（或销售量）？假设其所在市场区域的竞争程度和经济增长既定，与这个区域的竞争对手相比，该分销商是否为制造商提供了很高的市场渗透水平？过去一年，该分销商从制造商处获得的收入是否高于同一地区和临近地域内其他竞争者所得的收入？

（2）财务绩效。制造商为分销商提供的收入是否合理？假设分销商为制造商创造的销售额既定。分销商是否要求获得制造商的支持而导致制造商利润不足？在过去一年中，制造商从分销商手中获得的利润是否不足？是因为它对协助分销商的工作投入大量的时间和精力了吗？

（3）分销商的忠诚。过去，制造商是否经常遇到这样的麻烦：不能顺利地使分销商参与到那些对制造商而言很重要的工作计划中？分销商是否经常对制造商已接受的程序表示赞同？分销商是否时常违反契约中的条款？

（4）分销商的增长。分销商是否继续，或是将很快成为制造商的收入来源？在下一年，制造商是否能够期望它从分销商处获得的收益的增加快于同一地区或地域的其他竞争分销商向其制造商所提供的收益的增长？过去，制造商同分销商做的生意或通过分销商获得的市场份额是否稳定增长？

（5）分销商的创新。分销商是否洞察到市场的长期趋势并经常调整它的销售措施？分销商是否在其所在的地区（或临近地域）营销制造商的产品与服务，并在营销过程中进行大胆的创新？分销商是否付出努力去迎接它所在地区（或临近地域）的竞争变化？

（6）分销商的竞争。分销商是否具备成功经营生意的技能（它经营的生意与制造商的生意在经营性质方面要相似）？分销商是否已经积累或正在展示大量关于制造商的产品与服务的特点和属性的知识？分销商与其工作人员是否对竞争对手的产品与服务知之甚少？

（7）顾客满意度。制造商是否经常接到消费者对其产品的抱怨？分销商是否为使顾客欢心而独辟蹊径？在解决与制造商的产品和服务有关的问题时，分销商是否为顾客提供良好的服务？

2. 重点评价指标

（1）战略利润模型。渠道成员的财务状况不能由单一指标来衡量，必须由财务指标组合来衡量。财务指标组合包括以下四个方面：流动性比率、资产效率比率、获利能力比率和杠杆比率。战略利润模型很好地将四者结合起来（见图 16－7）。

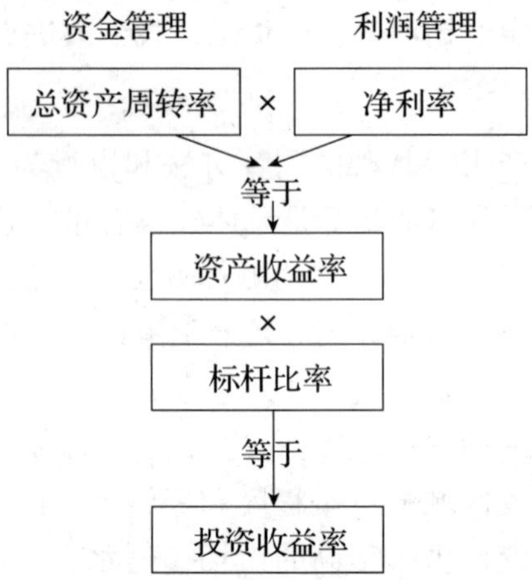

图 16－7　战略利润模型

战略利润模型有四个重要的管理用途。第一，该模型强调公司的主要财务目标是赚取足够高和目标既定的投资收益率。第二，该模型定义了企业可以采取的三种“利润途径”，即加快资产周转率，提高净利率，或者深化杠杆经营程度。其假设前提是：未来的资金流动足以覆盖新增的借贷资本。第三，该模型理想地阐述了公司主要领域的决策制定方针，即资本管理、利润管理和财务管理，而且，公司中相互联系的资本计划、利润计划、财务计划被认为有效地促进了管理业务的高效率运行。第四，该模型提供了评价财务策略的非常有用的观点，不同的组织可以采用这些财务策略来实现其目标投资收益率。

为了更好地理解战略利润模型，有必要掌握以下财务指标：

①流动性比率。流动性比率衡量企业资产的流动性，目的是评价企业按时履行其财务义务的能力。低比率表示企业债务沉重，无力清偿债务或由于其信用级别低而无法充分利用可能出现的增长机会。供应商可以向渠道内偿债能力低的成员继续提供商品和服务，但应限制其信用（赊款）总额或妥善安排其偿债方案。广泛应用的四个流动性比率有流动比率、速动比率、营运资本比率和现金比率。

- 流动比率。

流动比率＝流动资产/流动负债

流动资产包括现金、应收账款、坏账准备、制造业存货、可变现证券。流动比率越高，在短期债务到期时企业的偿债能力越强。一般认为，2.0 的流动比率是大多数企业的适当目标。

- 速动比率。

速动比率＝(流动资产－存货)/流动负债

在流动比率中，存货也被当作流动资产。但是存货比债券和应收账款流动性差。从短期看，通常更难把存货变成现金。于是，分析者经常把存货从流动比率的分子中去除，计算速动比率。一般认为，1.0 左右的速动比率是比较合适的。

- 营运资本比率。

营运资本比率＝(流动资产－流动负债)/销售收入

净营运资本，简称营运资本，是流动资产和流动负债的差额。这一比率表明流动性比率和销售收入有关。

- 现金比率。

现金比率＝现金及现金等价物/总资产

现金及现金等价物（如有价证券）是流动性最强的资产。现金比率表明以流动性最强的形式持有的资产的比率。

②资产效率比率。资产效率比率用来衡量一个企业怎样有效地经营其资产。针对单项资产和总资产的管理有以下几个指标：应收账款周转率、存货周转率和总资产周转率。使用这些指标，渠道成员可促使债务人加快偿付，加速存货周转，或减少经营不佳的分店等非高效资产。

- 应收账款周转率。

应收账款周转率＝年赊销收入/应收账款

应收账款周转率用来衡量年度内应收账款余额周转的次数。注意年赊销收入用作分子，它增加应收账款。如果得不到年赊销收入的数字，就用企业销货净额代替。做这样的替换就相当于假设所有的销货都是赊销。与之紧密相连的一个比率是应收账款周转天数。

应收账款周转天数＝365/应收账款周转率

应收账款周转天数也叫平均收账期，是衡量企业应收账款质量的综合指标，企业的收账期应与其提供给顾客的信用条件相对应。例如，全行业的信用条件通常为 30 天，那么 40 天的收账期基本适宜，如高达 60 天则企业的应收账款的整体质量较差。企业应考虑移交某些款项到催债部门，或加紧收账日程，或将某些有问题的应收账款划入坏账。

- 存货周转率。

存货周转率＝销货成本/平均存货

存货周转率是对存货在实物上每年周转多少次的很好估计。过去，有些分析者用净销货除以存货来计算存货周转率，但这样计算高估了实物存货的周转率。低周转率说明企业存货中有相当部分周转缓慢或停滞。存货周转率可以通过即时库存管理、最低商品储备以及 ABC 分析法等的运用来提高。如果比率太高，也可能意味着放弃了许多销售机会。

衡量存货周转的另一个指标是存货周转天数。它等于 365 除以存货周转率，表示存货出售前在企业留存的平均时间。

- 总资产周转率。

总资产周转率＝销货收入/总资产

总资产周转率表示企业使用其资产的效率。

③获利能力比率。获利能力比率着眼于企业产生利润的行为。这些比率衡量企业可以多么有效地产生利润。在这里主要考察两种获利能力比率，即毛利率（衡量与销货有关的行为）和资产收益率（衡量与投资规模指标有关的行为）。

- 毛利率。

毛利率＝毛利额/销货收入

净利率＝非常项目净收益/销货收入

- 资产收益率。

资产收益率＝净收益/总资产

资产收益率指标对于资产基础较为庞大的分销渠道成员尤为重要。对许多批发商和零售商而言，资产的相当比例是由存货构成的。

资产收益率的潜在有用性存在局限，因为它以账面价值为基础。

④杠杆比率。

三个常用的杠杆比率是负债比率、资产-权益比率和权益倍数。

负债比率＝负债总额/总资产

资产-权益比率＝债务总额/股东权益

权益倍数＝总资产/股东权益

其中股东权益相当于资产净值。

（2）顾客满意度评估。顾客对渠道服务质量的满意度是一种非财务的评估方法，它是渠道绩效非财务衡量的一个重要内容。有五个因素在衡量渠道服务质量方面起关键作用，这五个因素是：

● 有形资产：有形设施装备、工作人员及交通设施；

● 可信赖感：令消费者信任的、提供已承诺的服务的能力；

● 责任感：帮助顾客并且提供及时、便捷服务的意愿；

● 保证：员工所掌握的知识和所具有的教养，以及员工赢得顾客信任和向顾客展示其信心的能力。

● 感情：让员工感受到公司给予的照顾和关注。

为了有效地衡量服务质量，研究人员将以上这些决定因素做了进一步的细分。

①信任感。指固定的行为准则和令人信任的感觉。这表明企业第一次就能很好地提供服务，也指企业兑现自己的承诺，包括：开发票时高度准确；正确地做记录；按指定时间提供服务。

②责任感。指员工向顾客提供服务的意愿，包括：与顾客接触的员工的知识和技能；公司经营人员所具备的知识和技能；机构的研究水平。

③可接近性。包括便捷利用服务的程度及易于接触的举措：打电话就可以容易地获得服务（比如，电话不占线，电话接通后不让顾客等候太长时间）；为了接受服务而等候的时间不会太长（比如在银行）；合适的、方便的经营时间安排；服务设施所处地点的适当安排。

④礼节。包括提供服务的员工待人礼貌、尊重他人；考虑到保护顾客的财产（比如，避免在顾客家中弄脏地毯）；与顾客接触的公关人员的仪表整洁。

⑤交流。指用顾客能够听懂的语言来向顾客传达信息，也指公司对不同的顾客使用不同的表达方式，让各个层次的顾客都满意；员工讲话要清晰、简洁。具体包括：讲解公司的服务；向顾客说明获得服务需支付的费用；说明服务与费用之间的交易细节；向顾客说明公司能解决的问题。

⑥保障。使顾客免遭危险、风险及不让顾客有任何疑惑，涉及人身安全、财产安全、隐私安全等。

⑦理解/了解顾客。指努力了解顾客的需要，具体包括：了解顾客的特殊要求；表明对每个顾客的关注；熟悉经常光临的顾客。

⑧有形资产。包括有形服务、实物投资、员工的外表、提供服务的工具设备、享用服务设施的顾客。

3. 渠道体系预警信号

渠道中存在的问题不仅可以通过成本分析来发现，还可以通过一些现象提前感知。当渠道出现以下一个或多个方面的信号时，就需要引起警惕。此时，企业可能需要考虑渠道成本控制和/或渠道创新了。

（1）下线客户或最终客户不满意，客情关系差。让最终客户满意是对分销渠道的基本要求，也是设计渠道模式和选择渠道成员的重要依据。如果最终客户不满意，必然导致渠道成本上升。

（2）有许多未被使用的分销渠道。如果不能系统、合理地利用各种分销渠道，可能导致不能有效地接触部分目标消费者，影响产品销售。

（3）渠道费用持续上升。如果渠道费用持续上升而不能有效控制，尤其是当渠道费用的增长速度和业务增长速度不能保持在一个合理水平时，可能就是一个危险的信号。

（4）分销商不思进取。有的分销商存在小富即安的思想，有的分销商不愿意投入资源来开拓市场，还有的觉得产品的利润空间不大而积极性受挫。分销商不思进取必然导致渠道的推动力降低。

（5）客户关系管理方法落后。分销行业的信息化程度普遍较低，不少分销商仍然处在依靠纸和笔的阶段，有的甚至连客户档案都没有建立。

（6）渠道的辐射能力和控制能力减弱。分销商对下游网络的建设与管理是其分销能力的重要体现。如果其辐射能力和控制能力减弱，必然会影响到生产厂家的产品销售。

（7）出现恶意窜货。恶意窜货扰乱价格体系和市场秩序，影响被窜货区域分销商的积极性，必须小心防范。

（8）信用恶化。分销商信用恶化，容易造成企业的呆账或坏账，这也是分销商经营管理或合作意愿可能出现问题的一个重要标志。

阅读材料

如何考核经销商?

考核经销商的业绩是经销商管理的重要内容，厂家可据此反思过去，调整政策及管理力度。考核指标应包括定量指标和定性指标。

定量指标能够最有效地考核经销商的业绩，因为这类指标有具体的数据，代表了最终结果。每一个定量指标都必须有一个符合实际情况的目标值。

首先是考核进货额。经销商在第一年必须完成合同规定的任务量，经销商的销售量一般以公司现款出货量为准。

其次是考核铺货率。这一指标在产品投入市场的第一年更为适用。比如产品进入的药店数量占全地区药店数量的比率，或者是产品进入医院的数量。铺货率要么考核绝对量，比如某经销商在自己的辖区内某一产品的市场占有率应达到多少；要么考核相对位次，比如经销商在自己的辖区内市场占有率排第几。

再次是看经销商月或季度销售额情况。原则上讲，经销商的销售额每月或每季度都有较大幅度增长，才是优秀经销商。对销售额的增长必须做具体分析，公司也应结合市场整体增长状况、公司商品的平均增长等情况来分析。

最后，公司可以参考退货率。为了支持经销商发展，公司可能会允许一定的产品的退货，当然对公司来说，退货越少越好。计算退货数量时，公司不合格的产品、发货途中破损的产品和经销商自己损坏的产品不算在内。

定性指标主要代表了经销商的主要工作活动，可以对定量指标起到论证的作用。定性指标包括：

第一，价格执行情况。经销商应按规定执行厂家的价格政策。

第二，窜货情况。经销商跨区销售、窜货是公司严格禁止的。有些公司对窜货的处罚极重，一经发现，取消经销资格。当然也要根据具体情况区别对待。

第三，商品的陈列状况。商品在经销店内的陈列对于促进销售非常重要。经销商应设法在零售点争取更大的陈列面、更好的陈列位置；产品展示要营造出诱人的购买气氛，如售点展示、堆头规范、商品醒目、品类齐全；商品陈列应符合顾客的习惯，产品整齐、清洁等。

第四，促销活动情况。经销商对公司所举办的各种促销活动是否都积极参与并充分配合？如果每次促销活动都参加，而且销售量有所增长，表示对经销商的管理得当。

第五，信息的传递和信息反馈。前者是指业务员要将公司的规章制度与阶段促销计划传达给经销商，了解经销商是否执行公司的规定，或者是否积极推销公司的产品。后者是指经销商应按规定向厂家汇报相关市场信息，特别是竞争对手的信息。对于重要的信息，经销商应及时汇报，以便厂家及时采取措施，对市场进行分析和展望。

对经销商进行管理的方法一般有：

(1) 经销商资料卡。公司片区业务员必须定期检查经销商资料卡。上述事项是否真实地记录、整理、追加？

(2) 分析经销商资料。凡是与经销商有关的资料都要详细分析。

(3) 经销商访问。可从与经销商的交谈及观察店头情况中发现问题，制定对策。

(4) 其他。利用经销商到公司走访、了解业界信息、参加销售会议等机会进行管理。

经销商的奖励包括：

(1) 销量完成返利奖。公司为了鼓励经销商，在明确任务时会适当要求经销商完成努把力就能完成的销售量。在年底，公司也会冲量，经销商完成任务后一般获得货物等实物形式的奖励。尽量不用现金奖励。

(2) 铺市陈列奖。在产品入市阶段，公司协同经销商主动出击，迅速将货物送达终端。同时公司给予经销商适当的人力、运力补贴，并对经销商将产品陈列于最佳位置给予奖励。

(3) 渠道维护奖。为避免经销商的货物滞留和基础工作滞后导致产品销量下降，公司以“渠道维护奖”的形式激励经销商维护一个适合产品的有效、有适当规模的渠道网络。

(4) 价格信誉奖。为了防止经销商窜货、乱价等不良行为导致各经销商最终丧失获利空间，公司在制定价格时设立了“价格信誉奖”。

(5) 合理库存奖。公司考虑当地市场容量、运货周期、货物周转率和意外安全储量等因素，设立“合理库存奖”，鼓励经销商保持适当的数量与品种。

(6) 经销商协作奖。为激励经销商的政策执行、广告与促销配合、信息反馈等设立协作奖，既强化了公司与经销商的关系，又是淡化了利益之争。

某厂家的返利政策是这样的：

(1) 经销商完全按公司的价格制度进行销售，返利 3%；

(2) 经销商超额完成规定销售量，返利 1%；

(3) 经销商没有跨区域销售，返利 0.5%；

(4) 经销商较好地执行市场推广与促销计划，返利 1%。

根据此返利政策，如果经销商没有乱价窜货等行为，就可获得至少 3%以上的返利，如果经销商通过各种不规范手段把销量冲上去，也只能获得 1%的返利，销量再大经销商也是得不偿失。当然如果既能超额完成销量，又没有乱价窜货行为，经销商的获利是最大的。还有些公司管理更严格，只要经销商有乱价窜货行为，其年终返利将被全部取消，这对经销商也是很大的威慑。公司没有使返利成为窜货乱价的诱发剂，而是利用返利来抑制经销商窜货等短期行为。

资料来源：如何考核经销商. https://wenku.baidu.com/view/2bf3a7550408763231126edb6f1aff00bed5708e.html.

16.5 渠道改进策略

管理大师彼得·德鲁克说过："现代企业无非两大职能——营销和创新，而市场营销渠道便是两大职能的后勤。"随着信息时代的来临，几乎所有的厂商和分销商都意识到渠道建设的重要性。营销渠道成本通常要占一个行业商品和服务价格的15%～40%，这个数字反映了企业通过改善营销渠道提高企业竞争力和利润率的潜力。根据渠道绩效的评估，科学地对渠道进行改进，往往可以为企业带来更高的回报。畅通的分销渠道意味着成本的降低、效率的提高和利润的增加，也是渠道绩效评估后企业应该实施的战术性的渠道改进策略。渠道改进可以从如下几个方面进行。

1. 渠道扁平化

传统分销渠道的经典模式是：厂家—总经销商—二级批发商—三级批发商—零售商—消费者。然而这样的销售网络却存在着先天不足，在许多产品可实现高利润、价格体系不透明、市场缺少规则的情况下，销售网络中普遍存在的"灰色地带"使许多经销商实现了所谓的超常规发展。众多的厂家却有养虎遗患之感。多层次的销售网络进一步瓜分了渠道利润，经销商不规范的操作手段如竞相杀价、跨区销售等造成了严重的网络冲突。更重要的是，经销商掌握的巨大市场资源几乎成了厂家的心头之患——销售网络漂移，可控性差。改革势在必行。

市场日趋成熟，竞争日益激烈。各品牌瓜分市场的结果不允许有更多的资源支持原有的中间商，这就要求厂家把更多的精力放在最终客户端，降低价格，做好服务。渠道扁平化是一种趋势，但绝不是简单的减少哪一个层次就可称为扁平化，扁平化实际上是优化供应链的过程，真正减少的应是供应链中不增值的环节和增值很少的环节，而从实际操作层面来看，不同的产品有不同的用户和市场，应该有不同的渠道策略和渠道架构。很多厂家提出了扁平化的渠道发展思路，即由总代理直接面对经销商，经销商直接接待最终用户，并很快以各种途径将这一思路付诸实践。

我们应该审时度势，因地制宜。渠道扁平化应该到什么程度，目前厂家和分销商并没有明确的目标。有些大公司采取了直销模式。直销是一种强有力的销售模式，它使厂家能够敏锐地捕捉消费群体的需求脉络，迅速调整产品策略，争取更多的客户。同时，它能最大限度降低营销成本，减小库存压力，使自己的产品价格具有很强的竞争力。渠道扁平化的优势在于它剔除了瓜分利润的中间层，以有诱惑力的价格拉动消费群体，可让利于经销商，减少销售成本。从中国的具体国情来看，核心代理是渠道不可或缺的。因为国内市场区域广阔，地方经济发展不平衡，各地区人文差异较大，单靠厂家独立推广产品，无法针对不同的区域特点有的放矢，往往花费很大代价却得不到预期的效果，而代理商恰好解决了这些问题。

首先，代理商一般对当地的用户购买行为和市场形态较为熟悉，并拥有一批基本客户，能够帮助厂商迅速打开市场。其次，代理商对本地客户的资信状况和投资环境了解，可以帮助厂家规范交易和减少投资风险。最后，通过代理商能够减少自设销售网络的高昂费用，降低了厂家的销售成本。厂家的产品要扩大市场份额，必须能对客户的服务需求作出快速响应，用优质的服务抓住顾客的心，但是遍布各个角落的客户使厂家分身乏术，怎样满足每一个客户的需求，提供各具特色的服务和解决方案？为客户提供个性化的服务，是渠道中间商的绝活。因此无论是软件厂家还是硬件厂家、无论是国内厂家还是国外厂家，在它们的体系结构中，都必须拥有一支代理商队伍，即使网络与电子商务得到广泛的应用，渠道的某些功能也无法替代。

2. 渠道品牌化

品牌已经渗透到我们生活中的各个领域，产品需要品牌，服务需要品牌，分销渠道同样也需要品牌。专卖店作为渠道品牌化的一种重要方式正在迅速地扩张到各个行业。

专卖店一般具有以下几个优点：第一，它可以作为一个展示中心，充分展示自己的产品，提升品牌形象，进而促进产品的销售。这种展示可以是常年的，不用特别投入就能做得很好。第二，它可以作为一个推广中心，用户往往会被专卖店人员专业、热情的服务所打动，可以使用户对厂商的产品有更多的了解，从而留下较好的印象。第三，它可以作为一个培训中心。许多用户的产品知识并不是很专业，这就要求厂商能够提供及时的培训。专卖店提供了一个专门讲解特定公司产品使用方法的场所。第四，它还是一个销售中心，人们可以根据自己的喜好，根据自己对产品的现场印象，来进行自己的逻辑推断，购买满意的产品。

专卖店的精髓就是渠道建设的品牌化、一体化、专业化。企业不再把销售仅仅视为商品的买卖，而是把销售行为上升为渠道品牌的经营。通过设立专卖店，企业可以建设统一、具有个性、符合时尚的品牌文化，实现渠道增值。而统一规范的连锁经营一改过去厂家到用户之间各级分销商、零售商成本层层累加的状况，最大限度让利于消费者。

3. 渠道集成化

目前，传统渠道和新兴渠道之间的矛盾越来越突出。传统渠道主要包括大商场、中小商场以及专营店。新兴渠道可细分为如下几种：综合性连锁、品牌专卖店、集团采购、网上订购等。传统渠道和新兴渠道各有竞争优势，但是新兴渠道使传统渠道面临越来越大的挑战。

随着互联网的发展和网民队伍的扩大，渠道的一个重要发展趋势是在线销售。亚马逊在线销售图书，短短几年时间，其市价总额就超过了全球最大的两家图书销售商的市价总和。很多在线销售商取得了巨大的成功，在线产品销售显示出极大的优势。

解决渠道冲突的最好办法就是渠道集成，即把传统渠道和新兴渠道结合起来，充分利用两者的优势，创造一种全新的经营模式。当然，这种方法要求供应商能够对传统渠道施以足够的控制，操作难度较大。

在解决传统渠道和新兴渠道冲突这一问题上，有些传统企业走得更远。比如，采取外包和联盟的战略，渠道集成已经突破了企业能够自主控制的边界，这或许是未来占据主导的解决方案。

4. 渠道伙伴化

通过渠道整合，建立伙伴型的渠道关系，代理商不仅是利益共同体，而且是命运共同体，渠道本身就是一个战略联盟。其中，服务意识、服务内容、服务手段在联盟运转中起着关键的作用。这个服务链条会使渠道联盟更加稳固，使企业、渠道商和用户之间的亲密度大大增强。

厂家和经销商应该力争建立紧密型的伙伴关系，共同致力于提高销售网络的运行效率、降低费用、管控市场。从厂家的角度讲，需要重视长期关系（如帮助经销商制定销售计划），渠道成员责任共担（如建立零库存管理体制），积极妥善解决渠道纠纷，厂家的销售人员要担任经销商的顾问（而不仅仅是获取订单），为经销商提供高水平的服务。厂家为经销商提供人力、物力、财力、管理和方法等方面的支持，以确保经销商与厂家共同进步、共同成长。

5. 渠道下沉化

有些企业还在销售通路的顶端，通过对总经销商的管理来展开销售工作。当市场转为相对饱和的状态，这种市场运作方式的弊端越来越明显：企业把产品交给经销商，由经销商逐级分销下去，由于网络不健全、通路不畅、终端市场铺开率不高、渗透深度不足等，经销商无法将产品分销到厂家所希望的目标市场上，结果厂家产品的广告在电视上天天与消费者见面，消费者在零售店却难觅产品踪影。而且，产品进入零售店后，摆放到什么位置、如何展示陈列、店内广告如何发布、补货能否及时，这些终端工作经销商往往做不到位，影响终端销售力。厂家的销售政策无法得到经销商的全面执行，其结果是厂家的促销力度越来越大，促销的效果却越来越差。

厂家与经销商的利益矛盾使得厂家无法确保市场稳定，经销商无序经营，窜货、降价倾销现象屡禁不止。厂家调动经销商积极性的成本越来越高。针对这些弊病，有的企业开始以终端市场建设为中心来运作市场。厂家一方面通过对代理商、经销商、零售商等各环节的服务与监控，使自身的产品能够及时、准确、迅速地通过各渠道环节到达零售终端，提高产品市场展露度，使消费者买得到；另一方面，在终端市场进行各种各样的促销活动，提高产品的出样率，激发消费者的购买欲。

以往许多企业是以大城市为重点开发目标市场，在大城市设立销售机构。当众多企业为争夺大城市市场而你死我活竞争时，一些企业已将市场重心转移到地区、县级市场，设立销售机构，如双汇集团在一个省设立的办事处多达一二十个。企业以大城市为销售重心，靠一个或几个经销商来辐射整个省级市场，受经销商销售网络宽度和深度的局限，容易出现市场空白点，错失市场机会。将销售重心下沉，在地区设立销售中心，则可能做好地区市场；以县为中心设立办事处，则可能做好县城—乡镇—村级市场。

市场重心下沉是一个细化市场的过程，这种细化也反映在对经销商的选择上，销售机构下沉，客户也要下沉。以往企业是以省城为中心来选择经销商，有一些经销商是在省城做市场，甚至是在省城做局部市场，下沉则要求在每个县选择、设立经销商。

在决胜终端的运作中有效的运作要点包括：

（1）终端最大化是决胜终端的最基本的前提。

（2）终端优胜化原则，即在终端通过实施售点规范生动化布置、导购员素质培训、推广形式科学化等一系列工程，在专柜这方寸天地上做到比竞争对手卖得更多卖得更好。

（3）直接调动零售商积极性——直接返利到商场。

（4）对导购员队伍进行科学激励和实效管理，加强对导购员的产品知识及素质培训，提高每个导购员“临门一脚”和“多进一个球”的能力。

（5）完善对终端基层管理者产品知识、导购技巧、售点陈列维护、沟通技巧等业务培训，规范定期市场巡视制度，确保终端售点始终处于最佳状态。

（6）贴心服务到终端及当地市场。公司直接服务终端，接受终端电话及邮件投诉。

（7）推行文化营销，整个销售队伍基于共同愿景和统一文化平台奋斗。

（8）重视市场研究和消费者需求分析，通过全国大规模市场调研提高市场管理透明度。

决胜终端的根本思路就是实现营销组合中 4P 向 4C 的转化，真正实现产品向需求、价格向价值、渠道向方便、促销向沟通的转变，有效控制货物的流向、流速和流量。

案例 16－1　金尊玉大理石瓷砖全面帮扶终端

本章小结

对现有分销渠道进行监测与评估是分销渠道管理的重要内容。渠道绩效评估是指制造商通过系统化手段或措施对其分销渠道系统的效率和效果进行客观的考评和评价。渠道的目的在于帮助实现企业的销售目标。对渠道的评估旨在建立一套与企业特定经营目标相一致的评价指标，引导渠道行为。渠道绩效评估流程主要包括：（1）明确总销售目标；（2）设定渠道绩效评价指标；（3）制定渠道绩效评定制度；（4）认清绩效差距并制定渠道行为规划。

可以从社会的角度和企业的角度来进行渠道整体绩效评估。从企业的角度考察整个渠道绩效，可以从渠道管理组织、渠道的运行状况、渠道的服务质量和渠道的经济效果四个方面进行。前三者主要是定性分析，后者是从财务角度进行的定量分析。

渠道整体绩效评估主要是从整体的角度对渠道进行评估。但对于管理者而言，仅了解渠道的整体绩效还不够，公司需要根据不同渠道成员的不同成本及其获利性特点来调配资源。作业成本法是指将成本分解到生产该产品所必需的活动中的方法。直接产品利润法是一种会计核算方式，用来检验每一种产品对零售商的总利润的贡献，它是按单个的存货单元，把毛利作净成本和利润反摊。

在实际工作中常常是多种方法配合起来使用，需要对经销商进行综合评价。为此，需要重视产出与行为评价、重点评价指标与渠道体系预警信号。

可以采用五种渠道改进策略：渠道扁平化、渠道品牌化、渠道集成化、渠道伙伴化和渠道下沉化。

基本概念

渠道绩效评估	渠道运行状况	渠道通畅性	渠道促销效率
渠道运行效率	作业成本法	直接产品利润法	渠道集成

思考题

1. 渠道绩效评估的含义是什么？流程是怎样的？
2. 设定渠道绩效评价指标的流程是怎样的？
3. 从企业的角度评估渠道整体绩效要从哪些方面展开？
4. 渠道运行状况评估需要从哪些方面展开？
5. 对渠道服务质量的评估要从哪些方面展开？
6. 渠道费用评估的原则有哪些？
7. 如何进行盈利能力分析？
8. 对经销商进行评估包括哪些方面？
9. 对经销商的顾客满意度评估包括哪些方面？
10. 战略利润模型的财务指标组合包括哪些？
11. 渠道体系预警信号有哪些？
12. 渠道改进策略有哪些？

案例分析

持续5年高质量增长，李渡做对了什么？

李渡酒业是白酒行业继江小白之后的又一现象级案例，2019年公司不但提前一个季度完成了全年销售目标，公司的两款产品因为太过畅销一度断货。到底是什么在支撑这个区域老牌酒企的逆势增长？

回过头来看，李渡酒业的高质量增长已经持续了5年，这种增长来之不易，因为这几年高质量增长是几大名酒之间的游戏。李渡的销售额和体量在白酒行业或许不值一提，但值得研究的根源恰恰在于此。连续5年的高增长背后究竟有什么奥秘？在强分化的2019年市场表现究竟如何？未来增量在哪里？

第一个反常规动作：不考核销量

在汤向阳任总经理之前，李渡酒业历经4位短期任职的总经理，这4位老总的履历优秀，几乎都在大企业担任过高管，但在整个行业的黄金10年里，李渡酒业的表现让人大跌眼镜。业内人士认为，李渡酒业的销售额与厚重的历史极不相称，要找到一个适合李渡发展的人把企业的价值激活。

2014 年汤向阳临危受命任李渡酒业总经理，任职半年时间，他突然宣布反常规的动作：从考核销量逐渐调整为考核来酒厂体验的用户数量。业务员减少了销量目标的压力，开始做支撑销量目标的基础工作。随着基础工作的积累来酒厂体验的人越来越多，酒厂在当地的口碑慢慢变好，酒厂的业绩逐渐好转。

不考核销量，销量下滑了，但利润增加了，因为直销带来了高质量的增长。2014 年秋季，酒厂针对客户开展了一次封坛直销活动，大获成功，让酒厂看到了增长的曙光，这也是李渡沉浸式体验的起点。

第二个反常规动作：光瓶酒卖高价

在讲究历史底蕴的白酒行业里，李渡以其年代最早、遗迹最全、遗物最多、时间跨度最长且富有鲜明地方特色的烧酒作坊遗址坐稳中国酒业的“国宝”之位。资料显示，目前中国可考的最早蒸馏酒遗址位于江西李渡。除李渡外，泸州老窖、水井坊、剑南春也分别坐拥明清多个国宝级窖池。但在众遗址中，李渡与众不同之处在于，它的精力根本不在如何宣扬“老资历”，而是如何让自己更年轻。

5 年前李渡以销售光瓶酒为主，那时的光瓶酒基本上在 10 元以下。汤向阳上任后，多次向老一批的李渡消费者请教，通过用户建议并结合李渡酒业的产品历史，推出了高价光瓶酒李渡高粱 1955。光瓶是形式，高价是认知。这款光瓶酒除了高品质之外，有三点值得关注：一是升级了原来畅销老品的元素；二是在产品工艺上形成了差异化，原来产品的原料以大米为主，现在增加了 10%的高粱，与同在江西的省级名酒四特形成了差异化认知；三是零售价格直接卖 360 元，这在当时的白酒行业是难以想象的。老村长和牛栏山的光瓶酒零售价格只有 15 元左右，全国销量比较大的汾酒也只有 40 元的零售价。

据悉，光瓶酒李渡高粱 1955 在 2015 年获布鲁塞尔大奖，2016 年正式上市，2017 年以 680 元的价格成为史上最贵的光瓶酒。该酒不但价格足够高，还限量供应。这个反常规动作是在白酒断崖式下跌的环境下作出的，从现在 820 元的零售价来看，这是在布局。

第三个反常规动作：只体验不允许推销

大多数酒厂在用户体验上下功夫都是为了推销产品做铺垫，可李渡酒业不是，整个过程没有人向客户推销产品。体验过程大致分为三个阶段。

第一阶段：体验衍生品，参观时吃酒糟鸡蛋，参观中敷酒糟面膜，参观后吃饭时有酒糟冰棒。

第二阶段：独特工艺和烧酒知识的普及。

第三阶段：用户打卡和参与活动。

连续 5 年，来酒厂体验的人越来越多，成交率高达 30%。不但提升了销量，还积累了大量的用户资源，更借助用户口碑发展了新客户。

资料来源：牛恩坤．持续 5 年高质量增长，李渡做对了什么？．销售与市场（管理版），2020（1）.

▶ 思考题

1. 结合材料分析李渡酒业三个反常规动作体现了哪些渠道改进策略。
2. 结合材料分析如何从企业角度进行渠道整体绩效评估。

中国人民大学出版社　管理分社

教师教学服务说明

中国人民大学出版社管理分社以出版工商管理和公共管理类精品图书为宗旨。为更好地服务一线教师，我们着力建设了一批数字化、立体化的网络教学资源。教师可以通过以下方式获得免费下载教学资源的权限：

★ 在中国人民大学出版社网站 www.crup.com.cn 进行注册，注册后进入"会员中心"，在左侧点击"我的教师认证"，填写相关信息，提交后等待审核。我们将在一个工作日内为您开通相关资源的下载权限。

★ 如您急需教学资源或需要其他帮助，请加入教师 QQ 群或在工作时间与我们联络。

中国人民大学出版社　管理分社

教师 QQ 群：648333426(工商管理)　114970332(财会)　648117133(公共管理)
教师群仅限教师加入，入群请备注(学校+姓名)

联系电话：010-62515735，62515987，62515782，82501048，62514760

电子邮箱：glcbfs@crup.com.cn

通讯地址：北京市海淀区中关村大街甲 59 号文化大厦 1501 室（100872）

管理书社　　人大社财会　　公共管理与政治学悦读坊